DIREITO E RELAÇÕES INTERNACIONAIS

Os BRICS e as reformas das instituições internacionais

Coleção **Direito Internacional**
Organizador: Paulo Borba Casella

ELEN DE PAULA BUENO

DIREITO E RELAÇÕES INTERNACIONAIS

Os BRICS e as reformas das instituições internacionais

©TODOS OS DIREITOS RESERVADOS À EDITORA DOS EDITORES LTDA.

PRODUÇÃO EDITORIAL: PÉ DE LIMA COMUNICAÇÃO E TREINAMENTO LTDA-ME

Dados Internacionais de Catalogação na Publicação (CIP)
Angélica Ilacqua CRB-8/7057

Bueno, Elen de Paula
    Direito e relações internacionais : os BRICS e as reformas das instituições internacionais / Elen de Paula Bueno. - São Paulo : Editora dos Editores, 2019.
    292 p.

Bibliografia
ISBN 978-85-85162-38-2

1. Direito internacional 2. Relações internacionais 3. Países do BRICS I. Título

19-2204   CDU 341

Índices para catálogo sistemático:

1. eito internacional

RESERVADOS TODOS OS DIREITOS DE CONTEÚDO DESTA PRODUÇÃO.
NENHUMA PARTE DESTA OBRA PODERÁ SER REPRODUZIDA ATRAVÉS DE QUALQUER MÉTODO, NEM SER DISTRIBUÍDA E/OU ARMAZENADA EM SEU TODO OU EM PARTES POR MEIOS ELETRÔNICOS SEM PERMISSÃO EXPRESSA DA EDITORA DOS EDITORES LTDA., DE ACORDO COM A LEI Nº 9610, DE 19/02/1998.

Este livro foi criteriosamente selecionado e aprovado por um Editor científico da área em que se inclui. A **Editora dos Editores** assume o compromisso de delegar a decisão da publicação de seus livros a professores e formadores de opinião com notório saber em suas respectivas áreas de atuação profissional e acadêmica, sem a interferência de seus controladores e gestores, cujo objetivo é lhe entregar o melhor conteúdo para sua formação e atualização profissional.

Desejamos-lhe uma boa leitura!

EDITORA DOS EDITORES
Rua Marquês de Itu, 408 – sala 104 – São Paulo/SP
CEP 01223-000
Rua Visconde de Pirajá, 547 – sala 1.121 – Rio de Janeiro/RJ
CEP 22410-900

+55 11 2538-3117
contato@editoradoseditores.com.br
www.editoradoseditores.com.br

AGRADECIMENTOS

Este livro é fruto da minha tese de doutorado desenvolvida e aprovada com louvor na Faculdade de Direito da Universidade de São Paulo.

Foram anos de dedicação à ciência e à pesquisa, especialmente ao estudo das relações internacionais e das ciências jurídicas e sociais. Dessa forma, agradeço àqueles que direta ou indiretamente contribuíram com as pesquisas realizadas ao longo desses anos.

Agradeço ao meu orientador, professor Paulo Borba Casella, pela confiança em meu projeto de pesquisa, pela orientação e por todo o apoio conferido na consecução da tese.

Agradeço *in memoriam* Leonel Itaussu, pela orientação da minha dissertação de mestrado e por toda a luta dedicada à democracia no Brasil e na USP.

Agradeço aos meus orientadores da graduação em relações internacionais, Marcos Cordeiro Pires, e da graduação em direito, Celso Coccaro Filho.

Agradeço a todos os professores que participaram da minha banca de doutorado pelas observações, sugestões e valiosas contribuições.

Agradeço aos colegas do GEBRICS/USP por todas as ricas discussões teóricas realizadas nos anos de existência desse importante grupo de pesquisa e por todo o trabalho conjunto concretizado na I e II Jornadas dos BRICS na USP.

Agradeço a todos os meus professores, da UNESP e da USP, que ricamente contribuíram para a minha formação acadêmica ao longo desses anos.

Agradeço aos professores que lecionaram na Fudan University, pela experiência e valioso aprendizado proporcionados durante o período de estudos na China, em especial ao professor Evandro Menezes de Carvalho.

Agradeço ao Victor por todo o apoio e companheirismo nas mais importantes fases da minha vida.

Agradeço ao meu pai, quem desde a minha infância ensinou-me a ver o mundo por meio de mapas, livros e leituras.

Agradeço à minha mãe, por todo o amor e dedicação.

ABREVIATURAS

ACUNS	Conselho Acadêmico do Sistema das Nações Unidas/ Academic Council on the United Nations System
ACR	Arranjo Contingente de Reservas
AGNU	Assembleia Geral das Nações Unidas
AIIB	Banco Asiático de Investimentos em Infraestrutura/ Asian Infrastructure Investment Bank
ASEAN	Associação de Nações do Sudeste Asiático/ Association of Southeast Asian Nations
BAD	Banco Asiático de Desenvolvimento
BID	Banco Interamericano de Desenvolvimento
BIMSTEC	Iniciativa da Baía de Bengala para a Cooperação Econômica e Técnica Multissetorial/ Bay of Bengal Initiative for Multi--Sectoral Technical and Economic Cooperation
BIRD	Banco Internacional para Reconstrução e Desenvolvimento
BED	Banco Euroasiático de desenvolvimento
BEI	Banco Europeu de Investimentos
BERD	Banco Europeu para a Reconstrução e o Desenvolvimento
BNDES	Banco Nacional de Desenvolvimento Econômico e Social
BRICS-ARP	Plataforma de Investigação Agrícola dos BRICS
CDH	Conselho de Direitos Humanos das Nações Unidas

CAF	Corporação Andina de Fomento/ Banco de Desenvolvimento da América Latina
CFI	Corporação Financeira Internacional
COP	Conferência das Partes
CSNU	Conselho de Segurança das Nações Unidas
DPI	Direito de Propriedade Intelectual
ECOSOC	Conselho Econômico e Social das Nações Unidas / Economic and Social Council
EMDCs	Mercados Emergentes e Países em Desenvolvimento/ Emerging Market and Developing Countries
FAO	Organização das Nações Unidas para a Alimentação e a Agricultura/ Food and Agriculture Organization of the United Nations
FMI	Fundo Monetário Internacional
FONPLATA	Fundo Financeiro para o Desenvolvimento da Bacia do Prata
GATT	Acordo Geral de Tarifas e Comércio/ General Agreement on Tariffs and Trade
GCTEC	Grupo de Contato sobre Temas Econômicos e Comerciais dos BRICS
IIB	Banco Internacional de Investimentos/ International Investment Bank
OMC	Organização Mundial do Comércio
MoU	Memorando de Entendimento/ Memorandum of Understanding
MRE	Ministério das Relações Exteriores
NAFTA	Tratado Norte-Americano de Livre Comércio/North American Free Trade Agreement
NBD	Novo Banco de Desenvolvimento
NEPAD	Nova Parceria para o Desenvolvimento de África
NOEI	Nova Ordem Econômica Internacional

OCDE	Organização para a Cooperação e Desenvolvimento Econômico
OCI	Organização para a Cooperação Islâmica
ODM	Objetivos de Desenvolvimento do Milênio das Nações Unidas
OIT	Organização Internacional do Trabalho
OMS	Organização Mundial da Saúde
ONU	Organização das Nações Unidas
OPEP	Organização dos Países Exportadores de Petróleo
OTAN	Organização do Tratado do Atlântico Norte
PIB	Produto Interno Bruto
PPP	Parceria Público-Privada
PNUD	Programa das Nações Unidas para o Desenvolvimento
PNUMA	Programa das Nações Unidas para o Meio Ambiente
RCA	República Centro Africana
RDC	República Democrática do Congo
RPC	República Popular da China
SAARC	Associação Sul-Asiática para a Cooperação Regional/ South Asian Association for Regional Cooperation
TIC	Tecnologias de Informação e Comunicação
IIA	União Africana
UE	União Europeia
UfC	Unidos pelo Consenso
UNCAC	Convenção das Nações Unidas contra a Corrupção/ United Nations Convention against Corruption

UNCITRAL	Comissão das Nações Unidas para o Direito Comercial Internacional/ United Nations Commission on International Trade Law
UNCOPUOS	Comitê das Nações Unidas para o Uso Pacífico do Espaço Exterior / United Nations Committee on the Peaceful Uses of Outer Space
UNCTAD	Conferência das Nações Unidas sobre Comércio e Desenvolvimento/ United Nations Conference on Trade and Development
UNODA	Escritório das Nações Unidas para Assuntos de Desarmamento/ United Nations Office for Disarmament Affairs
UNFCCC	Convenção-Quadro das Nações Unidas sobre a Mudança do Clima/ United Nations Framework Convention on Climate Change

LISTA DE TABELAS

Tabela 1: Grandes Economias em 2050 55

Tabela 2: Grupos de Pesquisas sobre os BRICS 64

Tabela 3: Formas de Cooperação entre os BRICS 76

Tabela 4: IV Cúpula dos BRICS: Segurança e Meio Ambiente 81

Tabela 5: Os BRICS e a Jurisdição Internacional 87

Tabela 6: Plano de Ação de Fortaleza 90

Tabela 7: Declaração de Ufá – Segurança Internacional 93

Tabela 8: BRICS e Tratados em Matéria de Segurança Internacional 96

Tabela 9: Déficits de Representatividade no CSNU (1945-2005) 150

Tabela 10: Proposta de Reforma do G-4 153

Tabela 11: Sistema de Cotas FMI/Reformas 2008 e 2010 197

Tabela 12: Cotas-partes e de Votação antes e após a Implantação das Reformas Acordadas em 2008 e 2010/ FMI 198

Tabela 13: Distribuição de Ações e Direito de Voto NBD 216

Tabela 14: Projetos de Financiamento do NBD 220

SUMÁRIO

INTRODUÇÃO 17

Capítulo I

O DIREITO INTERNACIONAL NO SÉCULO XXI: ENTRE A AMBIVA-LÊNCIA E O MULTILATERALISMO 25

1.1 Direito internacional e relações internacionais: aspectos para a compreensão da governança global 38

Capítulo II

DIMENSÕES INTERNA E EXTERNA DOS BRICS: CÚPULAS, DOCU-MENTOS E MOVIMENTOS DE COOPERAÇÃO 51

2.1. O surgimento do acrônimo 51

2.2. Conceitos e contribuições teóricas à análise dos BRICS 55

2.3. Cúpulas, documentos e movimentos de cooperação e reforma. 67

2.3.1. I Cúpula e a Declaração Conjunta de 2009: o início de um diálogo 68

2.3.2. II Cúpula e a Declaração Conjunta de 2010: a consolidação de uma agenda comum 70

2.3.3 III Cúpula dos BRICS e a Declaração de Sanya de 2011: o ingresso da África do Sul 73

2.3.4 IV Cúpula dos BRICS e a Declaração de Nova Delhi de 2012: reformas e preocupações ambientais 79

2.3.5. V Cúpula dos BRICS e a Declaração e Plano de Ação de eThekwini, 2013: A infraestrutura como chave para o desenvolvimento 85

14 Direito e Relações Internacionais • Elen de Paula Bueno

2.3.6 VI Cúpula e a Declaração e Plano de Ação de Fortaleza, 2014: a assinatura do Acordo Constitutivo do Novo Banco de Desenvolvimento 87

2.3.7 VII Cúpula dos BRICS e a Declaração de Ufá, 2015: agenda comum em matéria de segurança internacional 92

2.3.8 VIII Cúpula dos BRICS e a Declaração de Goa, 2016: primeiros caminhos para a cooperação comercial, econômica e de investimentos intra-BRICS. 98

2.3.9 IX Cúpula dos BRICS e a Declaração de Xiamen, 2017: ampliação da cooperação intra-BRICS 106

2.3.10. X Cúpula dos BRICS e a Declaração de Joanesburgo, 2018: perspectivas no contexto da 4ª Revolução Industrial. 119

Capítulo III

OS BRICS E AS REFORMAS DAS INSTITUIÇÕES INTERNACIONAIS 125

3.1. O ajuste das organizações internacionais ao contexto pós-moderno ... 125

3.2 BRICS e a reforma do Conselho de Segurança das Nações Unidas... 133

3.2.1. O Conselho de Segurança e o sistema de segurança coletiva das Nações Unidas.. 135

3.2.2. Breve histórico sobre os projetos de reforma do CSNU 142

3.2.3. A atuação do G-4 e de outros grupos nos projetos de Reforma do CSNU 151

3.2.4. Visões e críticas teóricas dos projetos de reforma 159

3.2.5 Os BRICS e o Conselho de Segurança das Nações Unidas 173

3.3 Os BRICS e a reforma das instituições de Bretton Woods 177

3.3.1 O contexto histórico de criação das instituições de Bretton Woods 180

3.3.2 BRICS e as reformas do FMI e do Banco Mundial 190

3.4 O Novo Banco de Desenvolvimento (NBD) e o Acordo para o Estabelecimento do Arranjo Contingente de Reservas dos BRICS (ACR)....... 208

3.4.1. Objetivo, funções e estrutura do Novo Banco de Desenvolvimento (NBD) 214

3.4.2. Desenvolvimento e sustentabilidade: os primeiros projetos do NBD.. 219

3.4.3 O NBD no âmbito das reformas.. 233

3.5 Relação entre os BRICS e as reformas das instituições internacionais 239

CONSIDERAÇÕES FINAIS.. 251

REFERÊNCIAS BIBLIOGRÁFICAS 257

INTRODUÇÃO

No início do século XXI, o agrupamento formado por Brasil, Rússia, Índia, China e África do Sul levantou uma das principais bandeiras em prol do fortalecimento do multilateralismo e das reformas das instituições internacionais. Os BRICS, ao longo das cúpulas realizadas desde 2009, discutiram e apreciaram os principais temas internacionais contemporâneos, sobretudo em matéria de meio ambiente, segurança internacional, sistema econômico global e desenvolvimento, fomentando inovadores modelos de cooperação e contribuindo para o reforço da legitimidade das organizações multilaterais e para uma perspectiva transcivilizacional do direito internacional.

A institucionalização das relações internacionais e o fortalecimento dos mecanismos de cooperação passarão inelutavelmente pelo crivo do direito internacional, que deverá se adaptar ao contexto pós-moderno[1] e atualizar suas estruturas à luz do multilateralismo e do contexto multicultural. O direito internacional não é um sistema estático, mas condicionado aos processos de mudanças da sociedade internacional. A legitimidade do exercício jurídico igualmente se modifica – tanto como um fenômeno social empírico como um conceito normativo[2]. Nesse contexto, as organizações internacionais e seus órgãos devem igualmente se adaptar, pela prática e pela flexibilização dos seus instrumentos jurídicos, aos novos contornos e circunstâncias do tempo[3]. O direito internacional pós-moderno acarreta revisão dos modelos institucionais e normativos herdados de outras eras. Esse sistema de direito internacional pós-

---

1   CASELLA, Paulo Borba. **Fundamentos do direito internacional pós-moderno**. São Paulo: Quartier Latin, 2008.

2   WEILER, Joseph H. **The geology of international law**. Governance, democracy and legitimacy. Heidelberg Journal of International Law, n. 64, 2004, pp.547-562.

3   HERNDL, Hurt. **Reflections on the role, functions and procedures of the Security Council of the United Nations**. Recueil des Cours. Hague Academy of International Law, v. 206, 1987, p. 358.

-moderno encontra-se em construção. O pós-moderno volta-se para o passageiro, para o contemporâneo, para o que se situa além dos paradigmas pretensamente estáveis da modernidade[4].

A sociedade internacional centralizada no estado e com valores tipicamente ocidentais do século XX transformar-se-á em uma sociedade multipolar e multicivilizacional no presente século[5]. O poder adquirido por estados emergentes poderá afetar substancialmente a estrutura jurídica global e culminar em modelos equitativos de cooperação[6]. Além disso, a herança deixada pelo século XX em numerosas partes do mundo, isto é, uma desigualdade dos estados face ao desenvolvimento[7], poderá ser revista e compreendida à luz da percepção dos estados emergentes que congregam, interna e externamente, as grandes contradições do sistema econômico global.

Hodiernamente existe uma vasta literatura a respeito dos efeitos das mudanças de poder sobre a política internacional. Entretanto, os internacionalistas do direito raramente examinam como as distribuições e alterações de poder modificam as instituições e o direito internacional. As relações internacionais são formadas por vários fatores históricos, geográficos, econômicos e políticos.

---

4   "Desconstruído o mundo, e neste, o direito, em relação às pretensões codificadoras, sistematizadoras e totalizantes, herdadas do século xix, e doravante marcadas pela visão duplamente crítica, pois esta tem consciência, quanto à necessidade de revisão e adaptação, para que possa intervir e interferir de modo válido, para a regulação do sistema legal do mundo, e se põe, de modo igualmente crítico, em relação à adequação dos instrumentos legais de regulação, diante das exigências e desafios do futuro" CASELLA, *op.cit.*, 2008, p.67.

5   "A perspectiva que chamo de 'transcivilizacional' pode auxiliar na solução desses problemas práticos, normativos e epistemológicos, expandindo nossas preocupações, questionado nossas premissas evidentes ou axiomáticas e ampliando nossas perspectivas de forma multifacetada. Trata-se de uma perspectiva através da qual podemos ver, reconhecer, interpretar, avaliar e buscar a proposição de soluções para ideias, atividades, assuntos e problemas, os quais transcendem as fronteiras nacionais, através do desenvolvimento de uma estrutura cognitiva e avaliadora baseada no deliberado reconhecimento de uma pluralidade das civilizações existentes há muito tempo na história da humanidade. Trata-se de uma perspectiva que as pessoas já têm adotado inconscientemente quando veem assuntos 'internacionais'. É necessário que esclareçamos essa perspectiva e a reconstruamos como uma ferramenta útil para apreciação de aspectos complexos e das dimensões associadas ao direito internacional no mundo multipolar e multicivilizacional do século XXI". ONUMA, Yasuaki. **Direito internacional em perspectiva transcivilizacional**. Questionamento da estrutura cognitiva predominante no emergente mundo multipolar e multicivilizacional do século XXI. CASELLA; Paulo Borba; NINOMIYA, Masato (Org.). Belo Horizonte: Arraes, 2017, p. 22.

6   CASELLA, Paulo Borba. **BRIC: Brasil, Rússia, Índia e China: uma perspectiva de cooperação internacional**. São Paulo: Atlas, 2011, p. 16.

7   LACHS, Manfred. **O Direito internacional no alvorecer do século XXI**. Estudos avançados, v.8, n.21, São Paulo May/Aug 1994. Do original: Le droit international à l'aube du XXi siècle, R.G.D.I.P., n. 3, pp. 529-550, 1992.

Nesse contexto, as mudanças ocorridas no âmbito da sociedade internacional inelutavelmente afetam o direito internacional[8].

Como compreender o direito internacional diante das realidades emergentes do século XXI? O direito internacional pós-moderno volta-se, justamente, para o que ainda está em formação, e que pode ou não vir a ser consolidado[9]. Nessa esteira, o direito internacional pós-moderno encontra doravante a tarefa direcionada aos estudos dos processos em formação, bem como a necessidade de, no campo acadêmico, desenvolver-se mediante contribuições originais à ciência.

Uma vez considerada a mudança nas constelações de poder no século XXI, a busca por democratização, legitimidade e reformas será uma constante no seio da sociedade internacional. Nesse sentido, a doutrina internacional deverá responder a esta nova realidade e reconstruir sua teoria de acordo com ela[10].

A ascensão dos países emergentes está criando novas demandas para a democratização e o reforço das instituições multilaterais. O resultado é uma nova gama de opções estratégicas disponíveis para os países em desenvolvimento e um novo imperativo de reformar e revitalizar organizações multilaterais e regionais[11]. Nesse contexto, especialistas[12] ressaltam a importância dos mecanismos inovadores de governança global e para a resolução de crises, como as redes informais transgovernamentais que podem conferir às potências emergentes[13] maior voz e influência no cenário mundial. À vista da modificação da realidade internacional nos últimos anos, aponta-se para um aprofundamento da crise de legitimidade na tomada de decisões internacionais pelas tradicionais potências moldadoras da ordem mundial. Consequentemente, o equilíbrio de poder

---

8   BEDJAOUI, Mohammed. **International law: achievements and prospects**. Paris: UNESCO, 1991, p.3.

9   CASELLA, Paulo Borba, *op.cit.*, 2008, p. 897.

10   ONUMA, *op.cit.*, p. 23.

11   "The rise of the global South and a shift in global power towards emerging economies—China, in particular—has become more obvious. China and other emerging economies have forged deeper and stronger economic relations with neighbors and across the developing world" WOODS, Ngaire et. al. **Transforming global governance for the 21st century**. New York: UNDP Human Development Report Office, occasional paper, 2013, p. 1.

12   SLAUGHTER, Anne-Marie; HALE, Thomas. Transgovernmental networks and emerging powers. *In*: **Rising states, rising institutions: challenges for global governance**. Alan S. Alexandroff and Andrew F. Cooper, editors. Baltimore: Brookings Institution Press, 2010, pp. 48-62.

13   Outro modelo com raízes no institucionalismo liberal diz respeito ao "great-power concert". Neste, a transição da unipolaridade para a multipolaridade seria pacífica e as potências emergentes atuariam como *supporters* e um novo equilíbrio de poder, que se exprimiria por instituições multilaterais fortes, seria instaurado e garantiria a estabilidade. SCHWELLER, Randall. **Emerging powers in an age of disorder**. Global Governance, v. 17, n. 3, jul./set., 2011, p. 289.

mundial no presente século modificou-se e possibilitou a diversidade de atores e polos que estão fora do tradicional círculo de poder ocidental Estados Unidos – União Europeia – Japão, o que expressa uma descentralização de decisões e possibilita o surgimento da multipolaridade[14].

O mapa do século XXI provavelmente será muito diferente do século XX em termos de distribuição de poder em escala global. Como já defendido por muitos especialistas, o mundo no século XXI será provavelmente multipolar ao invés de unipolar ou bipolar. Os principais agentes desse sistema multipolar: Estados Unidos, países da Europa Ocidental, China, Índia e talvez alguns outros como a Rússia, Japão e Brasil, têm perspectivas culturais, religiosas e civilizacionais que diferem significativamente entre si. Parecemos estar em um momento no qual é preciso considerar os problemas a partir de uma perspectiva associada a diversas civilizações, não se limitando à moderna civilização ocidental. O mundo do século XXI não só será multipolar, mas também multicivilizacional (ONUMA, 2017, p. 21).

Há uma percepção generalizada de que o poder está mudando na política global e que as potências emergentes estão assumindo um papel mais proeminente, ativo e importante. Com efeito, o sistema global é cada vez mais caracterizado por uma difusão de preferências, com mais vozes exigindo serem ouvidas, como um resultado da globalização e da democratização. Os desafios do presente século levantam questões em torno da ordem política, do sistema jurídico e da governança econômica global[15]. O mundo mudou consideravelmente e hoje é mais diversificado e mais complexo, a fluidez das informações e dos capitais torna os equilíbrios menos estáveis e as relações institucionais tendem a tornar-se voláteis. Apesar das fragilidades existentes, nem todas as relações internacionais são regidas somente pela força. O papel dos princípios e das normas de direito internacional precisa fazer-se acompanhar dos respectivos procedimentos adequados de implementação e controle de execução[16].

A formação de um grupo que une Brasil, Rússia, Índia, China e África do Sul, por si só, já possui um caráter inovador no direito internacional e nas relações internacionais. Diferentemente do fortalecimento dos regionalismos que caracterizou a segunda metade do século XX, os BRICS surgem como uma reunião daqueles que, por razões econômicas, políticas, demográficas ou militares, uniram pretensões comuns e mecanismos equitativos de cooperação.

---

14   BIJOS, Leila; GUILHON, Erick P. **Brics: uma alternativa de poder?** Londrina: Revista do Direito Público, v. 9, n.1, jan./abr. 2014, p.14.

15   HURRELL, Andrew; SENGUPTA, Sandeep. **Emerging powers: North–South relations and global climate politics**. International Affairs, v. 88, 3, 463, 2012, p. 463.

16   CASELLA, *op.cit.*, 2011, p. 107.

Enquanto o regionalismo leva em conta fatores como traços culturais, geográficos e históricos, o fenômeno BRICS congrega culturas distintas, dimensões históricas e ordenamentos jurídicos diferentes, bem como uma considerável distância geográfica. A discussão acerca dos motivos pelos quais cinco distintos países optaram por unir agendas e interesses recíprocos encontra nas relações internacionais a sua vastidão, principalmente no que concerne aos interesses econômicos. Sob o prisma do direito internacional, a inovação diz respeito a um encontro que se deu em momentos de paz e que pode contribuir para novos arranjos internacionais no presente século.

O "fator BRICS" não é apenas um embrião de modelos legais e políticos alternativos de cooperação entre vários países; pode ser igualmente compreendido como um laboratório interessante de orientações normativas internacionais alternativas, reforçando a percepção de um processo de transformação inevitável de todos os edifícios conceituais e normativos de direito internacional. Nesse contexto, embora uma realidade multicultural não seja inteiramente nova, pela primeira vez, os chamados países emergentes[17] têm os meios para influenciar o direito internacional[18].

Contrariamente às críticas de que o BRICS não traz novas ideias à regulamentação global e promete investir pouco na produção de bens públicos globais, Mihaela PAPA[19] argumenta que o BRICS já é um regulador inovador porque introduz a noção de uma transição negociada estrategicamente para além da lei hegemônica, para uma multipolaridade implementada através de uma coalizão de países que representa mais de 40% da população mundial. A sua ascensão também apresenta debates sobre a soberania como responsabilidade socioeconômica e abre espaço para sua evolução normativa para abordar a produção de desigualdades através da regulação global. No mesmo sentido, BIJOS e GUILHON[20] entendem que a governança global se assume como inovação do incipiente processo democrático internacional no qual os estados da comunidade mundial posicionam-se sobre os temas que lhes afetam diretamente. Com efeito, a inclusão dos BRICS no rol dos principais atores internacionais para a

---

17 PRADEL, Nicolas. **Pays émergents et droit international**: l'enjeu de l'adaptation. L'Observateur des Nations Unies, Association française pour les Nations Unies, 2013, v. 33, 2012, p.2.

18 GIANNATTASIO, Arthur R. Capella; CARDOSO, Luís F. de Paiva Baracho. **Structural challenges in a multipolar and multicultural global legal era:** BRICS' global legal politics beyond cultural and economic partnerships. São Paulo Law School of Fundação Getulio Vargas – DIREITO GV, Research Paper Series – Legal Studies Paper n. 87, 2014, p. 10.

19 PAPA, Mihaela. **BRICS as a global legal actor: from regulatory innovation to BRICS law?** Rivista di diritto pubblico italiano, comparato, europeo, 2014, p. 44.

20 BIJOS, Leila; GUILHON, Erick P. **Brics: uma alternativa de poder?** Londrina: Revista do Direito Público, vol. 9, n.1, jan./abr. 2014, pp. 9-54.

governança do mundo é importante porquanto propicia o surgimento de novos debates e a convergência entre posições diferentes. De acordo com CASELLA (2011), a perspectiva BRICS não diz respeito somente aos países participantes, mas, igualmente, no sentido de colegiado que, ao operar de modo ordenado e eficiente, poderá redesenhar a cooperação no mundo pós-moderno.

Ademais, os BRICS podem contribuir para uma paulatina ampliação de uma perspectiva multicultural em transição. A pluralidade cultural e o multiculturalismo, em relação ao direito internacional, evocam um sentimento de preocupação com a paz: a sociedade multicultural implica a existência de uma diversidade essencial à condição humana e que pressupõe a busca de soluções comuns no contexto de compromisso e respeito ao outro. A pluralidade de concepção culmina no corpo de normas comuns, cada vez mais integradas, a serviço da paz e de melhores condições de vida da pessoa humana na sociedade universal. Assim, o multiculturalismo nos revela sua dupla face, como risco e como oportunidade, para reconhecimento efetivo da humanidade[21]. A perspectiva jurídica dos BRICS poderá fomentar bases para a oportuna e necessária integração de uma agenda pautada na cooperação e no respeito ao direito internacional. Com o movimento das potências emergentes na vanguarda das relações internacionais, novos mecanismos de cooperação serão necessários no sistema internacional[22].

Como sinaliza Evandro CARVALHO, o desafio para aqueles que trabalham com o direito internacional será o de compreender o sistema jurídico desde outras possibilidades de sentido, a partir de outras realidades culturais. Se, de um lado, isto exige do jurista, do internacionalista e do diplomata competências e habilidades muito amplas e complexas, de outro, "convida-nos a construir um mundo mais aberto à experiência da alteridade, oferecendo ao direito internacional a oportunidade de ser a expressão legítima da vontade dos povos"[23].

Quais os impactos dos estados emergentes no direito internacional? Como a intersecção entre as relações internacionais e o direito internacional pode contribuir para elucidar os movimentos de mudanças e seus respectivos impactos? Como compreender o direito internacional à luz do multilateralismo e da perspectiva transcivilizacional? Qual o papel dos BRICS e seus impactos no direito internacional do século XXI, especificamente em

---

21   DUPUY, René-Jean. **Mondialisation et dédoublement du monde**. Études internationales (Tunis), n. 63, 1997, p. 66.

22   YING, Huang. BRICS: a new cooperation model in horizon. *In:* **Laying the BRICS of a New Global Order**: From Yekaterinburg 2009 to eThekwini 2013. Editors Francis A. Kornegay and Narnia Bohler-Muller. Pretória: African Institute of South Africa, 2013, p.53.

23   CARVALHO, Evandro Menezes de. **Diplomacia e multilinguismo no direito internacional**. Revista Brasileira de Política Internacional, n.49, v. 2, 2006, pp. 178-195.

matéria de reforma das instituições, reforço do multilateralismo e modelos equitativos de cooperação?

De modo a responder a esses questionamentos, a obra foi sistematizada em três capítulos. O primeiro capítulo tem por objetivo levantar as hodiernas perspectivas e discussões teóricas acerca do conteúdo ambivalente do direito internacional público em meio à busca de um multilateralismo. A pesquisa parte da premissa segundo a qual o direito internacional terá papel fundamental no século XXI, sobretudo no sentido de garantir a paz e ordenar as relações internacionais, mas que deverá se adaptar, na prática e na teoria, às transformações e à realidade internacional pós-moderna. À luz de uma perspectiva transciviliza-cional, busca-se compreender como os estados emergentes podem contribuir ao fortalecimento das instituições internacionais e ao reforço do multilateralismo. O estudo do impacto dos BRICS nas relações internacionais inevitavelmente exige uma análise interdisciplinar, com aportes jurídicos, econômicos, políticos e sociais. Malgrado as diferenças conceituais entre direito e relações internacionais, a pesquisa sustenta que o diálogo entre ambos se torna pertinente ao estudo do objeto e pode contribuir para a compreensão da relação entre os BRICS e as reformas das instituições internacionais. Outrossim, compreende-se que ambas as áreas do conhecimento deverão se adaptar ao contexto pós-moderno e atualizar suas estruturas à luz do multilateralismo e do contexto multicultural, superando tradições dos séculos passados.

O segundo capítulo é dedicado ao estudo das dimensões interna e externa dos BRICS: cúpulas, documentos e movimentos de coordenação e cooperação. A pesquisa literária utilizou aportes da economia e das relações internacionais de modo a compreender as construções conceituais sobre o fenômeno BRICS. Com base em análise majoritariamente documental, procurou-se o histórico de formação, as cúpulas, documentos e movimentos de cooperação do grupo, de modo a compreender seus objetivos e contexto de desenvolvimento.

O terceiro capítulo analisa a relação dos BRICS com os projetos reformadores do sistema de governança das instituições internacionais, especificamente do Conselho de Segurança das Nações Unidas, do Banco Mundial e do Fundo Monetário Internacional. Da busca por reformas das instituições de Bretton Woods, surgiram o Novo Banco de Desenvolvimento (NBD) e o Acordo para o Estabelecimento do Arranjo Contingente de Reservas dos BRICS (ACR), que foram abordados detalhadamente ao longo da pesquisa de modo a compreender a relação da trajetória de um simples acrônimo ao advento de uma organização internacional. Embora os BRICS tenham avançado mais em matéria de reforma do sistema de governança das organizações econômicas internacionais, foi conferida igual ênfase ao Conselho de Segurança das Nações Unidas, ao se partir do pressuposto segundo o qual a estabilidade das relações internacionais necessariamente envolve as esferas econômica e política. Para compreender o ajuste das organizações internacionais ao contexto pós-moderno, a pesquisa levou em conta, no âmbito do sistema de segurança coletiva, o histórico sobre os projetos de reforma do Conselho de Segurança das Nações Unidas, as propostas recentes e visões críticas a respeito das limitações dos projetos reformadores. No campo econômico, a pesquisa traçou o contexto histórico de criação das duas principais organizações de Bretton Woods e os recentes projetos de reforma do sistema de governança. Por fim, realizou-se um estudo sobre o Novo Banco de Desenvolvimento (NBD) e o Acordo para o Estabelecimento do Arranjo Contingente de Reservas dos BRICS (ACR), de modo a compreender seus objetivos, funções e estrutura no contexto de reformas.

A metodologia de pesquisa envolveu leitura e identificação de todas as Declarações dos BRICS, bem como dos Tratados e Memorandos assinados. Foram revisados artigos acadêmicos das áreas do direito, das relações internacionais e da economia. A pesquisa também acessou documentos relacionados extraídos dos ministérios dos membros do BRICS e de organizações internacionais. Os resultados foram sistematizados e apresentados na forma de textos, gráficos e tabelas que cruzam os dados e informações.

O estudo dos BRICS revelou que esses países podem exercer um papel decisório no fortalecimento do multilateralismo e nas reformas das instituições internacionais, bem como na prática de modelos equitativos de cooperação. Os países emergentes podem contribuir para a correção de assimetrias passadas, equilibrar o unilateralismo estadunidense e reforçar o multilateralismo e as instituições internacionais. Essas contribuições inelutavelmente deverão passar pelo crivo do direito internacional de modo a obstar que, como nos séculos passados, as mudanças de poder resultem em conflitos, guerras e graves violações de direitos humanos[24].

---

24 CASELLA, Paulo Borba. **BRIC: Brasil, Rússia, Índia e China: uma perspectiva de cooperação internacional**. São Paulo: Atlas, 2011.

CAPÍTULO I

O DIREITO INTERNACIONAL NO SÉCULO XXI: ENTRE A AMBIVALÊNCIA E O MULTILATERALISMO

o direito internacional é um conjunto de normas jurídicas que rege as relações internacionais[1] e que pode ser compreendido, quanto a sua funcionalidade, como uma ferramenta que busca a realização da justiça internacional ou como justificativa de dominação e exploração dos países desenvolvidos poderosos[2]. Sob esta perspectiva, longe de constituir uma simples técnica jurídica neutra, o direito internacional pode ser interpretado como uma projeção dos valores e dos interesses dos atores dominantes da sociedade internacional. Em outras palavras, o direito internacional pode ser intrinsicamente ambivalente: é concomitantemente um instrumento de dominação e um instrumento de emancipação que os sujeitos utilizam[3]. Ao mesmo tempo em que contribui para a realização de valores comuns em uma sociedade global, o direito internacional pode ser colocado a serviço do poder e como justificativa da existência de relações de poder entre nações poderosas e menos poderosas[4]. Na sua dimensão organizacional,

---

1   GUGGENHEIM, Paul. Droit international publique. **Traité de droit international public**: avec mention de la pratique internationale et suisse. t. I, **Geneva**: Librairie de l'Université, 1953, p. 1.

2   ONUMA, Yasuaki. **International law in and with international politics**: The functions of international law in international society. European Journal of International Law, v. 14, n. 1, 2003, pp. 105-149.

3   JOUANNET, Emmanuelle. **Le droit international**. Que sais-je? Paris: PUF, 2013, p. 2.

4   ONUMA, Yasuaki. **A transcivilizacional perspective on international law**. Questioning prevalent cognitive frameworks in the emerging multi-polar and multi-civilizational world of the twenty-first century. Boston: Martinus Nijhoff Publishers, 2009.

o direito internacional pode ser considerado um direito entre iguais, um instrumento pelo qual estados soberanos expressam o seu consentimento. Sob uma dimensão valorativa, o direito internacional pode ser interpretado como um direito dos estados mais poderosos. Concomitantemente, pode ser apresentado como um direito dos fracos e como um instrumento que visa à proteção contra o abuso de poder e ao estabelecimento de um equilíbrio político, econômico e social entre os estados[5].

O conteúdo ambivalente do direito internacional, igualmente relacionado com os aspectos culturais[6] e históricos, pode ser interpretado e analisado a partir de perspectivas distintas, como realidade social[7] e como expressão de valores preponderantes[8].

A percepção histórica do direito internacional é condicionada tanto pelo tempo, como pela geografia e pela cultura[9]. O ramo dedicado ao estudo da história do direito internacional nos revela que, a partir de uma perspectiva histórica, houve contribuições ao desenvolvimento do direito internacional nas mais diversas regiões do mundo[10].

O direito internacional, embora praticado em diversas sociedades desde a Antiguidade, inclusive em termos de diplomacia[11] na China[12], se desenvolveu no continente europeu[13], sobretudo após a Paz de Vestfália, de 1648, e obteve status de universalidade no século XIX. Outrossim, no mesmo espaço geográfico e entre os tempos medieval, moderno e contemporâneo, os juristas desenvolveram

---

5   SUR, Serge; COMBACAU, Jean. **Droit international public**. 6º ed. Paris: Montchrestien, 2004, p. 33.

6   SHAW, Malcolm N. **International law**. Cambridge: Cambridge University press, 2008, p. 13.

7   KOSKENNIEMI, Martti. **Georges Abi-Saab. Repetition as reform**: Cours General de droit international public. European Journal of International Law. Issue v. 9, n. 2, 1998, p. 407.

8   BEDJAOUI, Mohammed. **Problèmes recents de succession d'États dans les États nouveaux**, RCADI, tome 130, II, 1970, p. 473.

9   CASELLA, Paulo Borba. **Direito internacional no tempo antigo**. São Paulo: Atlas, 2012, p.8.

10   KOLB, Robert. Considérations sur le droit international public des anciennes cultures extra-europénnes. *In* **The roots of international law / Les fondements du droit**: liber amicorum Peter Haggenmacher. Edité par Pierre-Marie Dupuy e Vincen Chetail, v. 11. Boston: Martinus Nijhoff Publishers, 2014.

11   BUENO, Elen de Paula; FREIRE, Marina; OLIVEIRA, Victor Arruda Pereira. **As origens históricas da diplomacia e a evolução do conceito de proteção diplomática dos nacionais**. Anuário Mexicano de Direito Internacional, vol. XVII, 2017, pp. 623-649.

12   SPENCE, Jonathan D. **The search for modern China**. New York: W. W. Norton, 1999.

13   LORCA, Arnulf B. **Universal international law: nineteenth-century histories of imposition and appropriation**. Havard International Law Journal, v. 51, nº 2, summer 2010, p. 476.

I. O direito internacional no século XXI **27**

conceitos e percepções do direito internacional, da concepção jusnaturalista à positivista, do direito das gentes ao direito internacional.

A consolidação e reafirmação do direito internacional, na teoria e na prática, permearam todo o século XX. Apesar das páginas marcadas por longas e violentas guerras[14], o século que nos antecedeu foi reconstruído a partir da Carta das Nações Unidas, o que representou um avanço revolucionário na história das relações internacionais[15], sobretudo quando, da ambivalência entre a dominação e a emancipação do direito internacional, pelo rompimento do regime colonial, foram edificados os princípios básicos da ordem jurídica internacional que proíbem a ameaça ou uso da força, fortalecem a solução pacífica de controvérsias e o direito dos povos à autodeterminação, o respeito pelos direitos fundamentais e o dever de cooperação internacional.

Manfred LACHS argumentou que se um dia lhe fosse incumbida a tarefa de resumir o século XX em um telegrama, a mensagem seria a seguinte:

> O século XX foi marcado pelo desenvolvimento do princípio da autodeterminação dos povos, pelo nascimento de mais de uma centena de Estados, pela tendência em se reconhecer os direitos do homem e as liberdades fundamentais; devido ao aparecimento e desenvolvimento de um novo sistema político-econômico que prometia a igualdade e a justiça a todos e tornou-se fonte de numerosos males e de destruições, antes de desaparecer na falência e no desmoronamento; um século do qual o futuro reterá a imensa parte que assumiu do progresso da ciência e da tecnologia, ao tomar posse da natureza e dominá-la, transpondo os limites dos mais recuados espaços (LACHS, 1994, p. 98).

A participação dos novos estados independentes da África[16] e da Ásia, bem como a reivindicação de outros participantes, como as organizações

---

14 "A humanidade sobreviveu. Contudo, o grande edifício da civilização do século XX desmoronou nas chamas da guerra mundial, quando suas colunas ruíram. Não há como compreender o Breve Século XX sem ela. Ele foi marcado pela guerra. Viveu e pensou em termos de guerra mundial, mesmo quando os canhões se calavam e as bombas não explodiam. Sua história, e mais especificamente, a de sua era inicial de colapso e catástrofe devem começar com a guerra mundial de 31 anos". HOBSBAWN, Eric. **Era dos extremos**. O breve século XX. 1914-1991. São Paulo: Companhia das Letras, 1995, p. 30.

15 KOHEN, Marcelo. Manifeste pour le droit international du XXIe siècle. *In* **L'ordre juridique international, un système en quête d'équité et d'universalité.** Coord. Liber Amicorum; Georges Abi-Saab. Haia: Martinus Nijhoff Publishers, 2001, p. 7.

16 "At the inception of the United Nations in 1945, there were fifty-one Member States, including only four from Africa. Today there are forty-eight African States. Memberships of the Organization proved to be a status symbol for all newly independent States everywhere. The Organization provides the best forum for the airing of grievances about decolonization, apar-

internacionais, as organizações não governamentais e os indivíduos[17], contribuíram para a ampliação e a democratização do sistema internacional no século XX. O cenário pós-guerra – ao mesmo tempo marcado pela ampliação das suas estruturas, incluindo a dos seus participantes – ingressou na era da bipolaridade às sombras da guerra fria e fechou suas cortinas com a queda do muro de Berlim e a consequente supremacia da superpotência americana. Nesse ínterim, não apenas o estudo do direito internacional ganhou relevância, como as produções acadêmicas espalharam-se pelos continentes, criando percepções localizadas[18] acerca do direito internacional, bem como contestações a respeito do persistente caráter ambivalente do direito internacional.

A segunda metade do século XX pode ser caracterizada como a "era da América". Principais nações da Europa Ocidental, seguindo basicamente a liderança dos EUA, empunham considerável "poder brando" por meio de uma diplomacia sagaz e de influência cultural e acadêmica. Particularmente após o fim da Guerra Fria em 1989, a centralidade da sociedade global nos EUA tornou-se evidente. A busca Universal para uma "economia de mercado", "democracia", "direitos humanos", "sociedade civil" e "Estado de Direito", representava essa tendência. No século XX, foi elaborada uma linha de

---

theid, racial discrimination and colonialism (...). For this and other import issues, the United Nations provides fresh scope of the exercise of their new found sovereignty after the constriction imposed by colonial rule in the preceding seventy years or so". ELIAS, Taslim Olawale. **Africa and the development of international law**. Dordrecht: Martinus Nijhoff Publishers, 1988, p. 24.

17   Nesse sentido, a ordem jurídica internacional pode ser vista mais como um processo social de interação contínua do que um mero conjunto de regras. FALK, Richard A. **The new states and the international legal order.** Hague: Hague Academy of International Law, Recueil de Cours, 1966.

18   KENNEDY (1999) entende que a noção de "internacional" é distinta no México, na França ou no Tibet. Para o jurista, existe uma tradição teórica americana e uma europeia, particularmente francesa, de direito internacional. A tradição americana é menos formalista no seu método, mais interdisciplinar e mais pragmática que a europeia; é mais interessada nos atores privados e, do lado púbico, é mais concentrada nas regras do direito constitucional americano e no direito internacional que rege a máquina da política externa americana. O internacionalismo americano é centrado no liberalismo e de certa forma um pouco confuso quanto à hegemonia americana. O ensino do direito internacional nos Estados Unidos é mais crítico no que diz respeito à insistência formal sobre a distinção entre direito internacional e política. O autor expõe ainda que o jurista internacionalista americano atribui menos importância às cortes internacionais e que os estudos do direito internacional nos Estados Unidos levam em conta mais os discursos e as linguagens existentes entre os estados. Para JOUANNET (2009), a escola francesa contemporânea de direito internacional é dominada pelo positivismo em todas as suas formas: formalista, pragmática, utilitarista e historicista. Isso não necessariamente constitui um caráter negativo, mas a prevalência do pensamento positivista pode amputar o direito da dimensão crítica e das possíveis respostas de evolução do direito internacional.

demarcação entre sociedades "desenvolvidas" e "subdesenvolvidas" (ou em "desenvolvimento", um eufemismo para "subdesenvolvidos") com algumas exceções entre as nações ocidentais e não ocidentais (ONUMA, 2017, p. 14).

A hegemonia unilateralista estadunidense, na passagem do século XX para o século XXI demonstrou seus primeiros sinais na administração Reagan[19], quando o governo passou a renegar contribuições às Nações Unidas, retirou o reconhecimento da jurisdição compulsória da Corte Internacional de Justiça e rejeitou a Convenção das Nações Unidas sobre o Direito do Mar[20]. Nesse contexto, o pensamento conservador inspirado na "*Reagan revolution*" iniciou o desenvolvimento de uma doutrina pautada no "novo unilateralismo americano de modo a desmantelar e minar o consenso pós-guerra". O autor, na análise da doutrina unilateralista[21] e seus limites, sugere que a versão do unilateralismo dos Estados Unidos é insustentável no atual mundo interconectado e pluralista. Para Cançado TRINDADE[22], o hodierno cenário internacional encontra-se dilacerado pelo unilateralismo, pelo militarismo e pelo recrudescimento do uso indiscriminado da força (em meio à suspensão de processos de paz). O unilateralismo, como observa Robert KOLB[23], não se limitou unicamente ao tema do uso da força; a problemática foi ainda mais profunda, sobretudo porque os Estados Unidos não têm se mostrado dispostos a nenhuma decisão

---

19   RUGGIE, John G. **Doctrinal unilateralism and its limits.** America and global governance in the new century. Corporate social responsability iniative working paper n. 16, Havard University, 2006.

20   "Le système prévu au chapitre VII de la Charte fut d'abord déformé, ensuite détourné pour satisfaire les desseins des Etats-Unis, et enfin écarté. Déformé, parce que le Conseil de Sécurité n'a pas assumé ses responsabilités dans le cas de l'annexion du Koweït par l'Irak ou en Somalie, se contentant d'autoriser les Etats à utiliser 'tous les moyens' nécessaires, sans assumer la direction et le contrôle des opérations impliquant l'emploi de la force. Détourné, parce que les pouvoirs conférés au Conseil en vertu du chapitre VII furent dévoyés dans l'affaire de Lockerbie au détriment des compétences de la Cour internationale de Justice. Ecarté finalement, par l'emploi massif de la force sans aucune autorisation onusienne dans le conflit du Kosovo". KOHEN, *op.cit.,* 2001, p. 10.

21   Joseph NYE chega a mencionar um mundo "uni-multipolar complexo" no qual prevalece o unilateralismo militar, uma multipolaridade econômica e uma crescente diversidade e pluralidade do poder político, que já não se concentra mais nos estados, abrangendo também organizações internacionais, organizações não governamentais, sociedade civil e indivíduos. NYE Jr, Joseph S. **O paradoxo do poder Americano.** Por que a única superpotência do mundo não pode prosseguir isolada. São Paulo: editora Unesp, 2002, p. 80.

22   TRINDADE, Antônio Augusto Cançado. **Desafios e conquistas do direito internacional dos direitos humanos no início do século XXI.** Trabalho de pesquisa apresentado pelo Autor, em um primeiro momento, nas Jornadas de Direito Internacional Público no Itamaraty, na forma de conferência de encerramento por ele ministrada em Brasília, em 09.11.2005.

23   KOLB, Robert. Mondialisation et droit international. *In:* **Relations Internationales.** Paris: Presses Universitaires de France, 2005, pp. 69-86.

contrária aos seus interesses. Trata-se de um ataque frontal ao direito internacional, mormente em matéria de conflitos armados (armas incendiárias, Protocolo Adicional I de 1977), de minas antipessoal (Convenção de Ottawa, 1998), do clima (Protocolo de Quioto, 1997) e do Tribunal Penal Internacional (Estatuto de Roma, 1998), temas da agenda "civilizadora" dos quais os Estados Unidos se recusaram a participar.

A hegemonia unilateralista estadunidense, sobretudo no período Bush (2000-2008), como aduz CASELLA[24], representou um momento sombrio do direito internacional, com o uso unilateral da força, violações dos princípios fundamentais do direito internacional e dos direitos humanos e ataques contra a jurisdição e a implementação do Tribunal Penal Internacional. Se o unilateralismo[25] fracassou ou está a ponto de entrar em colapso, trata-se de saber qual multilateralismo se pode pretender operar no complexo século XXI.

O processo de democratização do sistema internacional e o reforço das instituições multilaterais, iniciados após a segunda guerra mundial, estão em construção. A hegemonia unilateralista estadunidense, ao mesmo tempo em que impulsionou movimentos multilaterais, contribuiu para a paralisação desse processo em curso. Nesse contexto, a equidade também assume caráter cada vez mais importante, sobretudo quando procuramos uma que seja não só formal, mas justa. A ordem atual se traduz por um conjunto de relações de disparidades, no meio das quais existe uma desigualdade surpreendente entre riqueza e pobreza[26]. É essencial entender o século XXI com a convicção de que o mundo precisa de soluções urgentes,

---

24   CASELLA, Paulo Borba. **BRIC: Brasil, Rússia, Índia e China: uma perspectiva de cooperação internacional**. São Paulo: Atlas, 2011, p. 6.

25   Para AMORIM, esta situação de "desequilíbrio unipolar" – mistura de desequilíbrio de poder e ordenamento unipolar – pode em tese evoluir tanto em direção a um multipolarismo benéfico para a ONU, como degenerar em esquemas mais próximos de padrões de organização internacional remanescentes do equilíbrio de poder ou da chamada *deterrence*. AMORIM, Celso. **Entre o desequilíbrio unipolar e a multipolaridade**: o Conselho de Segurança da ONU no período pós-Guerra Fria. São Paulo: Instituto de Estudos Avançados da Universidade de São Paulo, 1998, p. 3.

26   "De um prisma, há os centros de poder nas sociedades cosmopolitas, características do mundo desenvolvido, em que se delineiam os princípios políticos e econômicos, orientadores da racionalidade instrumental desta globalização hegemônica. Doutro prisma, há o universo social do outro lado da linha epistemológica da divisão internacional, em que as sociedades dos países em desenvolvimento considerados como territórios coloniais, ainda concebidos como estado hobbesiano de natureza, atrelados à dialética da apropriação de seus recursos e da violência oriunda de seus bolsões de miséria, o que correspondem a elementos impensáveis, numa pretensa universalidade do discurso moderno" PACHECO, Silvestre E. Rossi. **Multilateralismo e cooperação Sul-Sul**: o Fórum de Diálogo IBAS no marco das relações internacionais entre Brasil, Índia e África do

pois tem registrado progressos gigantescos, mas deixa igualmente subsistir necessidades particularmente rigorosas[27].

Como expõe CASELLA (2008), o legado do século XX, ao mesmo tempo, mostra os pontos fracos do direito internacional, como também a sua capacidade de aperfeiçoamento. As duas vertentes devem ser levadas em consideração ao se fazer um balanço do direito internacional do passado e a avaliação da solidez e da viabilidade dos fundamentos do direito internacional pós-moderno. Para LACHS (1994), o balanço do século XX revela progressos[28]. Estes, porém, sobretudo em matéria de proteção dos direitos humanos, são insuficientes; novas etapas deverão ser transpostas a uma velocidade maior no curso do presente século. Em matéria de direito internacional dos direitos humanos, TRINDADE (2006) argumenta que o cenário internacional contemporâneo mostra-se contraditório: se, por um lado, com o fim da confrontação bipolar, o mundo se afigura mais receptivo e sensível aos avanços dos direitos humanos, por outro lado, a proliferação de conflitos internos acarreta violações graves e sistemáticas dos direitos humanos. O autor acrescenta ao lado negativo dessa contradição a atual recessão econômica mundial que "acabou por agravar as disparidades já insuportáveis entre países industrializados e países em desenvolvimento, no plano internacional, e entre diferentes setores da sociedade, no plano interno". Para o jurista, em tempos de globalização da economia, "as fronteiras passaram a se abrir à livre circulação dos capitais, de inversões, de bens e serviços, mas não necessariamente das pessoas, dos seres humanos". Por outro lado, neste início do século XXI, "em meio a tantas ameaças e incertezas, não obstante ganha corpo, como nunca antes logrado, o antigo ideal da justiça em nível internacional". Com isto, entende o autor que "se fortalece o processo, que há tantos

---

Sul. Tese (doutorado) – Pontifícia Universidade Católica de Minas Gerais, Programa de Pós-Graduação em Direito, p. 26.

27   LACHS, *op. cit.*, 1994, p. 114.

28   "Em numerosos outros domínios, o direito internacional progrediu. Foi criado um grande número de organizações internacionais. A Organização Internacional do Trabalho pode orgulhar-se do ter presidido à adoção de 171 convenções e de 176 recomendações. A Organização da Aviação Civil Internacional procedeu, por quatro vezes, à revisão de suas regras constitutivas; unificou o direito privado do transporte aéreo. A Organização Mundial da Saúde defendeu inúmeros princípios importantes, em particular os que dizem respeito à proteção da saúde humana. A Organização Marítima Internacional é, ela própria, o reflexo da cooperação internacional. Apenas na Europa, se considerarmos o Conselho da Europa, 140 convenções foram concluídas. Assim, entramos no século XXI dispondo de um balanço considerável e estamos muito orgulhosos dos resultados obtidos ao longo dos últimos anos. Noções como o patrimônio comum da humanidade, os direitos e obrigações dos Estados *erga omnes*, o conceito renovado de vizinhança, o *jus cogens*, todas essas noções tomaram a forma diversificada de um labirinto, de que os Estados podem, com justa razão, orgulhar-se". LACHS, *op.cit.*, 1994, p. 104.

anos viemos sustentando, de jurisdicionalização da proteção internacional dos direitos humanos"[29].

De acordo com TERZ e BUELVAS[30], o direito internacional público, como um *ius pacis* (direito de paz), um *ius cooperationis* (direito da cooperação), um *ius progressionis* (direito do desenvolvimento) e um *ius coexistentiae* (direito da coexistência), terá papel fundamental no presente século, sobretudo no sentido de garantir a paz, ordenar as relações internacionais, fomentar a cooperação entre os estados, estabilizar o sistema internacional, adaptar e transformar a realidade internacional, regular os conflitos, impulsionar a justiça e o desenvolvimento internacional[31]. Nesse diapasão, a contribuição da teoria do equilíbrio, segundo os autores, será bem-vinda na esfera do direito internacional, tendo destaque o papel da União Europeia, da China, do Brasil e, eventualmente, da Rússia, como contrapesos aos Estados Unidos, país que sistematicamente viola os princípios de direito internacional.

No que concerne ao equilíbrio de poder, Emer de VATTEL[32], no século XVIII, o definiu como "uma disposição das cousas, por meio da qual nenhuma potência se encontra em condições de predominar absolutamente e de impor a lei às demais [...] O meio mais seguro de preservar esse equilíbrio de poder seria fazer com que nenhum estado ultrapassasse de muito os demais; que todos, ou pelo menos, a maior parte tivesse mais ou menos forças iguais". Em *"Extrato e Julgamento do Projeto de Paz Perpétua"*, Jean-Jacques ROUSSEAU[33] reconheceu a relevância do equilíbrio de poder na Europa; da

---

29 TRINDADE, *op.cit.*, 2006, pp.420-427.

30 TERZ, Panos; BUELVAS, Eduardo Pastrana. **El derecho internacional al despuntar el siglo XXI**, un punto de vista sociológico del derecho internacional. ad defensionem iuris inter gentes. Colômbia: Pontifícia Universidad Javeriana, Papel Político, v. 12, n.2, jul/dez, 2007, pp. 535-564.

31 Cumpre acrescentar, ainda, o *jus cogens* que, como assinala CASELLA (2008, pp. 1376-1378), é questão central do direito internacional pós-moderno. "O *jus cogens* responde ao anseio de direito internacional pós-moderno revestido de conteúdo e informado por valores comuns para toda a humanidade, ou ao menos a parte desta que em relação a esse mesmo direito internacional pós-moderno se exprima e se empenhe em construí--lo e defendê-lo, se não neutralizando, ao menos reduzindo para patamares conceitual e operacionalmente mais seguros a discricionariedade dos estados em relação à formação, ao conteúdo e à aplicação do direito internacional pós-moderno. A violação de normas do *jus cogens* constitui ilícito internacional, que pode acarretar a caracterização da responsabilidade internacional do estado".

32 VATTEL, Emer de. **Le droit des gens ou principes de la loi naturelle, appliqués à la conduite et aux affaires des nations et des souverains**, Washington: Carnegie Institution of Washington, v. I e II, 1916, s/p.

33 ROUSSEAU, Jean-Jacques. Extrato e julgamento do projeto de paz perpétua de Abbé de Saint-Pierre. *In:* **Rousseau e as relações internacionais**. São Paulo: Imprensa Oficial do Estado, Editora UNB, 2003.

mesma forma, argumentou que o Tratado de Vestfália continuaria sendo o fundamento do sistema internacional. À luz de identidades compartilhadas, já enxergava Rousseau a possibilidade das nações europeias se reunirem para a consecução de um equilíbrio comum. Para o filósofo genebrino, o concerto da Europa nem sempre existiu, mas causas específicas corroboraram para mantê-lo, entre as quais, a disseminação do direito romano, que reforçou as leis e as instituições civis e a religião cristã e sua influência agregadora. Rousseau lobrigava a ausência de leis como a causa inevitável de divergências e conflitos entre as nações europeias, constantemente em estado de guerra, e dentre as quais os tratados firmados constituíam mais uma trégua temporária do que uma paz genuína. Nesse contexto, um direito público europeu nunca foi sancionado visando um acordo comum, o que fazia prevalecer o direito do mais forte. Abbé de SAINT-PIERRE[34], por sua vez, tentou demonstrar a debilidade e inutilidade do sistema de equilíbrio: o equilíbrio não fornece qualquer garantia contra as guerras e a segurança do equilíbrio é imperfeita, tanto para a preservação do estado, quanto para a continuidade do comércio. Segundo ONUMA[35], esse equilíbrio não é suficiente para a realização do direito internacional de um modo legítimo, sobretudo quando os direitos e interesses de nações menores são frequentemente violados por conta de interesses comuns das grandes potências.

No século XXI, CASELLA[36] questiona qual a possibilidade de termos uma ordem mundial racional e equitativa. Entre as duas possibilidades, a última seria a única aceitável: a consolidação e generalização da hegemonia norte-americana ou a formação de um regime multipolar, que inclua os Estados Unidos, a União Europeia, grandes países como China, Rússia e alguns outros, formando assim um regime de *pax universalis*, sob a égide das Nações Unidas. Com efeito, segundo o jurista, uma ordem multilateral, patrocinada pelas Nações Unidas, constitui o elemento mais importante para modelar o mundo do futuro e qual o tipo de sociedade deverá prevalecer nas próximas décadas[37].

---

34 SAINT-PIERRE, Abbé de. **Projeto para tornar perpétua a paz na Europa**. Brasília: Editora Universidade de Brasília, Instituto de Pesquisa de Relações Internacionais, 2003, p. 34.

35 ONUMA, Yasuaki. **Direito internacional em perspectiva transcivilizacional**. Questionamento da estrutura cognitiva predominante no emergente mundo multipolar e multicivilizacional do século XXI Belo Horizonte: Arraes, 2017, p. 87.

36 CASELLA, *op.cit.*, 2008, p. 949.

37 Para CASELLA, não obstante todos os limites e falhas que tenha qualquer concepção da regência da vida internacional dos estados basicamente duas concepções se encontram como alternativas: ou sistema multilateral, multilateralmente estruturado e regido, ou sistemas unilateralistas, cuja base seria a hegemonia de qualquer um dos estados. CASELLA, Paulo Borba. **Fundamentos e perspectivas do direito internacional pós-moderno**. Revista da Faculdade de Direito da Universidade de São Paulo v. 101, jan./dez. 2006, pp. 433-466.

Como sinaliza Affonso OURO-PRETO[38], há sinais crescentes de uma nova distribuição global de poder econômico, no sentido multipolar. No entanto, essa tendência não se reflete ainda em outras esferas da distribuição de poder no mundo. O diagnóstico de erosão de poder dos EUA é visível e praticamente aceito por todos os observadores. O mundo unipolar, registrado com o fim da Guerra Fria, deu sinais crescentes de desgaste após as guerras do Iraque, do Afeganistão e, sobretudo, da crise financeira de 2008.

No início do século XXI, o agrupamento formado por Brasil, Rússia, Índia, China e África do Sul levantou uma das principais bandeiras em prol do fortalecimento do multilateralismo e das reformas das instituições internacionais. Esses países argumentam que, em seus processos de tomada de decisão e representação, algumas instituições internacionais não cumprem determinados princípios contemporâneos e expectativas de legitimidade com base na prestação de contas e nos preceitos democráticos. Essa realidade, frequentemente ignorada nos campos diplomático e acadêmico[39], constitui um dos principais desafios ao multilateralismo e ao fortalecimento das instituições internacionais[40]. Como sinalizam NEWMAN; THAKUR; TIRMAN (2006), os estados podem ser menos dispostos a arcar com os custos e obrigações de manter algumas instituições multilaterais em face do declínio da efetividade, especialmente na área de segurança internacional. Estados menores se sentem alienados pelo poder político e formas elitistas de multilateralismo, embora dependam, por necessidade, de participação em organismos internacionais. Cidadãos e atores não estatais estão frustrados com o que veem como uma falta de responsabilidade e transparência no multilateralismo. Como resultado, a confiança em muitas das instituições e dos valores do multilateralismo está diminuindo no início do século XXI. Quando a eficácia das instituições multilaterais não consegue atender as

---

38 OURO-PRETO, Affonso Celso de. Nova configuração de poder. In: **O Brasil, os BRICS e a agenda Internacional**. José Vicente de SÁ PIMENTEL (org.), 2ª ed. Brasília, FUNAG, 2013, p.101.

39 "Why is multilateralism neglected in international relations theory? The question contains an assumption—namely, that the treatment of multilateralism in the scholarly international relations literature is less than would be expected on the basis of its observed importance in the world. Perhaps this assumption should be questioned. One possible reason for the paucity of theory concerning multilateralism is that there may be so little multilateralism in practice". CAPORASO, James A. **International relations theory and multilateralism**: the search for foundations. International Organization, v. 46, Issue 03, June, 1992, p.600.

40 NEWMAN, Edward; THAKUR, Ramesh; TIRMAN; John. Introduction. In: **Multilateralism under challenge?** Power, international order, and structural change New York: Social Science Research Council/ United Nations University, 2006, p.3.

I. O direito internacional no século XXI 35

expectativas de desempenho e acolher normas contemporâneas, a legitimidade[41] é, por sua vez, uma dúvida.

O multilateralismo[42], assim, parece estar sob desafio de duas frentes: instituições forjadas no ambiente pós-1945 ou durante a Guerra Fria podem estar esgotadas normativamente e as suas estruturas inadequadas para os desafios contemporâneos[43]. No mesmo sentido, KEOHANE[44] argumenta que as instituições do multilateralismo enfrentam problemas de legitimidade[45] porquanto não refletem valores democráticos. O alcance das organizações internacionais tornou-se tão penetrante que suas deficiências, anteriormente

---

41 Sobre legitimidade no direito internacional: WOLFRUM, Rügider. Legitimacy of international law from a legal perspective: some introductory considerations. *In*: **Legitimacy in international law**. Berlin: Springer, 2008, pp. 1-8.

42 De acordo com RUGGIE (1992, p. 571), o multilateralismo pode ser compreendido como "uma forma institucional que coordena relações entre três ou mais estados com base em princípios gerais de conduta". Para CAPORASO (1992, pp. 601-602), o multilateralismo pode ser considerado um princípio organizacional composto por três elementos: indivisibilidade, princípios gerais de conduta e reciprocidade difusa.

43 "In 1999, Samuel Huntington predicted that the global system would move through one or two uni-multi-polar decades towards a truly multi-polar twenty-first century. It is too early to confirm if Huntington's prediction of a true multi-polar international order is correct. LANGENHOVE Luk Van; ZWARTJES Marieke; PAPANAGNOU, Georgios. Conceptualising regional leadership: the Positioning theory angle. *In*: **Global and regional leadership of BRICS countries**. United Nations Universities Series on Regionalism, vol. 11, 2016, p. 13.

44 KEOHANE, Robert O. The contingent legitimacy of multilateralism. *In*: **Multilateralism under challenge**? Power, international order, and structural change New York: Social Science Research Council/ United Nations University, 2006, p. 74.

45 Compreende GEORGIEV (1993) que o conceito de legitimidade pode ser útil para a teoria jurídica internacional porquanto leva em consideração as contradições existentes no direito internacional e, ao mesmo tempo, fornece indicações para sua solução. A percepção da legitimidade como algo fora da esfera da lei e a falta de interesse por parte da doutrina jurídica são acompanhadas pelo desenvolvimento em outras disciplinas sociais de conceitos do legitimidade que não contenham expressamente a ideia de conformidade com os princípios normativos. Na maioria das vezes, a legitimidade é entendida de forma abstrata, uma espécie de "justificativa", ou é identificada com a aceitação de uma ordem política, de instituições políticas e suas atividades. Pode-se argumentar, evidentemente, que tal conceito de legitimidade democrática também é relevante para o direito porque contém requisitos básicos direcionados ao direito: que deve ser feito por instituições democráticas e por métodos democráticos. Para o jurista, inevitavelmente a temática legitimidade envolve aspectos políticos, cuja relação não necessariamente conduz a uma política "subjetiva" destruindo a "objetividade" do direito internacional, mas pode contribuir para resolver as contradições no direito internacional e aumentar a sua pertinência de normas e princípios internacionais; o conceito de legitimidade aborda a possibilidade de mudar e desenvolver leis. Ao contrário do conceito de legalidade, ele não reflete apenas as consequências da mudança, mas fornece um ponto de partida teórico que ajuda a realizar mudanças. GEORGIEV, Dencho. **Politics or rule of law: deconstruction and legitimacy in international law**. European Journal of International Law, 1993, pp. 1-14.

tímidas, são agora flagrantes. Nesse contexto, o teórico sustenta que uma instituição deve reforçar seus critérios de legitimidade com base na inclusão e na confiabilidade epistêmica, com o fito de reconstruir sua legitimidade numa base do século XXI.

Segundo CASELLA (2008, p. 929), a atualização da formulação e a aplicação dos princípios de convivência internacional têm de ser feitas multilateralmente, utilizando o canal institucional das organizações internacionais de vocação mundial, tais como a ONU, enquanto canal político, visando o fortalecimento do multilateralismo e da regulação da paz e da segurança internacionais. Nesse contexto, o jurista argumenta que a coexistência pacífica dos estados como a regra básica da convivência internacional pode contribuir para o reforço do multilateralismo e das institucionais reguladoras da vida social.

> Enunciada a coexistência pacífica dos estados como a regra básica da convivência internacional, pela primeira vez, em 1954, pelos primeiros ministros Jawaharlal NEHRU da Índia e CHOU en Lai da China, pode ser enumerada em cinco princípios: soberania, não agressão, não intervenção, igualdade e benefício mútuo, além da coexistência pacífica especificamente dita (...) As normas básicas de convivência internacional, contidas nos cinco elementos do princípio da coexistência pacífica, têm de ser atualizadas em sua formulação e aplicação, mantidas como parâmetro de atuação legal dos estados, em relação aos demais (CASELLA, 2008, p. 928).

A relação entre o poder e a legitimidade[46], como expõe ONUMA (2017) é complexa e multidimensional: ora o direito controla o poder, ora o poder viola o direito. A base material que efetivamente possibilita que, no século XXI, a perspectiva transcivilizacional do direito internacional se imponha repousa no fato de que, brevemente, os Estados Unidos da América não serão a única superpotência do mundo, devendo necessariamente conviver com potências de igual porte[47]. Deste modo, uma crescente demanda por legitimidade se

---

46 "Porém, a legitimidade é uma das noções que serviu a interesses políticos, como no 'legitimismo' partidário dos Bourbon na França do século XIX, foi trabalhada pela sociologia mas continua a frequentar a retórica da polêmica política. Porque não existem modelos perfeitos de ordem nas sociedades modernas, qualquer concepção de estabilidade estará inevitavelmente impregnada de valores, já que é sempre 'imaginar' uma outra estabilidade, mais próxima a um ideal alternativo de justiça. Assim, enquanto sociologicamente a noção se prende às razões de estabilidade, ao se transferir para o vocábulo da polêmica, a legitimidade – e seu oposto- podem servir aos argumentos de quem pretende mudança". FONSECA JR. Gelson. **A Legitimidade e outras questões internacionais**. São Paulo: Paz e Terra, 1998, p. 139.

47 "O século XIX pode ser caracterizado como a era europeia. O século XX pode ser caracterizado como a era americana. Com o ressurgência da China, Índia e outras nações

instaura: no exemplo ofertado por ONUMA, eventual recusa de adesão de uma convenção multilateral poderá desacreditar a superpotência em termos de legitimidade. Assim, não se trata a perspectiva transcivilizacional do direito internacional de defesa de altruísmo nas relações internacionais para se abdicar do exercício arbitrário do poder e da imposição de valores. Ao contrário, tal perspectiva se apoia na percepção de que as bases de poder, a serem equilibradas com noções de legitimidade, estão se alterando, de modo que possibilitem que o direito internacional seja edificado sob a consideração de diferentes culturas, transformando-as em conteúdo comum.

Assim como nos campos diplomático, político, econômico e jurídico, a produção acadêmica igualmente deverá se adaptar às mudanças e condicionantes contemporâneas. De acordo com ONUMA (2017), o excesso da visão jurídica presente no século precedente não encontrará espaço no século XXI, no qual a lógica do diálogo demandará novas perspectivas, tanto práticas como teóricas. É mister salientar que, como assevera o mencionado jurista, a visão predominantemente jurídica do direito internacional trouxe contribuições importantes ao longo dos séculos passados. Contudo, a insistência na mesma sistemática prática e metodológica acaba por impedir movimentos renovatórios necessários ao desenvolvimento de um direito internacional que, como assinala CASELLA[48], é um dos campos do direito que mais tem mudado, nos últimos tempos, e que mais deve mudar nos próximos.

Edith Brown WEISS (2011) retrata a realidade do direito internacional atual como um caleidoscópio, diante de rápidas mudanças de estrutura e diversificadas demandas sociais para as quais o direito internacional deve oferecer solução. Se, por um lado, é crescente a integração oriunda da globalização, a dinâmica das relações entre estados e grupos sociais organizados tem exigido descentralização e fragmentação, ao que, simultaneamente, ocorre autêntico empoderamento de associações de comunidades as quais desempenham importante papel nas relações internacionais. A autora se apoia no trabalho de ONUMA para afirmar que, dada a dinamicidade das relações internacionais, da qual resulta um complexo de interações mutáveis, assemelhando-se a um caleidoscópio, a perspectiva transcivilizacional será essencial no século XXI para que o direito internacional possa promover a dignidade humana, a equidade, paz e segurança internacionais[49].

---

asiáticas, o mundo do século XXI poder ser um mundo multipolar e multicivilizacional". ONU-MA, *op.cit*, 2017, p. 12.

48   CASELLA, *op.cit.*, 2008, p. 9.

49   WEISS, Edith Brown. **International law in a Kaleidoscopic world**. Asian Journal of International Law, v. 1, Issue 1, 2011, pp. 21-32.

1.1 DIREITO INTERNACIONAL E RELAÇÕES INTERNACIONAIS: ASPECTOS PARA A COMPREENSÃO DA GOVERNANÇA GLOBAL

No atual estágio civilizatório já são perceptíveis os marcos limitadores da soberania[50], que inelutavelmente repercutirão tanto no direito internacional quanto nas relações internacionais, implicando na necessidade de ajustes e novas produções acadêmicas em ambas as áreas do conhecimento. O potencial de interdisciplinaridade entre direito e relações internacionais pode contribuir para inovadoras fontes de pesquisa que estejam em consonância com as novas realidades do presente século, deixando para trás a preponderância de teorias pautadas na lógica estatal e todo o arcabouço positivista e jurídico-hierárquico decorrente dela.

A constante internacionalização do direito, as demandas por reformas nas instituições internacionais, a importância do papel do direito internacional como regulador da convivência entre os estados e as transformações da responsabilidade dos estados em matéria de proteção dos direitos humanos[51] demonstram que as teorias realistas das relações internacionais deverão reajustar seus conceitos. Não por acaso já surgem teóricos críticos aos argumentos de um direito internacional reduzido aos interesses dos estados. Sob tal prisma, haveria um erro metodológico na vertente realista ao considerar como mutuamente excludentes a normatividade e o comportamento egoísta dos estados[52].

Durante o século XX, a teoria realista das relações internacionais foi desenvolvida e estruturada preponderantemente no ambiente acadêmico dos Estados Unidos, onde surgiram os denominados neorrealismo e realismo neoclássico. Kenneth WALTZ e H. J. MORGENTHAU representaram os principais expoentes[53]

---

50   Como expõe DELMAS-MARTY (2006), com a proliferação de fontes, o estado tem sido desafiado sob diversas formas, tendo a sua soberania corroída pela internacionalização das normas. Partindo da premissa de que o isolamento é impossível e a proliferação de normas uma realidade – proliferação que não se confunde com anarquia, mas em consonância com a pluralidade – Delmas-Marty, por meio da metáfora das nuvens, mostra o entrelaçamento de normas interagindo horizontalmente num processo de integração e desintegração sem hierarquia, seja numa aproximação de caráter supranacional seja por normas *ius cogens* de direitos humanos. DELMAS-MARTY, Mireille. **Les forces imaginantes du droit** (II) – Le pluralisme ordonné. Paris: Seuil, 2006.

51   RAMANZINI, Isabela G.G.; FERREIRA, Marrielle M.A. **O ensino em matéria de direitos humanos nas relações internacionais**. Monções Revista de Relações Internacionais UFGD, v. 3, n. 6, jul./dez., 2014.

52   OHLIN, Jens David. **The assault on international law**. New York: Oxford University Press, 2015.

53   "What is the image of law in international relations? The elements of an answer arise from the well-know fact that 'international relations' is a predominantly Anglo-American discipline whose origins lie in the academic activities of refugees-often with a legal background--from the German Reich in the United States during the early years of the Cold War. The

dessas correntes teóricas que marcaram a ascensão das teorias estadunidenses, cujas principais premissas se desenvolveram em torno da segurança e da defesa como interesses precípuos dos estados[54].

É compreensível que nos Estados Unidos da América as teorias de relações internacionais tornar-se-iam protagonistas em matéria de relações de forças entre os estados em detrimento do direito internacional[55]. Em nenhum outro lugar do mundo o realismo pautado na lógica do poder encontraria ambiente mais propício ao seu desenvolvimento teórico. Para alguns autores, os crescentes ataques dos Estados Unidos ao direito internacional igualmente encontram respaldo no âmbito acadêmico, processo iniciado pouco depois da Segunda Guerra Mundial, de desprezo e desmonte da prática jurídica dedicada à construção, fortalecimento e eficácia dos princípios fundamentais que regem a sociedade internacional[56]. De acordo com KOSKENNIEMI (2000), a imagem do direito internacional nos Estados Unidos foi – e continua a ser – concebida a partir da perspectiva de uma nação poderosa, de fato uma potência mundial, cujos

---

preceding pages have sketched the development of the ideas of Hans Morgenthau, whom Stanley Hoffmann has called, bluntly, 'the founder of the discipline', and who was recently listed (with Hannah Arendt, Leo Strauss and Herbert Marcuse) among 'the four most influential of the refugee intellectuals' in the development of political theory in the United States. The image of law that emerges from his writings is one that was crafted within German public law in the interwar era, whose central concern was the ability of the Weimar Constitution to withstand the challenges that were posed to it from the left and from the right. From this, Morgenthau extrapolated an analogous image of international law as the image of weakness, the image of a (pure) formalism or of a moral illusion that are unable to maintain international order". KOSKENNIEMI, Martti. Carl Schmitt, Hans Morgenthau, and the image of law in international relations. *In:* **The role of law in international politics. Essays in international relations and international law**. New York: Oxford University Press, 2000, p. 27.

54   MORGENTHAU, H.J. **A política entre as nações**: a Luta pelo poder e pela paz. Editora da Universidade de Brasília: Brasília, 2003; WALTZ, Kenneth. **Teoria das Relações Internacionais**. Gradiva Publicações. Lisboa. 2002.

55   De acordo com KOSKONNIFMI (2002, p. 466), o legalismo wilsoniano, predominante nos estudos das relações internacionais nos Estados Unidos, passou por uma completa face de descrença após a Segunda Guerra Mundial. Nesse contexto de ceticismo quanto ao papel do direito internacional, a teoria realista, desenhada por MORGENTHAU, ganhou forças nos espaços acadêmicos estadunidenses.

56   "Los crecientes ataques de Estados Unidos al DIP están relacionados posiblemente con el hecho de que internacionalistas estadounidenses comenzaron, pocos años después de finalizada la Segunda Guerra Mundial, a socavar y desmontar tanto el DIP como la ciencia del derecho internacional. La anterior afirmación es muy válida respecto de los representantes de la Yale Law School, quienes dieron inicio, a comienzos de los años cincuenta, un ataque frontal y general en contra del DIP (...) Asimismo, otros académicos pertenecientes a la Escuela Realista de las relaciones internacionales compartieron opiniones similares de carácter nihilista relativas al DIP, el cual, igualmente, en diversas ocasiones ha sido menospreciado infundadamente por juristas internacionalistas de otros países" TERZ; BUELVAS, *op.cit.*, 2007, p. 539.

líderes têm "opções" e escolhem rotineiramente entre estratégias alternativas em um mundo hostil. Desse ponto de vista, qualquer concepção de lei como "regras" fixas parece irrelevante, na medida em que não é apoiada por sanção, e contraproducente, na medida em que limita a escolha disponível para aqueles que possuem os meios para impô-las[57].

O paradigma do pós-guerra dominante nas relações internacionais foi o realismo, que *ab initio* rejeitava[58] o direito internacional como relevante para as questões políticas. Na perspectiva realista, as relações internacionais se caracterizam pela busca do poder no âmbito de um sistema anárquico, dentro do qual os estados são os principais sujeitos e cooperam ou criam instituições internacionais de acordo com os seus próprios interesses.

> Durante o período entre guerras, Edward H. Carr, muitas vezes considerado como um dos fundadores do estudo das relações internacionais, criticou severamente Hersch Lauterpacht, um internacionalista utópico líder na época. Lauterpacht não poderia refutar Carr. Desde então, com exceção da Escola Inglesa, especialistas em relações internacionais ou de política internacional tendem a ignorar *raison d'être* do direito internacional. Além disso, muitos estudiosos das relações internacionais – especialmente um grande número de pessoas nos Estados Unidos – ignoram a importância da história da sociedade internacional, que foi caracterizada pelo legalismo. Isso reforçou a tendência entre os especialistas em relações internacionais para ignorarem o direito internacional, que na verdade tem representado um importante papel na história da Europa e do mundo moderno (ONU-MA, 2017, p. 92).

Os movimentos de contestação da teoria realista caminharam *pari passu* ao desenvolvimento e auge dessa teoria dominante[59]. A inevitável

---

57   KOSKENNIEMI, *op.cit,* 2000, p. 29.

58   Edward CARR (1946, p. 172), teórico britânico e um dos precursores da teoria realista das relações internacionais, compreendia determinados limites do direito internacional que, entretanto, por mais sérios que fossem, "não o impedem de ser considerado como direito, do qual possui todas as características essenciais" Para CARR (1946, p. 211), o direito internacional repousa no costume porquanto inexiste um legislativo internacional. "A dificuldade não reside na falta de mecanismo para a legislação internacional, mas na ausência de uma ordem política internacional, suficientemente bem integrada, para tornar possível o estabelecimento de uma autoridade legislativa, cujos decretos sejam reconhecidos como obrigatórios para os estados sem seu consentimento específico".

59   "Prônée par l'un des plus brillants théoriciens amércàins en droit internationalo Myres S. McDougal, elle rejette à la fois la conception réaliste selon laquelle les relations internationales relèvent de la pure force et la conception traditionnelle qui fait reposer le droit international sur un système de normes". CAO-HUY, Thuan. **Droit et relations internationales**, 1983, p. 176.

interdependência econômica e a crescente importância das instituições internacionais foram consideradas no desenvolvimento de novas teorias, entre as quais, a vertente da interdependência complexa[60], bem como a teoria neo-institucionalista[61], que passaram a considerar um conjunto de regras, normas e procedimentos que regulam o comportamento dos estados. Esse tipo de regulação é conhecido como Regimes Internacionais[62], vertente teórica que contribuiu para a aproximação entre o direito internacional e as teorias de relações internacionais.

A análise das relações internacionais e a delimitação destas em relação ao direito internacional se põe no contexto em que se desenvolvem: no curso do século XX, não obstante todas as guerras, foram construídas as instituições internacionais que viabilizaram a cooperação intensiva dos homens em um mundo no qual, em decorrência dos progressos da técnica, estes se encontram mais próximos um dos outros: os órgãos institucionais dessa cooperação, sobretudo no campo científico e técnico, que marcam o mundo atual, seriam a expressão de concepção na qual os jogos do poder maquiavélicos podem ser superados. O quadro presente, dadas as suas

---

60 KEOHANE e NYE (1987, p. 731), diferenciam a "interdependência" da "interdependência complexa". Aquelas seriam "situações caracterizadas por efeitos recíprocos entre os países ou entre atores de diferentes países" A "Interdependência complexa", pelo contrário, é um "tipo ideal de sistema internacional, deliberadamente construído para contrastar com o tipo ideal 'realista', que nós delineamos como com base em pressupostos realistas sobre a natureza da política internacional. A interdependência complexa se refere a uma situação entre um número de estados em que múltiplos canais de contato conectam sociedades (isto é, estados não monopolizam esses contatos); não existe uma hierarquia de questões; e a força militar não é usada por governos em reação um ao outro". Como expõe CASELLA (2009, p. 22), Francisco de Vitória, no século XVI, já insistia na interdependência das nações: "Vitória se recusava a considerar o mundo habitado como amontoado inorgânico de nações isoladas, sem vínculo entre estas, não tendo, umas em relação às outras, nem direitos nem deveres, se não o direito absoluto para cada uma de se fechar em si mesma, e o dever para todas as demais de respeitar essa vontade. Por isso, enfatizava a interdependência".

61 O institucionalismo enfatiza o papel das instituições na política internacional. Esta abordagem considera a cooperação como essencial em um mundo de interdependência econômica e reivindica que os interesses econômicos compartilhados criem "uma demanda por regras e instituições internacionais". Ao contrário do que sugere a literatura convencional, a cooperação é possível mesmo por parte de atores puramente racionais e egoístas (KEOHANE, 1984).

62 "Nós estudamos regimes internacionais porque nós estamos interessados em estudar a ordem na política mundial [...] A análise teórica dos regimes internacionais começa com o que é ao menos uma aparente anomalia do ponto de vista da teoria realista: a existência de um conjunto de regras, normas, princípios e procedimentos decisórios em relação às expectativas dos atores que convergem em determinada área das relações internacionais" (KEOHANE, 2003, p. 325).

limitações, as suas inconsistências e as suas violações, pode não inspirar muita confiança nessa crença, mas é preciso cultivar e aperfeiçoar as bases institucionais do sistema internacional (CASELLA, 2008, p. 903).

De acordo com KU e WEISS (1998), embora a análise das interações entre estados, tanto na esfera bilateral como no âmbito das organizações internacionais, seja um propósito comum, as práticas e instituições dos estudiosos das relações internacionais e do direito frequentemente se sobrepõem. As questões subjacentes às respectivas agendas de pesquisa e aos métodos de pesquisa empregados, diferem. As relações internacionais são comumente situadas nas ciências sociais, geralmente como um subconjunto da ciência política. Embora haja substancial desacordo metodológico nas ciências sociais em geral, o objetivo central é fornecer explicações para o comportamento humano. No caso das relações internacionais, o objetivo correspondente é explicar a razão pela qual os estados agem de certa maneira. O método básico adotado envolve o teste de teorias e hipóteses contra evidências empíricas. O direito internacional faz parte do campo mais amplo dos estudos jurídicos, mas se concentra nas normas, e não nos estados. O objetivo básico dos juristas internacionais não é explicar o comportamento dos estados, mas avaliar o status das normas. Isso não significa que os juristas internacionais não estejam interessados no comportamento dos estados, pois este é um determinante crucial da existência de uma norma. Apesar das diferenças, os autores argumentam que um estudo mais detalhado dos principais objetivos e abordagens metodológicas de cada um poderia ser útil; não no sentido de um campo adotar o método do outro, mas para compreender os resultados do trabalho produzido a partir de um esforço simultâneo para explicar questões de governança global[63].

Os estudos e teorias recentes têm demonstrado uma aproximação[64] entre os internacionalistas do direito e das relações internacionais[65]. Como demonstram

---

63 KU, Charlotte; WEISS, Thomas G.. Introduction: the nature and methodology of the fields. *In:* **Toward understanding global governance:** the international law and international relations toolbox. ACUNS: Reports and Paper, n. 2, 1998.

64 KOSKENNIEMI (2002) entende que o projeto de interdisciplinaridade impulsionado nos Estados Unidos deve ser observado com cautela: embora proponha um diálogo entre iguais, acaba prevalecendo a hegemonia na qual as relações internacionais impõem seus métodos e interesses cognitivos sobre o direito internacional.

65 Os estudos dedicados à intersecção entre direito internacional e relações internacionais têm sido comum no ambiente acadêmico anglófono. ARMONSTRONG; FARREL; LAMBERT realizaram um estudo de modo a demonstrar que existe uma certa ironia nas antipatias mútuas do direito internacional e das relações internacionais no campo teórico. Para os autores, ambos possuem uma divisão teórica comum e apresentam similitudes em muitos aspectos: o positivismo jurídico em muito se assemelharia ao realismo político, sobretudo com relação ao papel do estado. Outrossim, ambos sofreram, entre as décadas de 1940 e 1950, influência a respeito da emergência de novos atores ou sujeitos na sociedade internacional. As teorias

SLAUGHTER; TULUMELLO; WOOD (1998, pp. 367-397), tem sido comum, nos Estados Unidos, o desenvolvimento de uma agenda de pesquisa interdisciplinar. Os internacionalistas do direito passaram a utilizar as teorias de relações internacionais em suas pesquisas com o objetivo de diagnosticar problemas substantivos e enquadrar melhor as soluções legais, explicar a estrutura ou a função de determinadas normas jurídicas internacionais ou instituições, bem como para reformular certas instituições ou o direito internacional em geral. Da mesma forma, estudiosos das relações internacionais, especialmente diante da proliferação de instituições, têm demonstrado maior interesse na forma das organizações internacionais, na cooperação institucionalizada e nos processos de jurisdição internacional[66].

A importância de um "retorno" às normas, como apontam FINNEMORE e SIKKINK[67], carrega uma imensa promessa para agitar a agenda de pesquisa em relações internacionais e abrir novas e instigantes vias de investigação. As abordagens estáticas das relações internacionais, como destacam, são particularmente insatisfatórias no período atual de transformação global, quando questões sobre mudança motivam muitas das pesquisas empíricas realizadas. A teoria construtivista[68] das relações internacionais, nesse contexto, passou a representar um outro caminho de aproximação, uma vez que possui como premissa a preponderância das normas e das ideias na definição de identidades e interesses. A teoria construtivista, embora reconheça a existência de demais agentes no

---

críticas, incluindo as terceiro-mundistas, igualmente alcançaram o direito internacional e as relações internacionais. ARMONSTRONG, David: FARREL, Theo; LAMBERT, Hélène. **International Law and International Relations**. Cambridge: Cambridge University Press, 2012.

66 "For some, the turn to social science, with its parsimonious causal theories and emphasis on observed behavior, can be understood as a response to law's perceived "reality deficit." To paraphrase Annalise Riles, law is incomplete and turns to social science for completion in the form of a connection to concrete social practices. From this perspective, international law is particularly susceptible to the siren call of social science, as it struggles perpetually with suspicions' of its own irrelevance. For others, the integration of IR and IL scholarship is an affirmation of IL as both intellectual and practical enterprise. It is the natural corollary of the indivisibility of law and politics. Proponents of this approach equate the relationship between IL and IR with the relationship between constitutional law and comparative politics, insisting that normative efforts to induce or change behavior rest on explicitly articulated assumptions about the causes or nature of that behavior. These two approaches are helping to fuel a lively intradisciplinary debate within IL". SLAUGHTER, Anne-Marie; TULUMELLO, Andrew S.; WOOD, Stepan. **International law and international relations theory**: a new generation of interdisciplinary scholarship. American Journal of International Law, v. 92, 1998, pp. 371-372.

67 FINNEMORE, Martha; SIKKINK, Kathryn. **International norm dynamics and political change**. International organization, 52, 4, Autumn, 1998, p. 915.

68 WENDT, Alexander. **Social theory of international politics**. Cambridge: Cambridge University Press, 1999.

sistema internacional, considera os estados como principais agentes, mormente levando-se em conta que as mudanças sistêmicas ocorrem preponderantemente por meio dos estados. No âmbito da teoria construtivista, importa saber como as ideias influenciam a maneira pela qual as identidades são constituídas e como os sujeitos definem seus interesses em função de suas identidades, ou seja, a forma como os estados definem seus interesses depende de como se definem em relação aos outros, uma função da identidade social aos níveis domésticos e sistêmicos da análise. A perspectiva construtivista, desde então, tem sido também empregada em diversos trabalhos empíricos, que abrangem áreas de investigação tais como as organizações internacionais, segurança internacional e formação de normas na política internacional[69].

De acordo com JOYNER[70], os acadêmicos do direito internacional e da política internacional sabem que a presença do direito internacional é crucial para a sobrevivência das relações internacionais e ambos sabem que a prática da política internacional é igualmente relevante para a função e o desenvolvimento do direito internacional, mas ambos ainda resistem em admitir a necessidade um do outro[71].

Como ressalta SHAW (2008), embora as relações de poder não estejam incluídas no âmbito dos estudos do direito internacional, a total separação entre política e direito nunca será completa e não importa qual teoria do direito ou da filosofia política é levantada: a intrínseca ligação entre o direito e a política deve ser reconhecida; é a política que faz a lei e que, em primeiro lugar, cria o sistema legal.

> A política é muito mais próxima do coração do sistema, muito mais do que se nota nos sistemas jurídicos nacionais e com um poder muito mais evidente. A interação entre direito e política, nas questões mundiais, é muito mais complexa e difícil de desvendar, e sinaliza um retorno às discussões

---

69 BUENO, Elen de Paula. **O construtivismo nas relações internacionais**. Portal Mundo RI, 05 maio de 2006.

70 JOYNER, Christopher C. **International law in the 21st century**. Rules for Global Governance. Oxford/New York: Rowman e little field publishers, 2005.

71 Como aponta JOUANNET (2013), o direito internacional é um instrumento político e ao mesmo tempo um processo fundamental de regulação da violência internacional. Trata-se, simultaneamente, de um instrumento de dominação e um instrumento de emancipação de objetos e atores que o usam. À luz dessa assertiva, podemos aferir que como instrumento político, o direito internacional não pode ignorar completamente o comportamento e as relações de poder entre os estados, sob pena de nunca alcançar a paz perpétua. Da mesma forma, sendo o direito internacional um instrumento de emancipação, as relações internacionais não podem ignorá-lo, sob o risco de vagarem perpetuamente no obscuro estado de natureza.

anteriores a respeito dos motivos pelos quais os estados cumprem as normas internacionais. A política do poder enfatiza a competição, o conflito, a supremacia e adota como seu núcleo a luta pela sobrevivência e influência. O direito internacional almeja a harmonia e a solução pacífica de controvérsias (SHAW, 2008, p. 12).

Para CASELLA (2008, p. 898), as relações internacionais seriam "relações de poder, enquanto o direito internacional seria, preponderantemente, regulação das normas e das obrigações de conveniência entre as unidades políticas que compõem o sistema internacional".

> Como assegurar a coexistência pacifica, entre direitos e relações internacionais, quando se trata de suas coisas completamente diferentes? Podem, como fazem, utilizar ferramentas equivalentes, mas até que ponto os conceitos serão? Tautologicamente, o direito internacional não se resume nas relações internacionais, como estas não se resumem ao direito internacional. Não se trata de querer reduzir um ao outro, mas de ver meios e modos de coexistência pacífica, entre sujeitos tradicionais e novos agentes do direito internacional pós-moderno (CASELLA, 2008, pp. 941-942).

O direito internacional, como observa ARRIBAS (2007, p. 29) pode ser considerado estático frente ao dinamismo das relações internacionais: "A esse respeito é muito ilustrativa a opinião de Von Hertling, para quem as relações internacionais são um mundo cambiante de fins e meios em função do poder, enquanto o direito opera sobre a base de ordenações gerais e estáveis". Para o autor, a busca por um bem comum predomina com maior grau no direito do que nas relações internacionais[72]. TRINDADE (2006, p. 471) assevera, à luz da dimensão humana, que o direito internacional não se reduz, em absoluto, a um instrumental a serviço do poder; seu destinatário final é o ser humano, devendo atender às suas necessidades (inclusive as de proteção), dentre as quais a realização da justiça. ONUMA (2009) argumenta que as políticas que desrespeitam a lei geralmente encontram resistências e críticas, tanto nacional como internacionalmente. Sem o direito internacional habitaríamos num mundo em que cada nação procuraria manipular e aniquilar umas às outras. Seria um mundo de luta de todos contra todos, resultando no perecimento de todos. Para evitar tais terríveis consequências, a humanidade necessita e faz uso do direito internacional, o qual facilita

---

72 "O direito internacional possui fins distintos das teorias das relações internacionais, pois se propõe a estudar as normas que regem a sociedade internacional, ao passo que o conhecimento da realidade internacional constitui apenas um instrumento auxiliar no processo de elaboração da dogmática jurídica". ARRIBAS, José Juan M. **Derecho internacional. Bases y tendencias actuales.** Madrid: Entinema, 2007.

a coexistência[73] dos estados, ou seja, entidades políticas com meios eficazes de violência. O direito internacional é um processo fundamental de regulação de canalização das violências internacionais, uma língua comum indispensável, uma técnica instrumental a serviço dos estados e de todos os atores da sociedade internacional (JOUANNET, 2013). Segundo PAULUS (2000), a fim de preservar sua normatividade e seu potencial transformador, o direito não deve fundir-se com a política, mas deve, no entanto, esforçar-se para manter sua relação com um consenso social real. A globalização econômica e cultural não deixa o direito internacional intocado: o direito internacional incorpora cada vez mais valores comuns, engloba uma variedade mais ampla de atores e leva a uma crescente institucionalização e maior responsabilidade dos estados e dos atores privados. Nesse ambiente, os advogados internacionais devem insistir nos limites legais de todo o poder político, sem estar cegos aos imperativos políticos em tempos de mudanças cada vez mais rápidas[74].

Christian REUS-SMIT (2008) argumenta que os estudiosos das relações internacionais partem do princípio segundo o qual o direito internacional possui pouca relevância para a política mundial, tendo em vista a prevalência do poder e dos interesses entre os estados nas relações internacionais. Entretanto, questiona que, se o direito internacional fosse irrelevante, os estados e outros atores não dedicariam tantos esforços para o alcance e concretização dos instrumentos e instituições jurídicas internacionais. Nesse sentido, expõe que o direito internacional deve ser entendido como um conjunto de normas, regras e práticas criado por estados e outros atores com o fito de facilitar os objetivos sociais, a coexistência, a justiça e o desenvolvimento humano[75].

---

73 "Coexistence can be defined as international policy coordination for the purposes of conflict management, which then develops into a system of co-management or co-maintenance of global security issues. This type of global order is inherently pluralist in the sense that it allows for a world in which countries and regions with different world views, religions, political systems and approaches to national development can coexist" (...). Coexistence promotes the emergence of a rule-based international system characterized by the co-management of global order by states that may subscribe to different world views, different political systems and different approaches to economic and development policies. The principal virtues of a strategy of coexistence are adaptability rather than rigidity, moderation rather than extremism, international political pluralism". CONING, Cedric; MANDRUP, Thomas; ODGAARD, Liselotte. Introduction. *In:* **The BRICS and coexistence**: an alternative vision of world order. New York: Routledge, 2015, pp. 16-32.

74 PAULUS, Andreas A. **Law and politics in the age of globalization**. European Journal of International Law, v. 11, n.2, 2000, p. 472.

75 REUS-SMIT, Christian. International Law. *In:* **Globalization of world politics**: an introduction to international relations. New York: Oxford University Press, 2008, p.280.

O ensino do direito internacional, como assinala CASELLA (2012, p. 31) se faz cada vez mais necessário para a formação dos profissionais do direito, em geral, das relações internacionais e dos futuros funcionários governamentais, na medida em que é necessário para desempenhar ampla gama de responsabilidades profissionais na sociedade internacional, sobretudo quando esta evolui para um sistema mais complexo, no qual os atores estatais e diversos outros atores assumem importância crescente.

Embora tenha sido comum a aproximação da agenda entre os estudiosos das relações internacionais e do direito internacional nos últimos anos[76], com a abertura de horizontes à compreensão da sociedade internacional[77], os debates ficaram restritos aos conceitos desenvolvidos nas universidades dos Estados Unidos e de algumas universidades europeias. Ademais, foi possível identificar uma tentativa de incorporação normativa nas pesquisas dos estudiosos das relações internacionais, com pouca – para não dizer rara – inclusão da perspectiva das relações internacionais nos estudos de direito internacional.

Salienta ONUMA (2017) que estudo do direito internacional não pode restringir-se a um mero estudo sistemático das normas internacionais. Nesse sentido, as perspectivas histórica e cultural podem contribuir para um estudo

---

76 Desde 1991, o Conselho Acadêmico do Sistema das Nações Unidas (ACUNS) e a Sociedade Americana de Direito Internacional (ASIL) co-patrocinaram anualmente uma oficina de verão de duas semanas sobre organizações internacionais para estudiosos e profissionais. Os participantes selecionados são de diferentes origens acadêmicas: relações internacionais, direito internacional e outras ciências sociais. Os três objetivos do workshop foram: i) aprimorar o desenvolvimento profissional de professores e acadêmicos mais jovens em estudos de organização internacional; ii) renovar os vínculos entre advogados internacionais e especialistas em relações internacionais; e iii) criar relações de trabalho entre estudantes universitários, membros das secretarias de organizações internacionais e funcionários de organizações não governamentais (ONGs). **Toward understanding global governance:** the international law and international relations toolbox. ACUNS: Reports and Paper, n. 2, 1998.

77 Como sinaliza Edgar MORIN (2003) a hiperespecialização impede de ver o global, bem como o essencial. No âmbito da ciência moderna, o desafio da globalidade é um desafio de complexidade. A inteligência que só sabe separar fragmenta o complexo do mundo em pedaços separados, fraciona os problemas, unidimensionaliza o multidimensional, atrofiando as possibilidades de compreensão e de reflexão. À luz das críticas tecidas por Edgar Morin, verifica-se que a divisão das ciências não somente trouxe as vantagens da divisão de trabalho, como também os inconvenientes da superespecialização e do confinamento do saber, ou seja, se por um lado produziu conhecimento, por outro, também gerou cegueira. Como explana o referido autor, o pensamento que recorta e isola permite que especialistas tenham um importante desempenho em seus compartimentos e cooperem de forma eficaz nos setores não complexos do conhecimento. Entretanto, essa lógica conduz a uma visão determinista e mecanicista, a qual impede o espírito livre e criador do cientista. MORIN, Edgar. **A cabeça bem-feita: repensar a reforma, reformar o pensamento**. Tradução Eloá Jacobina. 8ªed. Rio de Janeiro: Bertrand Brasil, 2003.

que lida com problemas de paradigmas que, consciente ou inconscientemente, traduzem a forma de conceber vários assuntos, ideias, instituições e interpretações de fenômenos, incluindo o direito internacional.

> Os chamados *opinio juris* na criação do "costume" no direito internacional são, basicamente, uma construção social consciente ou inconsciente que era compartilhado, formulado e divulgado por líderes políticos, legais, militares e intelectuais nas principais nações ocidentais. Tornou-se prevalente através de uma combinação de vários fatores: (1) a publicação de livros de grandes editoras ocidentais, como a *Oxford University Press* e de artigos em importantes revistas de direito, tais como o *American Journal of International Law*; (2) a predominância das línguas inglesa e francesa na sociedade internacional; (3) a força das instituições de ensino superior e de pesquisa ocidentais, como Harvard ou Cambridge; (4) a alta reputação amplamente compartilhada das decisões de tribunais nos países ocidentais e; (5) o poder predominantes de instituições de mídia ocidentais no espaço discursivo global, etc. O direito é uma ideia normativa, mas uma ideia não é apenas uma existência teórica. Uma ideia constitui poder. Está embutida na maneira de pensar das pessoas, a caracteriza e exerce influência sobre ela (...) para que uma ideia possa se tornar uma potência na sociedade global, no entanto, ele precisa de outro tipo de poder. É o poder de disseminar a ideia e ajudá-la a tornar-se amplamente compartilhada e aceita (ONUMA, 2017, p. 90).

A perspectiva predominante existente no estudo do direito internacional lança sérias dúvidas sobre as visões prevalecentes ou as estruturas cognitivas do mundo. O questionamento de nossas próprias estruturas cognitivas, justapondo algumas outras perspectivas, contribui para a aquisição de um novo horizonte ou uma nova forma de ver o mundo. A principal novidade da teoria criada por ONUMA (2017) consiste na superação de um paradigma persistente no ensino do direito internacional. A proposta de superação tecida pelo teórico japonês inova em diferentes aspectos, dos quais podemos destacar: i) um diálogo com outras áreas do conhecimento; ii) uma perspectiva transcivilizacional do direito internacional e dos direitos humanos; e o iii) o questionamento de modelos dados como certos no estudo do direito internacional e que demandam constantes revisões. Nessa seara, o critério metodológico leva em conta o contexto cultural, além do lugar, do tempo e do discurso, sem os quais teorias não merecem prosperar. Trata-se de uma proposta no sentido de contextualizar histórica e culturalmente o direito internacional, de modo a relativizar os conceitos tradicionalmente impostos[78].

---

78 "Las Ciencias Sociales que se legitimaron después de la segunda guerra mundial tuvieron como base fundacional ese modelo y sus paradigmas científicos, subyacentes a la teoría

Segundo ONUMA (2017, p. 104), a fim de enriquecer o estudo e compreensão geral do direito internacional, é necessária uma pluralidade de sociedades acadêmicas ativas que possam competir com outras. O próprio fato de que tanto as sociedades europeias quanto as asiáticas de direito internacional nasceram no início do século XXI pode ter um significado simbólico: a de que estudos jurídicos internacionais com base em uma multipolaridade e multicivilizacional começaram a ser visíveis, respondendo às realidades emergentes da sociedade multipolar e multicivilizacional.

---

de la modernización y del desarrollo. Categorías, conceptos y perspectivas de estas ciencias se convirtieron en categorías universales, apropiadas para el análisis de cualquier realidad. Se transformaron en patrones para medir a todas las sociedades, fomentándose la linealidad del conocimiento social, atado a las ciencias duras. De esta manera se consolidaron estas formas de producción de poder y de conocimiento, impuestas como válidas y universales. La tarea de reestructurar las Ciencias Sociales debe ser el resultado de la interacción de estudiosos de todos los climas y perspectivas, para buscar una ciencia social mucho más multicultural, donde los científicos sociales de todas las latitudes puedan traer sus aportes y puedan discutir en varias lenguas (que constituyen los diferentes modos en que se organiza el conocimiento). Se pretende así buscar un universalismo pluralista, renovado, ampliado y significativo". LECHINI, Gladys. **La cooperación Sur-Sur y la búsqueda de autonomía en América Latina**: ¿Mito o realidad? GERI – UAM Relaciones Internacionales, n. 12, octubre de 2009, p. 60.

CAPÍTULO II

DIMENSÕES INTERNA E EXTERNA DOS BRICS: CÚPULAS, DOCUMENTOS E MOVIMENTOS DE COOPERAÇÃO

2.1. O SURGIMENTO DO ACRÔNIMO

Os relatórios publicados[1] pelo banco de investimentos Goldman Sachs, em 2001, demonstraram que algumas das maiores economias emergentes, como Brasil, Rússia, Índia e China, teriam um desempenho econômico superior comparado com os prognósticos dos países do G-7. Essas estimativas, segundo Jim O'NEILL (2001), levantariam questões importantes a respeito do redirecionamento da política monetária global, fiscal e econômica, bem como a necessidade de uma cooperação política e econômica com bases verdadeiramente globais.

A crise asiática de 1997–1998 já explicitava algo que emergia desde meados dos anos 1990, com a crise do México: as questões relacionadas ao sistema financeiro global não poderiam ser resolvidas exclusivamente pelo G-7, sendo fundamental incorporar os países "em desenvolvimento" ou "emergentes" em tais processos[2]. As mudanças econômicas dos anos seguintes revelaram que o

---

1 O'NEILL, Jim. **Building better economic BRICs**. Global Economics Paper, n. 66, 30 nov. 2001.

2 RAMOS, Leonardo et. al. **A governança econômica global e os desafios do G-20 pós crise financeira**: análise das posições de Estados Unidos, China, Alemanha e Brasil. Revista Brasileira de Política Internacional. Brasília, v. 2, n. 55, 2012, pp.10-27.

52 Direito e Relações Internacionais • Elen de Paula Bueno

agrupamento formado por Canadá, França, Itália, Alemanha, EUA, Japão e Reino Unido, o G-7, que durante décadas tentou se impor como um núcleo duro do poder econômico e como definidor dos rumos da economia global, não poderia prosseguir sem a presença de países como China, Brasil e Índia[3].

A crise econômico-financeira de 2008 evidenciou a forma como os países do denominado BRIC passaram a ser necessários à gestão da economia internacional. Nesse contexto, o G-20 também ganhou forças e foi declarado o principal foro de coordenação econômica[4], ampliando a participação das economias emergentes[5] no círculo decisório central da economia e dos organismos econômicos[6].

> Nos primeiros anos do século XXI, a China ascendeu ao posto de segunda economia do mundo e de maior exportadora global (2010); o Brasil passou à posição de sexta maior economia do planeta (2011); a Índia mantém elevadas taxas de crescimento anual, sendo a nona maior economia; a Rússia recuperou sua autoestima com base na estabilidade econômica, situando-se como a décima primeira maior economia; e a África do Sul apresenta-se ao mundo reconstruída em sua dignidade nacional com o fim do *apartheid* e com o fortalecimento de sua democracia e de sua economia. Atualmente, os países dos BRICS representam 43,03% da população mundial, 18% do Produto Interno Bruto (PIB) nominal mundial (25% do PIB *per capita*), 25,91% da área terrestre do planeta (REIS, 2013, pp.53-54).

Embora a ideia de agrupar os quatro países, para fins de análise, não tenha sido propriamente inovadora[7], os estudos fomentados pela instituição financeira lançaram bases para a consolidação de um conceito que se expandiu como

---

3   REIS, Maria Edileuza Fontenele. BRICS: surgimento e evolução. *In*: **O Brasil, os BRICS e a agenda internacional**, 2 ª ed. Brasília: FUNAG, 2013, p. 53.

4   WADE, Robert H. **Emerging world order?** From multipolarity to multilateralism in the G-20, the World Bank, and the IMF. SAGE Publications, Politics and Society, 39, 3, 2001, p. 368.

5   "The rising political influence of the BRICS group is visible not only in increasing institutionalization, forged during summits of the group, but also the G-20 summits. The relationship between the G-20 and the BRICS summits process is evident as the five emerging powers produce documents which express their collective stance towards the results of G-20's deliberations". REWIZORSKI, Marek. Participation of the European Union and the BRICS in the G-20. *In*: **The European Union and the BRICS**: complex relations in the era of global governance. London: Springer, 2015, p. 70.

6   COZENDEY, Carlos Márcio. BRIC a BRICS em um mundo em transição. *In*: **O Brasil, os BRICS e a agenda internacional**, 2º ed. Brasília: FUNAG, 2013, p. 163.

7   "Seu precedente mais famoso talvez seja a designação de *monster countries*, cunhada por George Kennan, em 1994, para designar países que, a exemplo dos Estados Unidos, são detentores de grandes territórios e contingentes populacionais: China, Índia, Rússia e Brasil. Outra ideia correlata é a de "países-baleia", introduzida pelo economista Roberto Macedo e popularizada por Ignacy Sachs em artigo de 1997". DAMICO, Flavio. Antecedentes:

referência midiática e como instrumento analítico na comunidade acadêmica[8]. Nessa esteira, os estudos econômicos a respeito dos BRICS ganharam força nos últimos anos no âmbito da comunidade acadêmica, bem como nas análises de política internacional entre teóricos das relações internacionais. Entre estes últimos, tornou-se comum a importância conferida ao grupo na perspectiva da governança global[9], mormente quando os BRICS surgem como um mecanismo político-diplomático que se "constitui em um momento de redesenho da governança global, em que se torna cada vez mais aguda a percepção do déficit de representatividade e, portanto, de legitimidade, das estruturas gestadas no pós-guerra" (REIS, 2013, p.33).

A busca por maior participação política nas organizações e fóruns internacionais já fora traçada na formação do Fórum de Diálogo Índia, Brasil e África do Sul (IBAS), conhecido como um mecanismo de consulta e coordenação sobre diversos temas, entre os quais, a atuação conjunta em busca de reformas no âmbito das Nações Unidas e de seu Conselho de Segurança, bem como de avanços nas negociações das Rodadas Doha na esfera da Organização Mundial do Comércio. Em um cenário marcado pela crise econômica global, o IBAS uniu os esforços desses países no sentido de contribuir para a construção de uma nova arquitetura internacional, na qual eles poderiam ter novos papéis a desempenhar, juntamente com novas responsabilidades. Nesse contexto, passaram a afirmar que as estruturas de governança global deveriam se tornar mais democráticas, representativas e legítimas, garantindo o aumento da participação nos processos de tomada de decisão[10]. Entre as missões prioritárias do IBAS[11], ganhou

---

do acrônimo de mercado à concertação político-diplomática. *In* **BRICS, estudos e documentos**. Brasília: FUNAG, 2015, pp. 55-56.

8   "A consolidação do conceito se deu em função do fato de que o desempenho econômico dos BRICs, ao longo dos anos seguintes ao relatório, na verdade superou as projeções iniciais do relatório, dando ainda maior credibilidade à tese que defendia. Isso conduziu à elaboração de novo relatório da Goldman Sachs: "BRICs and Beyond", em que é tratado o crescimento dos BRICs, bem como de um grupo de 11 países ("Next Eleven", como ficaram conhecidos ou N-11) – Bangladesh, Coréia, Egito, Filipinas, Indonésia, Irã, México, Nigéria, Paquistão, Turquia e Vietnã. Na esteira desses estudos, o acrônimo BRICs recebe crescente referência na imprensa e no meio acadêmico" AMORIM, Celso. "¿Existe realmente el BRIC?". Economia Exterior, Madrid, nº 52, primavera de 2010, pp.23-24.

9   DUGGAN, Niall. BRICS and the evolution of a new agenda within global governance. *In:* **The European Union and the BRICS**: complex relations in the era of global governance. London: Springer, 2015, p. 12.

10   SOTERO, Paulo. Introduction. *In:* **Emerging powers: India, Brazil and South Africa (IBSA) and the future of south-south cooperation**. Woodrow Wilson International Center for Scholars, Special Report, Aug. 2009, pp.2-4.

11   "O IBAS, como mecanismo fortemente focalizado na necessidade de mudanças amplas na arquitetura da governança global (econômica, política e no campo da segurança), embora possa projetar uma imagem de "multilateralismo seletivo" no âmbito do Sul, parte

potencial destaque a ambição de alterar o equilíbrio de poder entre as nações desenvolvidas e as em desenvolvimento por meio da democratização dos órgãos de tomada de decisão, construindo alternativas para o modelo contemporâneo de globalização, concretizando o ideal de promover os interesses econômicos e sociais do Sul[12]. Posteriormente, o acrônimo BASIC, que agrega autoridades e altos oficiais de quatro países em desenvolvimento (Brasil, África do Sul, Índia e China), surgiu para coordenar posições e formular propostas concretas relacionadas às mudanças climáticas, adicionando a preocupação ambiental aos projetos de coordenação entre os países emergentes[13].

Uma análise comparativa entre o primeiro documento firmado no âmbito do IBAS, a Declaração de Brasília de 2003, e a Primeira Declaração Conjunta dos BRICs, de 2009, confirma que ambos os grupos buscam reformas políticas e econômicas do sistema internacional. As aspirações do IBAS destacaram a necessidade de reforma da Organização das Nações Unidas, em particular o Conselho de Segurança. A esse respeito, Índia, Brasil e África do Sul frisaram a necessidade de o Conselho ser expandido nas categorias de membros permanentes e não permanentes, com participação de países em desenvolvimento, em ambas categorias. Enquanto a Declaração de Brasília reforçou a temática referente à promoção do desenvolvimento social e econômico, a primeira Declaração dos BRICs conferiu ênfase aos temas econômicos e financeiros[14], mormente no que diz respeito ao papel das economias emergentes e em desenvolvimento, que "devem

---

desse 'clubbing' para ações reais de promoção do desenvolvimento, por meio de uma gama de ativos Grupos de Trabalho intergovernamentais que atuam em mais de duas dezenas de áreas prioritárias. Conta, ademais, com o apoio não só do setor privado como também da sociedade civil. Nesse aspecto, o IBAS não tem paralelo com quaisquer outras agremiações do Sul, tais como o Movimento Não Alinhado e o G-77". MOURA, Gilberto F.G. O diálogo Índia, Brasil, África do Sul – IBAS: balanço e perspectivas. *In:* **Seminário IBAS**. III Conferência nacional de política externa e política internacional "O Brasil no mundo que vem aí" - III CNPEPI. Brasília: FUNAG, 2008, pp.14-15.

12   SOKO, Mills. A África do Sul e as ameaças tradicionais e não-tradicionais à segurança regional. *In:* **A África do Sul e o IBAS**. Desafios da Segurança Humana. Porto Alegre: Ed. da UFRGS; FUNAG, 2007.

13   BRASIL, Ministério das Relações Exteriores. Encontro Ministerial do BASIC.

14   Na análise do papel dos BRICS no âmbito do G-20 financeiro, Renato BAUMANN aduz que "todos os países dos BRICS pertencem ao G-20 financeiro, o fórum mais importante hoje para a definição de governança global. As informações disponíveis dão conta de que os acertos que antecedem as reuniões do G-20 têm sido mais intensos entre os membros dos BRICS do que entre países localizados em uma mesma região. Assim, as posições defendidas são menos identificadas como tendo um corte regional e mais um reflexo da contraposição entre "economias emergentes" e "países industrializados". Nesta dimensão, ao menos, parece haver mais peso em sua composição como integrantes desse grupo do que como porta-vozes de posições dos países das regiões de onde procedem. A possível exceção é a África do Sul, que participa de ambos os grupos como representante único do continente africano". BAUMANN, Renato. Os BRICS e o G-20 Financeiro. *In:* **O**

II. Dimensões interna e externa dos BRICS **55**

ter maior peso e representação nas instituições financeiras internacionais, cujos diretores e executivos devem ser indicados por intermédio de processo aberto, transparente e com base no mérito[15]".

2.2. CONCEITOS E CONTRIBUIÇÕES TEÓRICAS À ANÁLISE DOS BRICS

Os estudos iniciais dos BRICS, sobretudo de vertente econômica, iam ao encontro do acrônimo formulado em torno do conceito de países emergentes[16], contexto dentro do qual os países eram estudados separadamente, levando-se em conta o potencial econômico de cada um. Surgiram, assim, diversos estudos econômicos voltados à análise desses países como economias emergentes e seus respectivos papeis e desempenhos na economia mundial, bem como as perspectivas futuras de crescimento econômico. Com exceção da África do Sul, a importância e o peso econômico dos países do grupo passaram a fazer parte de prognósticos de diversas instituições especializadas, conforme tabela abaixo:

Tabela 1: Grandes Economias em 2050

Grandes economias em 2050		
Goldman Sachs[1]	PWC[2]	The Economist Intelligence Unit[3]
1. China	1. China	1. China
2. Estados Unidos	2. Índia	2. Estados Unidos

Brasil, os BRICS e a agenda internacional. José Vicente de SÁ PIMENTEL (org.), 2ª ed. Brasília: FUNAG, 2013, p. 297.

15   BRASIL, Ministério das Relações Exteriores. **1ª Cúpula dos BRICS** - Declaração Conjunta, 2009.

16   O que é um país emergente? Inexiste um critério único de definição de países emergentes. Os principais critérios adotados na qualificação de um país emergente levam em conta os índices econômicos e sociais inseridos no contexto do desenvolvimento. Como citado anteriormente, a instituição Goldman Sachs levou em conta o acelerado crescimento econômico dos BRICS e o peso de suas respectivas economias no cenário global. Sob uma perspectiva econômica, o Fundo Monetário Internacional (FMI) utiliza os termos "economias avançadas" e "economias em desenvolvimento" ou "mercados emergentes", estes dois últimos como sinônimos. O FMI utiliza como critério de classificação a renda per capita, a diversificação das exportações e integração no sistema financeiro global. De acordo com os critérios do FMI, Brasil, Rússia, Índia, China e África do Sul são considerados "economias em desenvolvimento" e "mercados emergentes".

17   Goldman Sachs. **The largest economies in 2050**, GDP.

18   PwC. **Projections for 2050**, GPD at PPP.

19   The Economist Intelligence Unit. **Top ten economies in 2050 at market exchange rates**, nominal GDP.

3. Índia	3. Estados Unidos	3. Índia
4. Japão	4. Indonésia	4. Indonésia
5. Brasil	5. Brasil	5. Japão
6. Rússia	6. Rússia	6. Alemanha
7. Reino Unido	7. México	7. Brasil
8. Alemanha	8. Japão	8. México
9. França	9. Alemanha	9. Reino Unido
10. Itália	10. Reino Unido	10. França
	11. Turquia	
	12. França	

Os estudos econômicos revelam, conforme demonstrado no quadro acima, uma mudança no poder econômico entre o G-7 e os BRICS em um curto período de tempo. Como demonstraram MOHAN e KAPUR[20]esse cenário reverte a hegemonia econômica de um grupo de países que há mais de duzentos anos influencia o sistema internacional.

A capacidade econômica[21] dos BRICS não será aferida na presente pesquisa, mas serve como fundo de tela à medida que o peso econômico desses países influencia as pressões por reformas e maior participação nas instituições internacionais. Como sinaliza PAPA (2014, p. 7), o estudo dos BRICS como um ator jurídico global exige uma investigação pautada na interdisciplinaridade, com aportes da política, da economia e da diplomacia.

Desde as primeiras cúpulas realizadas pelos BRICS, acadêmicos de diversas áreas tentaram encontrar definições para uma melhor compreensão do grupo composto por esses cinco diferentes países. A simbiose existente entre os arranjos

---

20   MOHAN, Rakesh; KAPUR, Muneesh. **Emerging powers and global governance**: whither the IMF? IMF Working Paper, 12/219, 2015, p. 9.

21   ""Lo sviluppo è persino più significativo se si restringe lo sguardo agli ultimi quindici anni. Se nel 2000 il PIL dei paesi del G7 rappresentava ancora il 44% del PIL mondiale mentre la quota dei BRICS si fermava al 19%, è nel corso del primo decennio del nuovo millennio che si osserva la rapida accelerazione della crescita economica dei paesi emergenti. Nel 2010 i BRICS rappresentavano ormai oltre un quarto dell'economia mondiale (27%), mentre la quota G7 si era ridotta a poco oltre un terzo del totale (35%), e si prevede che il trend continui anche nel prossimo futuro. In particolare, il FMI prevede un'inversione di rilevanza tra BRICS e paesi G7 entro il 2020, con le economie BRICS che costituiranno oltre un terzo dell'economia mondiale (34%) e le economie G7 solo il 29%: un netto sorpasso, dunque, dei cinque paesi emergenti sui sette più industrializzati". BORGHI, Elisa; VILLA, Matteo; VILLAFRANCA. **La Sfida Dei Brics Al Sistema Di Bretton Woods**. Osservatorio Di Politica Internazionale, n. 114, 2015, p. 10.

diplomáticos e os estudos acadêmicos *ab initio* proporcionou uma relação de influências mútuas. Conforme as cúpulas e as declarações incorporavam novos temas, muitos dos quais sugeridos por estudos acadêmicos, junto com elas novas conjunturas analíticas paulatinamente surgiam. A agenda inicial, de cunho majoritariamente econômico e financeiro, incentivou diversos estudos de natureza econômica relacionados especialmente com as amplitudes dos mercados emergentes. Posteriormente, e sobretudo em razão da expansão da agenda desses países em matéria de segurança internacional, cresceram as análises do campo da política e das relações internacionais, que passaram a contextualizar os BRICS no âmbito da governança global[22], sob diversas perspectivas das teorias internacionalistas, especialmente em torno das capacidades e influências políticas de cada membro do grupo. A constante institucionalização dos BRICS, sobretudo após a sua primeira organização internacional, passou a incentivar estudos jurídicos direcionados à análise dos documentos, acordos e instituições, bem como seus impactos no sistema jurídico mundial.

Além dos critérios econômicos, a emergência dos BRICS pode ser aferida levando-se em conta que esses países detêm vastos territórios, grandes populações, riquezas e recursos naturais, além de certo grau de desenvolvimento científico e tecnológico. O fato de serem considerados potências regionais, com influências econômicas, políticas e culturais em suas respectivas regiões, confere aos BRICS o status de grupo com características que extrapolam o acrônimo inicialmente formulado pela instituição financeira. Como salienta Gelson FONSECA JR[23] os BRICS são importantes, cada um, por motivos próprios, econômicos, políticos ou estratégicos, sendo impossível imaginar que algum regime internacional, seja na área da segurança, da economia ou dos valores, se articule e se consolide sem que deles os BRICS participem ativamente.

HURRELL[24] expõe quatro razões pelas quais Brasil, Rússia, China e Índia merecem um estudo separadamente. A primeira razão é que todos parecem dispor de recursos de poder econômico, militar e político. A segunda razão seria o fato desses países compartilharem uma crença no direito de exercício de um papel mais influente nos assuntos internacionais, embora a aspiração, por si só, não seja suficiente. A terceira razão para estudar esses países em conjunto deriva do desenvolvimento das relações entre eles. Por fim, assevera que esses países se distinguem de outras "potências médias", como Coreia do Sul e Austrália, porquanto não adotam alinhamentos automáticos com os Estados Unidos.

---

22   CONING, Cedric; MANDRUP, Thomas; ODGAARD, Liselotte. Introduction. *In*: **The BRICS and coexistence**: an alternative vision of world order. New York: Routledge, 2015.

23   FONSECA JR, Gelson. BRICS: notas e questões. *In*: **O Brasil, os BRICS e a agenda internacional**, 2ª edição. Brasília: FUNAG, 2013, p.23.

24   HURRELL, Andrew. Hegemonia, liberalismos e ordem global: qual é o espaço para potências emergentes? *In*: **Os Brics e a ordem global**. Rio de Janeiro: Editora FGV, 2009.

Sob uma perspectiva das relações internacionais, os BRICS constituem importante objeto de estudo em matéria de governança que, a depender da teoria adotada, tende a analisar o peso político e militar, o equilíbrio de poder, o comportamento e os interesses de cada um no agrupamento, bem como a identificação das identidades e valores. Enquanto os estudos econômicos aferem sobretudo a capacidade econômica dos BRICS, as relações internacionais levam em conta a influência desses países no sistema internacional, involucrados nas temáticas sobre o exercício do *soft* ou *hard power* enquanto potências numa determinada ordem sistêmica. O advento dos BRICS reanimou os estudos sobre os conceitos de potências médias, potências emergentes e potências decadentes. No âmbito das relações internacionais, inúmeras teorias tentaram estabelecer[25], especialmente no século XX[26], critérios políticos de modo a definir o conceito de potências médias. Inicialmente concebido como um reflexo do crescimento econômico e militar de um país, o conceito passou por inúmeras revisões e diferentes análises teóricas das relações internacionais, desde a realista à construtivista, mesclando parâmetros comportamentais individuais e coletivos dos estados no sistema internacional[27]. Na segunda metade do século XX, a literatura canadense desenvolveu uma ampla discussão sobre o conceito de potências médias, temática muitas vezes ligada aos direcionamentos da política externa do Canadá[28], ao mesmo tempo em que teóricos da Austrália também difundiam análises similares.

---

25   "One of the earliest theorists of middle power behavior, Giovanni Botero (who variously used the Italian terms *mezano* and the less flaterring *mediocro)* was a Jesuit-trained Piedmontese teacher of philosophy and rhetoric, who in his 1589 book *The Reason of State* argued that middle powers were peace-promoting because they are exposed neither to violence by their weakness nor to envy by their greatness, and their wealth and power being moderate, passions are less violent, ambition find less support and license less provocation than in large states". GILLEY, Bruce; O'NEIL, Andrew. China's rise through the prism of middle powers. *In:* **Middle powers and the rise of China**. Washington: Georgetown University Press, 2014, p. 10.

26   No século XX, vale mencionar a contribuição de Carsten HOLBRAAD, que tentou compreender o papel das potências médias sob uma perspectiva histórica. HOLBRAAD, Carsten. **The role of middle powers**. Cooperation and Conflict 1, 1971, p. 77. Ver ainda: GLAZEBROOK G. Det. **The middle powers in the United Nations System**. International Organization, v. 1, issue 02, June 1947, pp 307-318.

27   "The first specific dimension of predicted middle power behavior is what we will call the peace initiatives and conflict mediation role (...). The second specific hypothesized dimension of middle power behavior is what we will call the counterhegemonic or pro-multipolarity role (...). Multipolarity is most obviously in the interest of middle powers since it widens the group of what David Dewitt and John Kirton called principal powers in the international system, those that possess the ability to have a decisive influence on specific issues". GILLEY; O'NEIL, *op.cit.*, pp. 10-15.

28   WOOD, Bernard. **Middle powers in the international system:** a preliminary assessment of potential. Wider working papers, United Nations University, 1987.

O conceito de potências médias passou por inúmeras variações nas últimas décadas. SARDENBERG[29] argumenta que a própria palavra "potência" já não expressa tudo o que pode um estado fazer na ordem internacional e incorpora novos significados, distintos dos que dominam a simples política de poder. O diplomata entende que, em um mundo globalizado, não se deve entender por potência apenas países que alcançaram determinado nível de capacidade bélica convencional ou nuclear. Há no mundo contemporâneo potências nucleares, potências econômicas, potências agrícolas, potências militares, potências culturais e potências políticas. Recentemente, alguns autores passaram a diferenciar potências médias tradicionais de potências médias emergentes. Segundo JORDAAN[30], todas as potências médias apresentam comportamento de política externa que estabiliza e legitima a ordem global. As potências médias tradicionais apresentam quadros de estabilidade: geralmente são estados ricos, estáveis, com uma social democracia fortalecida e que não apresentam um comportamento regional influente, apresentando uma fraca orientação regional e uma leve concessão às pressões para uma reforma global. As potências médias emergentes, por sua vez, constituem estados semiperiféricos, materialmente desiguais e recentemente democratizados, mas que demonstram muita influência regional, optando por mudanças reformistas não radicais.

Embora inexista um consenso sobre a definição de potências médias, muitas ideias convergiam a respeito do papel desenvolvido por esses estados no âmbito das instituições multilaterais. As potências médias, para alguns teóricos, possuiriam uma tendência de apoiar instituições multilaterais universais[31]. Dentre as visões realistas, que concebem o papel das potências emergentes como conflituoso, e as visões liberais, que vislumbram uma transição pacífica rumo a um multilateralismo com instituições internacionais mais fortalecidas, surgem aqueles que apoiam uma terceira via[32] com avanços e conflitos pontuais[33].

---

29   SARDENBERG, Ronaldo Mota. Reforma das Nações Unidas: impasses, progressos e perspectivas. *In:* **Reforma da ONU.** IV Conferência Nacional de Política Externa e Política Internacional. O Brasil no mundo que vem aí. Seminário sobre a Reforma da ONU. Brasília: FUNAG, 2010, p.48.

30   JORDAAN, Eduard. **The concept of a middle power in international relations**: distinguishing between emerging and traditional middle powers. Politikon, v. 30, n. 2, 2003, pp. 166-171.

31   COOPER, David. **Challenging contemporary notions of middle power influence**: implications of the proliferation security initiative for "Middle Power Theory". Foreign Policy Analysis 7, 2011, 317-336.

32   SCHWELLER, Randall. **Emerging powers in an age of disorder**. Global Governance, v. 17, nº 3, jul./set. 2011, pp. 285-298.

33   Sob uma perspectiva jurídica, CASELLA (2011, p. 148) aduz que: "a convivência entre o velho e o novo modelos de ordenação da convivência entre estados nem sempre é pacífica. Simultaneamente, há recorrências ou avanços, seja em sentido positivo, rumo a institucio-

No âmbito das relações internacionais, além da temática relacionada ao conceito de potências médias, diversos estudos tentam compreender a relação entre BRICS e governança global, e se aqueles visam ou não a alteração do status quo34. Nessa seara, argumenta-se que alguns países dos BRICS parecem insatisfeitos com sua participação e sua voz nas instituições internacionais, o que poderia contribuir para a democratização das instituições, mas não necessariamente para mudanças de ordem e valores. Outros argumentam que os BRICS não parecem ter quaisquer soluções para apresentar de modo a resolver problemas globais, bem como não parecem ter como objetivo revolucionar a ordem internacional existente. O que eles reivindicam é a reforma de várias instituições internacionais para fornecer um lugar e uma voz legítimos para as nações emergentes na definição das normas e regras dos jogos internacionais[35].

De acordo com MACFARLANE[36], as potências emergentes são diferenciadas por sua identidade dinâmica cuja posição muda conforme o aumento de seu poder. Enquanto as grandes potências[37] tendem a fazer balanceamentos, as potências emergentes tentam redesenhar o sistema internacional, desafiando a hierarquia estabelecida do sistema em que atuam. Segundo WOODS et al. (2013), ao mesmo tempo que esses países emergentes buscam o fortalecimento das instituições multilaterais, também trabalham na perspectiva bilateral e de estratégias regionais e nacionais, sobretudo porque ainda não estão confiantes

---

nalização crescente, que poderia levar de direito internacional da cooperação para direito internacional da integração; seja em sentido negativo, tendendo a negar os pressupostos e a validade de qualquer regulação legal da convivência entre unidades políticas soberanas, reduzindo a interação entre estados às relações de força e equilíbrio de terror, baseado na ameaça e no uso da força".

34 A teoria realista da transição de poder, sob uma perspectiva ocidental, visa explicar as causas dos conflitos e guerras internacionais pelo surgimento de potências emergentes que estão descontentes com as regras internacionais estabelecidas pelos poderes dominantes. De acordo com essa teoria, os estados podem ser classificados em duas categorias: status quo ou revisionista. Nações poderosas e influentes, e que se beneficiaram da ordem mundial previamente estabelecida, estão na categoria de estados do status quo, enquanto as nações insatisfeitas com seu lugar no espectro internacional são muitas vezes consideradas estados revisionistas. TAMMEN, Rnald L.; KUGLER, Jacek; LEMKE, Douglas. **Power transition theory**. Transresearch consortium work paper, n.1, 2011, p.2.

35 KÄKÖNEN, JYRKI. BRICS as a new constellation in international relations? *In* **Mapping BRICS Media**, edited by K. Nordenstreng and D. Thussu. London: Routledge, 2015, p.29.

36 MACFARLANE, Neil. **The 'R' in BRICs**: is Russia an emerging power? International Affairs, London, v. 82, n. 1, pp.41-57, jan., 2006.

37 "Dentro de um sistema internacional, o status de uma unidade política é determinado pelo volume dos recursos, materiais e humanos, que ela pode consagrar à ação diplomática e estratégica. As "grandes potências" de cada período são consideradas capazes de dedicar recursos consideráveis à ação externa e de conseguir muitos seguidores". ARON, *op.cit.*, 2002, p. 124.

de que o multilateralismo trabalhará em prol dos seus interesses. Sob essa perspectiva, os BRICS representam um duplo movimento: a entrada no "clube de elite" da comunidade internacional por meio de acordos sobre alguns (ou todos) os aspectos da paz liberal em seu sentido *a priori* de qualificação (democracia, direitos humanos, sociedade civil) e, ao mesmo tempo, uma seleção dos aspectos liberais que pode variar de acordo com seus próprios interesses[38].

Para alguns autores, embora os BRICS não estejam incluídos no sistema de alianças liderado pelos Estados Unidos, estão integrados na órbita das instituições econômicas ocidentais e possuem apenas interesse moderado de mudar as regras do jogo[39]. ALEXANDROFF e COPPER[40] apontam que os países emergentes não se veem como beneficiários do sistema internacional liberal. A distância de uma ordem mundial liberal não significa, contudo, uma rejeição fundamental dos princípios do sistema estabelecido. Assim, o aumento desses estados entre o sul global não impede o surgimento de novas instituições que possam servir aos interesses das potências tradicionais e das potências emergentes. Salientam que o sistema de governança global fabricado no pós-guerra, sob a preponderante influência liberal estadunidense, tem se mostrado degastado, com déficits de legitimidade e representatividade. De acordo com ABDENUR e FOLLY[41], embora os BRICS sejam uma iniciativa de cunho anti-hegemônico, no sentido de que a coalizão almeja um sistema mais multipolar, não se trata de um esforço de ruptura sistêmica. Com efeito, ainda que o discurso oficial do agrupamento ressalte a necessidade de uma ordem internacional mais multipolar, equitativa e democrática, o objetivo principal desses países é o de expandir sua influência no mundo, e não de desengajar ou substituir as instituições internacionais já consagradas.

Como expõe CASELLA (2011), não existem alinhamentos automáticos, nem modelos pré-estabelecidos, na "perspectiva BRICS", em relação à cooperação possível entre os BRICS. Estes podem desenvolver os seus próprios quadros, nos quais insiram modelos de trocas comerciais, como de intercâmbio cultural, os

---

38   RICHMOND, Oliver P.; TELLIDIS, Ioannis. **The BRICS and international peacebuilding and statebuilding.** NORFF: Norwegian peacebuilding Resource Center, January, 2013, p. 3.

39   ARMIJO, Leslie E; ROBERTS, Cynthia. The emerging powers and global governance: why the BRICS matter. *In*: **Handbook of emerging economies.** Ed. Robert E. Looney. London; New York: Routledge, 2014.

40   ALEXANDROFF; COPPER, Alan S.; Andrew F. Introduction. *In*: **Rising states, rising institutions: challenges for global governance**. Alan S. Alexandroff and Andrew F. Cooper, editors. Baltimore: Brookings Institution Press, 2010.

41   ABDENUR, Adriana Erthal; FOLLY, Maiara. O Novo Banco de Desenvolvimento e a institucionalização do BRICS. *In*: **BRICS: estudos e documentos**. Brasília: FUNAG, 2015, p. 83.

mais variados. Os BRICS também podem conferir um ar fresco à cooperação Sul-Sul[42], que pode ser compreendida pelo caráter sinalagmático da relação, pautado pelo equilíbrio entre as partes. O termo Sul-Sul[43] é aqui utilizado para descrever a troca de recursos, tecnologia e conhecimento entre os países em desenvolvimento com o intuito de reduzir a sua dependência excessiva dos mercados mundiais dominados pelo Norte[44].

Os BRICS não possuem um documento constitutivo, um secretariado fixo ou fundos comuns destinados a financiar suas atividades[45]. Por outro lado, uniram esforços para a formação da primeira organização internacional criada pelo grupo, o Novo Banco de Desenvolvimento, com sede em Xangai, como instrumento para aumentar a cooperação econômica e com o propósito de sanar lacunas em matéria de infraestrutura e desenvolvimento sustentável. A concertação BRICS formou mecanismos sistemáticos para abordar as preocupações de se alcançar as metas de desenvolvimento sustentável delineadas pelas Nações Unidas. Apesar das diferenças, são grandes estados com expressivas populações, grande extensão territorial e alto crescimento econômico que, no entanto, enfrentam o desafio relacionado à enorme lacuna existente entre ricos e pobres. O NBD pode ser considerado um dos principais passos para resolver essas preocupações. Levando-se em conta essa realidade, a arquitetura foi projetada de modo a financiar e auxiliar projetos de desenvolvimento e infraestrutura de países em desenvolvimento[46].

---

42 "Les pays du Sud ont une histoire politique commune qui remonte à la Conférence de Bandung en 1955. On peut donc remonter à cette période pour situer les premières tentatives de mise en forme et d'institutionnalisation des relations Sud-Sud. KUPA, Jacques. **Coopération Sud-Sud et tripartite dans l'espace francofone**. Paris: Organisation internationale de la Francophonie, 2014, p. 7.

43 "The idea of the South can be traced to the 7th Special Session of the UN General Assembly in 1975 in which a resolution concerning development and international cooperation was adopted. Section V of this resolution dealt specifically with cooperation among developing countries. In 1978, the Special Unit for South-South Cooperation in the UN Development Program was established by the General Assembly. Its primary mandate was to promote, coordinate and support South-South and Triangular cooperation in the UN system and globally. In short, it should be noted that the concept of the Global South has geographical, political, historical and economic connotations and meanings". LUMUMBA-KASONGO, Tukumbi. **Brazil, Russia, India, China, and South Africa (BRICS) and Africa: New Projected Developmental Paradigms**. Africa Development, Volume XL, n. 3, 2015, p.94.

44 YING, Huang. BRICS: a new cooperation model in horizon. *In:* **Laying the BRICS of a New Global Order:** From Yekaterinburg 2009 to eThekwini 2013. Editors Francis A. Kornegay and Narnia Bohler-Muller. Pretória: Africa Institute of South Africa, 2013, pp. 51- 64.

45 ABDENUR; FOLLY, *op.cit.*, 2015, p. 85.

46 NAIK, Shraddha. **The prospects and challenges for achieving sustainable development goals under the BRICS-New Development Bank (NDB)**. International Research Journal of Interdisciplinary & Multidisciplinary, V.3, June 2017, p. 144.

II. Dimensões interna e externa dos BRICS 63

O que torna interessante é o fato de que "BRIC" ainda é um modelo por ser inventado. E isso está em curso, e interessa não somente a cada um dos integrantes da sigla, como teria reflexos para o conjunto do mundo, e, mesmo, se poderia entrever a construção de novos formatos de inserção internacional (...) Antes de tudo, cabe deixar claro que se trata de modelo de cooperação – atuação coordenada, por meio de mecanismos intergovernamentais (...) É um modelo a ser instaurado empiricamente, é escolha estratégica, e este poder vir a pautar a política externa e as relações internacionais de cada um desses estados, e, a partir destes, pode também mudar o equilíbrio do mundo (CASELLA, 2011, p. 10).

De acordo com PAPA (2014, p. 10), os BRICS representam uma nova forma de cooperação, regulamentada com base em um *peer-learning*, entre os países que têm algumas características de desenvolvimento semelhantes, e à luz do funcionalismo[47], por meio da cooperação em muitas áreas temáticas. Sob tal perspectiva, os BRICS podem produzir substantivas soluções para os problemas hodiernos e influenciar as percepções de outros países, o que é viável e desejável.

O interesse e a busca de uma melhor compreensão acerca dos BRICS levaram, inicialmente nas áreas da economia e das relações internacionais, a uma multiplicação de obras e publicações específicas, além de seminários e o advento de grupos de pesquisas especializados em diversas universidades ao redor do mundo[48]. Os estudos, majoritariamente econômicos no início, acompanharam o desenvolvimento do grupo que, desde então, passou a abraçar temáticas políticas ao mesmo tempo em que, paulatinamente, construía as primeiras pontes institucionais. Com a institucionalização do grupo, sobretudo após a criação do Novo Banco de Desenvolvimento, cresceram os estudos jurídicos em con-

---

47   Para os funcionalistas, os crescentes níveis de interdependência dariam início a um processo contínuo de cooperação tendendo a um aumento da institucionalidade. Nesse contexto, as instituições supranacionais aparecem como ferramentas mais efetivas para a solução de problemas comuns. Isso levaria a um verdadeiro processo de *spillover*, quando instituições supranacionais inicialmente constituídas para resolver questões técnicas e temas não controversos, transbordariam para um campo mais abrangente. Dessa forma, a criação de uma instituição levaria à criação de novas instituições, em um processo crescente de complexidade e institucionalidade. HURRELL, Andrew. **Explaining the resurgence of regionalism in world politics**. Review of International Studies, 21, 1995, pp. 331-358.

48   "Antes de vir, procurei informações em *sites* chineses sobre o BRICS e fiquei impressionado com o número de artigos e de informações que encontrei em revistas populares e em publicações especializadas. Sem muita pesquisa, encontrei cinquenta e duas monografias sobre o BRICS. Há poucos dias atrás, entrou em circulação um novo livro, editado pela Academia Chinesa de Ciências Sociais. O interesse da mídia e das universidades no BRICS é crescente. Isso me surpreendeu, confesso, e me fez pensar sobre quais seriam as causas desse recente interesse CANRONG, Jin. Mesa redonda na FIESP. *In:* **Debatendo o BRICS** / José Vicente de Sá Pimentel (Org.). Brasília: FUNAG, 2013, p. 120.

comitância com análises institucionalistas das relações internacionais. A tabela abaixo releva o incremento dos grupos de pesquisas[49] especializados em BRICS ao longo dos últimos anos e nas mais diferentes áreas:

Tabela 2: Grupos de Pesquisas sobre os BRICS

País	Instituição	Grupo	Área
Brasil	Universidade de São Paulo (USP)	GEBRICS	Direito Internacional
Brasil	Universidade Federal Fluminense (UFF)	NEPB	Interdisciplinar
Brasil	Universidade Estadual Paulista (UNESP)	Grupo de Pesquisa do BRIC	Relações Internacionais/Economia
Brasil	Pontifícia Universidade Católica (PUC/RIO)	BRICS Policy Center	Relações Internacionais/Economia
Brasil	Fundação Getúlio Vargas (FGV/RIO)	BRICS Observer	Direito e Economia
Brasil	Universidade Federal da Integração Latino-Americana (UNILA)	Observatório dos BRICS/ NEEGI	Política Internacional
Canadá	University of Toronto	BRICS Information Center	Economia
China	Fudan University	Center for BRICS Studies	Economia

Como observa ZHAO[50], os BRICS são frequentemente marginalizados na literatura enquanto um grupo, uma vez que prevalece uma vasta gama de análises individuais ou comparativas de cada membro. Tendo em vista essa lacuna, a presente pesquisa obstou análises individuais e focou no estudo dos BRICS como um conjunto. Embora seja comum encontrar o termo "bloco" para a definição dos BRICS, o estudo optou por utilizar o termo "grupo"

---

49 "BRIC pode se tornar realidade, quando se inscrever no currículo das universidades e institutos de governo e de pesquisa: um ou mais programas de pós-graduação em BRICS, que permita às novas gerações ser mais precisas e mais focadas no conhecimento e tratamento das realidades desses países tão diversos". CASELLA, *op.cit.*, 2011, p. 20.

50 ZHAO, Huanyu. **Evolution of the BRICS institutionalization**: challenges and opportunities for the EU Strategic Partnership with the BRICS. Brussels: UACES, Paper for UACES Student Forum Conference, 2016.

como referência ao agrupamento constituído por Brasil, Rússia, Índia, China e África do Sul. No âmbito das relações internacionais, a acepção de "bloco" muitas vezes é utilizada como referência a alguma organização internacional regional. Apesar de fundarem uma organização internacional, o Novo Banco de Desenvolvimento, os BRICS não constituem, por si só, uma organização internacional, porquanto desprovidos todos os seus elementos de constituição[51]. Outrossim, os BRICS não se enquadram numa perspectiva regionalista, uma vez ausentes os principais elementos que o caracterizam, como os aspectos regionais, históricos e culturais, bem como as etapas e demais elementos essenciais para a formação de uma organização internacional regional. De acordo com Alberto PFEIFER[52], talvez a dificuldade de definir o agrupamento decorra de ser um projeto aberto, uma construção que vem sendo feita pelos cinco países: "é importante analisar o papel dos BRICS porque possibilita uma visão de como se vai operando a reforma das instituições internacionais, com as agendas propositivas que resultam das cúpulas e também das reuniões às margens de organismos internacionais".

Kenneth NÓBREGA[53] lembrou dos riscos de buscar rotular qualquer grupo ou movimento conjunto de países na cena internacional contemporânea, com base em modelos de integração e associação consolidados no século XX:

> O BRICS é, a um só tempo, reflexo e catalisador de transformações no cenário internacional neste início de século XXI. Poderia ser definido como um mecanismo informal de coordenação e cooperação criado pela vontade política de seus integrantes. Suas atividades são decididas pelos Chefes de Estado e de Governo nas Declarações de Líderes e nos Planos de Ação, adotados nas cúpulas anuais, cuja implementação é levada a cabo sem o apoio de um secretariado permanente. Esta definição tem, contudo, poder de síntese limitado, ao levarmos em conta que o grupo criou instituições comuns e não descarta a possibilidade de vir a estabelecer outras

---

51 Segundo RIDRUEJO, "Six elements ou signes distinctifs entrent à notre avis dans la définition d'organisation internationale, à savoir: caractère interétatique, base voluntaire, organes permanents, volonté autonome, compétence propre et, finalement, coopération entre les Etats membres pour la satisfaction de leurs intérêts communs. Si une entité agissant sur le plan international en tant qu'instrument de la coopération interétatique réunit tous ces éléments, elle est incontestablement une organisation internationale". RIDRUEJO, José Antonio Pastor. **Le droit international à la veille du vingt et unième siècle**: normes, faits et valeurs. Haia: Cours general de droit international public, 1998, p. 195.

52 PFEIFER, Alberto. Mesa Redonda no Palácio do Itamaraty, 27 de abril de 2012. In: **Debatendo o BRICS** / José Vicente de Sá Pimentel (Org.). Brasília: FUNAG, 2013, p. 58.

53 NÓBREGA, Kenneth Felix Haczynski da. **BRICS: de Fortaleza a Goa**. Cadernos de Política Exterior / Instituto de Pesquisa de Relações Internacionais, v. 2, n. 4, dez. 2016, pp. 29-56.

no futuro. A vontade política que cimenta o agrupamento é decorrente da percepção compartilhada de que, a despeito de sua dispersão geográfica e de suas trajetórias diversas – históricas, socioeconômicas e culturais –, os interesses dos cinco grandes países emergentes convergem, concreta ou potencialmente, em vários campos (NÓBREGA, 2016, p. 30).

Como sinaliza PAPA (2014, pp. 6-7), a ação primordial dos BRICS é orientada para a reforma e a inovação, de modo a conferir legitimidade à busca de multipolaridade pelos estados individuais e fornecer formas de compartilhar maiores responsabilidades globais. Apesar de suas enormes diferenças, os BRICS possuem algo em comum: a democratização das relações internacionais e a resistência a uma ordem unipolar dentro da qual os Estados Unidos exerçam um papel hegemônico[54]. Quanto à análise conceitual dos BRICS, sinaliza a autora que, como entidade, o grupo não se qualifica como um ente dotado de personalidade jurídica nos termos estritos do direito internacional tradicional. Ressalta, contudo, que o direito internacional contemporâneo se tornou mais flexível em termos de reconhecer a importância de entidades não estatais como atores legais e sua capacidade de criar, aplicar e administrar regras jurídicas internacionais. A influência de atores não estatais, incluindo a sociedade civil e as organizações internacionais, em normas jurídicas internacionais é mais perceptível. Os BRICS, como entidade *sui generis*, não possuem uma categorização fácil.

Os BRICS representam um novo modelo de cooperação que difere dos grupos tradicionais, sobretudo porque não compõem uma aliança militar, não possuem um inimigo comum para lutar e os cinco países estão espalhados em diferentes cantos do mundo[55]. Trata-se de um fenômeno novo cuja natureza jurídica ainda é incerta, um processo em andamento distinto dos denominados mecanismos de concertação[56] e de outros movimentos históricos de contestação à ordem

---

54   PAPA, Mihaela. **BRICS's pursuit of multipolarity**: response in the United States. Fudan Journal of Hum.Soc.Sci, v. 7, n.3, 2014, p. 364.

55   "This sharp divergence in the opinions on the BRICS can be explained partly by the fact that the group represents a completely new cooperation model for the emerging powers in international relations, which may possess great potential to reshape the global pattern in the post-crisis era". YING, Huang. BRICS: a new cooperation model in horizon. *In:* **Laying the BRICS of a New Global Order**: From Yekaterinburg 2009 to eThekwini 2013. Editors Francis A. Kornegay and Narnia Bohler-Muller. Pretória: Africa Institute of South Africa, 2013, p.51.

56   Como exemplifica CELLI (2006, p. 24), entre os mecanismos de concertação merece destaque o G-8, que constitui um fórum no qual os países membros debatem questões econômicas internacionais e do qual emanam apenas recomendações que poderão ou não ser observadas pelos estados. CELLI JUNIOR, Umberto. Teoria geral da integração: em busca de um modelo alternativo. *In:* **Blocos econômicos e integração na América Latina, África e Ásia**. Curitiba: Juruá, 2006.

internacional vigente[57]. Como analisa CASELLA (2011, p.9), o modelo BRICS está em curso, mas já pode ser delineado levando-se em conta um modelo de cooperação – atuação coordenada, por meio de mecanismos intergovernamentais[58], sem necessidade de criação de estruturas comuns – em que cada estado conserva sua soberania e independência.

2.3. CÚPULAS, DOCUMENTOS E MOVIMENTOS DE COOPERAÇÃO E REFORMA.

Em 2006, a coordenação diplomática entre Brasil[59], Índia, China e Rússia iniciou-se de maneira informal e regular, com reuniões anuais de chanceleres à margem da Assembleia Geral das Nações Unidas (AGNU). Essa interação exitosa levou à decisão de que o diálogo deveria ser continuado no nível de chefes de estado e de governo, mediante cúpulas anuais. A partir da I Cúpula, realizada em Ecaterimburgo, em 2009, o diálogo entre os membros dos BRIC – que se transformou em BRICS com o ingresso da África do Sul, em 2011 – foi ganhando profundidade e abrangência. Mais do que uma sigla que identificava países emergentes na ordem econômica internacional, o grupo BRICS tornou-se uma nova entidade político-diplomática, bastante distinta do conceito original formulado pelo mercado financeiro[60].

---

57 "A coalizão Terceiro-Mundista, constituída em meados dos anos 60 – cujos representantes mais importantes foram o Movimento Não Alinhado e o Grupo dos 77 – caracterizou-se por dois aspectos distintivos: a) um forte componente idealista, uma vez que suas principais bandeiras visavam modificar a economia política internacional no sentido da maior equidade dos regimes internacionais, e o questionamento da ordem econômica liberal considerada injusta por tratar desiguais como iguais; e b) a grande heterogeneidade econômica e política dos seus componentes, o que criava um problema de coordenação da ação coletiva, bem como a necessidade de se evitarem questões políticas que pudessem dividir aquele conjunto heterogêneo de países". LIMA, Maria Regina Soares de. Brasil e polos emergentes do poder mundial: Rússia, Índia, China e África do Sul. *In:* **O Brasil e os demais BRICs** – Comércio e Política. Brasília: CEPAL. Escritório no Brasil/IPEA, 2010, p. 156.

58 Adaptando a crítica de I ACHS (1994, p. 104), há atualmente o perigo de que o direito internacional seja submergido por declarações de delegações governamentais que, por sua vez, podem representar antes uma fonte de ilusões em razão da ausência de força obrigatória. Mas a vantagem dessa prática é considerável visto que ela fornece aos governos um campo de ações e estes podem decidir atribuir um caráter de obrigação a uma dentre elas.

59 "A coordenação no fórum Brics (Brasil, Rússia, Índia, China e África do Sul) é atualmente para o Brasil o que a aproximação com os EUA representou para o barão do Rio Branco, segundo o chanceler Antonio Patriota. Um grande legado dele é a capacidade de apreensão das mudanças. Na época em que o dinamismo econômico e o eixo de poder mudavam da Europa para os EUA, teve a capacidade de estabelecer uma boa relação com os Estados Unidos. Transferido para hoje, seria a capacidade de você se coordenar com os Brics". PATRIOTA, Antonio. **Os Brics são hoje os EUA da época do Rio Branco.** Folha de São Paulo, 10 de janeiro de 2012.

60 BRASIL, Ministério das Relações Exteriores. **Informações sobre os BRICS.**

Desde 2009 até 2018, dez Cúpulas anuais foram realizadas:

I Cúpula: Declaração Conjunta, Ecaterimburgo, 16 de junho de 2009.

II Cúpula: Declaração Conjunta, Brasília, 15 de abril de 2010.

III Cúpula: Declaração e Plano de Ação de Sanya, 14 de abril de 2011.

IV Cúpula: Declaração e Plano de Ação de Nova Delhi, 29 de março de 2012

V Cúpula: Declaração e Plano de Ação de eThekwini, 27 março de 2013.

VI Cúpula: Declaração e Plano de Ação de Fortaleza, 15 de julho de 2014.

VII Cúpula: Declaração e Plano de Ação de Ufá, 9 de julho de 2015.

VIII Cúpula: Declaração e Plano de Ação de Goa, 16 de outubro de 2016.

IX Cúpula: Declaração e Plano de Ação de Xiamen, 4 de setembro de 2017.

X Cúpula: Declaração e Plano de Ação de Joanesburgo, 27 de julho de 2018.

Uma leitura atenta das Declarações, Planos de Ação e outros documentos relacionados possibilita uma sistematização das dimensões internas e externas, relacionadas aos planos de cooperação entre os membros e aos arranjos de coordenação multilateral. Além da compreensão da dinâmica BRICS, os documentos analisados abrem caminhos para análises concernentes aos principais temas internacionais do século XXI, sobretudo em matéria de meio ambiente, segurança internacional, reformas das instituições internacionais e sistema econômico global.

2.3.1. I Cúpula e a Declaração Conjunta de 2009: o início de um diálogo

A primeira Cúpula dos BRICs, realizada em 16 de junho de 2009, na cidade de Ecaterimburgo, na Rússia, contou com a presença dos quatros chefes de estado dos países integrantes do grupo. Dividida entre formas de coordenação em foros multilaterais e cooperação entre seus membros, a Declaração Conjunta oriunda da I Cúpula contou com dezesseis pontos relacionados precipuamente aos debates econômicos e financeiros.

A vertente propulsora do encontro entre os países do denominado BRIC, em 2009, estava intrinsicamente ligada à crise econômica e financeira de repercussões globais, situação que conferiu ênfase ao papel central das Cúpulas do G-20 para a solução da crise mundial. Nesse contexto, os BRICs firmaram compromissos com o avanço das reformas das instituições financeiras internacionais, de forma a refletir as transformações da economia mundial e de modo a conferir maior

II. Dimensões interna e externa dos BRICS   69

protagonismo às economias emergentes e em desenvolvimento, que "devem ter maior peso e representação nas instituições financeiras internacionais, cujos diretores e executivos devem ser indicados por intermédio de processo aberto, transparente e com base no mérito"[61].

De acordo com os membros dos BRICs, a reforma da arquitetura financeira e econômica deve basear-se, *inter alia*, nos seguintes princípios: i) processo decisório e de implementação democrática e transparente no âmbito das organizações financeiras internacionais; ii) sólida base legal; iii) compatibilidade entre as ações de instituições regulatórias nacionais eficazes e de organismos internacionais de regulamentação e, iv) fortalecimento do gerenciamento de risco e das práticas de supervisionamento.

A superação dos obstáculos impostos pela crise mundial e a necessidade de garantir as metas estabelecidas pela agenda dos Objetivos de Desenvolvimento do Milênio foram ressaltados ao lado do conceito de desenvolvimento sustentável, inserido como um importante vetor na mudança do paradigma do desenvolvimento econômico. Nessa seara, os BRICs defenderam o fortalecimento da coordenação e da cooperação entre os estados no campo da energia, inclusive entre produtores e consumidores de energia, com vistas a diminuir a incerteza e a garantir a estabilidade e a sustentabilidade, bem como apoiaram a diversificação dos recursos e fontes de energia, incluindo a renovável, a segurança das rotas de trânsito de energia, e a criação de novos investimentos e infraestrutura nesta área.

No âmbito da cooperação entre seus membros, o grupo afirmou o compromisso de aumentar a cooperação nas áreas de interesse social e de fortalecer os esforços para prestar assistência humanitária internacional e de reduzir os riscos de desastres naturais, além da cooperação dos países no campo da ciência[62] e da educação. No campo da coordenação em foros multilaterais, os membros do BRIC lançaram a bandeira de apoio a uma ordem mundial multipolar mais democrática e justa, baseada no império do direito internacional, na igualdade, no respeito mútuo, na cooperação, nas ações coordenadas e no processo decisório coletivo de todos os estados, em que as Nações Unidas desempenhariam o papel central no tratamento dos desafios e ameaças globais. Neste sentido, reafirmaram a necessidade de uma reforma abrangente da Organização das

---

61   BAUMANN, Renato et al. Declaração de Ecaterimburgo. **BRICS**: estudos e documentos. Brasília: FUNAG, 2015, p. 158.

62   Dados divulgados pela agência Thomson Reuters mostram que os países do BRIC (Brasil, Rússia, Índia e China), diminuíram a distância dos países desenvolvidos no quesito pesquisas científicas. Em 1973, cerca de dois terços das todas as 400 mil pesquisas publicadas eram provenientes de países do G-7. Em 2011, esse número caiu pela metade. Além de mais abundantes, as pesquisas dos BRICs igualmente se tornaram mais influentes. **Impact of academic paper**. The economist.

Nações Unidas[63], com vistas a torná-la mais eficiente, de modo que ela possa lidar com os desafios globais de maneira mais eficaz[64].

Em resumo, as dimensões interna e externa da I Cúpula dos BRICs, plasmadas na Declaração Conjunta de 2009, ressaltaram os seguintes temas: a) dimensão interna (cooperação entre seus membros): cooperação no campo da energia (diversificação dos recursos e fontes de energia); promoção de um diálogo construtivo sobre as formas de lidar com as mudanças climáticas (com base no princípio das responsabilidades comuns, porém diferenciadas); cooperação em áreas de interesse social, assistência humanitária internacional e redução dos riscos de desastres naturais; cooperação no campo da ciência e da educação; b) dimensão externa (coordenação multilateral): papel central das Cúpulas do G-20; reforma das instituições financeiras (maior peso e representação das economias emergentes nas instituições financeiras internacionais); desenvolvimento sustentável como mudança do paradigma do desenvolvimento econômico; ordem mundial multipolar mais democrática e justa; condenação ao terrorismo em todas as suas formas, reforma abrangente da ONU; importância concedida ao status da Índia e do Brasil nas relações internacionais.

2.3.2. II Cúpula e a Declaração Conjunta de 2010: a consolidação de uma agenda comum

Os líderes da República Federativa do Brasil, da Federação Russa, da República da Índia e da República Popular da China reuniram-se em Brasília, no dia 15 de abril de 2010, para discutir as principais questões da agenda internacional, bem como medidas concretas para os avanços na cooperação e coordenação no âmbito da dimensão interna dos BRICs.

No mesmo período, precisamente no dia anterior ao início da II Cúpula, ocorreu a 4.ª Cúpula de chefes de estado e de governo do IBAS, que acabou

---

63 "The most frequently mentioned institution in BRICS documents is the UN (22% of all references in 2008-2014 BRICS documents), whose importance for addressing global and regional political challenges has been regularly emphasized by BRICS leaders and foreign ministers. BRICS countries also call for a comprehensive reform of the UN including the Security Council. G-20 comes second with almost 13% of all references in the BRICS documents. BRICS members not only support the G-20 as a premier global cooperation forum, but also coordinate their positions on the G-20 priorities. References to the IMF and the World Bank make up approximately 12 and 6% of the total, respectively, while the reform of quotas and representation in these institutions remains at the core of the BRICS agenda". LARIONOVA, Marina; SHELEPOV, Andrey. Is BRICS institutionalization enhancing its effectiveness? *In*: **The European Union and the BRICS**: complex relations in the era of global governance. London: Springer, 2015, p. 50.

64 BRASIL, Ministério das Relações Exteriores. **Declaração Conjunta**, BRIC, 2009.

por unir partes de suas agendas, incluindo o Fórum Empresarial IBAS+BRIC, que reuniu cerca de 350 empresários brasileiros, russos, indianos, chineses e sul-africanos na cidade do Rio de Janeiro[65]. No dia 15 de abril, em Brasília, ocorreu paralelamente o 1º Encontro de Cooperativas do BRIC. O evento, que fez parte da agenda oficial da II Cúpula de Chefes de Estado e de Governo dos BRICs, reuniu representantes de organizações cooperativas do Brasil, Rússia, Índia e China, e buscou formas de oportunidades de negócios, além de um processo de intercooperação entre essas organizações[66]. As iniciativas de cooperação no âmbito da dimensão interna contaram ainda com a reunião dos chefes dos institutos estatísticos; o encontro de ministros da agricultura do grupo; o encontro de presidentes dos bancos de desenvolvimento, além do seminário de *think tanks67*.

Com a ampliação dos temas, que passaram de dezesseis para trinta e três pontos, a Declaração Conjunta de 2010 apresentou nove temáticas: governança global, comércio internacional, desenvolvimento, combate à pobreza, energia, mudança do clima, terrorismo, aliança das civilizações e Haiti, que contribuíram para a consolidação de uma agenda comum, tanto no âmbito da cooperação interna, quanto da coordenação multilateral.

Assim como na Declaração Conjunta de 2009, a Declaração da II Cúpula reafirmou a importância do G-20 como o principal fórum de coordenação econômica e de cooperação internacional. Para os países dos BRICs, comparado ao regime anterior, o G-20 é mais amplo, mais inclusivo, diversificado, representativo e eficaz.

O BRICS é uma plataforma dentro do G-20 e os dois juntos influenciam outros foros. Há uma legitimidade complementada, pois se o BRICS já é importante no G-20, que é um foro criado para cuidar das respostas à crise global, como se explica que países tão importantes não tenham um peso relevante no FMI e no Banco Mundial? A partir do G-20, o BRICS tem lutado muito e sua identidade é reconhecida e respeitada. Quando estávamos discutindo, em Pittsburgh, os caminhos da reforma das instituições de Bretton Woods, houve uma pausa e, nos bastidores, reuniram-se numa sala os países europeus e noutra o BRICS, enquanto os delegados dos Estados Unidos ficavam de correio entre os dois, negociando posições. De um lado o BRICS, do outro os europeus e os Estados Unidos tentando fazer o

---

65   BRASIL, Governo do Brasil. **Empresários dos Brics e Ibas discutem aumento do comércio e crescimento sustentável.**

66   FECOAGRO, **OCB realiza encontro de cooperativas durante BRIC.**

67   BRASIL, Ministério das Relações Exteriores. **BRICS – Brasil, Rússia, Índia, China e África do Sul.**

meio de campo. Ou seja, o BRICS tem uma identidade, uma diferenciação no interior do G-20 que é reconhecida pelos europeus e pelos americanos (PIMENTEL, 2013, p. 141)[68].

De forma detalhada, os BRICs reafirmaram as ambições para as reformas das instituições de Bretton Woods. Segundo os membros do grupo, o FMI e o Banco Mundial precisam urgentemente resolver seus déficits de legitimidade por meio de reformas estruturais – que exigirão uma mudança substancial no poder de voto, em favor das economias emergentes de mercado e dos países em desenvolvimento, de modo a adequar sua participação nos processos decisórios ao seu peso relativo na economia mundial. Na esfera do comércio internacional, os BRICs ressaltaram a importância do sistema de comércio multilateral, consolidado na Organização Mundial do Comércio, para proporcionar um diálogo aberto, estável, equitativo e não discriminatório para o ambiente do comércio internacional.

O combate à pobreza, à exclusão social e à desigualdade[69] ingressou na agenda dos BRICs em concomitância com a atenção especial conferida aos grupos mais vulneráveis, como os pobres, as mulheres, os jovens, os migrantes e as pessoas com deficiência. Como na Cúpula anterior, a questão da diversificação energética e a relevância do conceito de desenvolvimento sustentável foram reiterados e a mudança climática reconhecida como uma ameaça grave.

---

68   PIMENTEL, Fernando. Mesa redonda na FIESP. *In:* **Debatendo o BRICS** / José Vicente de Sá Pimentel (Org.). Brasília: FUNAG, 2013.

69   O Relatório do Desenvolvimento Humano "A Ascensão do Sul: Progresso Humano num Mundo Diversificado" do Programa das Nações Unidas para o Desenvolvimento (PNUD), de 2013, debruçou-se sobre a evolução da geopolítica dos nossos tempos, analisando as questões e tendências emergentes, bem como os novos atores que moldam o panorama do desenvolvimento. O Relatório defendeu que a notável transformação de um elevado número de países em desenvolvimento em grandes economias dinâmicas com crescente influência política produz um impacto significativo no progresso do desenvolvimento humano. De acordo com projeções desenvolvidas para o Relatório, até 2020, o produto combinado de apenas três dos principais países em desenvolvimento, o Brasil, a China e a Índia, superará o produto agregado do Canadá, França, Alemanha, Itália, Reino Unido e Estados Unidos. Grande parte desta expansão é impulsionada por novas parcerias comerciais e tecnológicas no seio da própria região Sul, como o demonstra também o presente Relatório. No entanto, a mensagem essencial transmitida neste e em anteriores Relatórios do Desenvolvimento Humano é a de que o crescimento económico não se traduz, por si só e automaticamente, em progressos no desenvolvimento humano. A opção por políticas em prol dos mais desfavorecidos e por investimentos significativos no reforço das capacidades dos indivíduos - com ênfase na alimentação, educação, saúde, e qualificações para o emprego – pode melhorar o acesso a um trabalho digno e proporcionar um progresso duradouro. PNUD, **Relatório de Desenvolvimento Humano 2013. A ascensão do Sul**: progresso humano num mundo diversificado.

Entre as iniciativas impulsionadas na Cúpula anterior, os BRICs conferiram especial atenção ao primeiro programa de intercâmbio de magistrados e juízes dos países BRIC, realizado em março de 2010, no Brasil, após a assinatura, em 2009, do Protocolo de Intenções entre as Supremas Cortes dos países do BRIC.

2.3.3 III Cúpula dos BRICS e a Declaração de Sanya de 2011: o ingresso da África do Sul

A III Cúpula dos BRICS marcou o ingresso da África do Sul no agrupamento, conferindo maior representatividade geográfica do mecanismo, sobretudo em momento em que se buscava, no plano internacional, a reforma do sistema financeiro e, de modo geral, maior democratização da governança global[70].

> Embora os benefícios materiais do ingresso da África do Sul no BRIC devam ser considerados, o elemento simbólico parece ser mais importante que o interesse nas possibilidades que o país oferece como parceiro nas áreas do comércio, do investimento e da cooperação. Esta função simbólica atende aos interesses de cada um dos países do grupo em conferir legitimidade: i) às suas reivindicações por maior poder em instituições multilaterais; e ii) à expansão de sua presença no continente africano. A maior legitimidade das reivindicações por mudanças na ordem internacional decorre do fato de a África do Sul ingressar no grupo com o status de representante de toda a África, somando o continente africano à América Latina, à Ásia e às chamadas economias em transição. Ganha peso, dessa maneira, a imagem dos BRICS como representantes de uma nova ordem mundial, na qual o poder econômico e político dos países do "Sul" cresce, em média, a um ritmo maior que o dos países do "Norte" (MORAES; RIBEIRO, 2015, p. 264)[71].

Realizada em Sanya, na China, em 14 de abril de 2011, a III Cúpula dos BRICS contou com a presença dos chefes de estado e de governo da República Federativa do Brasil, da Federação Russa, da República da Índia, da República Popular da China e da República da África do Sul, os quais firmaram a Declaração de Sanya e seu Plano de Ação com novas áreas de cooperação.

Como nas Declarações anteriores, os BRICS reiteraram que os países emergentes têm desempenhado importante papel, sobretudo na contribuição significativa para a paz mundial, a segurança e a estabilidade, no reforço do multilateralismo e na maior promoção da democratização das relações internacionais.

---

70 BRASIL, Ministério das Relações Exteriores. Nota 145, **III Cúpula dos BRICS**.

71 MORAES, Rodrigo F.; RIBEIRO, Elton J.J.. **De BRIC a BRICS**: como a África do Sul ingressou em um clube de gigante. Contexto Internacional, Rio de Janeiro, v.37, n.1, p.255-287, jan/abr 2015.

Embora os países do BRICS tenham apresentado uma preocupação com a segurança internacional durante a I Cúpula, ao declararem profundo repúdio ao terrorismo em todas as suas formas, reiterado na Cúpula de Brasília em 2010 – na qual também apontaram para uma preocupação com relação à situação do Haiti –, foi somente na Cúpula de Sanya que os BRICS tomaram um posicionamento mais incisivo em matéria de segurança internacional.

Em 2011, os países dos BRICS marcaram presença simultânea no Conselho de Segurança das Nações Unidas, fato que impulsionou atuações conjuntas e laços estreitos sobre questões de paz e segurança, com vistas a reforçar as abordagens multilaterais e a facilitar futura coordenação sobre temas da agenda do Conselho de Segurança da ONU. Nesse contexto, os BRICS manifestaram profunda preocupação com a turbulência no Oriente Médio, no Norte e no Oeste da África e compartilharam o princípio de que o uso da força deveria ser evitado, respeitando-se os princípios da independência, da soberania e da integridade territorial de cada nação[72]. De forma específica, ressaltaram o desejo de dar continuidade à cooperação por eles desenvolvida no Conselho de Segurança das Nações Unidas sobre a questão na Líbia, afirmando que todas as partes devem resolver suas divergências por meios pacíficos e pelo diálogo com a ONU e organizações regionais competentes, desempenhando os papéis que lhes cabem. Salienta-se também que, em 2011, os ministros do comércio do BRICS se reuniram à parte dos demais durante a reunião ministerial da OMC para discutir o futuro da organização, trocar impressões a respeito da situação internacional e articular posições sobre como levar adiante as discussões acerca do comércio. Em suma, os BRICS se reuniram para se posicionar como um bloco naquela conferência ministerial, que estava na iminência de iniciar-se. "Foi muito interessante perceber a importância que todos os cinco países concediam à coordenação entre eles. Assim, a despeito de presumíveis divergências em certas questões, foi possível lograr consenso no tocante a vários aspectos fundamentais[73]"

No Plano de Ação de Sanya, os BRICS buscaram os reforços na concretização de acordos de cooperação já existentes[74] e apresentaram novas áreas de

---

72   BRASIL, Supremo Tribunal Federal. **III Cúpula dos BRICS**, Declaração de Sanya.

73   PRAZERES, Tatiana. Comentários. *In:* **Debatendo os BRICS: mesa-redonda no Palácio Itamaraty**. Org. José Vicente de Sá Pimentel. Brasília: FUNAG, 2013, p. 22.

74   Entre os quais, a i) realização do III Encontro de Altos Representantes para questões de segurança; ii) realização da reunião dos Ministros das Relações Exteriores à margem da 66ª Sessão da Assembleia Geral da ONU; iii) promoção de reuniões periódicas e informais de representantes de organizações internacionais com sede em Nova York e Genebra; iv) realização de reuniões dos Ministros das Finanças e Governadores dos Bancos Centrais no âmbito do G-20 e durante as reuniões anuais do Banco Mundial e do Fundo Monetário Internacional; v) realização do Encontro de Peritos em Agricultura e a Segunda Reunião de Ministros da Agricultura com vistas à cooperação em temas agrícolas incluindo

cooperação, como a realização do encontro de Cidades Irmãs e Governos Locais do BRICS[75], bem como pesquisas conjuntas sobre questões econômicas e comerciais, além de incentivos à cooperação esportiva, à viabilidade da cooperação no domínio da economia verde e à realização de reunião de Altos Funcionários para explorar as possibilidades de promover a cooperação científica, tecnológica e de inovação no âmbito do BRICS, incluindo o estabelecimento de um grupo de trabalho sobre cooperação na indústria farmacêutica.

De acordo com o relatório do Global Health Initiative de 2012, nos últimos anos, o montante de cooperação internacional para saúde de cada um dos países BRICS cresceu, ao passo que nos principais países do Norte (EUA e União Europeia) o financiamento para saúde global abrandou devido as restrições da crise financeira. Neste contexto, os BRICS foram vistos como doadores essenciais para suportar financeiramente as iniciativas internacionais de acesso à saúde. E, de fato, os esforços em discutir a questão refletem o engajamento da coalizão em oferecer novas soluções para o Sul global. A bandeira pela disponibilização de medicamentos aos países em desenvolvimento tem sido uma das pautas nessa agenda. O tema, no entanto, esbarra no paradigma da proteção à propriedade intelectual (PI), crescentemente regulamentada a nível internacional. Acerca disso, os BRICS parecem não se oporem ao princípio da PI, mas desejam balancear o uso destas regras com a necessidade e o interesse coletivo dos cidadãos. A "Declaração de Pequim", resultado da primeira Reunião dos Ministros de Saúde dos países BRICS, realizada em Beijing, no ano de 2011 sublinhava: (i) a importância da transferência de tecnologia entre os países com o intuito de aumentar suas capacidades de produção farmacêutica; (ii) o fortalecimento dos sistemas de saúde para superar as

---

a criação do Sistema de Informação Agrícola do BRICS e a realização de seminário sobre segurança alimentar; vi) fortalecimento da cooperação financeira entre os bancos de desenvolvimento do BRICS; vii) implementação do Protocolo de Intenção entre as Cortes Supremas do BRICS.

75 "Em dezembro de 2011, representantes dos cinco países BRICS se reuniram na cidade de Sanya, Província de Hainan, China, com o objetivo de estabelecer colaborações de nível local para promover o desenvolvimento comum e enfrentar os desafios da urbanização. Como uma iniciativa fortemente institucionalizada, o encontro de Cidades Irmãs e Governos Locais do BRICS marcou a abertura de um canal de comunicação, fortalecendo trocas amigáveis entre as cidades em questões de cultura, educação, ciência e tecnologia e esportes, sobretudo pesquisas científicas sobre oceanos e indústria de petróleo, além de abrigar um vasto setor de eletroeletrônicos – chegaram a significativos consensos com relação às oportunidades de cooperação nas áreas de óleo e gás, indústria naval, portuária e em pesquisa e desenvolvimento voltadas para esses setores". BOCAYUVA, Pedro C. C. et al. **Mecanismos de cooperação entre cidades no âmbito dos BRICS**. Rio de Janeiro: BRICS Policy Center / Centro de Estudos e Pesquisa BRICS, 2011.

barreiras de acesso à tecnologia de combate a doenças contagiosas; e (iii) a cooperação com organizações internacionais para aumentar o acesso à medicamentos e vacinas (MARTINS, 2016, p. 1)[76].

As três primeiras Declarações dos BRICS enfatizam a viabilidade de um grupo com conjunturas similares, num determinado momento econômico e com finalidades comuns. Deste modo, países que figuram entre as grandes economias mundiais e que possuem relevância demográfica, inseridos num momento histórico marcado por uma crise econômica e financeira de repercussões globais e que visam, entre as finalidades comuns, a reforma das instituições internacionais.

De modo específico, os primeiros encontros dos BRICS resultaram em modelos de cooperação entre seus membros (dimensão interna) e formas de coordenação multilateral (dimensão externa), que conferiram ênfase às temáticas ambientais e tecnológicas em ambas as esferas. No plano da dimensão externa, a reforma das Nações Unidas e das instituições financeiras, bem como a busca de ordem mundial multipolar mais democrática acabaram por especificar o principal denominador comum do grupo. A união dos cinco países demonstrou que o grupo foi além das previsões propostas pela Goldman Sachs, inserindo um conteúdo político que passou a ambicionar maior representatividade geográfica com vistas a uma maior democratização do sistema internacional.

Do cotejo entre o advento da I e a realização da III Cúpula, notam-se algumas diferenças no que diz respeito aos participantes do processo. Quando da primeira, as iniciativas se mostraram essencialmente governamentais, com ênfase nas figuras dos chefes de estado; a partir da segunda Cúpula, é possível aferir a ampla participação de outras esferas governamentais, como ministros, prefeitos, magistrados e institutos públicos, além de setores da sociedade civil, incluindo empresários, técnicos e acadêmicos. O quadro a seguir resume o conteúdo das participações e as primeiras formas de cooperação entre os BRICS:

Tabela 3: Formas de Cooperação entre os BRICS

Finanças e Bancos Centrais	Os Ministros de Finanças dos BRICS reuniram-se pela primeira vez em novembro de 2008, em São Paulo, em resposta à crise econômica e financeira mundial. Desde então, os Ministros de Finanças dos BRICS reúnem-se regularmente à margem dos encontros do G-20 e das sessões semestrais do FMI e do Banco Mundial, bem como à margem das Cúpulas, juntamente com os Presidentes dos Bancos Centrais.

---

76 MARTINS, Daniel. **Os BRICS e cooperação em saúde**: um panorama dos avanços e potencialidades. Observatório Brasil e o Sul, 2016.

Comércio	Os Ministros do Comércio dos BRICS reúnem-se tradicionalmente às vésperas das Cúpulas. Os Ministros também se encontram à margem de reuniões ministeriais da OMC.O Grupo de Contato para Temas Econômicos e Comerciais (GCTEC), que se reporta aos Ministros do Comércio, está encarregado de propor arcabouço institucional e medidas concretas para expandir a cooperação em temas econômicos e comerciais entre os BRICS.
Foro Empresarial	Desde 2010, o Foro Empresarial do BRICS se reúne às vésperas das reuniões de Cúpula, com o objetivo de ampliar e diversificar o comércio e os investimentos mútuos. Em 2013, foi estabelecido o Conselho Empresarial do BRICS, com vistas a elaborar recomendações sobre questões de comércio e investimentos, entre outras relacionadas ao ambiente de negócios. O Conselho é formado por cinco executivos-chefes de empresas de cada país. Integram o órgão, pelo Brasil, a Vale, a Weg, a Gerdau, o Banco do Brasil e a Marcopolo. Membros do Conselho apresentaram as suas recomendações aos líderes na VI Cúpula do BRICS.
Foro Acadêmico[77] e Conselho de Think Tanks	Desde 2010, realizam-se edições anuais do Foro Acadêmico do BRICS, previamente às cúpulas. Dele participam grande número de acadêmicos dos cinco países. Constitui vertente importante da participação da sociedade civil na dinâmica do BRICS. As reuniões têm propiciado reflexões originais dos países do BRICS sobre os desafios e as oportunidades com que se defrontam. O Conselho de Think Tanks do BRICS, estabelecido em 2013, é composto pelas seguintes instituições: Instituto de Pesquisa Econômica Aplicada (Brasil); National Committee for BRICS Research (Rússia); Observer Research Foundation (Índia); China Center for Contemporary World Studies (China); e

---

77 "Temos também o Foro Acadêmico, que foi concebido justamente para estimular a reflexão entre acadêmicos dos próprios BRICS. É importante lembrarmos que o nosso universo acadêmico continua muito centrado na matriz ocidental e recebe seus principais insumos do pensamento desenvolvido e publicado na Europa e nos Estados Unidos. Pouco conhecemos e é preciso conhecer muito mais profundamente o que pensam os russos, os indianos, os

	Human Sciences Research Council (África do Sul). O Conselho se ocupa das seguintes tarefas: compartilhamento e disseminação de informações; pesquisa, análise de políticas e estudos prospectivos; e capacitação. As recomendações tanto do Foro quanto do Conselho serão levadas ao conhecimento dos líderes.
Saúde	Os Ministros da Saúde dos BRICS mantêm encontros regulares desde 2011, inclusive à margem de reuniões da Organização Mundial da Saúde (OMS). Além da coordenação sobre temas que compõem a agenda da OMS, foi aventada a possibilidade de se estabelecer uma Rede de Cooperação Tecnológica do BRICS. Um dos objetivos seria promover a transferência e o acesso a tecnologias que permitissem aumentar a disponibilidade de medicamentos a preços baixos nos países em desenvolvimento.
Ciência e Tecnologia	Após encontros anuais de altos funcionários, a partir de 2011, os Ministros de Ciência e Tecnologia do BRICS reuniram-se, pela primeira vez, em fevereiro de 2014, em Kleinmond.
Agricultura	Os Ministros de Agricultura e Desenvolvimento Agrário dos BRICS reuniram-se, pela primeira vez, em 2010, em Moscou. No ano seguinte, em Chengdu, foi aprovado o Plano de Ação 2012-2016, que orienta a cooperação entre os cinco países na área agrícola. Foi estabelecido, do mesmo modo, Grupo de Trabalho de Peritos Agrícolas, que mantêm reuniões preparatórias para os encontros ministeriais.
Estatística	Desde 2010, a Publicação Estatística Conjunta do BRICS é lançada anualmente por ocasião das Cúpulas dos Líderes dos BRICS. Os técnicos dos países-membros do BRICS reúnem-se regularmente com vistas a elaboração desse documento. Sob a coordenação do IBGE, foi lançada, por ocasião da VI Cúpula, a edição de 2014 da Publicação Estatística Conjunta.

Fonte: Ministério das Relações Exteriores do Brasil[78]

---

chineses e os sul-africanos. O Foro Acadêmico tem a missão de difundir o pensamento dos outros quatro e promover o conhecimento da produção de nossa comunidade acadêmica". REIS, Maria Edileuza Fontenele. **Debatendo os BRICS: mesa-redonda no palácio Itamaraty**. Org. José Vicente de Sá Pimentel. Brasília: FUNAG, 2013, p. 17.

78   BRASIL, Ministério das Relações Exteriores. **Principais áreas e temas de diálogo entre os BRICS**.

2.3.4 IV Cúpula dos BRICS e a Declaração de Nova Delhi de 2012: reformas e preocupações ambientais

Os chefes de estado da República Federativa do Brasil, da Federação da Rússia, da República da Índia, da República Popular da China e da República da África do Sul, reuniram-se- em Nova Delhi, na Índia, em 29 de março de 2012. Os contornos em busca de reformas das instituições financeiras adquiriram caráter mais específico entre os pontos plasmados na Declaração de Delhi. Para os BRICS, a manutenção da estabilidade e da integridade do sistema monetário e financeiro internacional depende de uma arquitetura financeira mais representativa, com a ampliação da voz e da representação de países em desenvolvimento.

Em 2012, o cenário era de impaciência face ao ritmo lento das reformas da governança do FMI, que realizou reformas específicas sobre o regime de cotas e o respectivo poder de voto. As reformas de 2010 do FMI somente foram aprovadas pelo Congresso dos Estados Unidos em dezembro de 2015[79].

A intensa articulação entre os países do BRICS foi crucial para a consecução dos objetivos delineados por seus Líderes em Ecaterimburgo e, posteriormente, em Brasília, Sanya e Nova Delhi. Além da coordenação em torno das cúpulas do BRICS propriamente ditas, foram realizadas, entre dezembro de 2008 e junho de 2012, dois encontros em nível presidencial à margem das cúpulas do G20 de Cannes e de Los Cabos[80], e nada menos de que

---

79   "The United States Congress approval of these reforms is a welcome and crucial step forward that will strengthen the IMF in its role of supporting global financial stability. The reforms significantly increase the IMF's core resources, enabling us to respond to crises more effectively, and also improve the IMF's governance by better reflecting the increasing role of dynamic emerging and developing countries in the global economy. A more representative, modern IMF will be even better equipped to meet the needs of all its 188 member countries in the 21st century" **IMF Managing Director Christine Lagarde Welcomes U.S. Congressional Approval of the 2010 Quota and Governance Reforms,** Press Release No. 15/573, December 10, 2015.

80   "Dito isso, passo a falar da 1ª. Reunião de Ministros do Comércio do G-20, convocada pelo México, que hoje preside o grupo. Também às margens do encontro, conforme acordado na cúpula de Nova Delhi, os BRICS se reuniram e negociaram uma declaração conjunta, que refletia a sua posição a respeito de vários aspectos da agenda apresentada pelos mexicanos. Essa agenda contava, claramente, com o apoio dos demais membros da OCDE, mas na visão do Brasil e dos BRICS não tratava com equilíbrio os grandes desafios do comércio mundial no atual contexto de crise. A minha avaliação é de que a posição coordenada dos BRICS contribuiu de maneira decisiva para que o relatório final, apresentado pelo Ministro de Economia mexicano, fosse mais equilibrado e refletisse de uma maneira mais correta a visão do conjunto dos membros do G-20. Isso foi muito importante, pois o relato do Ministro do México informará a presidência mexicana na reunião de cúpula do G-20, que ocorrerá em Los Cabos, dentro de poucos meses. Estou convencida de que a articulação dos BRICS foi fundamental para que cada um dos seus membros tivesse sua

onze reuniões de Ministros de Finanças e Presidentes de Bancos Centrais do BRICS. Um total de dezoito reuniões no mais alto nível que, por sua vez, foram precedidas de várias negociações e reuniões de coordenação em diferentes níveis técnicos (PIMENTEL, 2013, p. 478)[81].

Durante a IV Cúpula de 2012, os membros do BRICS conclamaram o Banco Mundial[82] a atribuir crescente prioridade à mobilização de recursos e ao atendimento das necessidades de financiamento ao desenvolvimento, bem como à adoção de mecanismos inovadores e de redução de custos de empréstimos, levando-se em conta o cenário marcado por uma necessidade premente de se ampliar a disponibilidade de recursos para financiamento do desenvolvimento de economias emergentes e em desenvolvimento. Nesse contexto, os membros dos BRICS desenvolveram a primeira perspectiva a respeito da possibilidade de estabelecimento de um novo banco de desenvolvimento, voltado para a mobilização de recursos de projetos de infraestrutura e de desenvolvimento sustentável nos BRICS e em outras economias emergentes e países em desenvolvimento, com vistas a suplementar os esforços correntes de instituições financeiras multilaterais e regionais de promoção do crescimento e do desenvolvimento internacionais.

Sob o tema "BRICS Parceria para a Estabilidade Global, Segurança e Prosperidade" a quarta Cúpula definiu uma agenda comum dos membros em matéria de segurança internacional e reiterou o posicionamento dos BRICS sobre temas ambientais específicos[83], consoante demonstrado no quadro abaixo:

---

voz refletida na apreciação geral que será feita a respeito da Reunião dos Ministros de Comércio". PRAZERES, *op.cit*, 2013, p. 24.

81   PIMENTEL, Fernando. O BRICS e a construção de uma Nova Arquitetura Financeira Internacional. *In:* **O Brasil, os BRICS e a agenda internacional**. José Vicente de SÁ PIMENTEL (org.), 2ª ed. Brasília: FUNAG, 2013, pp. 473-494.

82   "A Declaração de Delhi também traz um parágrafo sobre o Banco Mundial. Ali não se menciona a questão, que naquele momento era importante, da presidência do Banco. Traz, isso sim, uma série de considerações sobre como o Banco deve funcionar, traz a visão de que o Banco Mundial deve migrar da relação doador-tomador para a de cooperação. Isso tem a ver com o papel que os BRICS passaram a ter na instituição, ao papel que o Brasil, especificamente, passou a ter dentro do Banco Mundial" COZENDEY, Carlos Márcio. **Debatendo os BRICS: mesa-redonda no palácio Itamaraty**. Org. José Vicente de Sá Pimentel. Brasília: FUNAG, 2013, p.26.

83   "On 29 March 2012 the BRICS summit was held in New Delhi, India. This was a particularly important meeting because it took place against the backdrop of developments and changes of contemporary global and regional importance. Its timing was unusually difficult considering an anaemic global economic recovery underscored by a very difficult situation in the Eurozone (monetary union and a fiscal disunion). Apart from the global economic malaise, the issue of climate change had taken on a whole new meaning as the dates for the UN Conference on Sustainable Development (Rio+20) and the Conference of Parties to the Convention on Biological Diversity grew nearer". MARINO, Rich. **The Future BRICS**. A synergistic economic alliance or business as usual. London: PALGRAVE MACMILLAN, 2014, p. 25.

Tabela 4: IV Cúpula dos BRICS: Segurança e Meio Ambiente

Segurança Internacional	Meio Ambiente
• Solução justa e duradoura para o conflito árabe-israelense que esteja baseada no arcabouço legal internacionalmente reconhecido (incluindo as resoluções relevantes das Nações Unidas, os princípios de Madri e a Iniciativa Árabe para a Paz). • Importância vital da estabilidade, da paz e da segurança do Oriente Médio e do Norte da África. • Apelo pelo fim imediato de toda violência e violações de direitos humanos na Síria. • Resolução mediante diálogo e meios políticos e diplomáticos com o Irã. • Necessidade de cooperação regional e internacional mais eficaz para a estabilização do Afeganistão, inclusive no que diz respeito ao combate ao terrorismo. • Reforços para a cooperação no enfrentamento do terrorismo, reconhecendo o papel central das Nações Unidas na coordenação de ações internacionais e em consonância com os princípios e normas do direito internacional.	• Desenvolvimento sustentável, em conjunto com segurança alimentar e energética. • Responsabilidade para com as futuras gerações. • Enfrentamento das questões de mudança do clima. • Importância da Conferência das Nações Unidas sobre Desenvolvimento Sustentável (Rio+20) como fonte de renovação dos compromissos assumidos. • Princípio de responsabilidades comuns, porém diferenciadas. • O conceito de "economia verde", ainda a ser definido na Rio+20, deve ser entendido, no contexto mais abrangente de desenvolvimento sustentável e erradicação da pobreza, como um meio para se alcançarem essas prioridades de maior hierarquia, e não um fim em si mesmo. • Importância das fontes de energia limpa e renovável e o uso de tecnologias alternativas eficientes.

Embora a preocupação com o desenvolvimento sustentável tenha integrado a agenda dos BRICS logo na primeira Cúpula, realizada em 2009, as ações coordenadas em matéria ambiental, sobretudo sobre mudanças climáticas, ocorrem nas reuniões ministeriais do BASIC. As reuniões ministeriais do BASIC são realizadas paralelamente às cúpulas dos BRICS e explicam as razões pelas quais os planos de ação na esfera BRICS raramente contemplam ações coordenadas de ministros do meio ambiente.

82 Direito e Relações Internacionais • Elen de Paula Bueno

O acrônimo BASIC agrega autoridades e altos oficiais de quatro países em desenvolvimento (Brasil, África do Sul, Índia e China) para coordenar posições e formular propostas concretas relacionadas às mudanças climáticas[84]. O BASIC foi criado em 2007 como grupo informal de diálogo sobre as negociações sob a Convenção-Quadro das Nações Unidas sobre a Mudança do Clima (UNFCCC, em inglês). Desde sua criação, o grupo busca entendimento comum no regime de mudança do clima e na definição de resposta global efetiva e justa para o aquecimento global[85].

Nos Encontros Ministeriais do BASIC, os ministros dos quatro países frequentemente reiteram a importância de alcançar um resultado abrangente, equilibrado e ambicioso no contexto do desenvolvimento sustentável e de acordo com as provisões e princípios da Convenção-Quadro das Nações Unidas sobre Mudança do Clima (UNFCCC), particularmente os princípios de equidade e responsabilidades comuns, mas diferenciadas[86] e respectivas capacidades.

---

84 "Why study the BASIC countries? The BASIC countries play an increasingly large role in international politics in general and climate negotiations in particular. Understanding the motives that drive them and how they themselves regard climate cooperation is crucial for anyone who wishes to engage with them more effectively. A deeper understanding of BASIC in the context of the climate arena also goes hand in hand with a quest – particularly among Northern policymakers – to understand the broader shifts in global economic and geopolitical political power. Since the Copenhagen meeting, many have seen BASIC as reactive force, but this oversimplifies its role. By coming together in a group of their own, these emerging economies are distinguishing themselves from both industrialized and poorer developing countries. Nonetheless, they are keen to voice their allegiance with the wider group of developing countries (G-77) collective, for which they provide important negotiation leverage vis-à-vis the industrialized countries. They way in which the BASIC countries position themselves reflects the fluidity of their position between developing and developed countries". HALLDING, Karl et al. **Together alone. BASIC countries and the climate change conundrum.** Copenhagen: Norden, 2011, p. 18.

85 BRASIL, Ministério das Relações Exteriores. **Reunião de Ministros do BASIC sobre Mudança do Clima.**

86 Como assinala ACCIOLY; NASCIMENTO SILVA; CASELLA (2009, p. 650), no âmbito do princípio da responsabilidade comum, porém diferenciada, enumerado como princípio 7 da Declaração do Rio, três elementos devem ser considerados: i) a cooperação global entre estados, uma vez que os fenômenos naturais desconhecem fronteiras políticas – e a preservação efetiva do meio ambiente só se faz possível mediante a participação universal e cooperativa; ii) a responsabilidade comum dos estados diante da qual se reforça a ideia de que a comunidade internacional como um todo tem que se empenhar na consecução dos objetivos da preservação ambiental; iii) a responsabilidade diferenciada dos estados, onde a diferenciação da responsabilidade tem por fundamento a premissa de que a maior parte da degradação ambiental advém do desenvolvimento econômico acelerado de grupo pequeno de países nos últimos dois séculos. Este princípio fundamenta, ainda que de forma imprecisa, o dever de assistência dos países desenvolvidos aos países em desenvolvimento. Em termos práticos, legitimou a criação de uma série de mecanismos de ajuda financeira, transferência de tecnologia e formação de capacidade, além da condução conjunta de pro-

Durante a COP 15, realizada em Copenhague, em 2009, os membros do BASIC anunciaram objetivos concretos, quantitativos e de médio prazo que iriam implementar unilateralmente de modo a mitigar suas respectivas emissões[87]. Para HURRELL e SENGUPTA (2012, p. 471), embora essas declarações tenham sido feitas sob a forma de promessas voluntárias em vez de compromissos jurídicos internacionais e apesar de condicionadas ao financiamento ocidental, houve uma significativa mudança de posição desses estados. Pela primeira vez na história das negociações sobre o clima, esses países estavam dispostos a colocar números concretos para a mitigação das mudanças climáticas, o que não ocorreu em 1997, durante as negociações do Protocolo de Quioto, quando essas mesmas nações haviam rejeitado toda e qualquer noção de "compromissos voluntários". Para os autores, o BASIC desempenhou um papel fundamental durante o Acordo de Copenhague, impulsionando os países desenvolvidos a um registro de todas as suas promessas de mitigação em uma lista internacional e também ao fornecimento de relatórios mais rigorosos e transparentes de suas emissões domésticas. Outros autores argumentam que embora o BASIC apresente uma agenda positiva, no sentido de constituir uma ponte entre os países desenvolvidos e os países em desenvolvimento[88], além de importante aglutinador

---

jetos de preservação ambiental e de desenvolvimento sustentável em n´mero elevado de Convenções. ACCIOLY, Hildebrando; NASCIMENTO E SILVA, G.E., CASELLA, Paulo Borba. **Manual de direito internacional público**. 17ª edição. São Paulo: Saraiva, 2009.

87   HURRELL, Andrew; SENGUPTA, Sandeep. **Emerging powers, North–South relations and global climate politics**. International Affairs, v. 88, 3, 2012, p. 471.

88   "Um dos óbices ao desenvolvimento integrado de normas e princípios de eficácia global em matéria de meio ambiente foi aquele representado exatamente pelos interesses conflitantes dos países desenvolvidos (afluentes) por um lado e as demandas dos países em desenvolvimento por um tratamento diferenciado de outro e que desaguavam na dificuldade da adoção de tratados universais a respeito. Estas oposições só seriam amenizadas com o advento do conceito de desenvolvimento sustentável, que daria um novo alento às tentativas de proteção internacional dos bens ambientais na década de 80, através do quadro elaborado e das consequentes estratégias formuladas no denominado Relatório Brundtland, divulgado pela Comissão Mundial para o Meio Ambiente e Desenvolvimento, em outubro de 1987. Posteriormente, a Conferência das Nações Unidas sobre o Meio Ambiente e o Desenvolvimento (UNCED), realizada no Rio de Janeiro em 1992, seria influenciada pelo fator representado pelo fim do anterior conflito Leste-Oeste (Guerra Fria) e sua substituição pela oposição norte-sul, entre países industrializados e os em desenvolvimento. Estas divergências, no entanto, ocorrem dentro de uma visão mais racional, marcada pela consciência global das necessidades colocadas à comunidade interacional pelo desafio ambiental e pelo reconhecimento expresso nos documentos que resultaram da Conferência, do direito dos países mais ao desenvolvimento e à soberania sobre seus recursos naturais". MEIRELLES, Elizabeth de Almeida. O Princípio da Precaução e o aporte de Guido Fernando Silva Soares. *In*: **Direito internacional, humanismo e globalidade**. Guido Fernando Silva Soares, Amicorum Discipulorum Liber. São Paulo: Atlas, 2008, pp. 360-361.

na esfera do G-77[89], o aspecto conservador releva que suas políticas econômicas internas estão longe de contribuir para a redução de suas emissões a curto e a longo prazo. Para BIDWAI (2014, p. 15), os membros do BASIC devem mostrar que aceitam sua parcela de responsabilidade pelo clima, independentemente das ações dos países desenvolvidos, lançando esforços domésticos voluntários significativos na mitigação, adaptação e desenvolvimento de tecnologias limpas sem apoio externo[90].

Na Declaração conjunta proferida na conclusão da VIII Reunião Ministerial do BASIC sobre Mudança do Clima, em 2011, os ministros reafirmaram que o Protocolo de Quioto é um marco do regime de mudança do clima. Ademais, os ministros clamaram pela rápida implementação de todas as instituições acordadas em Cancun, incluindo o registro de ações de mitigação adequadas nacionalmente e de apoio internacional; o Comitê de Adaptação; o Comitê Executivo, Centro e Rede de Tecnologia; e o Fundo Verde para o Clima, que deve fornecer meios significativos de implementação para ações imediatas de resposta à mudança do clima. Destacaram que o grau sob o qual países em desenvolvimento podem implementar suas ações depende do grau sob o qual países desenvolvidos cumprirem seus compromissos de fornecer financiamento, apoio tecnológico e capacitação suficientes para ambos mitigação e adaptação. Os ministros enfatizaram a importância da unidade do G-77 e China e seu papel central nas negociações sobre mudança do clima. Notaram as claras demonstrações de liderança do G-77 e China e sua vontade de contribuir para vigoroso esforço global. Os ministros decidiram manter a abordagem do "BASIC ampliado", de forma a aumentar a transparência de suas reuniões. Também saudaram o papel desempenhado pela vindoura Presidência Sul-Africana da COP e seus esforços para organizar consultas inclusivas de alto nível sobre mudança do clima, que contribuirão para um resultado exitoso e ambicioso em Durban[91].

---

89   "The group undertook many more consultations with other developing countries and with the African Group and the G-77. BASIC nations then used their position to advocate for broader developing country positions, such as increased financial support and technology transfer. BASIC nations have therefore used their strategic position within international climate negotiations to argue not only for their interests, but also to advocate for the interests of vulnerable and least developed countries as well. This advocacy role means the BASIC nations have had to concede on some issues. For example, BASIC nations accepted stronger language concerning 'monitoring, verification and review' as a result of broader developing country interest in this language". MAGUIRE, Rowena. The rise of the BASIC group within the international climate regime. *In:* **The BRICS and coexistence**: an alternative vision of world order. New York: Routledge, 2015.

90   BIDWAI, Praful. **The emerging economies and climate change**: A case study of the BASIC grouping. Critical perspectives on emerging economies, TNI Working Papers, 2014.

91   BRASIL, Ministério das Relações Exteriores. **Reunião de Ministros do BASIC sobre Mudança do Clima.**

Durante a 24ª Reunião Ministerial do BASIC sobre Mudança do Clima, realizada em Pequim, em 10 e 11 de abril de 2017, os ministros do BASIC saudaram a rápida entrada em vigor do Acordo de Paris sob a Convenção-Quadro das Nações Unidas sobre Mudança do Clima (UNFCCC), com vistas a aperfeiçoar sua implementação, que reflete equidade e responsabilidades comuns, porém diferenciadas e respectivas capacidades, à luz das diferentes circunstâncias nacionais. Nesse diapasão, reiteraram que o esforço global contra a mudança do clima é um processo irreversível que não pode ser adiado e destacaram o elevado compromisso político do BASIC com a implementação completa, efetiva e sustentada da Convenção, seu Protocolo de Quioto e o Acordo de Paris em todos os seus aspectos. Os Ministros reforçaram a urgência de os países desenvolvidos revisitarem e aumentarem os objetivos de redução de emissões quantificadas, bem como de implementarem e aperfeiçoarem a provisão de financiamento, tecnologia e apoio à construção de capacidades aos países em desenvolvimento. Os Ministros reiteraram que a UNFCCC é o principal fórum internacional para coordenar a resposta global à mudança do clima. Nesse sentido, expressaram disposição de fortalecer a voz do BASIC em outros fóruns multilaterais que abordem temas relativos à mudança do clima, como a Assembleia Geral das Nações Unidas, a Organização Internacional de Aviação Civil, a Organização Marítima Internacional e o Protocolo de Montreal, bem como o G-20. Os Ministros reiteraram que medidas e resoluções adotadas nesses fóruns devem ser consistentes com a UNFCCC e devem estar em linha com os princípios da equidade e das responsabilidades comuns, porém diferenciadas[92].

2.3.5. V Cúpula dos BRICS e a Declaração e Plano de Ação de eThekwini, 2013: A infraestrutura como chave para o desenvolvimento

A admissão da África do Sul na terceira Cúpula dos BRICS possibilitou o ingresso de temáticas específicas em relação ao continente africano, sobretudo em matéria de desenvolvimento. Durante a V Cúpula dos BRICS, realizada em Durban, os membros do grupo destacaram o apoio ao continente no âmbito da Nova Parceria para o Desenvolvimento da África (NEPAD), de modo a acelerar o processo de industrialização dos países africanos mediante estímulo ao investimento externo direto, ao intercâmbio de conhecimento, à capacitação e à diversificação das importações provenientes da África[93].

O compromisso de apoiar o desenvolvimento sustentável da infraestrutura na África coaduna-se com o reconhecimento de que os países em desenvolvimento

---

92   BRASIL, Ministério das Relações Exteriores. **Reunião de Ministros do BASIC sobre Mudança do Clima.**

93   BRASIL, Ministério das Relações Exteriores. **Declaração de eThekwini**, V Cúpula dos BRICS, 2013.

enfrentam desafios em matéria de infraestrutura, sobretudo em razão da insuficiência de financiamentos de longo prazo e de investimento externo direto. Tendo em vista essa realidade, os BRICS vislumbraram a possibilidade de criação de um Novo Banco de Desenvolvimento para a mobilização de recursos para projetos de infraestrutura[94] e de desenvolvimento sustentável nos BRICS e em outras economias emergentes e países em desenvolvimento, para complementar os esforços já existentes de instituições financeiras multilaterais e regionais para o crescimento global e o desenvolvimento.

Na formulação de uma meta específica, os BRICS ressaltaram que naquele momento estava em andamento o processo para a seleção do novo Diretor--Geral da OMC. No âmbito de um compartilhamento de visões a respeito da importância do multilateralismo e do aperfeiçoamento da eficácia da OMC, os membros do BRICS defenderam que próximo Diretor-Geral da OMC deveria ser um representante de um país em desenvolvimento, fato que se concretizou semanas depois da Cúpula, com a vitória do embaixador brasileiro para o cargo de diretor-geral da organização.

A Declaração de eThekwini reiterou, como mecanismos essenciais à manutenção da estabilidade mundial, o posicionamento dos BRICS em matéria de fortalecimento do multilateralismo e do papel central das Nações Unidas. Nesse diapasão, a defesa do multilateralismo e do papel central das Nações Unidas foram delineados nos seguintes pontos específicos: i) compromisso de trabalhar juntos nas Nações Unidas para continuar a cooperação e para reforçar abordagens multilaterais nas relações internacionais com base no direito internacional e ancoradas na Carta das Nações Unidas; ii) as Nações Unidas detêm papel central na coordenação de ações internacionais contra o terrorismo no marco da Carta das Nações Unidas e em conformidade com os princípios e normas do direito internacional; iii) as Nações Unidas constituem principal fórum multilateral encarregado de trazer esperança, paz, ordem e desenvolvimento sustentável para o mundo, contam com participação universal e estão no centro da governança mundial e do multilateralismo, iv) apoio a um sistema comercial multilateral, aberto, transparente, baseado em regras e esforços para a conclusão exitosa da Rodada Doha, com base no progresso alcançado e em consonância com o seu mandato, respeitando os princípios de transparência, inclusão e multilateralismo.

---

94 "There is a strong consensus among international development institutions that infrastructure is vital for developing countries to realize their growth potential. It is also widely recognized that investment in infrastructure tends to be undersupplied in the marketplace because of its long-term nature and high risks. A commonly cited study estimates the gap between the current spending and the necessary investment to range from nearly $1 trillion to $1.5 trillion a year". WANG, Hongying. **New multilateral development banks:** opportunities and challenges for global governance. New York: Council on foreign relations, 2016, p.3.

No que concerne à dimensão externa dos BRICS, aponta PAPA (2014, p. 23) que esses países têm muitos interesses cooperativos, mas também são concorrentes na regulamentação global. As distinções políticas entre os países são evidentes a partir de suas políticas nos debates globais mais controversos. Juridicamente, a participação e ratificação desses países nos principais tribunais internacionais também não revelam convergências importantes, conforme demonstrado pela autora no quadro abaixo:

Tabela 5: Os BRICS e a Jurisdição Internacional

	Cortes Internacionais e Tribunais				
	Corte Internacional De Justiça (CIJ)	Tribunal Penal Internacional (TPI)	Tribunal Internacional para o Direito do Mar	Órgão de Solução de Controvérsias da OMC	Centro Internacional para a Arbitragem de Disputas de Investimentos
	Reconhecimento da Jurisdição Compulsória?	Estado membro do Estatuto de Roma?	Ratificou a Convenção para o Direito do mar?	Membro da OMC e contendor?	Estado membro?
Brasil	Não	Sim	Sim	Sim	Não
Rússia	Não	Não	Sim	Sim	Assinou, mas não ratificou
Índia	Sim	Não	Sim	Sim	Não
China	Não	Não	Sim	Sim	Sim
África do Sul	Não	Sim	Sim	Sim	Não

Fonte: PAPA, 2014, p. 24.

2.3.6 VI Cúpula e a Declaração e Plano de Ação de Fortaleza, 2014: a assinatura do Acordo Constitutivo do Novo Banco de Desenvolvimento

Durante a VI Cúpula realizada em Fortaleza, em julho de 2014, sob o tema "Crescimento Inclusivo: Soluções Sustentáveis", foram assinados os acordos constitutivos do Novo Banco de Desenvolvimento, primeira instituição comum dos BRICS.

De acordo com os membros do grupo, os países emergentes e os países em desenvolvimento continuam a enfrentar restrições de financiamento significativos para lidar com lacunas de infraestrutura. Tendo isso presente, anunciaram a assinatura do Acordo Constitutivo do Novo Banco de Desenvolvimento, com o propósito de mobilizar recursos para projetos de infraestrutura e desenvolvimento sustentável nos BRICS e em outras economias emergentes e em desenvolvimento, bem como de fortalecer a cooperação entre os membros e completar os esforços de instituições financeiras multilaterais e regionais para o desenvolvimento global[95].

Além da assinatura do acordo constitutivo do Novo Banco de Desenvolvimento, cumpre salientar demais temas introduzidos no âmbito da dimensão externa da VI Cúpula dos BRICS:

1) Consultas abertas sobre um projeto de Código Internacional de Conduta para as Atividades no Espaço Exterior e o engajamento ativo e construtivo dos BRICS nessas consultas por uma negociação multilateral inclusiva e baseada no consenso, a ser conduzida no âmbito das Nações Unidas sem prazos específicos, a fim de alcançar um resultado equilibrado que atenda às necessidades e reflita as preocupações de todos os participantes;

2) Esforços da comunidade internacional em combater a pirataria marítima;

3) Compromisso no enfrentamento do crime organizado internacional, com pleno respeito aos direitos humanos, a fim de reduzir o impacto negativo sobre indivíduos e sociedades. Apoio para uma cooperação do BRICS em foros multilaterais, salientando os compromissos com a Comissão do ECOSOC de Prevenção do Crime e Justiça Criminal;

4) Compromisso com os direitos humanos, inclusive o direito ao desenvolvimento[96], de maneira justa e equitativa, em pé de igualdade e com a mesma

---

95   BRASIL, Ministério das Relações Exteriores. **Declaração de Fortaleza.**

96   "L'apparition de cette notion pour la première fois en 1977 à la Commission des droits de l'homme marquait la jonction ou la confluence de plusieurs courants d'idées en voie de cristallisation ou de consolidation au sein des Nations Unies, et surtout de deux courants de politique juridique. Le premier émanait des pays du tiers monde, de plus en plus critiqués quant au respect des droits de l'homme dans leurs sociétés. Ceux-ci expliquaient que leur situation interne n'est en grande partie que le reflet et la conséquence de certaines structures d'inégalité et d'oppression, autrement plus graves du point de vue des droits de l'homme, dont ils sont la victime au niveau international, tels le déni par la force du droit à l'autodétermination, la discrimination raciale institutionnalisée et le fonctionnement inique et léonin du système économique international. Ce qui rejoignait leur préoccupation majeure, la problématique du dévelop pement, et leur réclamation primordiale à l'époque d'un 'nouvel ordre économique international' (NOEI)". ABI-SAAB, George. **Cours général de droit international public.** Recueil des cours: collected courses of the Hague Academy of International Law, v. 207, 1987, p. 454.

ênfase. Para tanto, os BRICS fomentaram o diálogo e a cooperação com base na igualdade e no respeito mútuo no campo dos direitos humanos, tanto no BRICS quanto em foros multilaterais – incluindo o Conselho de Direitos Humanos das Nações Unidas, do qual todos os BRICS participaram como membros em 2014 –, levando em conta a necessidade de promover, proteger e realizar os direitos humanos de maneira não seletiva, não politizada e construtiva, e sem critérios duplos.

No domínio dos direitos humanos, verifica-se que os BRICS dedicam atenção ao direito ao desenvolvimento econômico e social[97], relacionando-o à necessidade de garantir as metas estabelecidas pela agenda dos Objetivos de Desenvolvimento do Milênio e ao conceito de desenvolvimento sustentável, inserido como um importante vetor na mudança do paradigma do desenvolvimento econômico. Como salienta SANTOS (2003), a promoção do conceito e do tema do direito ao desenvolvimento foi uma das formas mais sustentadas dos desafios do Sul às versões ocidentais de direitos humanos, baseadas essencialmente em direitos civis e políticos. A Declaração das Nações Unidas sobre o Direito ao Desenvolvimento foi adotada após um longo e considerável esforço. A Declaração também cita de modo claro a obrigação da comunidade internacional de promover o desenvolvimento, sendo a cooperação internacional um tema central do documento. Este aspecto internacional foi enfatizado na Conferência Mundial das Nações Unidas sobre Direitos Humanos em Viena. O direito ao desenvolvimento não foi bem aceito por alguns governos ocidentais e o apoio dado em Viena deveu-se a uma estratégia de barganha, de acordo com a qual os estados do Sul foram persuadidos a aceitar a universalidade e interdependência dos direitos[98]. Segundo ONUMA (2017, p. 18) é compreensível que em sociedades desenvolvidas, onde as pessoas geralmente possuem um alto padrão de vida, a busca do bem-estar econômico não seja mais a prioridade como costumava ser, prevalecendo a busca por direitos políticos e ambientais. Nos países em desenvolvimento, contudo, a perspectiva de desenvolvimento social ainda pode ser prevalecente.

Ao longo das Cúpulas realizadas, os BRICS articularam uma abordagem de interconexões entre direitos humanos, desenvolvimento e sustentabilidade,

---

97 O diretor-geral da Organização Internacional do Trabalho (OIT) insistiu no valor das soluções coletivas no atual contexto de baixo crescimento. Ele enfatizou que, com a força de trabalho dos BRICS representando 45% da força de trabalho mundial — essas soluções poderiam ter impacto positivo significativo na economia mundial como um todo. NAÇÕES UNIDAS do BRASIL. **OIT elogia compromisso dos BRICS de impulsionar crescimento e trabalho decente.**

98 SANTOS, Boaventura de Sousa. **Reconhecer para libertar. Os caminhos do cosmopolitismo multicultural.** Rio de Janeiro: Civilização Brasileira, 2003, pp. 574-575.

sem conferir atenção especial aos direitos e liberdades individuais[99] ou a uma agenda coordenada incisiva em matéria de proteção dos direitos humanos. No âmbito das Declarações, as temáticas de direitos humanos raramente aparecem como um objetivo primordial do grupo e são geralmente inseridas como um meio para se alcançar um fim, sendo este frequentemente associado ao desenvolvimento[100]. Nesse contexto, a igualdade de gênero e de autonomia de todas as mulheres é ressaltada tendo em vista que as "mulheres desempenham um papel vital como agentes de desenvolvimento". As desigualdades de gênero, o cuidado com os idosos, os direitos das mulheres e os desafios para os jovens e para pessoas com deficiências são destacados no âmbito da preocupação com a "transição demográfica e dos desafios pós-transição, incluindo o envelhecimento populacional e a redução da mortalidade, bem como a importância de usar efetivamente o dividendo demográfico para promover o crescimento e o desenvolvimento econômico e enfrentar questões sociais". As análises que comemoram o potencial dos BRICS de democratização da ordem global não podem olvidar, conforme expõem analistas e ativistas[101], um componente central da agenda democrática: os países do grupo têm imensos desafios a serem enfrentados em relação à garantia dos direitos humanos.

Tabela 6: Plano de Ação de Fortaleza

1. Reunião dos Ministros de Negócios Estrangeiros / Relações Internacionais do BRICS à margem da AGNU.

2. Reunião de Altos Representantes Responsáveis por Segurança Nacional do BRICS.

---

99 "Note-se que o Pacto Internacional de Direitos Civis e Políticos de 1966, da ONU, foi assinado pela China em 1967 (porém ainda não ratificado), pela Rússia em 1968 (e ratificado em 1973) e pela África do Sul em 1994 (e ratificado em 1998). Já a Índia aderiu ao Pacto em 1979 e o Brasil em 1992. Em grande parte desses países, portanto, a questão da proteção internacional dos direitos civis e políticos é relativamente recente". REIS, Gabriel Valente. **Direitos civis e políticos nos BRICS e África do Sul** – um estudo de direito comparado. Revista da Faculdade de Direito da Universidade Federal de Minas Gerais, n. 58, 2011, p. 193.

100 Enquanto os BRICS ressaltam que "a paz e a segurança e o desenvolvimento estão interligados e se reforçam mutuamente", no âmbito do IBAS os líderes reconheceram que "desenvolvimento, a paz e a segurança e os direitos humanos estão interligados e se reforçam mutuamente", bem como reafirmaram a centralidade do Conselho de Direitos Humanos das Nações Unidas, reiterando seu compromisso de promover e proteger os direitos humanos e as liberdades fundamentais para todos, sem distinção de qualquer tipo quanto a raça, cor, sexo, idioma ou religião, opinião política, origem nacional ou social, propriedade, nascimento ou qualquer outra característica.

101 ROQUE, Atila. **Apesar de acordos internacionais, Brics não respeitam direitos humanos.** Anistia.org.

3. Reunião intermediária de Sherpas e Sub-Sherpas do BRICS.

4. Reuniões de Ministros das Finanças e Presidentes de Banco Central do BRICS à margem de reuniões do G20, reuniões do Banco Mundial/FMI, bem como reuniões específicas, quando solicitadas.

5. Reuniões de Ministros do Comércio do BRICS à margem de eventos multilaterais, ou reuniões específicas, quando solicitadas.

6. Reunião de Ministros da Agricultura e do Desenvolvimento Agrário do BRICS, precedida de reunião Grupo de Trabalho de Cooperação Agrícola do BRICS.

7. Reunião de Ministros da Saúde do BRICS.

8. Reunião de Ministros de Ciência, Tecnologia e Inovação do BRICS.

9. Reunião de Ministros da Educação do BRICS.

10. Reunião de Ministros ou Altos Funcionários responsáveis por seguridade social, à margem de reunião multilateral.

11. Seminário de Funcionários e Peritos em Questões Populacionais do BRICS.

12. Encontro de Cooperativas do BRICS (realizada em Curitiba, em 14-16 de maio de 2014).

13. Reuniões de autoridades financeiras e fiscais à margem de reuniões do Banco Mundial/FMI, bem como reuniões específicas, quando solicitadas.

14. Reuniões do Grupo de Contato sobre Temas Econômicos e Comerciais (GCTEC).

15. Reunião do Fórum de Cooperação de Cidades Irmãs e Governos Locais dos BRICS.

16. Reunião do Fórum de Urbanização do BRICS.

17. Reunião de Autoridades de Defesa da Concorrência do BRICS em 2015 na África do Sul.

18. Reunião de Chefes de Instituições Nacionais de Estatística dos BRICS.

19. Reunião de Peritos em Antidrogas.

20. Reunião de Peritos dos BRICS sobre Cooperação em Anticorrupção, à margem de reunião multilateral.

21. Consultas entre Missões Permanentes e/ou Embaixadas dos BRICS, conforme o caso, em Nova York, Viena, Roma, Paris, Washington, Nairóbi e Genebra, onde apropriado.

22. Reunião consultiva de Altos Funcionários dos BRICS à margem de foros internacionais relevantes relacionados a desenvolvimento sustentável, meio ambiente e clima, onde apropriado.

> 23. Esportes e Megaeventos esportivos.
>
> Novas áreas de cooperação a serem exploradas
>
> - Reconhecimento mútuo de Graduações e Diplomas de Ensino Superior;
>
> - Trabalho e Emprego, Seguridade Social, Políticas Públicas de Inclusão Social;
>
> - Diálogo de Planejamento de Política Externa;
>
> - Seguro e resseguro;
>
> - Seminário de Peritos em E-commerce.

2.3.7 VII Cúpula dos BRICS e a Declaração de Ufá, 2015: agenda comum em matéria de segurança internacional

Os chefes de estado da República Federativa do Brasil, da Federação da Rússia, da República da Índia, da República Popular da China e da República da África do Sul, reuniram-se no dia 9 de julho de 2015, em Ufá, Rússia, na sétima Cúpula do BRICS, realizada sob o tema "Parceria BRICS – Um Fator Pujante de Desenvolvimento Global". Além de a Cúpula de Ufá ter como marco a entrada em vigor das instituições financeiras do BRICS, o Novo Banco de Desenvolvimento (NBD) e o Arranjo Contingente de Reservas (ACR), teve como pano de fundo o 70º Aniversário da Fundação das Nações Unidas. Diante desse cenário, os BRICS reafirmaram o forte compromisso com as Nações Unidas, enquanto organização universal multilateral incumbida do mandato de ajudar a comunidade internacional a preservar a paz e a segurança internacional, impulsionar o desenvolvimento global e promover e proteger os direitos humanos. Outrossim, compreenderam que o direito internacional provê ferramentas para a realização da justiça internacional, com base nos princípios da boa fé e da igualdade soberana, e enfatizaram a necessidade da adesão universal aos princípios e normas de direito internacional em sua inter-relação e integridade[102]. A Declaração de Ufá inseriu de forma determinante a preocupação com os temas de segurança internacional[103], vistos não apenas como indispensáveis à paz global, como igualmente imperiosos ao desenvolvimento. No âmbito dessa perspectiva, os BRICS

---

102 BRASIL, Ministério das Relçações Exteriores. **Declaração de Ufá.**

103 Em matéria de segurança internacional, algumas perspectivas podem ser analisadas, levando-se em conta a atuação conjunta de todos os membros e a atuação regional. Nesta, cumpre salientar primeiramente que Rússia e China são potências nucleares e membros do Conselho de Segurança, ao passo que Índia possui reconhecimento de status de potência nuclear. Rússia, China e Índia possuem problemas semelhantes de segurança: nacionalismo agressivo, xenofobia, separatismo, terrorismo, corrupção e narcotráfico. Para lidar com esses problemas Rússia e China criaram, em 2001, juntamente com o Cazaquistão, Uzbequistão, Tadjiquistão e Quirguistão, a Organização para a Cooperação de Xangai, que conta com participação da Índia na qualidade de membro observador. MARTYNOV, Boris F. **BRIC: coope-**

compreenderam a importância singular da natureza indivisível da segurança, de que nenhum estado deve fortalecer a sua segurança às custas da segurança de outros, bem como destacaram a premissa segundo a qual o desenvolvimento e a segurança estão estreitamente interligados, reforçam-se mutuamente e são fundamentais para a consecução da paz sustentável.

Do cotejo entre a primeira declaração de Ecaterimburgo e a última de Ufá, nota-se que a inserção dos temas sobre segurança internacional alcançou maior abrangência na Cúpula de Ufá, marcando a intenção dos BRICS de atuação como *global players* em matéria de paz, conflitos e segurança internacional. O quadro abaixo sistematiza quais as áreas destacadas na Declaração:

Tabela 7: Declaração de Ufá – Segurança Internacional

1. Condenação ao terrorismo em todas as suas formas.

2. Combate e prevenção do crime organizado transnacional.

3. Pirataria e roubos armados no mar representam uma ameaça significativa à segurança da navegação internacional e à segurança e desenvolvimento das regiões afetadas.

4. Exploração e o uso do espaço exterior devem ter finalidades pacíficas. As negociações para a conclusão de um acordo ou acordos internacionais para evitar uma corrida armamentista no espaço exterior são uma tarefa prioritária da Conferência do Desarmamento. Apoio aos esforços de iniciar um trabalho substantivo, entre outros, baseado no projeto atualizado de tratado para a prevenção da colocação de armas no espaço exterior e da ameaça ou do uso da força contra objetos no espaço exterior.

5. Apoio aos esforços voltados a assegurar o estabelecimento sem demora de uma zona livre de armas nucleares e de todas as demais armas de destruição em massa no Oriente Médio, com base em acordos livremente concluídos pelos Estados da região.

6. Anseio por uma rápida conclusão do Plano Global de Ação Conjunta (JCPA) a ser acordado entre China, Alemanha, França, Federação da Rússia, Reino Unido, Estados Unidos e Irã, com a participação da EU de modo a restaurar a plena confiança na natureza exclusivamente pacífica do programa nuclear iraniano e permitir o levantamento abrangente de sanções impostas ao Irã.

7. Preocupação com a escalada do conflito armado na Líbia. A intervenção militar nesse país em 2011 conduziu ao colapso de instituições estatais integradas, dos organismos efetivos de exército e das instituições para a aplicação

---

ration perspectives in the international security sphere. Cúpula BRIC de Think Tanks: O papel dos BRIC na transformação global no pós-crise. Brasília: IPEA, 2010, pp. 11-16.

da lei, o que, por sua vez, contribuiu para o aumento de atividades de grupos terroristas e extremistas. Apoio aos esforços para fomentar o diálogo interlíbio por parte do Secretário Geral da ONU e de seu Representante Especial para a Líbia, Bernardino Leon, bem como por parte dos países vizinhos e da União Africana.

8. Preocupação com a grave crise de segurança e humanitária no Sudão do Sul.

9. Preocupação com a situação de segurança e humanitária em regiões orientais da República Democrática do Congo (RDC); com o ritmo lento do processo de desarmamento, desmobilização e reintegração de ex-combatentes à sociedade congolesa; com a exploração e a exportação ilegal de recursos naturais; e com o elevado número de refugiados de países vizinhos e de deslocados internos presentes no país. Necessidade de reativar o processo de implementação do Acordo Marco para a Paz, Segurança e Cooperação na RDC e na região.

10. Condenação enfática dos atos odiosos de violência perpetrados por grupos terroristas e extremistas, tais como o chamado EI.

11. Papel da comunidade internacional a ajudar o Iraque em seus esforços para prover assistência humanitária e contribuir para o alcance da estabilidade, paz, democracia, reconciliação nacional e unidade, o que é do interesse para a paz e segurança regionais e globais.

12. Busca de uma solução abrangente, justa e duradoura para o conflito israelo-palestino com base em um marco legal internacional universalmente reconhecido.

13. Defesa de negociações rumo a uma solução de dois Estados com um Estado Palestino contíguo e viável existindo lado a lado em paz com Israel, com fronteiras mutuamente acordadas e internacionalmente reconhecidas baseadas nas linhas de 1967 e com Jerusalém Oriental como sua capital.

14. Preocupação com a segurança no Afeganistão uma vez que o terrorismo e o extremismo representam séria ameaça à segurança e à estabilidade local, regional e mundial.

16. Preocupação com a situação na Ucrânia, enfatizando que não há solução militar para o conflito e que o único caminho para a reconciliação é por meio do diálogo político inclusivo. A esse respeito, necessidade de cumprimento a todos os dispositivos do Pacote de Medidas para a Implementação dos Acordos de Minsk, adotados em fevereiro de 2015 em Minsk pelo Grupo de Contato sobre a Ucrânia, apoiado pelos Líderes da Rússia, Alemanha, França e Ucrânia e endossado pelo Conselho de Segurança da ONU em sua resolução 2202.

II. Dimensões interna e externa dos BRICS **95**

> 17. Apoio às atividades da Missão das Nações Unidas de Estabilização Multidimensional Integrada no Mali como uma parte dos esforços da comunidade internacional de solucionar a crise no país.
>
> 18. Preocupação com a situação na República do Burundi. Apoio aos esforços regionais para encontrar uma solução política para essa crise e à participação da comunidade internacional a continuar engajada em apoiar a facilitação regional de uma solução política, bem como no futuro o desenvolvimento socioeconômico do Burundi.
>
> 19. Preocupação com situação na República Centro-Africana (RCA).
>
> 20. Preocupação com o flagelo do terrorismo e do extremismo violento e condenação dos atos terroristas perpetrados pelo Al Shabaab, pelo Boko Haram e por outros grupos, que representam grave ameaça à paz e à estabilidade na África.

Além da ampliação dos temas em matéria de segurança internacional, os BRICS reafirmaram os pontos inaugurados na cúpula de 2014 e abriram portas para novas temáticas no âmbito da dimensão externa, entre as quais, a participação no desenvolvimento de padrões internacionais de tributação e cooperação para combater a erosão da base tributável e a transferência de recursos; o combate ao problema mundial das drogas por meio de uma abordagem integrada e equilibrada de estratégias de redução de oferta e demanda de drogas, em linha com as Convenções da ONU de 1961, 1971 e 1988 e outras normas e princípios relevantes do direito internacional; o reconhecimento do papel crucial da cooperação internacional no combate e na prevenção da corrupção, incluindo a assistência jurídica mútua de acordo com a Convenção das Nações Unidas contra a Corrupção (UNCAC) e princípios e normas estabelecidas multilateralmente; o reconhecimento da importância das TICs como ferramentas para a transição de uma sociedade da informação para uma sociedade do conhecimento e o apoio de um ecossistema de governança da Internet, o qual deve se basear em processo aberto e democrático, livre da influência de quaisquer considerações unilaterais; a promoção do desenvolvimento industrial inclusivo e sustentável e, finalmente, reconhecimento do direito à saúde.

Embora a presente pesquisa pretenda examinar os BRICS como um conjunto, obstando análises individuais, vale mencionar o compromisso de cada membro do grupo nos principais instrumentos jurídicos internacionais em matéria de segurança internacional:

Tabela 8: BRICS e Tratados em Matéria de Segurança Internacional

	Brasil	Rússia	Índia	China	África do Sul
Protocolo de Genebra de 1925	X	X	X	X	X
Convenção sobre a Proibição do Desenvolvimento, Produção e Estocagem de Armas Bacteriológicas	X	X	X	X	X
Convenção Internacional sobre a Proibição do Desenvolvimento, Produção, Estocagem e Uso de Armas Químicas	X	X	X	X	X
Convenção Internacional para Supressão do Financiamento do Terrorismo[104]	X	X	X	X	X
Tratado do Espaço Exterior	X	X	X	X	X
Tratado de não Proliferação Nuclear	X	X		X	X
Agência Internacional de Energia Atômica	X	X	X	X	X
Convenção sobre a Proibição do Uso, Armazenamento, Produção e Transferência de Minas Antipessoal e sobre sua Destruição	X				X
Tratado sobre o Comércio de Armas[105]					X

Fonte: United Nations Office for Disarmament Affairs (UNODA)[106]

No plano da dimensão interna, cumpre salientar as seguintes iniciativas: a assinatura do Memorando[107] de Entendimento entre os Ministérios das Relações

---

104 UNITED NATIONS treaty collection. **International Convention for the Suppression of the Financing of Terrorism.**

105 UNITED NATIONS treaty collection. **The Arms Trade Treaty.**

106 UNITED NATIONS Office for Disarmament Affairs (UNODA). **Disarmament treaties database.**

107 "L'analyse des actes concertés non conventionnels est d'autant plus difficile qu'adoptés dans les circonstances les plus diverses, ils revêtent des formes hétérogènes et reçoivent des dénominations variées: communiqués communs, déclarations, chartes, codes de conduites, arrangements, mémoranda, actes finals, protocoles, voire même accords (...). Les traités son obgligatoires, les actes concertés non conventionnels ne le sont pas. L'absence

II. Dimensões interna e externa dos BRICS   97

Exteriores para a Criação de Sítio Eletrônico Conjunto do BRICS; a iniciativa sobre fortalecimento de cooperação em direitos de propriedade intelectual entre os países do BRICS; o acolhimento sobre a necessidade de simplificação dos procedimentos de visto para viagens de negócio entre os países do BRICS; as iniciativas independentes para estabelecer a Rede Universitária dos BRICS e a Liga Universitária do BRICS. O BRICS NU consiste num projeto educacional voltado ao desenvolvimento, um treinamento conjunto bilateral/multilateral de curto prazo, de programas de pós-graduação que desenvolvam projetos de pesquisa em várias áreas de conhecimento. Nos termos do Artigo 2º do Memorando de Entendimento para o Estabelecimento da Rede de Universidade dos BRICS, as atividades do BRICS NU são orientadas à formação de profissionais altamente qualificados no campo da ciência e tecnologia e consistem em oferecer, nos termos do Art. 4º, treinamento e cursos, desenvolvimento e implementação de projetos de pesquisas conjuntas. Conforme Art. 6º, os campos de conhecimento prioritários são: energia; ciência da computação e segurança da informação; estudos dos BRICS; ecologia e mudanças climáticas; recursos hídricos e tratamento da poluição; e economia. Nos termos dos Artigos 10-13 a estrutura de governança da Rede BRICS NU é composta por comitês responsáveis pelo desenvolvimento das atividades, que são financiadas pelas universidades participantes, fundos especiais, doações, etc[108].

Cumpre salientar ainda a iniciativa sobre Pesquisa e Inovação, que abrange ações incluindo: i) a cooperação no âmbito de grandes infraestruturas de pesquisa e a possível inserção de megaprojetos científicos para lograr grandes descobertas científicas e tecnológicas nas áreas-chave de cooperação delineadas no Memorando; ii) o desenvolvimento e implementação de um Programa Marco do BRICS para o financiamento multilateral de projetos de pesquisa conjunta para pesquisa, comercialização e inovação tecnológicas envolvendo ministérios e centros de ciência e tecnologia, institutos de desenvolvimento e fundações

---

de force obligatoire des actes concertés non conventionnels a d'importantes conséquences juridiques: leur non respect n'engage pas la responsabilité international de leurs acteurs et ne peut faire l'objet d'un recours juridictionnel (...). En dépit de ces caractéristiques, les actes concertés non conventionnels son très largement utilisés dans les relations internationales (...) Du caractère non obligatoire des actes concertés non conventionnolc, une partie de la doctrine déduit leur caractère non-juridique: il s'agirait d'engagements purement moraux et politiques, sans portée juridique, et qui, dès lors, ne seraint pas régis par le droit international. Cette thèse repose sur une assimilation abusive contre le jurique et l'obligatoire, et ne peut être acceptée. En realité, comme les recommandations des organisations internationes, les actes concertés non conventionnels, sans être obgliatoire, sont soumis au droit international et on une portée juridique qui est loin d'être négligeable et (...) peuvent contribuuer à la formations des règles coutumières. DINH, Ngyuen Quoc et al. **Droit international public**. 8ª ed. Paris: L.G.D.J, 2009, pp. 424-430.

108 BRASIL, Ministério das Relações Exteriores. **Memorando de Entendimento para o Estabelecimento da Rede de Universidade dos BRICS.**

nacionais e, se necessário, regionais para patrocinar projetos de pesquisa; iii) estabelecimento de uma Plataforma de Pesquisa e Inovação conjunta[109].

Em 2015 foi assinada ainda a Declaração Conjunta da 4ª Reunião de Ministros da Agricultura e do Desenvolvimento Agrário dos BRICS. De acordo com a Declaração, o programa de trabalho da Organização Mundial do Comércio (OMC) deve refletir a centralidade da agricultura e a dimensão do desenvolvimento da Rodada de Doha. O grupo enfatizou que a agricultura e o desenvolvimento rural e agrário são áreas em que os cinco países enfrentam desafios semelhantes e manifestou a satisfação com a coordenação e o diálogo intensos entre representantes dos BRICS na FAO, no Fundo Internacional para o Desenvolvimento Agrícola, no Programa Mundial de Alimentos e em outros foros multilaterais relevantes. Entre as áreas a serem tratadas no âmbito da FAO, o grupo concordou em manter coordenação e diálogo sobre as questões discutidas pelos órgãos diretores da FAO, em particular sobre as atividades de seguimento da II Conferência Internacional sobre Nutrição e do Ano Internacional da Agricultura Familiar, sobre sistemas de informação como o Sistema de Informação sobre Mercados Agrícolas (AMIS) e sobre a cooperação na área humanitária de assistência alimentar, assim como sobre questões discutidas no Comitê de Segurança Alimentar Mundial[110].

2.3.8 VIII Cúpula dos BRICS e a Declaração de Goa, 2016: primeiros caminhos para a cooperação comercial, econômica e de investimentos intra-BRICS.

Durante o 6º Encontro de Ministros de Comércio dos BRICS, realizado pouco antes da Cúpula de Goa, foi endossado um conjunto de documentos com a finalidade de integrar o comércio e o desenvolvimento dos países do Grupo. Os textos assinados pelos ministros elencaram temas relacionados à desburocratização e à facilitação de comércio, ao fomento do comércio de serviços, à cooperação entre micro e pequenas empresas, à promoção das exportações e à maior coordenação das políticas comerciais dos cinco países[111].

---

109 BRASIL, Ministério da Ciência, Tecnologia, Inovações e Telecomunicações. **Memorando de Entendimento sobre a Cooperação em Ciência, Tecnologia e Inovação entre os Governos da República Federativa do Brasil, Federação da Rússia, República da Índia, República Popular da China e República da África do Sul.**

110 BRASIL, Ministério das Relações Exteriores. **Declaração Conjunta da 4ª Reunião de Ministros da Agricultura e do Desenvolvimento Agrário do BRICS.**

111 BRASIL, Ministério da Indústria, Comércio Exterior e Serviços. **Integrantes dos Brics buscam maior coordenação das políticas comerciais.**

Sob o tema "Construir Soluções Compreensivas, Inclusivas e Coletivas", a VIII Cúpula dos BRICS, sediada na Índia, reiterou diversos posicionamentos do grupo e reconheceu a importância das instituições como mecanismo essencial ao aprofundamento da cooperação entre os membros. Com cento e nove pontos e um extenso plano de ação, a Declaração de Goa enfatizou a importância do roteiro para cooperação comercial, econômica e de investimentos entre os BRICS até 2020, bem como a relevância das primeiras iniciativas em matéria de desburocratização e facilitação do comércio, incluindo a implementação da janela única de comércio exterior para a troca de documentos eletrônicos, além da criação de um canal de diálogo entre os órgãos de normalização dos países do BRICS e o compromisso de ampliar a base exportadora por meio do incentivo a micro, pequenas e médias empresas. Nesse contexto, foi conferida especial atenção à iniciativa da Índia de sediar a primeira Feira BRICS em Nova Delhi, como um passo importante para a implementação da Estratégia para a Parceria Econômica BRICS. Outrossim, foi conferida importância ao papel desempenhado pelo Conselho Empresarial dos BRICS e solicitado um aceleramento no desenvolvimento e na realização de projetos conjuntos que, em uma base mutuamente benéfica, contribuam para os objetivos econômicos dos BRICS[112].

No que concerne aos esforços colaborativos no domínio da cooperação econômica e financeira, os membros do grupo parabenizaram iniciativas positivas como i) a possibilidade de criação de uma Agência de *Rating* BRICS independente baseada em princípios orientados para o mercado, a fim de fortalecer ainda mais a arquitetura de governança global; ii) os relatórios do Conselho de Think-Tanks e do Fórum Acadêmicos dos BRICS, que surgiram como valiosas plataformas de troca de informações entre especialistas; iii) a importância de intensificar a cooperação intra-BRICS no setor industrial, inclusive através das Reuniões dos Ministros da Indústria do BRICS, a fim de contribuir para o crescimento econômico acelerado e sustentável; e iv) o estabelecimento da Plataforma Tecnológica UNIDO-BRICS[113].

A Declaração de Goa felicitou a criação do Comitê de Cooperação das Autoridades Aduaneiras dos BRICS e destacou a necessidade de exploração de

---

112 BRASIL. Ministério das Relações Exteriores. **Goa Declaration.**

113 "The United Nations Industrial Development Organization (UNIDO) seeks to enhance its collaboration with the BRICS while also developing extensive technical cooperation programmes with each country. As such, UNIDO is engaging with the BRICS as a group by developing a diversified range of strategic cooperation activities, also to support other developing countries through South-South Cooperation. The UNIDO-BRICS Cooperation Report will be published quarterly, and aims to keep key stakeholders abreast of relevant developments, including on UNIDO activities in BRICS countries. This issue provides an overview of the ongoing UNIDO-BRICS cooperation and highlights numerous activities, including those leading to the 2017 BRICS Summit, which will be held in China". UNITED NATIONS, Industrial Development Organization. **UNIDO-BRICS cooperation quarterly report.**

meios para reforçar ainda mais a colaboração no futuro, incluindo os que visam criar uma base jurídica para a cooperação aduaneira e facilitar os procedimentos de controle aduaneiro. O Comitê é, nos termos do Regulamento do Comitê de Cooperação Aduaneira dos BRICS, um órgão permanente dos BRICS destinado a assegurar a cooperação dos serviços aduaneiros dos estados membros. Todas as questões aduaneiras entre os estados membros do BRICS devem ser discutidas e decididas pelo Comitê, que é regido pelos documentos fundamentais dos BRICS, pelos acordos internacionais assinados entre os países no âmbito dos BRICS e pelo seu Regulamento. Dentre as principais atividades e funções do Comitê, destacam-se a determinação das direções prioritárias em matéria aduaneira dos estados membros do BRICS; a facilitação da aproximação das legislações aduaneiras; a coordenação da cooperação prática entre as autoridades aduaneiras competentes no que se refere aos principais aspectos da política aduaneira e a contribuição para a implementação das decisões intergovernamentais adotadas pelos estados membros do BRICS em matéria aduaneira. O Regulamento, além de estabelecer funções básicas do Comitê, prevê uma série de direitos e obrigações[114], incluindo o direito de voto, bem como a previsão de reuniões periódicas.

No dia 16 de outubro de 2016 também foi assinado o Memorando de Entendimento para o Estabelecimento da Plataforma de Investigação Agrícola dos BRICS[115] (BRICS-ARP, em inglês) cujo objetivo consiste em intensificar a cooperação nas áreas de pesquisa, tecnologia, política, inovações e capacitação em agricultura, incluindo tecnologias para a agricultura de pequena escala e para aumentar de forma sustentável os rendimentos dos agricultores[116]. O Memorando prevê aos participantes a manutenção dos seus respectivos direitos de propriedade intelectual e todos os outros direitos de patente, proteção de variedades

---

114 BRASIL, Ministério das Relações Exteriores. **Regulation on the customs cooperation committee of fhe Brics.**

115 "Os integrantes do bloco dos emergentes representam 45% da produção agrícola global e são os principais fornecedores de alimentos para o mercado mundial (...) A plataforma deve funcionar como um centro virtual para promoção de segurança alimentar, desenvolvimento agrário sustentável e redução da pobreza por meio da cooperação estratégica entre os países. Também poderá funcionar como um fórum para acadêmicos, pesquisadores e estudantes dos BRICS. A ideia, segundo os proponentes, é trabalhar com base em ciência da agricultura, políticas públicas e transferência de tecnologia, além de fornecer treinamento e capacitação e compartilhar informações científicas. De acordo com dados divulgados pelo Ministério das Relações Exteriores do Brasil, em 2015, os países do BRICS contabilizaram um PIB nominal de US$ 16,92 trilhões, o equivalente a 23,1% do PIB mundial. Entre 2006 e 2015, o comércio intrabloco aumentou 163%, de US$ 93 bilhões para US$ 244 bilhões. No mesmo período, a exportação brasileira para os outros membros do BRICS aumentou 202%, passando de US$ 14,25 bilhões para US$ 45,05 bilhões". BRASIL, Presidência da República. Conselho Nacional de Segurança Alimentar e Nutricional. **Plataforma de pesquisa ampliará cooperação em agricultura e segurança alimentar no BRICS.**

116 INDIA, Ministry of External Affairs. **Question no.3570 key initiatives of BRICS.**

II. Dimensões interna e externa dos BRICS   101

vegetais, reprodução e marcas registradas em relação a todos os documentos que possam ser divulgados durante o cumprimento do memorando, bem como estipula a obrigação de cada membro assegurar a confidencialidade de todas as informações e documentos relacionados ao Memorando. O Documento estabelece ainda que qualquer disputa ou desacordo entre os participantes decorrente da interpretação, aplicação ou implementação do Memorando será resolvida amigavelmente pelos participantes por meio de consultas e negociações[117]. No que concerne à estrutura de governança, ficou estipulado que cada participante identificará a (s) Instituição (s) destinada (s) a atuar em pontos centrais. A análise e as decisões sobre as propostas a serem implementadas serão feitas por consenso entre os participantes. Nos termos do ponto 8.2. do Memorando, o Centro de Coordenação BRICS-ARP será localizado em Nova Delhi.

Na mesma ocasião, foi assinado o Memorando de Entendimento para a Cooperação entre Academias Diplomáticas dos BRICS, cujos objetivos consistem em i) realizar programas e projetos conjuntos que possam contribuir para melhorar a qualidade da formação, estudos e projetos que atendam aos objetivos, prioridades e atividades comuns dos países BRICS; ii) aumentar o intercâmbio de conhecimentos, experiências e realizações na aplicação de novos métodos de ensino entre os países do BRICS; e iii) assegurar e alcançar uma educação e qualificação de alta qualidade na formação diplomática[118].

Em matéria ambiental, a Declaração de Goa dedicou três pontos específicos relacionados sobretudo à adoção da Agenda 2030 para o Desenvolvimento Sustentável e sua ênfase na igualdade, equidade e qualidade de vida para todos. Como nas Declarações anteriores, os BRICS reafirmaram o compromisso com os princípios orientadores da implementação da Agenda de 2030, incluindo o princípio das responsabilidades comuns, porém diferenciadas. Outrossim, parabenizaram o Plano de Ação do G-20 sobre a Agenda para o Desenvolvimento Sustentável de 2030, adotado no encontro em Hangzhou, bem como a adoção do Acordo de Paris ancorado na Convenção-Quadro das Nações Unidas sobre as Mudanças Climáticas e a sua assinatura por um grande número de países em 22 de abril de 2016. Foram reiterados, ainda, os compromissos assumidos

---

117 BRASIL, Ministério das Relações Exteriores. **Memorandum of Understanding for Establishment of BRICS Agricultural Research Platform**.

118 BRASIL, Ministério das Relações Exteriores do Brasil. **Memorandum of Understanding on Mutual Cooperation** Between the Rio Branco Institute of the Ministry of Foreign Affairs of The Federative Republic of Brazil, the Diplomatic Academy of the Ministry of Foreign Affairs of The Russian Federation, the Foreign Service Institute of Ministry of External Affairs of The Republic Of India, the China Foreign Affairs University And The China Diplomatic Academy of The Ministry Of Foreign Affairs of The People's Republic of China And The Diplomatic Academy of The Department of International Relations and Cooperation of The Republic of South Africa.

em relação à igualdade de gênero e ao empoderamento de todas as mulheres e meninas, constantes da Agenda de 2030.

A Declaração enfatizou os progressos alcançados na aplicação efetiva e generalizada das normas acordadas internacionalmente em matéria fiscal. No que concerne ao uso do espaço exterior, os países do grupo reafirmaram que aquele deve permanecer livre de qualquer tipo de armas ou qualquer uso da força e salientaram que as negociações para a conclusão de um acordo ou acordos internacionais para prevenir uma corrida ao armamento no espaço são uma tarefa prioritária da Conferência das Nações Unidas sobre Desarmamento.

A realização da Cúpula na Índia favoreceu arranjos em torno das possibilidades de intercâmbios comerciais[119]dos BRICS com grupos regionais, como a Iniciativa da Baía de Bengala[120] (ou BIMSTEC, sigla em inglês), que atualmente conta com sete países membros (Bangladesh, Butão, Índia, Myanmar, Nepal, Sri Lanka e Tailândia).

Os BRICS reiteraram ainda, no âmbito da Declaração, o apoio ao sistema multilateral de comércio e à centralidade da OMC como pedra angular de um sistema comercial multilateral aberto, transparente, não discriminatório e inclusivo, com o desenvolvimento no centro da sua agenda. Os países do grupo assinalaram que o crescente número de acordos comerciais bilaterais, regionais e plurilaterais deve ser complementar ao sistema comercial multilateral e encorajaram as partes a alinharem seu trabalho na consolidação do sistema multilateral de comércio no âmbito da OMC. Outra vez, destacaram a importância de fomentar uma economia mundial inovadora, revigorada, interligada e inclusiva, com vistas a melhorar a governança econômica global, reforçar o papel dos países em desenvolvimento e fortalecer a arquitetura financeira internacional.

No que diz respeito à Organização Mundial do Comércio, cumpre salientar que esta constou pela primeira vez na Declaração de Brasília[121], de 2010, na qual os BRICS reconheceram sua importância "para proporcionar um diálogo aberto, estável, equitativo e não discriminatório para o ambiente do comércio

---

119 Guia de Comércio Exterior e Investimento. **Intercâmbio Comercial BRICS e BIMS-TEC.**

120 The Bay of Bengal Initiative for Multi-Sectoral Technical and Economic Cooperation (BIMSTEC) is a regional organization comprising seven Member States lying in the littoral and adjacent areas of the Bay of Bengal constituting a contiguous regional unity. This sub--regional organization came into being on 6 June 1997 through the Bangkok Declaration. It constitutes seven Member States: five deriving from South Asia, including Bangladesh, Bhutan, India, Nepal, Sri Lanka, and two from Southeast Asia, including Myanmar and Thailand. BIMSTEC, the Bay of Bengal Initiative for Multi-Sectoral Technical and Economic Cooperation. **Background.**

121 BRASIL, Ministério das Relações Exteriores. **Declaração de Brasília.**

internacional". Naquele contexto, o grupo instou todos os estados a resistir a todas as formas de protecionismo comercial e a lutar contra restrições disfarçadas ao comércio. Outrossim, concordou sobre a necessidade de uma solução global e equilibrada de negociações comerciais multilaterais da Rodada Doha, "de forma a que se cumpra o seu mandato como rodada do desenvolvimento, com base nos progressos já realizados, inclusive no que diz respeito à questão das modalidades".

Como recorda THORSTENSEN et al. (2012), Brasil, Índia e África do Sul foram três das 23 partes contratantes do antigo Acordo Geral de Tarifas e Comércio (*General Agreement on Tariffs and Trade* – GATT), que entrou em vigor em 1948. As negociações para a acessão da China e do Taipé Chinês prosseguiram e foram concluídas em novembro de 2001, no momento em que se lançou uma nova rodada de negociações da OMC: a Rodada Doha. A Rússia, depois de quase duas décadas de negociação, finalmente concluiu seu processo de acessão à OMC em dezembro de 2011[122]. Anteriormente ao ingresso da Rússia, os demais membros do grupo já se destacavam na defesa dos interesses dos países em desenvolvimento – o regime multilateral de comércio tornou-se central às demandas desses países – e ganharam destaque em 2003, ao rejeitarem a proposta dos EUA e da UE sobre agricultura:

> Os quatro países assumiram ampla projeção, em 2003, ao rejeitarem a proposta dos EUA e da UE sobre agricultura. Sob a liderança brasileira, criaram o G20 e adotaram uma posição intermediária entre os países mais defensivos do G10, contra maiores liberalizações no setor, e o Grupo de Cairns, mais exaltado pela liberalização. Com o sucesso do G-20, por sua contribuição construtiva e por sua qualidade técnica, Brasil e Índia passaram a integrar o G-4, grupo de países que assumiu a liderança na tentativa de concluir a Rodada Doha. Até aquele momento, as grandes decisões eram tomadas pelo QUAD – Estados Unidos, União Europeia, Canadá e Japão. Dessa forma, a Conferência Ministerial de Cancún, em 2003, representou um ponto de inflexão na medida em que Brasil e Índia foram incorporados ao núcleo decisório da OMC. Os BICS não se apresentaram como grupo de interesses específicos. Participavam de diversos grupos coordenando posições com outros países em desenvolvimento, ao mesmo tempo em que apresentavam propostas conjuntas. (PABIS, 2015, pp. 679-680)[123].

---

122 THORSTENSEN, Vera et. al. **Os BRICS na OMC**: políticas comerciais comparadas de Brasil, Rússia, Índia, China e África do Sul. Brasília: IPEA, 2012, p. 24.

123 PABIS, Jonatas Luis. **Acorrentando Gúlliver: a atuação dos BRICS nas negociações sobre agricultura da Rodada Doha da OMC.** Anuario Mexicano de Derecho Internacional, v. XV, 2015, pp. 659-699.

No dia 14 de dezembro de 2011, os Ministros da África do Sul, do Brasil, da China, da Índia e da Rússia reuniram-se em Genebra às vésperas da 8ª Conferência Ministerial da Organização Mundial do Comércio (OMC). Naquela ocasião, parabenizaram a recente criação de um grupo de contato responsável pela tarefa de propor um quadro institucional e medidas concretas "para expandir a cooperação econômica tanto entre os próprios países do BRICS como entre os países do BRICS e todos os países em desenvolvimento, dentro de uma perspectiva Sul-Sul". Ao buscar reforçar as bases do sistema multilateral de comércio, o grupo sublinhou a necessidade premente de aperfeiçoar suas regras e sua estrutura, de modo a dar conta, em particular, das preocupações e interesses dos países em desenvolvimento. Para o Grupo, a OMC deve manter seu papel central no monitoramento da implementação das disciplinas e compromissos multilaterais de comércio, inclusive na área-chave de solução de controvérsias. Ao mesmo tempo, destacou a necessidade dos países em desenvolvimento de preservar e utilizar, quando necessário, toda sua capacidade de adotar medidas consistentes com as regras da OMC, bem como entendeu que os subsídios distorcivos ao comércio concedidos pelas economias desenvolvidas, particularmente em agricultura[124], são uma das formas mais prejudiciais de protecionismo[125].

No âmbito da OMC, a articulação política e a coordenação de interesses e propostas conjuntas do Brasil, da Índia e da África do Sul já eram perceptíveis ao longo dos mais de dez anos de negociações da Rodada Doha, no mesmo período de formação do BRICS. Esses três países já eram partes do Acordo Geral sobre Tarifas e Comércio (GATT) e membros da OMC, espaços nos quais historicamente marcaram suas posições em defesa dos interesses dos países em desenvolvimento. A Rodada Doha, iniciada em 2001, acabou se transformando em um exemplo único de cooperação entre os integrantes do BRICS, consolidando sua presença política no cenário internacional como

---

124 "Apesar de diferenças na estrutura econômica, Brasil, Índia e China já lideraram, em 2003, a criação do G-20 Agrícola em busca de reformas da política agrícola dos países desenvolvidos, que apresentam altas tarifas, inúmeras cotas tarifárias e um sistema extremamente distorcivo de subsídios à exportação e à produção interna. A atuação do G-20 enfrentou resistência dos Estados Unidos, da União Europeia e principalmente do G-10. Por manter sempre uma posição intermediária e construtiva, ao longo de toda a rodada, o G-20 conseguiu angariar respeito pelo seu conhecimento sobre as posições de todos os países envolvidos, bem como profundidade nos aspectos técnicos das questões. Ao longo das negociações, as posições do G20 acabaram sendo incorporadas nos documentos do presidente da Seção Especial de Agricultura, a ponto de se estimar que grande parte das propostas do papel final de 2008 foi derivada das propostas do G-20". THORSTENSEN et. al., *op.cit*, 2012, p. 401.

125 BRASIL, Ministério das Relações Exteriores. **Declaração dos Ministros de Comércio do BRICS** - Genebra, 14 de dezembro de 2011.

II. Dimensões interna e externa dos BRICS   105

grupo de países emergentes com claros objetivos de se firmarem enquanto uma voz relevante nas discussões dos grandes temas da atualidade[126].

> Com a acessão da china à OMC, em 2001, no início da rodada, e com o recente ingresso da Rússia na organização, o BRICS acaba por se converter em um grupo de interesses com peso significativo no âmbito do sistema multilateral de comércio. A participação do BICS (Brasil, Índia, China e África do Sul) na Rodada Doha e as articulações políticas bem-sucedidas do G-20 agrícola e do grupo de acesso a mercado para produtos não agrícolas (nama-11) demonstram as possibilidades de cooperação entre eles e os importantes resultados conseguidos. No entanto, os rumos da articulação política do BRICS, no contexto da OMC, vão enfrentar grandes e complexos desafios, uma vez que a base desta cooperação, suas políticas de comércio internacional, está baseada em prioridades distintas de suas políticas econômicas e em fases diferentes de seus crescimentos econômicos (THORSTENSEN et. al., 2012, p. 449).

Expõe Joanna SKRZYPCZYNSKA (2015) que os BRICS não possuem interesses similares na esfera da OMC. Apesar da heterogeneidade, os BRICS mudaram a balança de poder na instituição, revertendo a anterior liderança, formada por Estados Unidos, União Europeia, Japão e Canadá, com a inclusão da China, da Índia e do Brasil. Para a autora, o aspecto positivo dessa mudança reside no fato de a China e outros países dos BRICS apoiarem fortemente os países em desenvolvimento[127] na OMC. Ademais, o fato de os BRICS lograrem, mediante articulação conjunta, encabeçar – pela primeira vez na história da instituição – um diretor latino-americano foi altamente simbólico na demonstração do

---

126 THORSTENSEN et. al., *op.cit*, 2012, p. 466.

127 "Especially since the WTO Ministerial in Cancun in 2003 (re-) emerging powers have become powerful players In the WTO. Andy Hurrell and Amrita Narlikar see three major reasons for this development: firstly, (re-)emerging powers are not challenging the WTO itself, but have after some years of integration adapted to the institution and are now playing the given diplomatic tools in the same way as Western powers do. Secondly, the authors argue that (re-) emerging powers WTO politics are not driven by domestic factors, but by new South-South coalition building and new self-confidence of some states. And thirdly, the Cancun failure and DDA deadlock is, according to Hurrel & Narlikar, not a reason to North-South confrontation (...) Following this thought, we can understand that in its first years the DDA has been some kind of experiment field for (re-)emerging powers to test their ability to influence the multilateral agenda. After Cancun (re-)emerging powers have intensified their relations, established the BRICS and discovered their real power". PIOCH, Martin. **BRICS in world trade**. Can the rise of (re-) emerging powers challenge the international trading system? PRIMO Working Paper Series Working Paper, n. 3, September 2016, p. 12.

papel dos países em desenvolvimento[128]. Como sinaliza NERI (2012), o regime multilateral de comércio tornou-se central às demandas dos países em desenvolvimento, particularmente após a institucionalização do sistema de solução de controvérsias ao fim da Rodada Uruguai. Os novos agrupamentos negociadores entre países em desenvolvimento, como o G-20 Comercial, encontraram no regime multilateral de comércio, baseado no consenso e dotado de mecanismos de *enforcement* mais desenvolvidos, os incentivos necessários para sua formatação. Com a acessão da Rússia à OMC, todos os países do BRICS passaram a fazer parte do regime multilateral de comércio, o que pode ampliar o escopo de cooperação entre eles em novas negociações, bem como a importância do multilateralismo em suas agendas de política comercial[129].

2.3.9 IX Cúpula dos BRICS e a Declaração de Xiamen, 2017: ampliação da cooperação intra-BRICS

Os líderes da República Federativa do Brasil, da Federação da Rússia, da República da Índia, da República Popular da China e da República da África do Sul reuniram-se em 4 de setembro de 2017, em Xiamen, na China[130], na Nona Cúpula dos BRICS. Sob o tema "BRICS: Parceria mais Forte para um Futuro mais Brilhante", os países dos BRICS enalteceram a necessidade de abertura e inclusão, sobretudo no sentido de fortalecer a cooperação com Mercados Emergentes e Países em Desenvolvimento (EMDCs, na sigla em inglês). Nesse sentido, o grupo destacou a necessidade de trabalhar conjuntamente para firmar amplas parcerias com os EMDCs e, nesse contexto, buscar práticas e iniciativas flexíveis e equilibradas para o diálogo e a cooperação com países não participantes do BRICS, inclusive através da cooperação denominada BRICS Plus[131].

Diferentemente das Cúpulas anteriores, nas quais os países-sede convidavam chefes de estado da órbita regional, a China inovou no âmbito do denominado

---

128 SKRZYPCZYNSKA, Joanna. **BRICS' stance in WTO**. Evolutions global trends and regional issues, v. 3, n. 1, 2015, p.61.

129 NERI, Marcelo Côrtes. Apresentação. *In:* THORSTENSEN, Vera et. al. **Os BRICS na OMC**: políticas comerciais comparadas de Brasil, Rússia, Índia, China e África do Sul. Brasília: IPEA, 2012, p. 9.

130 Como ressaltado pelo ministro Kenneth Félix Haczynski da Nóbrega, durante a I Jornada dos BRICS na Universidade de São Paulo, ao longo de 2017, mais de noventa reuniões oficiais foram programadas antes da realização da Cúpula. Em todos os encontros, houve um esforço no adensamento da convergência em assuntos políticos. O diretor do Departamento de Mecanismos Inter-Regionais do Itamaraty lembrou, ainda, a instalação do primeiro escritório regional do Novo Banco de Desenvolvimento, com sede na África do Sul.

131 BRASIL, Ministério das Relações Exteriores. **Declaração de Xiamen.**

II. Dimensões interna e externa dos BRICS 107

BRICS plus, ao convocar líderes do México[132], Egito, Tailândia, Tajiquistão e Quênia. De acordo com CARVALHO[133], apesar das críticas e receios de uma expansão dos membros, mormente em torno da perda de foco e coesão do Grupo, o BRICS Plus pode ter um efeito positivo no sentido de reduzir a ponderação econômica relativamente alta da China e da Índia no grupo. Além disso, a expansão dos membros fortaleceria o engajamento e a cooperação com os países que não são BRICS, em particular com países emergentes e em desenvolvimento, bem como organizações internacionais e regionais relevantes.

> A legitimidade dos BRICS na arena doméstica e internacional decorre de sua agenda para reformar o FMI e seu apoio ao G-20 como o principal fórum de questões internacionais, de vários fóruns empresariais e acadêmicos que promovem, bem como iniciativas concretas como a criação do NDB. Os países do BRICS têm uma população de aproximadamente três bilhões de pessoas, representando 42% da população mundial; Todos os cinco países têm grandes territórios; BRICS tem uma presença transcontinental que agrega valor estratégico ao grupo; e sua ponderação econômica na economia mundial é significativa. O BRICS tem características e objetivos distintos em relação aos esquemas de cooperação intergovernamental promovidos pelas potências ocidentais na segunda metade do século XX. E a proposta "BRICS Plus" pode introduzir outra dimensão política para o projeto. No entanto, o desafio continua a encontrar formas de melhor enfrentar as diferenças entre os membros (CARVALHO, 2017, p.1).

Em consonância com os documentos anteriores, a Declaração de Xiamen ressaltou a necessidade de trabalho conjunto no sentido de intensificar a voz e a representação dos países do BRICS e dos EMDCs na governança econômica global, promovendo uma globalização econômica aberta, inclusiva e equilibrada,

---

132 "Para que os BRICS ganhem força e façam com que suas vozes sejam melhor ouvidas, é preciso incluir outras economias em desenvolvimento com o mesmo nível de crescimento. Por exemplo, o México, a Turquia, a Indonésia. Isto tudo é o mundo em desenvolvimento e precisamos ser influentes na tomada de decisões à escala global", assinalou Sergio Ley--López, embaixador do México na China entre os anos 2001 e 2007, atual presidente da secção da Ásia-Pacífico do Conselho Empresarial para Comércio Exterior, Investimentos e Tecnologias do México. Segundo o embaixador "Tudo depende de um consenso entre os 5 países [integrantes atuais dos BRICS]. Mas acho importante que outras economias façam parte do grupo, para que seja um bloco maior, não apenas um convite formal de vez em quando, mas uma participação plena. Para que criem e enriqueçam [a cooperação] com sua experiência, [estou falando dos países] que estabeleceram o desenvolvimento econômico como seu objetivo principal". **Diplomata mexicano elogia formato 'BRICS+ e consequente ampliação do grupo. Sputniknews, 2017.**

133 CARVALHO, Evandro Menezes. **BRICS plus and the future of the BRICS agenda.** China Today, 31 Aug. 2017.

contribuindo assim para o desenvolvimento dos EMDCs e conferindo forte impulso para a correção dos desequilíbrios de desenvolvimento Norte-Sul e para a promoção do crescimento global, bem como para uma ordem internacional justa e equitativa baseada no papel central das Nações Unidas, nos propósitos e nos princípios consagrados na Carta das Nações Unidas e no respeito ao direito internacional, além dapromoção da democracia e do estado de direito nas relações internacionais.

Em matéria de governança econômica global, o grupo afirmou a necessidade de fomentar uma arquitetura de governança econômica global mais efetiva e representativa do atual cenário econômico global, intensificando a voz e a representação dos mercados emergentes e das economias em desenvolvimento. Nesse sentido, reafirmou-se o compromisso de concluir a 15ª Revisão Geral das Cotas do FMI, incluindo uma nova fórmula de cota, até as Reuniões de Primavera de 2019 ou, no mais tardar, até as Reuniões Anuais de 2019, bem como os esforços para a implementação da Revisão das Participações do Grupo Banco Mundial.

O documento destacou a necessidade de uma reforma abrangente das Nações Unidas, incluindo o seu Conselho de Segurança, com o objetivo de torná-lo mais representativo, efetivo e eficiente, aumentando a participação dos países em desenvolvimento de modo a responder adequadamente aos desafios globais. Nesse contexto, a China e a Rússia reiteraram a importância que atribuem ao status e ao papel de Brasil, Índia e África do Sul em assuntos internacionais e apoiam sua aspiração de desempenharem um papel maior nas Nações Unidas.

Os BRICS deploraram firmemente o teste nuclear realizado pela República Popular Democrática da Coreia e expressaram profunda preocupação com a tensão atual e a prolongada questão nuclear na Península Coreana, enfatizando uma resolução por meios pacíficos e diálogo direto entre todas as partes interessadas. No tocante ao terrorismo internacional, os países dos BRICS conclamaram a comunidade internacional a estabelecer uma coalizão genuinamente ampla de combate ao terrorismo, com o papel central de coordenação das Nações Unidas a esse respeito. Nessa esteira, enfatizou-se que a luta contra o terrorismo deve ser conduzida de acordo com o direito internacional, incluindo a Carta das Nações Unidas, o direito internacional dos refugiados e o direito humanitário, os direitos humanos e as liberdades fundamentais, bem como a premente necessidade finalização e adoção da Convenção Global sobre Terrorismo Internacional pela Assembleia Geral das Nações Unidas. Outrossim, reiterou-se que o espaço exterior deve ser livre para a exploração pacífica e deve ser utilizado por todos os estados com base na igualdade, de acordo com o direito internacional.

No que concerne aos intercâmbios interpessoais, cumpre salientar a formulação de um plano de ação dos BRICS para promover a cooperação cultural prática e o estabelecimento da Aliança BRICS de Bibliotecas, Aliança de Museus, Aliança de Museus de Arte e Galerias Nacionais, bem como Aliança de Teatros para Crianças e Jovens. Nesse contexto, foi acolhida a proposta para a criação do Conselho Cultural do BRICS, o qual constituirá plataforma para aprimorar a cooperação cultural entre os países. O grupo louvou a primeira produção conjunta de filmes dos países do BRICS, o sucesso do Festival de Cinema do BRICS, do Fórum de Mídia, do Foro de Cooperação de Cidades Irmãs e Governos Locais, do Fórum da Juventude, Fórum de Jovens Diplomatas e do Fórum de Jovens Cientistas, bem como agradeceu a realização bem sucedida do Fórum de Partidos Políticos, *think tanks* e organizações da sociedade civil do BRICS, além do Seminário sobre Governança. Foi conferido apoio à Liga de Universidades do BRICS e à Rede de Universidades do BRICS na função de condutores da cooperação educacional e de pesquisa, além de especial atenção à proposta da China de estabelecer o Fundo de Pesquisa e Intercâmbio do BRICS.

Todos os documentos de resultados da Cooperação dos BRICS foram resumidos no Anexo 1 da Declaração, além do Plano de Ação, conforme esquematizados abaixo:

Documentos de resultados da Cooperação do BRICS e Plano de Ação

Cooperação econômica

1. Agenda de Ação sobre cooperação Econômica e Comercial do BRICS

2. Sétima Reunião de Ministros do Comércio do BRICS

3. Mapa do Caminho para cooperação em Comércio de Serviços do BRICS

4. Acordo-Quadro para o Fortalecimento da Cooperação Econômica e Técnica para os países BRICS

5. Iniciativa de Cooperação em Comércio Eletrônico do BRICS

6. Termos de Referência do Grupo de Trabalho sobre Comércio Eletrônico

7. Termos de Referência do Modelo de Redes E-port do BRICS[134]

8. Diretriz de Cooperação em DPI do BRICS

---

134 "The BRICS Ministers welcomed the entry into force and the implementation of the WTO Trade Facilitation Agreement. To further improve BRICS trade facilitation and strengthen cooperation on the basis of the Framework for BRICS Single Window Cooperation, the BRICS Ministers endorsed the Terms of Reference of the BRICS Model E-Port Network and agreed to set up BRICS Model E-Port Network which would operate on a voluntary basis under CGETI. The BRICS ministers encouraged further information sharing and capacity building on E-Ports construction and operation to improve connectivity, through activities such as expert dialogues and workshops, and build a sound business environment". RUSSIAN FEDERATION, Ministry of Economic Development. **BRICS Action Agenda on Economic and Trade Cooperation.**

9. Contornos para a Facilitação de Investimento do BRICS

10. Elementos Acordados de Resultados Financeiros da Reunião dos Governadores dos Bancos Centrais e dos Ministros das Finanças do BRICS 2017.

11. Boas práticas em sistemas PPP do BRICS

12. Plano de Ação para aprofundar a Cooperação Industrial entre os países do BRICS

13. Declaração da Terceira Reunião dos Ministros das Comunicações do BRICS

14. Estrutura Estratégica da Cooperação Aduaneira do BRICS

15. Plano de Ação do BRICS para a Cooperação para a Inovação (2017-2020)[135]

16. Declaração de Hangzhou da Quinta Reunião Ministerial do BRICS sobre Ciência, Tecnologia e Inovação (CTI)

17. Plano de Ação 2017-2018 no quadro do Plano de Trabalho em CTI do BRICS 2015-2018

18. Comunicado dos BRICS sobre a Reunião de Autoridades Fiscais

19. Memorando de Cooperação em Matéria de Impostos

20. Declaração da Segunda Reunião Ministerial de Energia do BRICS

21. Declaração de Tianjin sobre o Meio Ambiente da Terceira Reunião dos Ministros do Meio Ambiente do BRICS

22. Declaração Conjunta da Sétima Reunião dos Ministros da Agricultura do BRICS

---

135 "With 42% of the world population, contribute 18% of global GDP, 17% of global R&D investment and 27% of science papers published on international journals, as an important force of international economic cooperation and one of the most dynamic and promising emerging economies, BRICS countries are major representatives of emerging economies in the world. Our collective efforts are to undertake innovation and cooperation and facilitate innovation-driven development for sustainable development of the world economy. BRICS countries are facing new challenges in economic development though our economic prospects and growth momentum remain unchanged. In this context, we are committed to (...) promoting exchanges and good practices among the BRICS countries on innovation strategies and policies; enhancing mutual understanding, complementarity and coordination for the BRICS cooperation in innovation, and in particular, for the attainment of socio-economic progress driven by scientific, technological and social innovation, for the building of a BRICS community of shared values and common future, and for the realization of sustainable development goals (...) strengthening cooperation in scientific and research activities, enhancing cooperation in innovation based on existing mechanisms and joint research programmes including such cooperation conducted through public-private partnerships; fostering strategic and long term university-industry partnerships to address the needs of industry and contributing directly to economic growth and development". BRICS 2017 China. **BRICS Action Plan for Innovation Cooperation (2017-2020).**

23. Plano de Ação 2017-2020 para a Cooperação Agrícola dos países do BRICS

24. Declaração dos Ministros do Trabalho e Emprego do BRICS

25. Plano de Ação do BRICS para Alívio e Redução da Pobreza por meio do Desenvolvimento de Capacitações

26. Relatório de Progresso sobre a Implementação da Estratégia para a Parceria Econômica do BRICS

27. Contrato de linha de crédito em moeda local interbancária sob o mecanismo de cooperação interbancária do BRICS

28. Memorando de cooperação relativo às classificações de crédito no âmbito do mecanismo de cooperação interbancária BRICS

29. Parceria para a Iniciativa de Sustentabilidade Ambiental Urbana do BRICS

30. Publicação de Estatística Conjunta de 2017 do BRICS

31. Termos de Referência do Grupo de Trabalho de Pesquisa sobre Infraestrutura e Megaprojetos de Ciência

32. Termos de Referência do Grupo de Trabalho sobre Ciência, Tecnologia, Inovação e Empreendedorismo do BRICS

33. Memorando de Entendimento entre as Agências de Crédito à Exportação do BRICS e o Novo Banco de Desenvolvimento sobre Cooperação Geral

34. Posição Comum do BRICS sobre Governança no Futuro do Trabalho

35. Termos de Referência da Rede de Institutos de Pesquisa de Trabalho do BRICS

36. Estrutura de Cooperação para a Seguridade Social do BRICS

37. Relatório sobre o Desenvolvimento Agrícola do BRICS em 2017

38. Declaração Conjunta do Fórum Empresarial do BRICS de 2017

39. Memorando de Entendimento entre o Conselho Empresarial do BRICS e o Novo Banco de Desenvolvimento sobre Cooperação Estratégica

40. Declaração Conjunta do Conselho Empresarial do BRICS sobre Cooperação Regulatória de Normas

Intercâmbios interpessoais

1. Plano de Ação para a Implementação do Acordo entre os Governos dos Estados do BRICS em Cooperação no Campo da Cultura (2017-2021)

2. Carta de Intenção para a Aliança de Cooperação entre Bibliotecas do BRICS

3. Carta de Intenção da Fundação da Aliança dos Museus do BRICS

4. Carta de Intenção sobre a Fundação da Aliança dos Museus de Arte e Galerias Nacionais do BRICS

5. Carta de Intenção de Cooperação Estratégica da Aliança de Teatro para Crianças e Jovens do BRICS

6. Declaração conjunta dos países do BRICS sobre fortalecimento da cooperação em Medicina Tradicional

7. Comunicado de Tianjin sobre a Reunião dos Ministros de Saúde do BRICS

8. Declaração de Pequim sobre Educação da Quinta Reunião dos Ministros da Educação do BRICS

9. Plano de Ação para Promover a Cooperação em Mídia do BRICS

10. Plano de Ação do Fórum da Juventude do BRICS

11. Iniciativa de Chengdu sobre Foro Cooperação de Cidades Irmãs e Governos Locais

12. Consenso de Quanzhou sobre Seminário do BRICS sobre Governança

13. Iniciativa de Fuzhou do Fórum de Partidos Políticos, Think-Tanks e Sociedade Civil do BRICS

14. Recomendações do 9º Fórum Acadêmico do BRICS para a 9ª Cúpula do BRICS

15. Consenso de Chengdu das delegações cinematográficas do BRICS sobre o 2º Festival de Cinema do BRICS[136]

16. Plano de Colaboração Cinematográfica para os anos de 2017 a 2021

17. Programa BFA para Estudantes e Talentos de Cinema do BRICS

18. Declaração Conjunta sobre Herança de Cultura Tradicional em Cinema e Desenvolvimento Criativo de Jovens Talentos

19. Declaração do Fórum Sindical do BRICS

20. Declaração dos Sindicatos do BRICS à Reunião dos Ministros do Trabalho e Emprego do BRICS

---

136 Os países membros do BRICS chegaram a um consenso sobre a coprodução de filmes, decidindo coproduzir um filme por ano até 2021. A decisão foi tomada durante o Festival de Filmes do BRICS 2017, inaugurado no dia 23 de junho, em Chengdu, capital da província chinesa de Sichuan. Na inauguração do festival, foi estreado o filme coproduzido pelos cinco membros do BRICS, "Where Has Time Gone", composto por cinco unidades realizadas por diretores do Brasil, Rússia, Índia, China e África do Sul. Durante um simpósio realizado, os cinco diretores e produtores dos filmes partilharam ideias quanto à cooperação cinematográfica, no qual celebraram o Consenso de Chengdu sobre Cooperação Cinematográfica do BRICS, visando contribuir para o intercâmbio humano entre os membros do grupo. **Países membros do BRICS decidem coproduzir anualmente filmes até 2021.** Portuguese People China, 2017.

Cooperação Econômica

1. Plano de Ação sobre Cooperação em DPI

2. Acordo de Cooperação sobre a Constelação de Satélites de Sensoriamento Remoto do BRICS[137]

3. Declaração Conjunta dos Reguladores Nacionais de Padrões Contábeis do BRICS

4. Declaração Conjunta do BRICS sobre Cooperação em Regulação de Auditoria.

Intercâmbios interpessoais

1. Memorando de Entendimento sobre o Estabelecimento do Conselho de Regiões dos Estados do BRICS

2. Memorando de Entendimento sobre Cooperação Esportiva no BRICS

Plano de Ação de Xiamen

Reuniões ministeriais e eventos relevantes

1. Reunião Informal de Líderes do BRICS (7 de julho de 2017, Hamburgo)

2. Fórum Empresarial do BRICS (3-4 de setembro de 2017, Xiamen)

3. Reunião Reunião de Assessores Nacionais de Segurança do BRICS (27-28 de julho de 2017, Pequim)

4. Reunião dos Ministros das Relações Exteriores / Relações Internacionais do BRICS (18-19 de junho de 2017, Pequim)

5. Reuniões de Sherpas / Sous-Sherpas do BRICS (23-24 de fevereiro de 2017, Nanjing; 14-15 de junho de 2017, Qingdao; 4-5 de julho de 2017, Hamburgo, setembro de 2017, Xiamen)

---

137 "Os países dos Brics buscam maior integração no setor espacial por meio do compartilhamento e uso de dados de satélites de sensoriamento remoto. A proposta foi discutida em Brasília, durante o 1º Fórum da Constelação de Satélites dos Brics, que reúne representantes das agências espaciais de Brasil, Rússia, Índia, China e África do Sul. A ideia é que as nações coloquem à disposição os dados obtidos por satélites de observação da Terra já em operação e por aqueles que serão lançados ao espaço no futuro. O Brasil contribuirá com informações fornecidas pelo Satélite Sino-Brasileiro de Recursos Terrestres (Cbers, na sigla em inglês) 4A, desenvolvido em parceria com a China. Rússia e China poderão disponibilizar dois equipamentos cada, enquanto a Índia vai compartilhar um satélite. Já a África do Sul vai contribuir com o fornecimento de um centro de controle e uma estação terrestre de recepção de dados e de telemetria. O encontro em Brasília é resultado da 9ª Reunião de Cúpula dos Brics, realizada em Xiamen. Além do compartilhamento, os Brics avaliam a construção de uma política conjunta de desenvolvimento de satélites de observação da Terra". BRASIL, Ministério da Ciência, Tecnologia, Inovações e Telecomunicações. **Países dos Brics querem compartilhar dados de satélites de sensoriamento remoto.**

6. Reunião de Ministros das Finanças e de Governadores dos Bancos Centrais do BRICS/ Reunião de Vice-ministros e Vice-governadores dos Bancos Centrais (17 de março de 2017, Baden-Baden, 20 de abril de 2017, Washington D.C., 19 de junho de 2017, Xangai)

7. Grupo de Trabalho do Fundo de Títulos em Moeda Local do BRICS (20 de abril, Washington DC, 18 de junho de 2017, Xangai)

7. Reunião Ministerial da Energia BRICS (7 de junho de 2017, Pequim)

8. Reunião dos Ministros de Agricultura e Desenvolvimento Agrário do BRICS (16-17 de junho de 2017, Nanjing)

9. Reunião dos Ministros do Meio Ambiente do BRICS (22-23 de junho de 2017, Tianjin)

10. Reunião do Comitê Conjunto de Cooperação Espacial do BRICS (2-3 de julho de 2017, Haikou)

11. Reunião dos Ministros da Educação do BRICS (4-5 de julho de 2017, Pequim)

12. Reunião do Comitê de Cooperação Aduaneira do BRICS (5 de julho de 2017, Bruxelas)

13. Reunião dos Ministros da Cultura do BRICS (5-6 de julho de 2017, Tianjin)

14. Reunião dos Ministros da Saúde do BRICS e Reunião de Alto Nível sobre Medicina Tradicional (6-7 de julho de 2017, Tianjin)

15. Reunião do BRICS em Colaboração de Regulação de Medicamentos (13-14 de julho de 2017, Zhengzhou)

16. Reunião Ministerial de Ciência, Tecnologia e Inovação do BRICS (18 de julho de 2017, Hangzhou)

17. Reunião de Ministros do Trabalho e Emprego do BRICS (26-27 de julho de 2017, Chongqing)

18. Reunião dos Ministros das Comunicações do BRICS (27-28 de julho de 2017, Hangzhou)

19. Reunião dos Chefes das Autoridades Tributárias do BRICS (27-28 de julho de 2017, Hangzhou)

20. Reunião dos Ministros da Indústria do BRICS (29-30 de julho de 2017, Hangzhou)

21. Reunião dos Ministros do Comércio do BRICS (1-2 de agosto de 2017, Xangai)

22. Reunião Anual do Conselho de Governadores do Novo Banco de Desenvolvimento (1-2 de abril de 2017, Nova Delhi)

23. Fórum Empresarial do BRICW (3-4 de setembro de 2017, Xiamen)

Altos Funcionários / Grupos de trabalho / Reuniões de Especialistas

1. Reunião de Altos Funcionários do BRICS em Meio Ambiente (22 de junho de 2017, Tianjin)

2. Reunião dos Altos Funcionários do BRICS em Educação (4 de julho de 2017, Pequim)

3. Reunião de Altos Funcionários do BRICS em Cultura (5 de julho de 2017, Tianjin)

4. Reunião de Altos Funcionários do BRICS em Saúde (5 de julho de 2017, Tianjin)

5. Reunião de Altos Funcionários do BRICS em Ciência, Tecnologia e Inovação (17 de julho de 2017, Hangzhou)

6. Conselho Empresarial do BRICS (31 de março de 2017, Nova Delhi, 31 de agosto a 2 de setembro de 2017, Xangai e Xiamen)

7. Reuniões do Grupo de Trabalho Anti-Corrupção do BRICS (22 de janeiro de 2017, Berlim, 9 de abril de 2017, Brasília)

8. Seminário de Treinamento para Examinador de Propriedade Intelectual do BRICS (20-24 de fevereiro de 2017, Nagpur)

9. Reunião do Grupo de Coordenação de Propriedade Intelectual do BRICS (22-23 de fevereiro de 2017, Nagpur)

10. Reuniões do Grupo de Contato dos BRICS sobre Assuntos Econômicos e Comerciais (20-21 de março de 2017, Pequim, 23-25 de maio de 2017, Pequim, 30 a 31 de julho de 2017, Xangai)

11. Reunião Técnica dos Escritórios Nacionais de Estatísticas do BRICS (27-29 de março de 2017, Xangai)

12. Reunião do Grupo de Trabalho do BRICS sobre Aduanas (29 a 31 de março de 2017, Xiamen)

13. Consulta dos Enviados Especiais do BRICS para o Oriente Médio (11-12 de abril de 2017, Visakhapatnam)

14. Reuniões do Grupo de Trabalho sobre Emprego do BRICS (19 de abril de 2017, Yuxi; 25 de julho de 2017, Chongqing)

15. Reuniões do Grupo de Trabalho do BRICS sobre Cooperação Agrícola (15 de junho de 2017, Nanjing)

16. Reunião do Grupo de Trabalho Ambiental BRICS (25-27 de abril de 2017, Tianjin)

17. Reunião do Grupo de Trabalho contra Terrorismo do BRICS (18 de maio de 2017, Pequim)

18. Primeira Reunião do Mecanismo de Direitos de Propriedade Intelectual do BRICS (23 de maio de 2017, Pequim)

19. Grupo de Trabalho para o Encontro dos Ministros da Cultura do BRICS (25 de maio de 2017, Pequim)

20. Reunião do Grupo de Trabalho de Financiamento para a Ciência, Tecnologia e Inovação (28-31 de maio de 2017, Pretória)

21. Reunião do Grupo de Trabalho do BRICS sobre Segurança no Uso das TIC (1-2 de junho de 2017, Pequim)

22. Reunião do Grupo de Trabalho sobre Economia de Energia e Melhoria da Eficiência Energética do BRICS (5 de junho de 2017, Pequim)

23. Reunião dos Chefes das Agências de Crédito à Exportação do BRICS (12-15 de junho de 2017, Hangzhou)

24. Reunião do Grupo Técnico do Mecanismo de Cooperação Interbancária do BRICS (28-29 de junho de 2017, Pequim)

25. Reunião do Grupo de Trabalho sobre Mecanismo de Cooperação Interbancária (28-29 de junho de 2017, Pequim)

26. Reunião dos Chefes de Delegação dos BRICS em AML (18-23 de junho de 2017, Espanha)

27. Diálogo de Planejamento Diplomático do BRICS (20-21 de julho de 2017, Pequim)

28. Consulta de Peritos em Assuntos de Paz do BRICS (25 de julho de 2017, Pequim)

29. Reunião de Especialistas do BRICS em Questões Fiscais (25-26 de julho de 2017, Hangzhou)

30. Reunião do Grupo de Trabalho do BRICS sobre Cooperação em TIC (26 de julho de 2017, Hangzhou)

31. Reunião do Grupo de Trabalho Antidrogas do BRICS (16 de agosto de 2017, Weihai)

32. Reunião Anual do Mecanismo de Cooperação Interbancária e do Fórum Financeiro (31 de agosto – 2 de setembro de 2017, Pequim)

33. Reunião dos Chefes dos Escritórios de Propriedade Intelectual do BRICS (6-7 de abril de 2017, Nova Delhi)

34. Grupo de Trabalho do BRICS sobre Parceria de Ciência, Tecnologia, Inovação e Empreendedorismo (9 de abril, Bengaluru)

35. Grupo de trabalho do BRICS sobre TIC e Computação de Alto Desempenho (23-26 de abril, Guangzhou)

36. Grupo de Trabalho do BRICS sobre Infraestrutura de Pesquisa e Projetos de Megaciência (15-16 de maio, Dubna)

37. Grupo de Trabalho do BRICS em Iluminação de Estado Sólido (19-24 de junho de 2017, Hangzhou)

Eventos de Intercâmbios Interpessoais e outras reuniões

1. Fórum de Jovens Diplomatas do BRICS (30 de maio – 3 de junho de 2017, Beijing & Linyi)

2. Fórum de Mídia do BRICS (6-8 de junho de 2017, Pequim)

3. Reunião do Conselho de Think Tanks dos BRICS (10 de junho de 2017, Fuzhou)

4. Fórum de Partidos políticos, Think Tanks e organizações da sociedade civil do BRICS(10-12 de junho de 2017, Fuzhou)

5. Jogos do BRICS (17-21 de junho de 2017, Guangzhou)

6. Festival de Cinema do BRICS (23-27 de junho de 2017, Chengdu)

7. Foro de Cooperação de Cidades Irmãs e Governos Locais do BRICS(11-13 de julho de 2017, Chengdu)

8. Fórum de Sindicatos do BRICS (24-25 de julho de 2017, Pequim)

9. Fórum da Juventude do BRICS Youth Forum (24-28 de julho de 2017, Pequim)

10. Fórum de Jovens Cientistas do BRICS (11-15 de julho de 2017, Hangzhou)

11. Seminário do BRICS sobre Governança (17-18 de agosto de 2017, Quanzhou)

12. Reunião dos Chefes dos Serviços de Procuradoria do BRICS (agosto de 2017, Brasil)

13. Simpósios de Think Tanks do BRICS (22 de março de 2017, Pequim, 15 de maio de 2017, Guangzhou, 20 de maio de 2017, Chongqing)

14. Festival Internacional de Escolas de Teatro do BRICS (14-21 de maio de 2017, Moscou)

15. Reunião do BRICS sobre Cooperação no Campo do Direito da Concorrência (16-20 de maio de 2017, São Petersburgo)

16. Fórum Anual "BRICS: Boosting Economic Cooperation" (1-3 de junho de 2017, São Petersburgo)

17. Reunião de Cooperação Técnica das Instituições Superiores de Auditoria do BRICS (28 a 29 de junho de 2017, Pretória)

18. Congresso Internacional de Mulheres da Organização para Cooperação de Xangai e dos Países do BRICS (2-4 de julho de 2017, Novosibirsk)

Nota das próximas reuniões e eventos sob a Presidência de turno chinesa do BRICS

1. Reunião dos Ministros das Relações Exteriores à margem da AGNU

2. Quinta Reunião de Sherpas / Sub-sherpas do BRICS

3. Fórum Parlamentar do BRICS

4. Reunião dos Chefes dos Escritórios Nacionais de Estatísticas dos BRICS

5. Feira de Negócios do BRICS

6. Consulta do Assessores Jurídicos do BRICS

7. Fórum sobre Reforma e Governança das Empresas Estatais do BRICS

8. Reunião do BRICS sobre Cooperação no campo do Direito da Concorrência

9. Terceiro Fórum sobre Pequenas Empresas das regiões da Organização para Cooperação de Xangai e do BRICS

10. Conferência Internacional de Concorrência do BRICS

11. Grupo de Trabalho do BRICS sobre Astronomia (21-22 de setembro, Pune)

12. Workshop de Agências de Crédito à Exportação do BRICS (31 de outubro a 3 de novembro, Nanjing)

13. Grupo de Trabalho do BRICS em Ciência dos Materiais e Nanotecnologia (26-27 de outubro de 2017, Ekaterimburgo)

14. Conferência Acadêmica Anual Internacional "Foresight and STI Policy" (1-2 de novembro, Moscou)

15. Grupo de Trabalho do BRICS sobre Biotecnologia e Biomedicina, incluindo Saúde Humana e Neurociência (15-16 de novembro de 2017, Moscou)

16. Encontro do BRICS sobre o Envelhecimento (2017, Pequim)

Propostas a serem exploradas

1. Cooperação oceânica

2. Estabelecimento do Fundo de Preparação do Projeto PPP

3. Estabelecimento da Plataforma de Cooperação Energética do BRICS

4. Constelação de Sensoriamento Remoto de Satélites do BRICS

5. Estabelecimento do Centro de Treinamento Aduaneiro do BRICS em Xiamen

6. Estabelecimento do Conselho Cultural do BRICS

7. Estabelecimento do Conselho das Regiões do BRICS

8. Cooperação Turística

9. Criação do Grupo de Trabalho sobre Aviação Regional

2.3.10. X Cúpula dos BRICS e a Declaração de Joanesburgo, 2018: perspectivas no contexto da 4ª Revolução Industrial.

Sob o tema "Colaboração para o crescimento inclusivo e prosperidade compartilhada na 4ª Revolução Industrial", a X Cúpula do BRICS, sediada em Joanesburgo, reiterou a agenda consensual dos cinco países do grupo em meio ao contexto de uma 4º Revolução Industrial. Celebrada na ocasião do centenário de nascimento de Nelson Mandela, a Declaração de Joanesburgo, com cento e dois pontos, expressou satisfação com as conquistas do BRICS nos últimos dez anos como uma forte demonstração da cooperação para alcançar a paz, o desenvolvimento e a prosperidade. Nesse sentido, os líderes do Brasil, Rússia, Índia, China e África do Sul reafirmaram o compromisso com os princípios de respeito mútuo, igualdade soberana, democracia, inclusão e colaboração fortalecida, bem como um mundo de paz e estabilidade com o papel central das Nações Unidas, os propósitos e princípios consagrados na Carta da ONU e o respeito ao direito internacional, além do fortalecimento do multilateralismo, do estado de direito nas relações internacionais e da promoção de uma ordem internacional justa, democrática e representativa[138].

Com ênfase nas propostas do documento de 2005, os países do BRICS reafirmaram a necessidade de uma reforma abrangente da ONU, incluindo seu Conselho de Segurança, com vistas a torná-la mais representativa, eficaz e eficiente, e aumentar a representação dos países em desenvolvimento, de modo a responder adequadamente aos desafios globais.

No que diz respeito às alterações climáticas, o grupo saudou os progressos no sentido de finalizar o programa de trabalho ao abrigo do Acordo de Paris e manifestou a vontade de continuar a trabalhar de forma construtiva com outras partes para concluir as negociações relacionadas à 24ª Conferência das Nações Unidas sobre Mudanças Climáticas. Em matéria agrícola, reforçou o estabelecimento da Plataforma de Pesquisa Agrícola (ARP) do BRICS iniciada pela Índia em 2016, agradecendo a importância fundamental da pesquisa, desenvolvimento e inovação na sustentabilidade e competitividade globais.

Quanto à segurança internacional, o grupo destacou a necessidade de lançar negociações multilaterais para reprimir os atos terroristas e expressou preocupação com os conflitos em curso e a crescente tensão no Oriente Médio. É de comum concordância de que novos conflitos no Oriente Médio e no Norte da África não devem ser usados para atrasar a resolução de conflitos de longa data, em particular, o conflito palestino-israelense. Nesse sentido, reiterou a necessidade de esforços diplomáticos renovados para alcançar uma solução justa, duradoura e abrangente, a fim de alcançar a paz e a estabilidade

---

138 BRASIL, Ministério das Relações Exteriores. **Declaração de Joanesburgo**, 2018.

no Oriente Médio com base nas resoluções relevantes das Nações Unidas, nos Princípios de Madri e na Paz Árabe, além de reafirmar que o status de Jerusalém é uma das questões de status final a ser definida no contexto das negociações entre Israel e a Palestina. Com relação à situação em Gaza, reiterou o apoio à Resolução da Assembleia Geral da ONU (A / RES / ES-10/20) sobre a proteção da população palestina.

Ao recordar o enfoque da Cúpula de Joanesburgo sobre a 4ª Revolução Industrial e os resultados dos Encontros BRICS de Ciência e Tecnologia, os países membros saudaram o estabelecimento da Parceria dos BRICS para a Nova Revolução Industrial (PartNIR), com a previsão de criação de um Grupo Consultivo composto pelos respectivos representantes do dos Ministérios da Indústria, em consulta com os Ministérios apropriados, para se desenvolver, como um primeiro passo, os Termos de Referência e um Plano de Trabalho alinhados com as prioridades da 4ª Revolução Industrial. Nos termos da Declaração, o PartNIR visa aprofundar a cooperação do BRICS na digitalização, industrialização, inovação, inclusão e investimento, de modo a maximizar as oportunidades e enfrentar os desafios decorrentes da 4ª Revolução Industrial.

O grupo ressaltou ainda a importância de uma forte Rede Global de Segurança Financeira com um Fundo Monetário Internacional (FMI) baseado em cotas e com recursos adequados. Nesse sentido, os países do BRICS reafirmaram o compromisso de concluir a 15ª Revisão Geral de Cotas do FMI, incluindo uma nova fórmula de cotas, protegendo a voz dos países mais pobres até as Reuniões da Primavera de 2019 e, o mais tardar, as Reuniões Anuais de 2019. A reforma da governança do FMI deve fortalecer a voz e a representação dos membros mais pobres do FMI, incluindo a África Subsaariana.

No contexto econômico-financeiro, o grupo notou as medidas tomadas para fortalecer e garantir a prontidão operacional do Arranjo Contingente de Reservas (ACR) dos BRICS, além de observar com satisfação o progresso alcançado na criação do Fundo de Obrigações em Moeda Local dos BRICS. Outrossim, saudou o progresso alcançado pelo NBD ao fornecer recursos para contribuir com as perspectivas sociais, econômicas e ambientais dos países, conferindo as boas-vindas ao próximo estabelecimento do Escritório Regional das Américas em São Paulo, Brasil.

Por fim, os países do grupo destacaram a cooperação *people-to-people*, enfatizando a centralidade das pessoas nos BRICS e seus programas, elogiando o constante progresso e intercâmbio nas áreas de esportes, juventude, filmes, cultura, educação e turismo. Nesse contexto, o grupo saudou a organização do 3º Festival BRICS de Cinema, apoiando a proposta da África do Sul sobre um esboço do Tratado sobre Coprodução de Filmes do BRICS para promover ainda mais a cooperação nessa área. Em matéria de cultura e pesquisa, destacam-se o comprometimento com a coordenação e a cooperação em pesquisa e desenvolvimento de vacinas nos países do BRICS e o acolhimento da proposta de criação de um centro de pesquisa e desenvolvimento de vacinas do BRICS; o papel orientador do Plano de Ação para a Implementação do Acordo entre os governos dos países do BRICS sobre Cooperação no Campo da Cultura (2017-2021), além do reconhecimento do 2º Seminário BRICS sobre Governança 2018, realizado em Joanesburgo.

Paralelamente à Cúpula do BRICS, foi assinado, no dia 26 de julho de 2018, o Memorando de Entendimento sobre a Parceria Regional de Aviação para expandir e aprofundar a cooperação entre as autoridades competentes no campo da aviação regional. O acordo foi firmado com base na compreensão e benefícios mútuos, a fim de reforçar o setor de transporte regional de aviação, compartilhar boas práticas e abrir oportunidades socioeconômicas e de desenvolvimento entre os estados membros[139].

A Rússia, a Índia, a China e a África do Sul prestaram total apoio ao Brasil para presidência do BRICS em 2019 e para a realização da 11ª Cúpula do BRICS no Brasil.

Em 2019, o Brasil terá a presidência de turno dos BRICS. Dessa forma, as cerca de cem reuniões, nas mais de 30 áreas de cooperação setorial, terão lugar em diversas cidades do país. Também o Fórum Acadêmico, o Festival de Cinema do BRICS, o Festival Cultural dos BRICS e outros encontros relacionados ao diálogo entre sociedades civis, ocorrerão no Brasil[140].

Os documentos resultantes da cooperação dos BRICS e o plano de Ação de Joanesburgo revelaram a complexidade alcançada pelo grupo em quase dez anos de contínua construção e fortalecimento. Do cotejo entre o advento da I e a realização da III Cúpula, foi possível aferir algumas diferenças no que diz respeito aos participantes do processo: quando da primeira, as iniciativas se mostraram essencialmente governamentais, com ênfase na figura dos chefes de estado; a partir da segunda Cúpula, é possível aferir a ampla participação de outras esferas governamentais, como ministros, prefeitos, magistrados e institutos públicos, além de setores da sociedade civil, incluindo empresários, técnicos e acadêmicos.

A união desse grupo de países em torno da reivindicação por maior participação e maior voz nas relações internacionais culminou, concomitantemente, na pluralidade de vozes internas igualmente reivindicadoras de maior participação nas esferas governamentais. A cúpula essencialmente centralizada na atuação dos chefes de estado acabou por abrir as suas portas para a sociedade civil,

---

139 SOUTH AFRICA, BRICS Summit 2018.

140 BRASIL, Ministério das Relações Exteriores, 2018.

incorporando interesses e reivindicações de empresários, partidos políticos, jovens, sindicatos e acadêmicos – consolidando a tendência de governança global[141], também conhecida como perspectiva transnacional[142] do direito internacional ou direito internacional pós-moderno[143]. Essa inclusão se torna importante na medida em que a participação social contribui para o preenchimento de déficits de legitimidade na esfera internacional. O multilateralismo do presente século deve ser remodelado para atender desafios de um mundo cada vez mais globalizado e transnacional. O multilateralismo convencional não conseguirá cumprir o crescimento demandas de legitimidade[144].

A análise dos documentos demonstrou a abrangência e complexidade do fenômeno BRICS, bastante distinta do conceito original formulado pelo mercado financeiro. Diferentemente dos estudos individuais de cada membro

---

141 "Global governance is about a varied cast of actors: people acting together in formal and informal ways, in communities and countries, within sectors and across them, in non-governmental bodies and citizens' movements, and both nationally and internationally, as a global civil society. And it is through people that other actors play their roles: states and governments of states, regions and alliances in formal or informal garb. But we also noted that a vital and central role in global governance falls to people coming together in the United Nations, aspiring to fulfil some of their highest goals through its potential for common action". **Commission on Global Governance, Our Global Neighbourhood**: The Report of the Commission on Global Governance. London: Oxford University Press, 1995.

142 Segundo ONUMA (2017, p. 29) as ideias, reclamações, aspirações, expectativas, frustrações e ressentimentos, bem como as atividades associadas a cidadãos comuns, empresas privadas e outros grupos são inconscientemente excluídos da nossa visão. De modo geral, a perspectiva transnacional relaciona-se com as ideias defendidas ou compartilhadas por atividades conduzidas ou associadas a atores não governamentais, especialmente aquelas empresas privadas e/ou ONGs envolvidas em atividades transfronteiriças, e que geralmente perseguem modelos pós-modernistas, tais como direitos humanos, meio ambiente, economia de mercado e democracia. Para o jurista, a perspectiva transnacional é uma ferramenta útil que complementa e modifica a perspectiva internacional, que tende a ser excessivamente centralizada no estado e convida as pessoas inconscientemente a verem o mundo no âmbito da existente soberania dos estados-nações.

143 "O direito internacional pós-moderno será o conjunto de norma que conseguirá refletir essas mutações essenciais e adaptar-se a estas para responder às necessidades estatais e reclamos dos atores e agentes não estatais de modo válido e eficaz (...) Os desafios de sociedade, que tantas vezes estão em discussão (tais como comércio ou meio ambiente, solidariedade ou livre jogo dos mercados, universidade dos direitos do homem contra respeito da diversidade cultural), incitam naturalmente à ampliação do número de parceiros, públicos e privados, estatais e transnacionais, admitidos a esse jogo incerto de busca de equilíbrio ou de compromissos entre o ético, o econômico, o ecológico e o político. A arte da negociação, como os fatores de sua eficiência, ganhará em complexidade. Por esse motivo, o papel de terceiros, neutros em relação ao objeto de tais controvérsias, tenderá a assumir importância crescente". CASELLA, *op.cit.*, 2008, pp. 1347-1355.

144 ZÜRN, Michael. **Global governance and legitimacy problems**. Government and opposition, v. *39*, n. 2, 2004, p.262.

II. Dimensões interna e externa dos BRICS   **123**

do Grupo, a análise focada nos BRICS como um conjunto permite visualizar as dimensões interna e externa, agregando informações indispensáveis à compreensão do objeto.

No que concerne à dimensão interna, verificou-se aumento significativo nas mais diversas áreas de cooperação entre os membros dos BRICS, baseadas em um modelo equitativo[145] entre os membros do Grupo. Logo na primeira Cúpula, buscou-se cooperação no campo da energia, da ciência e da educação. A partir da terceira Cúpula, iniciaram-se os primeiros projetos de pesquisas conjuntas sobre questões econômicas e comerciais, além de incentivos à cooperação esportiva, à viabilidade da cooperação no domínio da economia verde e à realização de reunião para explorar as possibilidades de promover a cooperação científica, tecnológica e de inovação no âmbito do BRICS. No total, foram inicialmente delineadas onze áreas de cooperação: economia, comércio, cidades-irmãs, foro empresarial, *think-tanks*, saúde, cultura, agricultura, ciência e tecnologia, estatística e finanças. Posteriormente, surgiram as iniciativas sobre o fortalecimento de cooperação em direitos de propriedade intelectual entre os países do BRICS; o acolhimento sobre a necessidade de simplificação dos procedimentos de visto para viagens de negócio; as iniciativas independentes para estabelecer a Rede Universitária dos BRICS e a Liga Universitária do BRICS; iniciativas sobre pesquisa e inovação, além do avanço nas iniciativas relativas aos intercâmbios interpessoais, como o estabelecimento da Aliança BRICS de Bibliotecas, Aliança de Museus, Aliança de Museus de Arte e Galerias Nacionais, bem como Aliança de Teatros para Crianças e Jovens, dentre inúmeras outras iniciativas e áreas de cooperação.

À luz das análises das Cúpulas, Declarações e outros documentos, foi possível aferir, no campo da dimensão externa (coordenação multilateral), que a articulação dos cinco países não ocorreu apenas no âmbito das Cúpulas anuais dos BRICS. Os representantes desses países, há dez anos, reúnem-se regularmente às margens das principais reuniões da Assembleia Geral das Nações Unidas, dos encontros do G-20 e das sessões semestrais do FMI e do Banco Mundial. Os BRICS também se encontram à margem de reuniões ministeriais da OMC, inclusive à margem de reuniões da OMS. Verifica-se igualmente as consultas regulares entre Missões Permanentes e/ou Embaixadas dos BRICS em Nova York, Viena, Roma, Paris, Washington, Nairóbi e Genebra. Tanto no âmbito

---

145 "Este possível modelo equitativo de cooperação, ademais, poderia ser modelo a ser considerado e aplicado por outros integrantes da comunidade dos estados, ao menos mais alguns, se não como um todo. Tal formulação se harmoniza, perfeitamente, com certa concepção da natureza jurídica do modelo de cooperação internacional, que daria lugar a relações internacionais, baseadas sobre caráter específico: exprime a convicção de que aquelas regras de regência da cooperação têm caráter construtivo. E quanto estas podem ser úteis na medida em que a todos e a cada um gerem resultados". CASELLA, *op.cit.*, 2011, p. 16.

dos BRICS, como no do BASIC, há reuniões consultivas de Altos Funcionários à margem de foros internacionais relevantes relacionados ao desenvolvimento sustentável, meio ambiente e clima.

No plano da dimensão externa, verificou-se a busca de solução multilateral de conflitos, além da ênfase no papel da ONU e das convenções multilaterais. Outrossim, foi possível aferir uma política de continuidade do Grupo, sobretudo com as temáticas relacionadas ao papel central das Cúpulas do G-20; à reforma das instituições financeiras (maior peso e representação das economias emergentes); ao desenvolvimento sustentável como mudança do paradigma do desenvolvimento econômico; à ordem mundial multipolar mais democrática e justa; à condenação ao terrorismo em todas as suas formas, à reforma abrangente da ONU; e à importância concedida ao status da Índia, do Brasil e da África do Sul nas relações internacionais.

A reforma do FMI e do Banco Mundial, como observado em todas as cúpulas, foi uma das primeiras reivindicações formuladas pelos BRICS. De forma detalhada, os BRICS reafirmaram as ambições para as reformas das instituições de Bretton Woods. Segundo os membros do Grupo, o FMI e o Banco Mundial precisam urgentemente resolver seus déficits de legitimidade por meio de reformas estruturais – que exigirão uma mudança substancial no poder de voto, em favor das economias emergentes de mercado e dos países em desenvolvimento, de modo a adequar sua participação nos processos decisórios ao seu peso relativo na economia mundial. O próximo capítulo pretende estudar a relação dos BRICS com os projetos de reforma das instituições internacionais, especificamente os de reforma do sistema de governança do Conselho de Segurança das Nações Unidas, do Fundo Monetário Internacional do Banco Mundial. Por derradeiro, a pesquisa pretende relacionar a busca por reformas das instituições de Bretton Woods com o surgimento da primeira organização internacional criada pelos BRICS: o Novo Banco de Desenvolvimento (NBD).

CAPÍTULO III

OS BRICS E AS REFORMAS DAS INSTITUIÇÕES INTERNACIONAIS

3.1. O AJUSTE DAS ORGANIZAÇÕES INTERNACIONAIS AO CONTEXTO PÓS-MODERNO

Conferências internacionais periódicas – representadas por múltiplos conclaves interestatais, dos quais participam representantes dos estados membros, e que adotavam decisões por meio de votação unânime – contribuíram para consolidação de mecanismos diplomáticos complexos, acompanhados pela multiplicação de tratados multilaterais[1]. O estabelecimento de estruturas institucionais permanentes, inseridas no contexto de necessidades derivadas da interdependência crescente e de exigências de cooperação internacional, levou à formação das modernas organizações internacionais[2]. As etapas preliminares ao nascimento de uma organização[3] não são homogêneas; dependem das circunstâncias históricas, dos objetivos perseguidos e das condições das relações internacionais do momento[4].

---

1   CRETELLA NETO. José. Origem e necessidade das organizações internacionais. *In:* **Direito internacional: homenagem a Adherbal Meira Mattos**. Paulo Borba CASELLA e André de Carvalho RAMOS (orgs.). São Paulo: Quartier Latin, 2009, pp.465-466.

2   VELASCO, Manuel Diez. **Instituciones de derecho internacional público**. 16ª edição. Madrid: Tecnos, 2007, p. 346.

3   VIRALLY, Michel. **Le droit international en devenir.** Essais écrits au fil des ans. Genève: Graduate Institute Publications, 1990, p. 271.

4   DUPUY, René-Jean. Etat et organisation internationale. *In:* **Manuel sur les organisations internationales**. 2ª ed. London/Boston/Dorbrecht: Martinus Nijhoff Publishers, 1998, p. 34.

As organizações internacionais, como destaca MENEZES (2007), representam um dos fatores de avanço do direito internacional e da dinamização das relações internacionais, um importante foro de discussão dos estados para manutenção da paz e instrumento como centro de fomento de desenvolvimento, harmonizando a ação das nações para a consecução dos objetivos desenvolvidos no seio da organização[5].

> A atuação das Organizações Internacionais como um foro democrático e conjunto de discussão dos problemas globais tem contribuído bastante para a utilização de resoluções e recomendações para a formatação de um mundo melhor através de normas jurídicas, e seu efeito mais sensível é possibilitar que os problemas da humanidade (meio ambiente, miséria, moléstias, conflitos etc.) sejam tratados de forma individualizada pelos mais diferentes povos das mais distintas regiões do mundo. Por outro lado, sob o enfoque de um discurso mais cauteloso, tal mecanismo pode contribuir para que os Estados hegemônicos tenham nessas organizações e organismos internacionais um espaço para disseminar sua influência ideológica sobre os demais Estados, sobre a periferia (MENEZES, 2007, p. 335).

A Organização das Nações Unidas foi criada a partir do contexto de uma guerra mundial e de um reduzido grupo de potências[6]. Se naquela altura poderia fazer sentido que as grandes potências do período tivessem maior direito de pautar as decisões da organização, tal fato não mais se sustenta. Além das novas realidades, e dentre os legados e desafios da ONU nas últimas décadas, se multiplicaram as tentativas de reavaliação de seu papel e seu funcionamento, ao mesmo tempo em que foram encetados debates a respeito da necessidade de reformas[7]. Recentemente, a questão de reforma foi objeto de estudos, tanto de doutrinadores quanto do Grupo de Personalidades de Alto Nível, indicados pelo então Secretário Geral da ONU, Kofi Annan, em 2005. A reunião de Cúpula da Assembleia Geral, de 14 a 16 de setembro de 2005, na Ata Final, aprovou a realização de tarefas, pelos estados, dentre as quais: i) o reforço do multilateralismo; ii) a melhora do funcionamento do Secretariado Geral; iii) a reafirmação da

---

5   MENEZES, Wagner. A ONU e o direito internacional contemporâneo. *In:* **Jornadas de direito internacional público no Itamaraty. Desafios do direito internacional contemporâneo**. Brasília: FUNAG, 2007, pp. 325-342.

6   COMPARATO, Fábio Konder. A Organização das Nações Unidas no quadro da futura sociedade política mundial. *In:* **Reforma da ONU**. IV Conferência Nacional de Política Externa e Política Internacional: o Brasil no mundo que vem por aí. Brasília: FUNAG, 2010, pp. 113-142.

7   CASELLA, Paulo Borba. Reforma da ONU, pós-Kelsen. *In:* **Reforma da ONU**. IV Conferência Nacional de Política Externa e Política Internacional: o Brasil no mundo que vem por aí. Brasília: FUNAG, 2010, pp. 143-210.

posição central da Assembleia Geral como principal órgão representativo para a formulação das políticas da ONU; iv) a reforma do Conselho de Segurança, para torná-lo mais representativo; v) a criação do Conselho de Direitos Humanos; vi) a reafirmação da Declaração do Milênio e do *Consensus de Monterrey* – adotado em 2002 na Conferência Internacional sobre o Desenvolvimento que exorta os países desenvolvidos a consagrar 0,7 do PIB para o desenvolvimento; vii) a aprovação da Convenção Geral contra o terrorismo; e viii) a reafirmação da preocupação com o meio ambiente[8].

Os projetos de reforma das Nações Unidas, em especial do seu Conselho de Segurança, bem como as reformas das instituições de Bretton Woods, particularmente do Fundo Monetário Internacional e do Banco Mundial, não constituem uma novidade nas relações internacionais. Todas essas instituições possuem em comum um contexto histórico de criação que *ab initio* apresentou diferentes fórmulas, as quais inelutavelmente levariam a questionamentos e consequentes propagações de mudanças, sobretudo após ampliação do número de estados no âmbito das Nações Unidas. Ao longo dos anos, a ONU foi se adaptando ao cenário internacional em mudança[9], reformulando órgãos, preenchendo lacunas[10] e acolhendo pequenos projetos reformadores. Os movimentos de reforma passados[11] e os atuais não negam a importância das instituições internacionais, pelo contrário, visam seu constante aperfeiçoamento mediante mudanças e implementação de mecanismos que tornem seus atos mais representativos e eficazes. Como salienta AMARAL JÚNIOR (2011, p. 184), a globalização propõe desafios para as organizações internacionais, a estimular a criatividade e ousadia dos acadêmicos, diplomatas e estadistas. O jurista destaca, em especial, seis desafios, que, apesar de diferentes, são intrinsecamente complementares: i)

---

8   MERCADANTE, Araminta de Azevedo. Algumas questões específicas do direito internacional: língua dos tratados e reforma da ONU. *In:* **Direito internacional, humanismo e globalidade**: Guido Fernando Silva Soares, Paulo Borba CASELLA et. al. (orgs.). São Paulo: Atlas, 2008, pp. 385-386.

9   REIS, *op cit.*, 2013, p. 82.

10   FALK, Richard. Legality and legitimacy: necessities and problematics of exceptionalism. *In:* **Legality and legitimacy in global affairs.** New York: Oxford University Press, 2012, p.7.

11   "The Third World exposes the weakness of the United Nations system while still bearing a real affection for it, and this is not the result of some strange fickleness. The developing or non-aligned countries do not challenge the United Nations' existence, which they value, so much as its conditioning by the great powers, which they refuse to accept. Nothing can replace the United Nations system, especially if it can be successfully reorganized, since it is more than thirty years old and came into being in circumstances completely different from today. For the developing or non-aligned countries, it is stressing the obvious to say that the United Nations system cannot indefinitely refuse to shoulder and assume responsibility for all the obligations of the new international economic order. And it can only do this by becoming more democratic". BEDJAOUI, Mohammed. **Towards a new international economic order.** Paris: UNESCO; New York: Holmes & Meier Publishers, 1979, p. 195.

128   Direito e Relações Internacionais • Elen de Paula Bueno

quem pode participar das decisões proferidas (desafio relativo à participação); ii) a legitimidade do processo de deliberação (desafio decisório); iii) o acesso às informações produzidas por parte dos membros ou do público em geral (desafio informativo); iv) a capacidade de exercer, com eficácia, várias funções (desafio institucional); v) a regulação de temas objeto de regras distintas a cargo da mesma organização (desafio regulatório); e vi) as consequências jurídicas que recaem sobre aqueles que descumprem as normas estabelecidas (desafio sancionatório)[12].

Os desafios relativos à participação e à legitimidade do processo de deliberação no âmbito das organizações internacionais abrangem as perspectivas de democratização das mesmas, relacionada à participação dos estados e à possibilidade de inclusão de outros atores. O reconhecimento do princípio da igualdade dos estados traduzido na fórmula[13] "um estado, um voto[14]" direcionou a manifestação da dimensão democrática das organizações internacionais[15]. Unanimidade, procedimento de veto, votação ponderada, princípio da maioria

---

12   AMARAL JÚNIOR, Alberto. **Curso de direito internacional público**. 2ª ed. São Paulo: Atlas, 2011.

13   ZAMORA, Stephen. **Voting in international economic organization**. The American Journal of International Law, v. 74, n. 3, jul., 1980, p. 572.

14   "O preâmbulo da Carta das Nações Unidas proclama o princípio, ao declarar que a Organização é 'baseada no princípio da igualdade soberana de todos os seus membros'. É verdade, contudo, que, na composição e funcionamento do órgão principal da dita Organização, o referido princípio não foi respeitado. Mas o fato é que os elaboradores da Carta não ousaram deixar de enunciar o princípio, nem declarar abertamente que o subordinam a certas restrições. As principais consequências da igualde jurídica dos estados são, em tese, as seguintes: a) em qualquer questão que deva ser decidida pela comunidade internacional, cada estado terá direito de voto, e o voto do mais fraco valerá tanto quando o do mais forte; b) nenhum estado tem o direito de reclamar jurisdição sobre outro estado soberano". ACCIOLY; NASCIMENTO e SILVA; CASELLA, *op.cit.*, 2009, p. 281.

15   "Rappelons cependant que ce n'est qu'en 1945 que l'idée de l'égalité des Etats s'amalgama avec celle de la souveraineté pour former le principe de l'égalité souveraine' proclamé à l'article 2(1) de la Charte des Nations Unies. Pour la période d'avant 1945, il a été avancé dans la littérature que l'idée de l'égalité souveraine s'exprimait au travers de la règle de l'unanimité. Cette règle, jugée cruciale pour les processus décisionnels des premières organisations internationales, fut notamment consacrée à l'article 5 du Pacte de la SdN et qualifiée par la CPJI de règle qui s'impose comme naturelle, voire nécessaire. Notons que le statut de membres permanents du Conseil, réservé aux Grandes Puissances, était *prima facie* contraire à l'idée d'égalité. Pour de nombreux auteurs, il reflétait l'ancien « concert européen » des Etats. Dans son avis consultatif de 1925 relatif à la question de la frontière entre la Turquie et l' Irak, la CPJI déclarait que « l'article 5 continent une règle générale (...) qui peut être regardée comme la règle naturelle d'un corps tel que le Conseil de la Societé des Nations ». Aussi le principe du vote à l'unanimité étai-il la règle pour toutes les décisions susceptibles d'avoir un grand impact politique ou de créer de nouvelles obligations pour les Etats, alors que les procédures de vote à la majorité étaient surtout réservées aux décisions ne produisant que des effets internes". PETERS, Anne. Le cheminement historique des organisations internationales: entre technocratie et démocratie. *In:* **The roots of international**

III. Os BRICS e as reformas das instituições internacionais 129

e consenso estão entre os modos de tomada de decisão adotados pelas organizações internacionais nos últimos anos[16].

No âmbito das Nações Unidas, cada membro da Assembleia Geral tem direito a um voto. As decisões da Assembleia Geral, em questões importantes, são tomadas por maioria de dois terços dos membros presentes e votantes. Na esfera do Conselho de Segurança das Nações Unidas, cada membro possui direito a um voto. As decisões do Conselho, em questões processuais, são tomadas pelo voto afirmativo de nove membros; em outros assuntos, são tomadas pelo voto afirmativo de nove membros, inclusive os votos afirmativos de todos os membros permanentes, nos termos do Artigo 27 da Carta das Nações Unidas. As principais organizações internacionais econômicas, como o Banco Mundial e o Fundo Monetário Internacional, adotam o critério de voto ponderado, devido ao peso e contribuições econômicas dos seus estados membros[17].

> No desenvolvimento histórico das organizações internacionais, foi particularmente significativa a passagem da regra da unanimidade à da maioria. A primeira, vigente na Liga das Nações, foi abandonada pelas Nações Unidas, em face da paralisia que acarretara e por se ter mostrado inviável para foros multilaterais muito amplos. O princípio só se mostrou praticável e sobreviveu em organismos relativamente homogêneos e com alto grau de especialização (e.g., OTAN, OCDE). O sistema do veto, no Conselho de Segurança da ONU, pode ser tido como um resquício da regra da unanimidade: reduzindo esta à unanimidade dos cinco grandes para garantir a ação coletiva do Conselho, tornou-se a nova fonte de paralisia institucional. Com a expansão do papel da Assembleia Geral na era da descolonização e a redistribuição interna de competências na ONU iniciada pela resolução *Uniting for Peace* de 1950, ao velho ressentimento dos 'pequenos' Estados com o artifício do veto no Conselho de Segurança agregou-se o novo ressentimento dos grandes poderes com a regra da maioria na Assembleia Geral (TRINDADE, 2003, p. 337)[18].

Tradicionalmente, em virtude do princípio da igualdade, os estados membros possuem participação igualitária no âmbito de uma organização internacional, prevalecendo, como regra geral, a concepção "um estado, um voto" como

---

law / Les fondements du droit: liber amicorum Peter Haggenmacher. Edité par Pierre-Marie Dupuy e Vincen Chetail, v. 11. Boston: Martinus Nijhoff Publishers, 2014, p. 520.

16   POSNER, Eric; SYKES, Alan O. **Voting rules in international organizations**. University of Chicago: public law & Legal theory working paper, n. 458, 2014, p. 1.

17   CRETELLA NETO, *op. cit.*, 2009, pp.465-466.

18   TRINDADE, Antonio A. Cançado. **Direito das organizações internacionais**, 3ª ed. Belo Horizonte: Del Rey, 2003.

mecanismo de tomada de decisões. As exceções recaem sobre as organizações internacionais econômicas, como o FMI e o Banco Mundial, dentro dos quais encontramos o critério de ponderação e a adoção de medidas com base em maioria qualificada. Como expõe CRETELLA NETO (2013), considerações políticas variadas conduzem a diferentes soluções quanto à representação dos estados nas instituições internacionais, o que, na prática, acaba por provocar certo desvio do princípio geral de que todos os estados devem se fazer representar. Para o jurista, quanto maior o número de estados pertencentes a determinada organização, maior a distância entre esse princípio geral de representatividade e efetiva participação no processo de adoção de decisões. Nos últimos anos, aponta que diversas soluções têm sido empregadas para atenuar as desigualdades provocadas por essas assimetrias participativas, mas razões de ordem prática e política são determinantes para a atual preponderância dos sistemas de votação proporcional (ou ponderada) encontrados em praticamente todas as organizações internacionais. Os argumentos gerais aceitos como base para as aceitações de peso entre os estados de uma mesma organização levam em conta, sobretudo, o poderio militar ou econômico, ou a importância política relativa, ou, ainda, a dimensão de suas responsabilidades internacionais na adoção e na execução das medidas adotadas, e mesmo a cota-parte que determina suas contribuições financeiras[19].

Embora o sistema de governança mundial pressuponha a participação de todos os estados na persecução de interesses comuns, a existência e persistência das assimetrias participativas corroboraram, nas últimas décadas, para o aprofundamento das contestações relativas à legitimidade das organizações internacionais. Historicamente, os movimentos de contestação acerca da tomada de decisões internacionais envolveram os embates existentes entre países desenvolvidos e em desenvolvimento, sendo os primeiros frequentemente acusados pelos desequilíbrios nas esferas decisórias, uma vez que concentram demasiado poder face aos países menos desenvolvidos. Durante anos, o movimento dos países não alinhados levantou as principais bandeiras em prol de uma maior democratização e de maior participação dos países em desenvolvimento nas esferas decisórias internacionais, de modo a atenuar as assimetrias e conferir maior legitimidade às organizações multilaterais.

No início do século XXI, as demandas dos países em desenvolvimento, em busca de maior participação nas esferas decisórias das organizações internacionais, ganharam novos impulsos, sobretudo no âmbito das instituições de Bretton Woods e do Conselho de Segurança das Nações Unidas. A partir dos anos 2000, a ascensão dos países emergentes e a crise econômica que atingiu as principais potências econômicas, tradicionalmente modeladoras da ordem internacional

---

19 CRETELLA NETO, *op.cit.*, 2013, p. 286.

III. Os BRICS e as reformas das instituições internacionais **131**

vigente, agregaram novos contornos e abriram as portas para um novo cenário reformador nas relações internacionais. Os BRICS, nesse contexto, uniram-se em torno do objetivo comum de reforma e passaram a impulsionar – conjuntamente e nas esferas do IBAS e do G-4, diversos movimentos de reforma.

A dinâmica que impulsionou o agrupamento surgiu e se desenvolveu à luz de uma constante busca por maior representatividade que, de acordo com os membros do grupo, somente seria alcançável mediante reforma das organizações internacionais. Logo na primeira Cúpula realizada em 2009, os BRICS selaram compromissos com o avanço das reformas das instituições financeiras internacionais, de forma a refletir as transformações da economia mundial e conferir maior protagonismo às economias emergentes e em desenvolvimento[20]. Em 2010, durante a Cúpula de Brasília, o grupo reafirmou as ambições de reformas das instituições de Bretton Woods. Segundo os membros do grupo, o FMI e o Banco Mundial precisariam urgentemente resolver seus déficits de legitimidade por meio de reformas estruturais - mediante uma mudança substancial no poder de voto, em favor das economias emergentes de mercado e dos países em desenvolvimento, de modo a adequar sua participação nos processos decisórios ao seu peso relativo na economia mundial. Outrossim, a Rússia e a China passaram a apoiar, em todas as Declarações, a importância de se atribuir status à Índia e ao Brasil nas questões internacionais, a fim de desempenharem um papel maior nas Nações Unidas.

A Declaração de eThekwini reiterou o posicionamento dos BRICS em matéria de fortalecimento do multilateralismo e do papel central das Nações Unidas como mecanismos essenciais à manutenção da estabilidade mundial. Nesse diapasão, a defesa do multilateralismo e o papel central das Nações Unidas foram delineados nos seguintes pontos específicos: i) compromisso de trabalhar juntos nas Nações Unidas para continuar a cooperação e para reforçar abordagens multilaterais nas relações internacionais com base no direito internacional e ancoradas na Carta das Nações Unidas; ii) as Nações Unidas detêm papel central na coordenação de ações internacionais contra o terrorismo no marco da Carta das Nações Unidas e em conformidade com os princípios e normas do direito internacional; iii) as Nações Unidas constituem principal fórum multilateral encarregado de trazer esperança, paz, ordem e desenvolvimento sustentável para o mundo e contam

---

20 "The rise of new economic powerhouses such as China, India, Brazil and a range of middle power has stirred a profound debate about the necessity and feasibility of redesigning global governance. Multilateral organizations that aspire to practice global governance but do not give sufficient voice to emerging countries commensurate with their growing economic clout, are increasingly contested. Prime examples here are the UNSC, the IMF and the World Bank, where governance reform has been high on the agenda over the past few years". LESAGE, Dries; GRAAF, Thijs Van de. Analytical framework and findings. *In*: **Rising powers and multilateral institutions**. London: Palgrave Macmillan UK, 2015, p. 11.

com participação universal e estão no centro da governança mundial e do multilateralismo, iv) apoio a um sistema comercial multilateral, aberto, transparente, baseado em regras e esforços para a conclusão exitosa da Rodada Doha, com base no progresso alcançado e em consonância com o seu mandato, respeitando os princípios de transparência, inclusão e multilateralismo.

A reforma das Nações Unidas e das instituições financeiras, bem como a busca de uma ordem mundial multipolar mais democrática acabaram por especificar o principal denominador comum dos BRICS[21]. A união dos cinco países demonstrou que o grupo foi além das previsões propostas pela Goldman Sachs, inserindo um conteúdo político que passou a ambicionar uma maior representatividade geográfica com vistas a uma maior democratização do sistema internacional. Segundo os membros do grupo, o FMI e o Banco Mundial precisariam urgentemente resolver seus déficits de legitimidade por meio de reformas estruturais - mediante uma mudança substancial no poder de voto, em favor das economias emergentes de mercado e dos países em desenvolvimento, de modo a adequar sua participação nos processos decisórios ao seu peso relativo na economia mundial.

Posicionamento semelhante pode ser encontrado na Declaração de Tshwane, oriunda da V Cúpula do Fórum de Diálogo Índia, Brasil e África do Sul (IBAS) de 2011, na qual os líderes reafirmaram seu compromisso em aumentar a participação de países em desenvolvimento nos órgãos de tomada de decisão de instituições multilaterais; sublinharam a necessidade de reforma urgente das Nações Unidas (ONU) para torná-la mais democrática e compatível com a realidade geopolítica atual; e enfatizaram particularmente que nenhuma reforma das Nações Unidas será completa sem uma reforma do Conselho de Segurança da ONU (CSNU), incluindo uma expansão de seus membros tanto na categoria permanente quanto na não permanente, com participação ampliada de países em desenvolvimento em ambas. "Tal reforma é de extrema importância para que o CSNU obtenha a representatividade e legitimidade que necessita para enfrentar os desafios contemporâneos"[22].

---

21 "O objetivo negociador dos BRICS, tal como definido na Declaração de Ecaterimburgo, é difuso, particularmente no que diz respeito à coordenação política, apresentando, no entanto, maior concretude no que diz respeito à reforma da governança das instituições de Bretton Woods, notadamente no que tange à repartição de cotas no FMI. Partindo desse ponto, o grupo BRICS teria como seu elemento aglutinador o anseio por uma modificação da governança internacional nessa esfera. No entanto, ainda não se encontra explicitado o vetor para a mudança dessa ordem. Assim, o enfoque do agrupamento seria fundamentalmente ofensivo, buscando aspectos de reforma do status quo". DAMICO, Flávio S. BRICS: o novo "lugar" do conceito. *In*: **O Brasil, os BRICS e a agenda internacional**. José Vicente de SÁ PIMENTEL (coord.), 2º ed. Brasília: FUNAG, 2013, p. 384.

22 BRASIL, Ministério das Relações Exteriores. **Declaração de Tshwane**, IBAS, 2011.

3.2 BRICS E A REFORMA DO CONSELHO DE SEGURANÇA DAS NAÇÕES UNIDAS

Os debates a respeito da Reforma do Conselho de Segurança das Nações Unidas tiveram início no âmbito do IBAS e foram reiterados nas Cúpulas e Declarações dos BRICS. A busca por maior representatividade foi afirmada pelos membros do grupo, que passaram a propagar a defesa de uma reforma abrangente da ONU, com vistas a torná-la mais eficiente e representativa, de modo a lidar com os desafios globais contemporâneos de forma mais eficaz. Nesse contexto, a China e a Rússia reiteraram em diversas Cúpulas a importância de se atribuir status à Índia e ao Brasil nas questões internacionais a fim de desempenharem um papel maior nas Nações Unidas[23]. Em 2016, na Declaração de Goa, os BRICS destacaram, explicitamente, a necessidade de reforma do Conselho de Segurança das Nações Unidas. No mesmo documento, China e a Rússia formalmente incluíram o apoio à África do Sul, firmando um equilíbrio segundo o qual estes cinco países concordam em atuar num mesmo campo simétrico, o que, por sua vez, não necessariamente implica num consenso em todas as matérias relativas à segurança internacional[24].

Embora a presente pesquisa examine o papel dos BRICS como um conjunto, é necessário destacar que o histórico de participação de cada um dos membros varia substancialmente desde a criação do CSNU. China e Rússia são membros permanentes do órgão. Brasil, Índia e África do Sul já fizeram parte do CSNU na condição de membros não permanentes, tendo o Brasil o maior número de participações[25]. Outrossim, cumpre salientar que estes três estados não permanentes contribuem significativamente para as operações de manutenção da paz da ONU, sobretudo no que se refere ao fornecimento de tropas e treinamento[26].

Em 2011, os BRICS marcaram presença simultânea Conselho de Segurança das Nações Unidas, impulsionando determinadas posições articuladas. Nesse contexto, os BRICS manifestaram profunda preocupação com a turbulência no Oriente Médio, no Norte e no Oeste da África e compartilharam o princípio de que o uso da força deveria ser evitado, respeitando-se os princípios da

---

23   BRASIL, Ministério das Relações Exteriores. **Declaração Conjunta**, BRIC, 2010.

24   INDIA, Ministry of Foreign Affairs. **Coa Declaration.**

25   O Brasil participou de dez mandatos como membro não permanente do CSNU (1946 – 1947, 1951 – 1952, 1954 – 1955, 1963 – 1964, 1967 – 1968, 1988 – 1989, 1993 – 1994, 1998 – 1999, 2004 – 2005, 2010 – 2011); a Índia participou de sete mandatos (1950 – 1951, 1967 – 1968, 1972 – 1973, 1977 – 1978, 1984 – 1985, 1991 – 1992, 2011 – 2012 e a África do Sul de dois mandatos (2007 – 2008, 2011 – 2012). UNITED NATIONS SECURITY COUNCIL. **Countries Elected Members of the Security Council.**

26   Ranking (29 de fevereiro de 2016) dos países que oferecem especialistas militares, soldados e polícias (número total) para a manutenção de paz das Nações Unidas: 2º Índia (7.695), 8º China (3.072), 16º África do Sul (2.072), 24º Brasil (1.225), 73º Rússia (78). UNITED NATIONS, **Ranking of military and police contributions to UN operations.**

independência, da soberania e da integridade territorial de cada nação[27]. De forma específica, ressaltaram o desejo de dar continuidade à cooperação por eles desenvolvida no Conselho de Segurança das Nações Unidas sobre a questão na Líbia[28], afirmando que todas as partes deveriam resolver suas divergências por meios pacíficos e pelo diálogo com a ONU e organizações regionais competentes desempenhando os papéis que lhes cabem.

Todos os BRICS concordam a respeito da importância do Conselho de Segurança como principal órgão de segurança coletiva das Nações Unidas. Rússia e China, assim como os demais membros permanentes do Conselho, ainda resistem em apoiar projetos de reforma que contrariem seus respectivos posicionamentos geopolíticos. Brasil e Índia, por sua vez, têm desempenhado uma forte atuação a favor da expansão do órgão e pela inclusão de novos membros permanentes.

As dificuldades de aprovação dos projetos de reforma, como demonstraremos adiante, residirão na conciliação dos diferentes grupos que, há décadas, apresentam projetos de reforma, na relação entre assentos permanentes e poder de veto e, sobretudo, na aceitação consensual dos cinco membros permanentes, o denominado P-5 (Estados Unidos, China, Rússia, Reino Unido e França).

Os países que defendem a ampliação do CSNU podem ser divididos em dois grupos: i) aqueles que veem sua extensão em consonância com a multiplicidade de novos estados que passaram a fazer parte das Nações Unidas, apresentada na fórmula "proporcionalidade democrática"[29] e ii) aqueles que defendem, sobretudo os países emergentes, a ampliação do conselho e em especial a expansão da categoria de membros permanentes, apresentada na fórmula de "poder representativo"[30]. Os estados que resistem aos projetos de reforma, além do P-5, divergem sobretudo com relação ao segundo grupo. Com efeito, embora haja um consenso a respeito da necessidade de ampliação e democratização do CSNU, os estados não chegam a um acordo sobre como e de qual forma

---

27   BRASIL, Supremo Tribunal Federal. **III Cúpula dos BRICS, Declaração de Sanya**.

28   O Conselho de Segurança autorizou os estados membros, com a aprovação da resolução 1973 (2011), a tomarem todas as medidas necessárias para proteger civis sob ameaça de ataque no país, excluindo uma força de ocupação estrangeira de qualquer forma em qualquer parte do território líbio. A resolução 1973 foi aprovada mediante uma votação de 10 votos favoráveis (Bósnia e Herzegovina, Colômbia, França, Gabão, Líbano, Nigéria, Portugal, África do Sul, Reino Unido, Irlanda do Norte e Estados Unidos), nenhum voto contra e 5 abstenções (Brasil, China, Alemanha, Índia e Rússia). A África do Sul foi o único país dos BRICS que se manifestou favoravelmente. UNITED NATIONS SECURITY COUNCIL. **Agenda of the situation in Libya**. 6498 meeting, 17 march 2011, NY.

29   MALONE, David M. **The UN Security Council. From the Cold War to the 21st Century**. London: Lynne Rienner, 2004, p. 112.

30   Aquele que leva em conta a geopolítica do século XXI, sobretudo a representatividade e o peso econômico, político, populacional ou militar de determinados estados, sobretudo dos estados denominados emergentes.

III. Os BRICS e as reformas das instituições internacionais **135**

as reformas devem operar. Além das divergências relacionadas à ampliação do CSNU, persistem ainda as divergências relacionadas ao poder de veto dos membros permanentes do órgão, o que prorroga e obsta a aprovação definitiva dos projetos de reforma do órgão.

Há, ainda, as críticas teóricas relativas aos projetos de reforma, sobretudo no que diz respeito aos efeitos da possível ampliação do CSNU, seus aspectos positivos e negativos e os limites de sua extensão. Entre os projetos apresentados e as críticas teóricas desenvolvidas, destacam-se as questões relativas à legitimidade, eficiência, representatividade e transparência do CSNU[31].

3.2.1. O Conselho de Segurança e o sistema de segurança coletiva das Nações Unidas

O sistema de segurança coletiva, apesar de não constituir uma novidade nas relações internacionais[32], ganhou força e novas formas ao término da Primeira Guerra Mundial. A tentativa de implementação de um sistema de segurança coletiva que superasse as alianças temporárias iniciou-se com a Liga das Nações,

---

31   "O Conselho de Segurança vivia desde 1988 um primeiro renascimento, havendo facilitado soluções pacíficas para as crises herdadas da Guerra Fria no Afeganistão, no Camboja, na América Central, e durante a Guerra do Golfo ele passou a se situar no centro de todas as atenções nas Nações Unidas. Mas a falta de influência dos membros não permanentes do Conselho e dos demais membros da Organização nos seus processos decisórios provocaria questionamentos sobre a legitimidade do órgão e alimentaria o surgimento de reivindicações por maior transparência, que convergiriam eventualmente no debate sobre a reforma do Conselho de Segurança, iniciado na a Assembleia Geral". PATRIOTA, Antonio de Aguiar. **O Conselho de Segurança após a Guerra do Golfo:** a articulação de um novo paradigma de segurança coletiva. Brasília: Fundação Alexandre de Gusmão, 2010, p. 46.

32   "Collective security - despite the fact that the term was coined only in the 1930's - is not a novel concept and finds its roots in earlier schemes for the prevention of war. Its prehistory lies in the ancient Greek Amphytrionic Leagues and in the Mediaeval Councils which envisaged tight rules for the use of violence and the collective responsibility of all those subject to the rules for their implementation. According to the 1209 Council of Avignon, violators were to be excommunicated, attacked by all other princes and even their subjects should have rebelled against them (...) At the Congress of Vienna, an embryo of a formal collective responsibility for the elimination of the causes of wars -then attributed mainly to revolution- was the Holy Alliance. Tzar Alexander proposed an ambitious agreement among all the great powers to support each other against external and especially internal threats. Britain and France, who were suspicious of Russian motives, did not join the scheme which was adopted in a much diluted form only by the three Eastern autocracies of Russia, Austria and Prussia. Instead of the maximalist Holy Alliance, the Congress of Vienna inaugurated a minimalist Concert of Europe, in which the great powers informally pledged to consult each other in case of crisis". ANDREATTA, Filippo. **Collective security theory and practice of an institution for peace in the XX Century**. London: Ph.D. Dissertation. International Relations Department London School of Economics and Political Science, Summer, 1996. pp. 126-127.

quando o presidente dos Estados Unidos, Woodrow Wilson, passou a defender a institucionalidade em detrimento da balança de poder, cenário dentro do qual a segurança seria uma responsabilidade coletiva.

A formulação jurídica de segurança coletiva, plasmada nos artigos 10 e 16 do Pacto da Liga das Nações, estabelecia o comprometimento de cada estado membro de respeitar e preservar a integridade territorial e a independência política de todos os membros da Liga (Artigo 10), bem como a imposição de sanção e de coação militar pelos estados contratantes ao estado que recorresse à guerra (Artigo 16). De acordo com PATRIOTA (2010, p. 12), a ordem internacional multilateral desenhada por Woodrow Wilson representou uma ruptura revolucionária com séculos de diplomacia europeia, fundamentada no equilíbrio entre os principais centros de poder e na separação entre moral individual e coletiva. A visão wilsoniana criaria um impacto suficientemente duradouro para se transformar em um dos polos em torno dos quais se organizariam as relações internacionais durante o restante do século, especialmente depois da criação da Organização das Nações Unidas em 1945:

> A malfadada experiência da Liga das Nações e o nível traumático de violência e destruição produzido pela II Guerra Mundial foram decisivos para que, em Dumbarton Oaks, se procurasse elaborar um sistema internacional mais eficiente no desestímulo e combate a atos de agressão (...). O tema da segurança coletiva dominou os debates entre Stettinius, Cadogan e Gromyko, chefes das delegações dos EUA, Reino Unido e URSS em Dumbarton Oaks. Esse trio negociou o texto básico, mostrado em seguida aos chineses, que se transformaria no projeto de Carta da ONU examinado pelos participantes da Conferência de São Francisco em abril de 1945 (...). Aos "quatro policiais" originais foi acrescentada a França, por insistência britânica, que se tornaria o quinto membro permanente dotado de poder de veto, de um Conselho de Segurança no qual se sentariam seis membros não permanentes por períodos de dois anos, sem a reeleição imediata permitida pelo Pacto da Liga (PATRIOTA, 2010, pp.18-20).

Nos termos do artigo 24 da Carta da ONU, os membros desta conferiram ao CSNU a principal responsabilidade na manutenção da paz e da segurança internacionais. A Carta também estabeleceu a atribuição do Conselho para investigar qualquer controvérsia ou situação que constitua ameaça à manutenção da paz e da segurança internacionais (Artigos 33 a 38). Ademais do poder de investigação de qualquer situação que ameace a paz internacional e da recomendação de procedimentos para a resolução pacífica de um conflito, a Carta da ONU prevê ainda a prerrogativa de o CSNU decidir a respeito do emprego da força e traçar planos para a aplicação das forças armadas (Artigos 39 a 51). A fim de promover o estabelecimento e a manutenção da paz e da segurança

III. Os BRICS e as reformas das instituições internacionais **137**

internacionais, desviando para armamentos o menos possível dos recursos humanos e econômicos do mundo, o Conselho de Segurança possui o encargo de formular os planos a serem submetidos aos membros das Nações Unidas, para o estabelecimento de um sistema de regulamentação dos armamentos (Artigo 26)[33].

Como assinala CASELLA (2008), a Carta da ONU se norteia pela filosofia da segurança coletiva e estipula, para os estados, a obrigação de adotar medidas coletivas, visando prevenir e afastar as ameaças à paz.

> A institucionalização do sistema de reações aos atos ilícitos foi alcançada com a adoção da Carta da ONU (1945), por meio da qual, ao colegiado restrito, o Conselho de Segurança, ficou confiada a tarefa de constatar a existência de situação que o habilita a adotar sanção, seja por tal situação causar ameaça à paz e à segurança internacionais, seja por representar risco para direitos e interesses essenciais das Nações Unidas. A escolha dos meios necessários para fazer face a tais ameaças ou riscos foi, ainda, confiada ao Conselho de Segurança, e obrigações precisas são estipuladas aos estados, na implementação das medidas pelo Conselho determinadas (CASELLA, 2008, p. 1191).

Segundo Hans KELSEN (1948), o sistema de segurança coletiva constitui o principal objetivo das Nações Unidas, assim como foi o principal objetivo da Liga das Nações. De acordo com o jurista, é possível falar em segurança coletiva quando a proteção dos direitos dos estados, a reação contra a violação do direito, assume o caráter de uma ação coletiva coercitiva obrigatória. Esta, por sua vez, pode operar em dois diferentes graus[34]. Pode consistir na obrigação jurídica de membros da comunidade internacional de assistir um membro cujo direito foi violado, contra determinadas ou todas as violações dos seus direitos, de recorrer a represálias ou guerras contra o infrator. Outrossim, pode consistir em um grau elevado, situação na qual estas ações são decididas sob os auspícios de um órgão centralizado da comunidade. À luz dessa assertiva, KELSEN argumenta

---

33   BRASIL, Planalto. **Carta das Nações Unidas**, Decreto nº 19.841/45.

34   "Collective security reaches the highest possible degree when the obligation of the members to refrain from the use of force is guaranteed by their disarmament, then the force monopoly of the community is constituted not only by the exclusive right of a central organ to take enforcement actions against members, but also by the fact that only a central organ of the international community as armed forces at its disposal to be employed against delinquent member states, whereas the single members of the community are allowed only to keep a police force for the maintenance of law and order among their subjects, that is to say, for enforcement actions against individuals. By such a high degree of centralization, the international community is about to be transformed into a national community, the union of states into a state". KELSEN, Hans. **Collective security and collective self-defense under the Charter of the United Nations**. The American Journal of International Law, v. 42, n. 4, 1948, p. 784.

que a Carta das Nações Unidas conferiu ao Conselho de Segurança a responsabilidade primária de manter a paz e a segurança internacionais, enquanto um órgão centralizado. Isso não significa que a Assembleia Geral seja excluída dessa responsabilidade, mas apenas, de forma secundária, pode ser responsável pela manutenção dos principais objetivos da Organização. A Carta autoriza o CSNU, e somente a ele, a verificar a existência de condições sob as quais o uso da força pode ser considerado dentro do sistema de segurança coletiva.

O conceito de segurança coletiva nunca gerou um consenso entre os analistas do direito e das relações internacionais. Entre estes últimos, o conceito pode aparecer associado ou em contraposição à ideia de equilíbrio de poder. Para NYE (2009), a política de segurança coletiva guarda algumas semelhanças com a política de equilíbrio de poder, uma vez que os estados tentariam coibir as agressões desenvolvendo uma coalização poderosa e, se a intimidação fracassasse, eles estariam dispostos a usar a força. A principal diferença entre o sistema de segurança coletiva e o equilíbrio de poder reside no elemento finalístico: enquanto no primeiro o foco recai sobre atos agressivos de um estado, no segundo as alianças são formadas contra estados que, levando-se em conta o critério da capacidade, estão se tornando fortes demais[35].

Serge SUR (1993), por sua vez, expõe que a segurança coletiva não detém um monopólio da segurança internacional[36], mas concorre com outros sistemas, entre os quais o próprio equilíbrio de poder[37]. A segurança internacional, e a paz a ela associada, é assunto e responsabilidade de todos os estados, considerando que atos ou ameaça à segurança de um único estado colocam em risco a segurança de todos, razão pela qual a reação deve ser coletiva. Para o jurista, a responsabilidade principal em matéria de segurança coletiva incumbe ao Conselho de Segurança, ao qual são atribuídas as competências e poderes específicos.

Segundo KISSINGER (2012), há diferenças substanciais entre segurança coletiva e alianças. As alianças coletivas visam ameaças específicas e definem obrigações precisas para grupos específicos de países, unidos por interesses nacionais comuns ou preocupações idênticas de segurança. A segurança coletiva não define ameaça em particular, não dá garantias a uma nação isoladamente e

---

35   NYE, Joseph S. **Cooperação e conflito nas relações internacionais**. São Paulo: Editora Gente, 2009, p. 109.

36   SUR, Serge. Securité Colletive et rétablissement de la paix: la résolution 687 (3 Avril 1991) dans l'affaire du Golfe. *In:* **Le développment du rôle du Conseil de Securité**. Peace--keeping and Peace-Building. Préparé par René-Jean DUPUY. Colloque, La Haye 21-23 Julliet,1992. London: Martinus Nijhoff Publishers, 1993, pp. 13-39.

37   Para Ernst HAAS, a balança de poder permanece como o conceito mais relevante para a formulação teórica de segurança coletiva em termos operacionais. HAAS, Ernst B. **Types of collective security: an examination of operational concepts**. The American Political Science Review, v. 49, n. 1, Marc, 1955, p.61.

III. Os BRICS e as reformas das instituições internacionais   139

não discrimina nenhuma. Teoricamente, deve reagir a qualquer ameaça à paz. Enquanto as alianças sempre pressupõem uma ameaça específica em potencial; a segurança coletiva defende, no abstrato, o direito internacional[38]. O *casus belli* da segurança coletiva é a violação do princípio da solução pacífica de controvérsias, que se presume interessar a todos os povos do mundo. Nesse sentido, a segurança coletiva somente confere segurança se todas as nações têm a mesma visão da natureza da ameaça e se dispõem ao uso da força e das sanções pelo mérito do caso, não pelo interesse nacional que possam ter na questão. Somente à luz desse paradigma é que uma organização internacional pode aplicar sanções, tal como previa Wilson na formulação inicial acerca do papel da segurança coletiva[39].

ANDREATTA (1996) sublinha que a segurança coletiva pode ser considerada uma instituição multilateral criada pelos estados para estabelecer e preservar a paz em todo o sistema internacional. Sob essa perspectiva, a segurança coletiva é caracterizada por um acordo mediante o qual os estados renunciam explicitamente à guerra como instrumento de política – exceto em legítima defesa, e comprometem-se a apoiar qualquer estado vítima de um ataque. HERNDL (1987) expõe que o termo segurança coletiva pode ter diferentes significados, abrangendo desde pactos de defesa regionais[40], como também sistemas de alianças defensivas inseridas em determinadas estruturas institucionais. O sistema tradicional de segurança coletiva denota o sistema introduzido na Liga das Nações e posteriormente desenvolvido pelas Nações Unidas. O conceito é baseado na obrigação universal de todos os estados no sentido de unir forças contra qualquer estado que cometa atos de agressão. Segundo o jurista, essas

---

38   KELSEN aponta para uma distinção entre a segurança coletiva internacional política e a segurança coletiva internacional jurídica. A definição jurídica é definida como a "condição na qual o estado que observa a lei objetiva não precisa temer que seus direitos, como sujeito de direito internacional, serão violados sem reparação; enquanto a segurança política como uma condição na qual o estado, "independentemente do seu comportamento, não precisa temer um ataque externo bem-sucedido". A diferença entre a segurança jurídica e a segurança política é que apenas a primeira é garantida pela lei. KELSEN, Hans. **International law studies. Collective security under international law**. Washington: United States Government Printing Office, 1957, p. 4.

39   KISSINGER, Henry. **Diplomacia**. São Paulo: Saraiva, 2012, p. 222.

40   O sistema de coalizão formado por estados contra ameaças e atos de agressão igualmente pode ser encontrado no Tratado de União, Liga e Confederação Perpétua das Repúblicas da Colômbia, América Central, Peru e Estados Unidos Mexicanos, firmado em 15 de julho de 1826, no Congresso do Panamá. De acordo com o documento, o objetivo do pacto perpétuo seria o de assegurar em comum, defensiva e ofensivamente, se necessário, a soberania e independência de todos e cada uma das potências confederadas da América contra toda dominação estrangeira (Artigo 2º). Outrossim, as partes contratantes se obrigavam e se comprometiam a defender-se mutuamente de todo ataque que colocasse em perigo sua existência política. BUENO, Elen de Paula; OLIVEIRA, Victor Arruda P. **El Congreso de Panamá (1826) y los orígenes del derecho internacional en latinoamérica**. Madrid: Anuário Hispano-luso-americano de derecho internacional, v. 22, 2015, pp. 287-318

premissas em torno do conceito de segurança coletiva devem ser minuciosamente analisadas. Em primeiro lugar, a dificuldade de se determinar o agressor, sobretudo quando a sua determinação é essencialmente política. Em segundo, a segurança coletiva pressupõe a existência de um princípio pautado na ideia de comunidade internacional que, na prática, pode não funcionar, especialmente quando populações podem ver com relutância a deflagração de guerras que não lhes causem ameaças diretas. Nesse sentido, o "inimigo da nação" teria uma influência muito maior do que o "inimigo da lei e da ordem". Por derradeiro, argumenta que a segurança coletiva igualmente pressupõe uma balança equitativa de poder e laços militares específicos entre todos os membros do sistema[41].

Alguns autores argumentam que as teorias de segurança coletiva partem da premissa segundo a qual os estados possuem um comportamento naturalmente agressivo, pautado no interesse próprio e na competitividade[42]. Para Maurice BERTRAND (1999), o sistema de segurança coletiva estabelecido em 1945 – sob o modelo precedente de 1919 e descrito no Capítulo VII da Carta das Nações Unidas – jamais funcionou. De acordo com o autor, o sistema de segurança coletiva do CSNU foi concebido levando-se em conta duas premissas: a superioridade incontestável das grandes potências vencedoras em matéria de civilização e a possibilidade de uma aliança militar eterna entre todos os países soberanos com a finalidade de resistir a uma agressão[43]. Antonio CASSESE (2005), por sua vez, entende que o sistema construído no âmbito das Nações Unidas constitui um dos experimentos mais avançados em termos de segurança internacional uma vez comparado aos anteriores (a Paz de Vestfália de 1648, o Concerto Europeu de 1815 e a Liga das Nações de 1919). Para o jurista, a proibi-

---

41   HERNDL, Hurt. **Reflections on the role, functions and procedures of the Security Council of the United Nations.** Recueil des cours. Hague Academy of International Law, v. 206, 1987, pp. 303-305.

42   Para HASSLER, o Conselho apresentou seus limites e falhas diversas vezes, em lugares como Ruanda e no Oriente Médio, fatos que revelaram a fraqueza, falta de representatividade e a ausência de transparência e de aplicação de princípios jurídicos. Se anteriormente acadêmicos discutiam o problema da inatividade do Conselho, a preocupação atualmente diz respeito à legitimidade de suas ações. HASSLER, Sabine. **Reforming the UN Security Council membership.** The illusion of representativeness. Abingdon: Routledge, 2013, p. 84.

43   "La situation entièrement nouvelle des problèmes de sécurité depuis la fin de la guerre froide rend encore plus inadaptée la formule de sécurité collective onusienne. Les chances de guerres entre États ont pratiquement disparu. L'utilisation de la guerre comme continuation de la politique par d'autres moyens est désormais exclue pour les pays développés. En revanche, on se trouve en présence d'un grand nombre de guerres civiles dans les pays sousdéveloppés et nul ne sait comment y porter remède. Une transformation aussi radicale exigerait des réponses institutionnelles et des méthodes tout à fait nouvelles. Or, l'on continue d'avoir recours à des pratiques traditionnelles parfaitement inadaptées à la solution de ces problèmes". BERTRAND, Maurice. **À propos de la réforme du Conseil de sécurité.** Études internationales, v. 30, n. 2, 1999, p. 417.

III. Os BRICS e as reformas das instituições internacionais 141

ção da guerra e de qualquer ameaça ou uso da força militar marcaram enormes avanços nas instituições internacionais[44]. No mesmo sentido, ONUMA (2017, p. 86) sublinha que o sistema de segurança coletiva da ONU é "certamente um importante mecanismo para regular e controlar conflitos armados e sustentar e realizar a norma jurídica internacional que proíbe o uso da força". Para o jurista, trata-se de uma instituição global valorosa dotada de legitimidade. Ainda que não seja o melhor sistema para controlar o poder dos estados, deve ser mantido, aperfeiçoado e reforçado.

PATRIOTA (2010, pp. 151-152) sublinha que as experiências no período pós-guerra do Golfo – a Somália, a ex-Iugoslávia, Ruanda, o Haiti – geraram implicações para a teoria e a prática da segurança coletiva que, embora ainda não se tenham cristalizado em uma doutrina ou em um conjunto de regras, acabaram por articular novos paradigmas. Segundo o diplomata, o sentimento de que se estão redefinindo, no Conselho de Segurança, os fins e os meios para a aplicação da segurança coletiva[45] explica em boa medida porque se acirrou a disputa entre os estados membros para participar de seus trabalhos.

A redefinição do CSNU culminou nas pressões exercidas pelos estados membros que buscam maior participação no âmbito dos trabalhos do Conselho. A concepção gênese do CSNU – de que somente por entendimento mútuo e contínuo, num foro apropriado, as potências vitoriosas da Segunda Guerra Mundial deveriam poder exercer o papel de mantenedoras da paz e da segurança internacionais – começou a ser questionada, sobretudo após o fim da rivalidade ideológica Leste-Oeste. A perda relativa de poder de alguns dos membros permanentes, o surgimento de novas potências econômicas e a emergência de conflitos de natureza assimétrica introduziram fortes pressões sobre as possibilidades de o Conselho, com a sua atual composição e distribuição de assentos, continuar

---

44   CASSESE, Antonio. **International law**. 2º edition. Oxford: Oxford University Press, 2005, p. 41.

45   Maria Regina Soares de LIMA aduz que "a agenda de reforma do sistema de segurança coletiva em debate na atualidade implica dois movimentos em certa medida contraditórios: a reconfiguração do conceito de soberania, no sentido de restringir a sua natureza absoluta e, simultaneamente, o reconhecimento do Conselho de Segurança como ator soberano coletivo, no sentido de conferir a esta instância a autoridade máxima na interpretação das situações possíveis do uso da força. O primeiro está referido à comunidade humana, e o segundo à comunidade das nações. A agenda de reformas reflete assim a dualidade constitutiva da ONU, uma instituição universal e simultaneamente uma instância oligárquica de decisão. Esta dupla face da agenda da reforma coloca como item inescapável a necessidade de tornar mais representativo este soberano coletivo". LIMA, Maria Regina Soares. Notas sobre a reforma da ONU e o Brasil. *In*: **Reforma da ONU**. IV Conferência Nacional de Política Externa e Política Internacional: o Brasil no mundo que vem aí. Seminário sobre a Reforma da ONU. Brasília: FUNAG, 2010, p. 282.

a exercer seu papel com efetividade[46]. Nesse sentido, evoluíram as ideias sobre reformas do CSNU relacionadas às temáticas de ampliação, democratização, eficiência e transparência.

3.2.2. Breve histórico sobre os projetos de reforma do CSNU

A Conferência de Dumbarton Oaks constituiu o primeiro passo para levar adiante o parágrafo 4 de Declaração de Moscou de 1943, que reconhecia a necessidade de uma organização internacional pós-guerra sucessora da Liga das Nações. A Conferência concluiu as discussões em 7 de outubro de 1944, quando os representantes dos Estados Unidos, da China, da então União Soviética e da Grã-Bretanha submeteram a proposta de estrutura da nova organização internacional. As questões referentes ao procedimento de votação no Conselho de Segurança somente foram resolvidas no ano seguinte, na chamada Conferência de Yalta, que anunciou o estabelecimento de uma organização internacional destinada a manter a paz e a segurança internacionais. Ao término do encontro, foi convocada a Conferência de São Francisco, a ser realizada no dia 25 de abril de 1945, com o objetivo de preparar o texto final da organização[47].

A Carta das Nações Unidas foi assinada em São Francisco em 26 de junho de 1945. Os vencedores da Segunda Guerra Mundial – China, União Soviética, França, Reino Unido e Estados Unidos – protagonizaram a elaboração da Carta das Nações Unidas e acertaram a criação do Conselho de Segurança das Nações Unidas (CSNU), órgão dentro do qual os cinco estados atuam como membros permanentes com poder de veto[48]. Os membros temporários, originariamente seis e atualmente dez, são eleitos por um período de dois anos e são distribuídos de acordo com o critério de base geográfica equitativa (cinco de África e da

---

46 TARRAGÔ, Piragibe dos S. A Reforma da ONU: A Comissão de Construção da Paz e ampliação do Conselho de Segurança. *In:* **Reforma da ONU**. IV Conferência Nacional de Política Externa e Política Internacional: o Brasil no mundo que vem aí. Seminário sobre a Reforma da ONU. Brasília: FUNAG, 2010, p. 33.

47 UNITED NATIONS, **1944-1945: Conférences de Dumbartom Oaks et de Yalta**.

48 "The work of the Dumbarton Oaks Conference, as elaborated on at Yalta in February 1945, was the starting point for negotiations at the United Nations Conference on International Organization held in San Francisco in May and June of 1945. The proposed voting procedure of the Council was the subject of extensive negotiation, as seventeen of the forty-four states present offered amendments to it. Faced ultimately with the belief that the conference would fail if any other voting procedure was chosen, the participants adopted the Yalta formula. The debate over the wisdom of this initial decision can be found in much of the literature. At its core, the debate sets "internationalists," who in essence opposed the veto as a superpower obstacle to a truly functioning United Nations, against "realists," who viewed the agreement of each of the major powers as politically wise and necessary to the undertaking of action by the Security Council". CARON, David D. **The legitimacy of the collective authority of the Security Council**. The American Journal of International Law, v. 87, n. 4, Oct, 1993, p. 568.

Ásia, um da Europa Oriental, dois da América Latina e Caribe, e dois da Europa Ocidental e outros estados).

Nos termos do Artigo 27 da Carta das Nações Unidas, o sistema de votação funciona da seguinte forma: i) cada membro do Conselho de Segurança terá um voto; ii) as decisões do Conselho de Segurança, em questões processuais, serão tomadas pelo voto afirmativo de nove membros; iii) as decisões do Conselho de Segurança, em todos os outros assuntos, serão tomadas pelo voto afirmativo de nove membros, inclusive os votos afirmativos de todos os membros permanentes.

Durante a Guerra Fria, o Conselho de Segurança das Nações Unidas permaneceu praticamente paralisado diante dos jogos de força das duas superpotências hegemônicas[49]. Neste período e mesmo após a aprovação do projeto de reforma que ampliou a categoria de membros não permanentes, em 1963, outros debates e sugestões de reformas foram periodicamente apresentados e incluídos nas agendas da Assembleia Geral das Nações Unidas[50]. As propostas e discussões sobre a reforma convergiam quanto ao fortalecimento dos princípios da efetividade e eficiência, levando-se em conta a representatividade, as novas potências econômicas e políticas, bem como uma representação geográfica equitativa[51].

---

49 "Nessas condições, o Conselho limitava-se, no mais das vezes, a servir de palco para disputas retóricas, em especial entre alguns membros permanentes, para consumo de público interno e da mídia internacional. Nas questões mais candentes que efetivamente afetavam a paz e a segurança internacionais, mas nas quais estava envolvida uma ou outra das grandes potências, a operacionalidade do Conselho via-se prejudicada pelo instituto do veto. A título de ilustração, bastaria lembrar que de 1946 a 1990 quando a Guerra Fria - em suas diferentes modulações (fases de confrontação aberta, détente, neo guerra-fria e neo détente) - se encontrava em plena vigência, o veto foi utilizado 279 vezes, dentre as quais 124 pela União Soviética, 82 pelos Estados Unidos, 33 pelo Reino Unido, 22 pela China e 18 pela França. Seria desnecessário sublinhar que o uso frequente desse recurso inviabilizava decisões sobre as questões mais relevantes na pauta do Conselho, tais como a situação no Oriente Médio ou na África Austral". FUJITA, Edmundo Sussumo. **O Brasil e o Conselho de Segurança** (Notas sobre uma Década de Transição: 1985-1995). In Parcerias Estratégicas, v. 1, n. 2, dezembro. Brasília: Centro de Gestão e Estudos Estratégicos, 1996, p. 98.

50 HERNDL, *op.cit.*, 1987, pp. 360-361.

51 "The question of the equitable geographical distribution of States in the different subsidiary bodies of the United Nations was raised at the very first conference of non-aligned countries, held in 1961 in Belgrade, where the participating countries considered it essential that the General Assembly of the United Nations should, through the revision of the Charter, find a solution to the question of expanding the membership of the Security Council and of the Economic and Social Council in order to bring the composition and work of these two most important organs into harmony with the needs of the Organization and with the expanded membership of the United Nations. Following the admission of a large number of African States in 1960, the General Assembly in 1963, by means of Resolution 1991 (XVIII) increased the membership of the Economic and Social Council and of the Security Council". BEDJAOUI, *op. cit*, 1979, p. 198.

Consoante observa ROSAS (2009, p. 40), a avaliação do Conselho de Segurança revela diversas debilidades que contribuem para que a reforma deste órgão seja cada vez mais exigida. Entre os aspectos vulneráveis do CSNU, a autora destaca os seguintes: i) problemas de representatividade: as novas realidades políticas no mundo não se encontram representadas na estrutura do Conselho, que é produto das estruturas dominantes na época da Segunda Guerra Mundial e está ultrapassado; e a ii) falta de democracia: apesar da propagação da democracia no interior dos estados, o Conselho ainda prevalece como uma entidade pouco democrática, sobretudo com a atual composição de países das Nações Unidas[52].

Os projetos de reforma do CSNU *ab initio* apresentavam duas vertentes de mudanças na estrutura do órgão: o sistema de veto e a ampliação de membros não permanentes e permanentes. A estrutura relativa ao sistema de veto constitui um dos mais espinhosos debates em matéria de reforma do CSNU. Enquanto alguns governos consideram o poder de veto como principal obstáculo para o alcance de decisões obtidas por maioria, outros argumentam que uma decisão não consensual pode significar maiores dificuldades de aplicação das medidas[53].

As propostas de ampliação do número de membros do CSNU igualmente geram, há décadas, inúmeros debates e tentativas de apresentação de projetos de reforma. Em 1979, um grupo de membros dos países não alinhados[54] demandou a inclusão de um item adicional, denominado "Questão de representação equitativa e aumento na composição do Conselho de Segurança", na agenda da Trigésima Quarta Sessão da Assembleia Geral. O projeto de resolução propunha

---

52   ROSAS, Maria Cristina. A reforma da Organização das Nações Unidas. *In*: **Governança global**. Rio de Janeiro: Fundação Konrad Adenauer, 2009.

53   "One specific suggestion made already in 1969 by Colombia was to the effect that no unanimity among the permanent members should be required for 'the appointment of commissions of enquiry or fact-finding commissions or for those having humanitarian purposes'. Similarly, the Philippines proposed that the veto should not count in matters not involving enforcement action including peace-keeping by interposition. The Dominican Republic advocated establishing 'a restrictive régime under which negative votes would be regulated so that they could not be exercised more than a certain number of times'. As an alternative the same Government suggested introducing the principle that "two negative votes by permanent members would be required to effect a veto". Kenya recommended that decisons of the Security Council should require a majority of the Council "including half of its permanent members". HERNDL, *op.cit.*, 1987, pp. 363-364.

54   "Question of equitable representation on and increase in the membership of the Security Council and related matters. This item was included in the agenda of the thirty-fourth session of the General Assembly, in 1979, at the request of Algeria, Argentina, Bangladesh, Bhutan, Guyana, India, Maldives, Nepal, Nigeria and Sri Lanka (A/34/246). At that session, the Assembly decided to transmit to its thirty-fifth session the draft resolution submitted at the thirty-fourth session and related documents (decision 34/431).

III. Os BRICS e as reformas das instituições internacionais   145

uma emenda à Carta e o aumento do número de membros do Conselho de modo a fortalecer o papel primário do órgão na manutenção da paz e da segurança internacionais, proporcionando uma representação mais equitativa, alinhada ao aumento do número de membros das Nações Unidas[55].

Embora a Índia e outros países tenham solicitado à Assembleia Geral a inclusão do tema na agenda, a proposta não foi apreciada entre 1980 e 1991. Em setembro de 1992, um grupo de países não alinhados novamente apresentou o projeto de resolução, solicitando a inclusão do item intitulado "Questões sobre a representação equitativa e o aumento na composição do CSNU". Pouco tempo depois, no dia 11 de dezembro de 1992, uma nova resolução (A/RES/47/62)[56], copatrocinada pelo Japão, foi recebida por unanimidade pela Assembleia Geral.

A partir de 1992, iniciou-se um paulatino consenso segundo o qual o novo cenário internacional e seus novos desafios demandariam uma revisão das estruturas e dos métodos dos órgãos da ONU, incluindo o Conselho de Segurança[57]. Como resultado desse debate, a Assembleia Geral aprovou, em dezembro de 1992, a Resolução 47/62, concernente à questão de representação equitativa e ao aumento do número de membros do Conselho de Segurança. Em dezembro de 1993, a Assembleia decidiu estabelecer um Grupo de Trabalho Aberto a fim de considerar todos os aspectos relacionados ao tema[58]. Após três anos do início das atividades, o grupo decidiu, com receio do esvaziamento das discussões, convidar os representantes de todos os estados membros das Nações Unidas para consultas particulares informais entre janeiro e março de 1997. No total, 165 delegações participaram das discussões e, ao final, o

---

55   HERNDL, *op.cit.* 1987, pp. 365-366.

56   FREIESLEBEN, Jonas Von. Reform of the Security Council. *In* **Managing change at the United Nations**, Center for UN Reform of the Security Council, April 2008, p. 3.

57   "At the summit meeting of the countries of the Non-Aligned Movement in Jakarta in September 1992, the United Nations reform became a major topic (...) During the following months, almost global consent developed according to which the increase in membership of the United Nations, the fundamentally changed international situation after the end of the Cold War, and the new challenges faced by the organization (in areas like development, protection of the environment and human rights, for instance) required a thorough review of the structure and working methods of the major Um organs, including the Security Council". FASSBENDER, Bardo. **All illusions shattered? Looking back on a decade of failed attempts to reform the UN Security Council.** Max Planck Yearbook of United Nations Law, 7, p.188, 2003.

58   No preâmbulo desta Resolução, a Assembleia Geral reconheceu as duas principais razões acerca da necessidade de revisão dos membros do CSNU: o aumento substancial do número de membros das Nações Unidas, especialmente de países em desenvolvimento, bem como as mudanças das relações internacionais. FASSBENDER, Bardo. **Pressure for Security Council Reform**. In The UN Security Council. From the Cold War to the 21st Century. London: Lynne Rienner, 2004, p. 343.

grupo de Trabalho Aberto lançou os principais pontos comuns levantados durante as consultas: i) o aumento da categoria de membros permanentes e membros não permanentes foi apoiado pela ampla maioria dos entrevistados; ii) poucos entrevistados expressaram oposição categórica ao aumento do número de membros permanentes; iii) reconhecendo os problemas envolvidos, as delegações que apoiavam o aumento de ambas as categorias também expressaram prontidão no apoio ao aumento da categoria de não permanentes como um primeiro passo; iv) a maioria daqueles que consideraram a expansão do CSNU apoiava o aumento no total de 26 membros, enquanto outros preferiam um aumento inferior a 20 membros; v) salvaguardar a eficiência do Conselho foi uma preocupação comum de muitas delegações; vi) a maioria daqueles que apoiavam do aumento de ambas as categorias concordou com o aumento de cinco membros permanentes e cinco membros não permanentes. A maioria igualmente sustentou que os cinco novos membros permanentes fossem tanto de países desenvolvidos como de países em desenvolvimento e que não deveria haver discriminação entre os atuais e os novos membros; vii) o veto foi considerado anacrônico e antidemocrático pela vasta maioria dos entrevistados, embora reconhecido que não constituía uma realidade esperar que veto fosse abolido; viii) apesar da preferência por um alcance consensual, houve o reconhecimento de que um consenso final poderia não constituir uma realidade objetiva; muitos entretanto sugeriram que o objetivo poderia ser alcançado com um amplo, representativo e qualitativo apoio, enquanto outros argumentaram que a simples votação de 2/3 dos membros da Assembleia Geral seria o suficiente (art. 108 da Carta das Nações Unidas)[59].

Em 1997, o presidente da Assembleia Geral, Razali Ismael, da Malásia, apresentou um plano de reforma que previa a ampliação do Conselho de Segurança de 15 para 24 membros, incluindo cinco novos membros permanentes, sem direito a veto. De acordo com o projeto, os cinco novos membros permanentes seriam eleitos de acordo com os seguintes critérios geográficos: um país em desenvolvimento da África, um país em desenvolvimento da Ásia, um país em desenvolvimento da América Latina e Caribe e dois países industrializados. Os quatro membros não permanentes seriam eleitos com a seguinte base geográfica: um da África, um da Ásia, um da Europa Oriental e um da América Latina e Caribe[60]. Além da ampliação nas duas categorias de

---

59   UNITED NATIONS, General Assembly. **Open-Ended Working Group On The Question of Equitable Representation on and Increase in the Membership of the Security Council and Other Matters Related to the Security Council. Official Records. Fifty-first session. Supplement no 47 (A/51/47), New York, 1997.**

60   A proposta de Razali, posteriormente a Resolução A/RES/53/30 aprovada em 1998 pela Assembleia Geral e considerada uma vitória conjunta da Itália e dos países não alinhados, serviu para fortalecer posições já consolidadas, colocando um amortecedor nas tentativas de reforma. FASSBENDER, *op.cit.*, 2004, p. 5

membros (permanentes e não permanentes), o projeto Razali previa ainda a escolha dos novos membros permanentes pela Assembleia Geral e a revisão do que foi acordado após um certo período (10 a 15 anos). O plano Razali reconheceu que decidir sobre os critérios de expansão do Conselho, bem como os novos membros permanentes constituiriam dois diferentes desafios. Por conseguinte, foi proposto que ambos fossem tratados por etapa. Primeiro, os estados membros precisariam decidir sobre a totalidade do Conselho e sobre o número e as regiões dos novos membros permanentes, bem como a sensível questão de quem teria ou não o poder de veto. O próximo passo, uma vez resolvidas as questões anteriores, seria dar aos estados membros um prazo específico para preencher os espaços com os nomes dos países. Presumivelmente, isso seria inicialmente decidido regionalmente para, então, posterior aprovação pela Assembleia. Contudo, a principal oposição ao plano Razali ficou centrada em torno do chamado "clube do café", composto de potências médias que avistaram a possibilidade de perdas diante de um plano que elevaria certos países desenvolvidos ao status de membros permanentes[61].

> O chamado Plano Razali, no entanto, jamais chegou a ser colocado em votação. O mais curioso em seu insucesso é o fato de que contava com o apoio de todos os P-5, que, por motivos diferentes, apoiavam a admissão de Japão e Alemanha e – embora com menos entusiasmo – de três países em desenvolvimento como membros permanentes. O fator decisivo para bloquear a reforma proposta por Razali foi a aliança entre um grupo de dez países contrários à expansão da categoria de membros permanentes (Canadá, Egito, Guatemala, Itália, Líbano, México, Paquistão, Qatar, Síria e Turquia); a Organização da Unidade Africana, que reclamava não menos que dois assentos permanentes para o continente, com direito a veto; e, finalmente, o Movimento dos Não Alinhados, que julgava inaceitável qualquer reforma que se fizesse com a adição de menos de 11 assentos e que não respeitasse um cronograma preciso (ALVES, 2009, p. 71)[62].

As limitações e a complexidade do projeto de reforma foram reconhecidas pela China no décimo aniversário das atividades do Grupo de Trabalho. De acordo com o representante do governo chinês, Zhang Yishan, a experiência e a realidade demonstraram que a reforma do Conselho é um empreendimento complexo e sensível e que atende aos interesses vitais, e por vezes conflituosos, dos estados membros. A aceitação de qualquer proposta de reforma deve levar

---

61   LUCK. Edward C. **Reforming the United Nations:** lessons from a history in progress. International Relations Studies and the United Nations Occasional Papers, n.1, 2003, p. 50.

62   ALVES, Fábio Simão. **Dança das cadeiras: a reforma do Conselho de Segurança das Nações Unidas.** Revista Juca - IRBr, Brasília, p. 68 - 74, 01 fev. 2009, p. 71.

em conta o consenso obtido através de discussões e consultas extensas, aprofundadas e exaustivas[63]:

> A reforma do Conselho de Segurança sempre foi uma questão de grande preocupação para todos os estados membros. Desde que a Organização das Nações Unidas foi criada há 58 anos, ela sofreu mudanças importantes com o passar do tempo. A mudança mais notável é o aumento do número de membros do mundo em desenvolvimento e o papel cada vez mais importante que esses membros desempenham nas Nações Unidas e nos assuntos internacionais. Como um dos principais órgãos das Nações Unidas, o Conselho de Segurança também precisa marchar com o tempo e empreender reformas adequadas e necessárias para melhor cumprir o mandato que lhe é confiado pela Carta das Nações Unidas. Atualmente, a principal tarefa de reforma deve consistir no aumento, como prioridade, de membros dos países em desenvolvimento ao Conselho, de acordo com o princípio da distribuição geográfica equitativa. Este é o desejo universal dos países em desenvolvimento (YISHAN, 2003, p.1).

A Declaração do Milênio das Nações Unidas, de setembro de 2000, sublinhou a necessidade de esforços para alcançar uma compreensiva reforma do Conselho de Segurança em todos os seus aspectos[64]. Em um relatório de setembro de 2003, o então Secretário Geral da ONU, Kofi Annan, falou a respeito do demorado processo de reforma do Conselho de Segurança e afirmou que a composição e o tamanho deste importante órgão das Nações Unidas carecem de representatividade[65]. Neste contexto, Kofi Annan convocou um grupo de dezesseis pessoas com conhecimentos e experiência sobre a ONU, organismos regionais e política externa de seus países. O grupo, que efetuou discussões no decorrer de 2004, em seis sessões, procurou ouvir representantes dos diversos setores dos países-membros em consultas regionais e elaborou o relatório "Um mundo mais seguro: nossa responsabilidade compartilhada", que foi entregue a Kofi Annan no dia 2 de dezembro de 2004[66]. Composto por 101 recomendações, o documento apresentou dois modelos de expansão, ambos sugerindo o alargamento do CSNU para vinte e quatro membros. O Modelo

---

63   ZHANG YISHAN, Statement by H.E. Mr. Zhang Yishan At the meeting of the Open-Ended Working Group on Security Council Reform, 2003.

64   **United Nations Millennium Declaration/** Resolution adopted by the General Assembly.

65   FASSBENDER, *op.cit.*, 2004, p. 342.

66   SOARES, João Clemente Baena. **As Nações Unidas diante das ameaças, dos desafios, das mudanças.** Dossiê, Centro Brasileiro de Relações Internacionais, v. 1, Ano 4, 2005, p. 5.

A[67] apresentou a proposta de adição de seis novos assentos permanentes, sem poder de veto, e três novos assentos eleitos para o prazo de dois anos. O modelo B[68], por sua vez, criou uma nova categoria de oito assentos, renováveis a cada quatro anos, e um novo assento não permanente por um período de dois anos[69]. Em um artigo[70] com base neste último documento, Kofi Annan propôs que a ONU vivesse um novo momento, capaz de lidar com os desafios do futuro e assim aumentar sua eficácia e capacidade de prestar contas dos seus atos. Nesse sentido, acrescentou que "nenhuma reforma da ONU estaria completa sem a reforma do Conselho de Segurança. A atual formulação do Conselho reflete o mundo de 1945, não o do século XXI[71]".

Como salienta TARRAGÔ (2010), os princípios comuns de 2005 orientaram a reforma no sentido de buscar atualizar o CSNU no que respeita tanto à sua composição, quanto aos seus métodos de trabalho. Todos os estados membros foram unânimes em considerar que o Conselho deveria ser ampliado de modo a refletir o aumento na composição da Assembleia Geral nos últimos anos (ver Tabela abaixo). Ademais, concordaram sobre a necessidade de enfrentar o déficit de legitimidade do Conselho – uma vez que suas decisões são questionadas por falta de participação de países hoje tidos como mais relevantes ou de países diretamente envolvidos nos conflitos –, e igualmente de eficiência – porquanto algumas de suas decisões são implementadas com um custo excessivo e sem

---

67   "While the panel does not identify the names of the candidates for the new permanent seats, the proposed allocation of those seats among the various regions leaves little for conjecture. Of the six new permanent seats one would go to Europe (Germany), two to Asia-Pacific (Japan and India), one to the Americas (Brazil), and two to Africa (Nigeria and either Egypt or South Africa)". BLUM, Yehuda Z. **Proposals for UN Security Council Reform**. The American Journal of International Law, v. 99, n. 3, Jul., 2005, pp. 641.

68   "This model would, in fact, resurrect the "permanent nonpermanent" (or "semi-permanent") membership arrangement of the League of Nations era. One of the two European seats in this category would doubtless go to Germany, and the other would be likely to rotate between Italy and such other major countries of Europe as Spain, Poland, and Turkey. The two Asian-Pacific seats in this category would go to Japan and India. In all likelihood Nigeria would receive one of the two African seats, with the other possibly rotating between such countries as Egypt and South Africa. Of the American seats in this category, one would naturally be given to Brazil, and the other would probably rotate between Argentina, Mexico, and Canada (though the latter is a less likely candidate". *Ibid.*, p. 641.

69   FREIESLEBEN, Jonas Von. Reform of the Security Council. *In* **Managing change at the United Nations**, Center for UN Reform of the Security Council, April 2008, p. 5.

70   UNITED NATIONS press. **Secretary-general presents report 'in larger freedom' to general assembly, outlining ambitious plan for United Nations reform.**

71   SARDENBERG, Ronaldo Mota. Reforma das Nações Unidas: impasses, progressos e perspectivas. *In:* **Reforma da ONU.** IV Conferência Nacional de Política Externa e Política Internacional: o Brasil no mundo que vem aí. Seminário sobre a Reforma da ONU. Brasília: FUNAG, 2010, p.51.

alcançar plenamente seus objetivos. Por fim, objetiva-se tornar o CSNU mais transparente, uma vez que seu processo decisório não garante voz a países que poderiam contribuir para a solução de conflitos[72].

Tabela 9: Déficits de Representatividade no CSNU (1945-2005)

Quinquênios (1945-2005)	Países--Membros (PM) da ONU	Composição do CSNU	Proporção dos assentos rotativos (E-10) do CSNU em relação ao total de países-membros (déficit de representatividade)	Proporção dos assentos totais (P-5 e E-10) do CSNU em relação ao total de países membros (déficit de representatividade expandido)	Proporção dos membros permanentes (P-5) em relação ao total de países--membros (assimetria do poder de veto)
1945	51	11	4,6	8,5	10,2
1950	60	11	5,4	10	12,0
1955	76	11	6,9	12,6	15,2
1960	99	11	9,0	16,5	19,8
1965	117	15	7,8	11,7	23,4
1970	127	15	8,4	12,7	25,4
1975	144	15	9,6	14,4	28,8
1980	154	15	10,2	15,4	30,8
1985	159	15	10,6	15,9	31,8
1990	159	15	10,6	15,9	31,8
1995	185	15	12,3	18,5	37,0
2000	189	15	12,6	18,9	37,8
2005	191	15	12,7	19,1	38,2

Fonte: CASTRO, 2007.

Os relatórios do Painel de Alto Nível, "um mundo mais seguro: nossa responsabilidade compartilhada", geraram uma sequência de extensas discussões ao longo de várias semanas e outras propostas concorrentes foram apresentadas. O Grupo dos Quatro (G-4) – Brasil, Alemanha, Índia e Japão – apresentou uma proposta na qual postulavam o assento permanente no Conselho, hipótese em que o número de membros passaria de 15 para 25 membros. Outra iniciativa considerada pela Assembleia foi a proposta da União Africana, que aumentaria a adesão do corpo de quinze para vinte e seis membros, com aumentos em

---

72 TARRAGÔ, *op.cit.*, 2010, p. 32.

ambas as categorias, concedendo à África dois assentos permanentes e cinco não permanentes[73].

Em 2005, doze países (Argentina, Canadá, Colômbia, Costa Rica, Espanha, Itália, Malta, México, Paquistão, República da Coreia, São Marino e Turquia) apresentaram um projeto de resolução (A/59/L.68) de reforma do Conselho de Segurança[74]. O denominado "Unidos para o Consenso" (UfC na sigla em inglês) ficou informalmente conhecido como "clube do café", supostamente porque seus membros preferiam interromper as reuniões sobre o tema a engajarem-se em negociações efetivas[75]. O grupo considerou como injusta e desiquilibrada a atual composição do CSNU e reconheceu que as realidades do mundo contemporâneo demandam uma reforma por um Conselho mais democrático, equitativo, mais transparente e mais eficaz. Nesse contexto, elaborou o projeto de proposta de modo a emendar o Art. 23 da Carta das Nações Unidas, aumentando para vinte o número de membros não permanentes, hipótese na qual os cinco membros permanentes permaneceriam na mesma posição, totalizando vinte e cinco membros no CSNU. O projeto recomendou a exigência do voto afirmativo de quinze dos vinte e cinco membros do CSNU, bem como a limitação do uso do veto e a modificação do critério geográfico dos membros não permanentes (seis dos estados da África; cinco dos estados da Ásia; três dos estados da Europa ocidental e outros estados; quatro dos estados da América Latina e Caribe, e dois dos estados da Europa oriental).

3.2.3. A atuação do G-4 e de outros grupos nos projetos de Reforma do CSNU

Desde 1992, o Japão e a Alemanha apresentam pretensões como futuros membros permanentes do CSNU. A Alemanha, inicialmente, apresentou a fórmula 2+3, advogando a favor da inclusão de mais três países em desenvolvimento (um da Ásia, um da África e um da América Latina), de modo a garantir o equilíbrio entre países desenvolvidos e países em desenvolvimento. Nos termos da sua candidatura, a Alemanha propôs ainda a chamada "cláusula de revisão periódica" a ser incluída no artigo 23 da Carta. A revisão, compulsória após o decorrer de 15 anos, visa garantir que o aumento de ambas as categorias seja não irreversível. Nesse sentido, todos os novos assentos de

---

73   UNITED NATIONS General Assembly. Fifty-ninth session Agenda item 53 **Question of equitable representation on and increase in the membership of the Security Council and related matters** (A/59/L.68).

74   UNITED NATIONS General Assembly, Press Release, Uniting for consensus' **group of states introduces text on Security Council reform to general assembly**, July 2005.

75   BRASIL, Ministério das Relações Exteriores do. **Reforma do Conselho de Segurança das Nações Unidas.**

152 Direito e Relações Internacionais • Elen de Paula Bueno

membros permanentes e não permanentes estariam sujeitos a um reexame após um certo período, afastando a ideia de um assento permanente eterno[76]. A proposta alemã de inclusão de países em desenvolvimento ganhou, posteriormente, dois grandes apoiadores provenientes da Ásia e da América Latina, Índia e Brasil, respectivamente[77].

Em setembro de 2004, os chefes de estado do Brasil, Alemanha, Índia e Japão[78] constituíram o grupo denominado G-4 para coordenar sua atuação e promover a reforma do Conselho de Segurança[79]. Como premissa básica, o grupo defendeu a expansão do CSNU nas categorias de membros permanentes e não permanentes, com maior participação dos países em desenvolvimento em ambas, com vistas a melhor refletir a atual realidade geopolítica. Com base no firme reconhecimento mútuo de que são candidatos legítimos a membros permanentes em um Conselho de Segurança reformado, os quatro países apoiam seus respectivos pleitos de forma recíproca[80].

---

76   FASSBENDER, Bardo. **All illusions shattered? Looking back on a decade of failed attempts to reform the UN Security Council.** Max Planck Yearbook of United Nations Law, 7, p.199, 2003.

77   "A participação brasileira em fóruns multilaterais tem sido uma constante da política exterior brasileira desde fins do século XIX. Como país beligerante e única nação sul-americana a lutar na Primeira Guerra Mundial, o Brasil participou da Conferência de Paz em 1919. Da mesma forma, tomou parte de todas as conferências que estruturaram a arquitetura da governança da ordem pós-1945 (...) Entre os países em desenvolvimento, Brasil e Índia são aqueles que mais tempo ocuparam um assento não permanente no Conselho de Segurança. LIMA, *op.cit.*, 2010, p.285.

78   "Still, while Germany and Japan have relied mainly on their financial contributions to the Organization, India and Brazil (now contributing 0.421 percent and 1.523 percent, respectively, to the regular budget) have primarily, though not exclusively, invoked the "representativeness" factor (...) the contribution of Japan, a member of the United Nations since 1956 whose economy is the world's second largest, was set for the years 2004-2006 at 19.468 percent of the regular UN budget, second only to that of the United States at 22 percent". BLUM, *op.cit.*, 2005, p. 639.

79   "Japão, Alemanha, Índia e Brasil são frequentemente citados, pelas credenciais que detêm para desempenhar funções permanentes no CSNU. Esses países tomaram a iniciativa de lançar uma proposta de reforma do Conselho em 2005, que está na origem do G-4. Tais credenciais, em geral, correspondem às qualificações mencionadas no Artigo 23 da Carta (contribuição para a manutenção da paz e segurança internacionais, para os outros propósitos das Nações Unidas e distribuição geográfica equitativa). TARRAGÔ, Piragibe dos S. A Reforma da ONU: A Comissão de Construção da Paz e ampliação do Conselho de Segurança. *In:* **Reforma da ONU.** IV Conferência Nacional de Política Externa e Política Internacional: o Brasil no mundo que vem aí. Seminário sobre a Reforma da ONU. Brasília: FUNAG, 2010, p.33.

80   BRASIL, Ministério das Relações Exteriores do. **Glossário: Conselho de Segurança das Nações Unidas/ G-4.**

O G-4, notando que a eficácia, credibilidade e legitimidade do Conselho serão aperfeiçoados com o reforço do caráter representativo, argumentou que segurança e desenvolvimento estão interligados e se reforçam mutuamente, sendo o desenvolvimento um fundamento essencial da segurança coletiva. A expansão dos membros do Conselho, segundo o grupo, deve refletir as realidades do mundo contemporâneo, moldando, assim, um equilíbrio de força capaz de aumentar a capacidade de resposta do órgão. No dia 6 de julho de 2005, o G-4 e outros 23 países apresentaram nas Nações Unidas o projeto de resolução A/59/L.64, que previa[81]:

Tabela 10: Proposta de Reforma do G-4

- A ampliação do CSNU nas duas categorias de membros (total de membros seria 25);
- A criação de 6 novos assentos permanentes, sendo: 2 para África, 2 para Ásia, 1 para América Latina e Caribe, 1 para Europa Ocidental e outros Estados;
- A criação de 4 novos assentos não permanentes, sendo: 1 para África, 1 para Ásia, 1 para Europa Oriental, 1 para América Latina e Caribe;
- A reforma dos métodos de trabalho do Conselho;
- A concessão aos novos membros permanentes de todas as responsabilidades e obrigações dos atuais membros permanentes.
- A renúncia ao exercício do veto pelos novos membros permanentes até que a questão fosse objeto de decisão no âmbito da revisão da situação criada pela reforma, a ocorrer 15 anos após sua adoção.

O projeto de resolução apresentado pelo G-4 sofreu objeções de países como Itália, Paquistão, Coreia do Sul e China. Embora o governo chinês tenha apresentado apoio aos projetos de reforma que incluam o aumento do número de membros do CSNU, a oposição com relação ao Japão[82], como postulante ao

---

81   UNITED NATIONS General Assembly, A/59/L.64, Fifty-ninth session **Agenda item 53 Question of equitable representation on and increase in the membership of the Security Council and related matters**, 2005. Afghanistan, Belgium, Bhutan, Brazil, Czech Republic, Denmark, Fiji, France, Georgia, Germany, Greece, Haiti, Honduras, Iceland, India, Japan, Kiribati, Latvia, Maldives, Nauru, Palau, Paraguay, Poland, Portugal, Solomon Islands, Tuvalu and Ukraine: draft resolution.

82   "Nesta altura, gostaria de dizer que a China não tem problema com a entrada de nenhum dos BRICS no CSNU. Somos a favor de uma reforma do Conselho e não nos opomos à entrada dos países do BRICS. Mas sempre nos oporemos à entrada do Japão. A opinião pública chinesa nunca vai aceitar a entrada do Japão como membro permanente do Conse-

assento permanente, tem sido reiteradamente levantada pelos representantes chineses. De acordo com o embaixador chinês para as Nações Unidas, Wang Guangya, o "alargamento do conselho de segurança deve conferir prioridade ao aumento da representação e participação de países em desenvolvimento, especialmente dos países africanos". Ademais, salientou que qualquer fórmula de expansão "deve levar em conta que países pequenos e médios tenham oportunidades de revezamentos para participação nos trabalhos do Conselho, aplicando-se os princípios de balança geográfica e assegurando culturas e civilizações diferentes[83]"

> O lançamento de candidaturas pelo G-4 provocou forte oposição de um número de estados membros "não lembrados". Estes fundaram o "Unidos pelo Consenso (UfC), composto de países que, em sua maioria, dividem rivalidades regionais com os postulantes a assento permanente. É o caso de Argentina e México (competidores com o Brasil na América Latina), Paquistão e República da Coreia (o primeiro com a Índia; o segundo, com o Japão, na Ásia), Espanha e Itália (com a Alemanha, na Europa). Outros do UfC, sem ambições regionais propriamente, prefeririam a manutenção do status quo, como Colômbia, Costa Rica, Turquia, Malta, Argélia, de maneira a prevenir surgimento de "lideranças" regionais que, a seu modo de ver, poderiam limitar a realização de seus objetivos nas respectivas áreas ou subáreas (TARRAGÔ, 2010, p. 34).

As oposições criaram elementos de incerteza quanto à aprovação do projeto apresentado pelo G-4, que recuou e optou por postergar a submissão. Devido a uma série de pressões e a uma estratégia própria, o Japão anunciou a saída do G-4 em janeiro de 2006, mas voltou a dialogar com o grupo em julho de 2007[84]. No mesmo ano, o então presidente dos Estados Unidos, George W. Bush, exprimiu apoio à reforma do CSNU, com especial atenção ao anseio do Japão como membro permanente. Em 2008, França e Reino Unido reiteraram apoio ao G-4 e indicaram abertura à reforma do CSNU pela qual, durante período a determinar-se, haveria assentos com mandatos renováveis de mais longa duração. Ao final daquele período, poderia ser decidida a conversão de tais assentos em vagas de membros permanentes. Em julho de 2009, os presidentes do Brasil e da França publicam artigo em que pediam reforma abrangente do CSNU, que contemplasse "papel maior" para países em desenvolvimento como Brasil e

---

lho de Segurança". CANRONG, Jin. Mesa redonda na FIESP. In: *In:* **Debatendo o BRICS /** José Vicente de Sá Pimentel (Org.). Brasília: FUNAG, 2013, p. 122.

83   CHINA, Embassy. **China vows to vote against UNSC expansion plan.**

84   VISENTINI, Paulo et al. **BRICS: as potências emergentes.** Petrópolis, Vozes, 2013.

Índia. No mesmo ano, o G-4 e a África do Sul recolheram 140 assinaturas para a carta, dirigida ao Facilitador, solicitando que este preparasse texto base para as negociações[85].

Em reunião informal do plenário da AGNU para discutir o projeto de resolução curto apresentado pelo G-4, 55 países tomaram a palavra: 31 manifestaram-se a favor da proposta, 17 criticaram seja a proposta, seja o tratamento seletivo dos temas, e 7 adotaram posição neutra. Dos P-5, Reino Unido e França apoiaram o projeto, EUA e Rússia adotaram posição neutra e a China[86] teceu consideráveis críticas. Na Reunião Ministerial do G-4 à margem do Debate Geral da 67ª sessão da AGNU, em 2012, os Ministros coincidiram na avaliação de que o CSNU tem sido incapaz de lidar com as ameaças e desafios relacionados à paz e segurança internacionais do mundo hodierno. Concordaram ser preciso intensificar esforços para mudar o status quo estabelecido há mais de 60 anos. Recordaram que a expansão em ambas as categorias conta com o apoio da maioria esmagadora dos estados membros da ONU e deve estar refletida em futuro processo negociador[87].

Em 2014, os chefes de estado do G-4 reuniram-se em Cúpula especial para celebrar os 70 anos das Nações Unidas e os 10 anos do G-4. Naquela ocasião, o grupo reiterou a importância de um conselho renovado que refletisse adequadamente a nova correlação de forças, muito distinta daquela de 1945. Em setembro de 2015, o grupo lançou um comunicado conjunto ressaltando que um Conselho de Segurança mais representativo, legítimo e eficaz seria mais necessário do que nunca para lidar com os conflitos e crises globais, que têm proliferado nos últimos anos. De acordo com o G-4, isso pode ser alcançado se o órgão refletir a realidade da comunidade internacional do século XXI, em que mais estados

---

85   BRASIL, Ministério das Relações Exteriores. **Reforma do Conselho de Segurança das Nações Unidas.** Cronologia.

86   A China apoia a reforma do CSNU de modo a torná-lo mais eficiente diante dos desafios globais. Segundo o posicionamento do governo chinês, o aumento da representatividade dos países em desenvolvimento deve ser uma prioridade; aos países médios e pequenos também deve ser conferida maior possibilidade de participação nos critérios de rotatividade; o princípio do equilíbrio geográfico deve ser respeitado, com a representação de diferentes culturas e civilizações; todos os grupos regionais devem, em primeiro lugar, chegar a um acordo sobre as propostas de reforma; a China se opõe à abordagem para definir um tempo limite para a reforma do Conselho ou forçar a votação de uma proposta que não tenha consenso. CHINA, Ministry of Foreign Affairs of the People's Republic of. **Position paper of the People's Republic of China on the United Nations Reforms.** Chinese Journal of International Law (2005), v. 4, n. 2, 685–698.

87   BRASIL, Ministério das Relações Exteriores. **Reforma do Conselho de Segurança das Nações Unidas.** Cronologia.

membros têm capacidade e disposição para assumir maiores responsabilidades em relação à manutenção da paz e da segurança internacionais[88].

Além do envolvimento no G-4, o Brasil[89] participa de articulação com grupo de países em desenvolvimento que defende a expansão do Conselho de Segurança nas duas categorias de membros e o aperfeiçoamento dos métodos de trabalho do órgão. O grupo recebeu a denominação "L.69" em função do projeto de resolução (A/61/L.69) apresentado à Assembleia Geral em setembro de 2007, com a seguinte proposta de reforma[90]:

- Aumento do número de membros permanentes e não permanentes;
- Maior representação dos países em desenvolvimento;
- Representação dos países desenvolvidos e dos países com economias em transição condizente com a realidade mundial contemporânea;
- Aprimoramento abrangente dos métodos de trabalho do Conselho de Segurança, inclusive para garantir maior acesso aos estados insulares e pequenos estados;
- Processo de revisão.

A União Africana adotou posição comum sobre a reforma das Nações Unidas por meio do "Consenso de Ezulwini", em março de 2005. No que se refere à reforma do Conselho de Segurança, o documento defendia que a representação africana deveria dar-se por meio de: i) ao menos dois assentos permanentes no CSNU, com todas as prerrogativas dos atuais membros permanentes, inclusive o poder de veto, enquanto este existir; e ii) cinco assentos não permanentes.

---

88   BRASIL, Ministério das Relações Exteriores. **Declaração Conjunta.** Reunião dos Líderes do G-4 Brasil, Alemanha, Índia e Japão sobre a reforma do Conselho de Segurança das Nações Unidas, 2015.

89   "No tema da reforma da Conselho de Segurança a postura brasileira defende a tese de sua maior representatividade, em particular o aumento dos assentos permanentes. Desde o governo Sarney, o tema da reestruturação do Conselho está presente no discurso diplomático, mas a aspiração de ocupar um assento permanente foi anunciada oficialmente em 1994, pelo então chanceler Celso Amorim, no marco do lançamento de reforma do Conselho. Desde então esta postulação esteve presente na agenda de todos os governos que se seguiram tendo como parâmetro o debate sobre o tema no processo de reforma da ONU. A expansão do Conselho é justificada pela necessidade de fazer face às mudanças no pós-Guerra Fria e o aumento expressivo do número de membros da ONU desde a última expansão do mesmo nos anos 60". LIMA, *op.cit.*, 2010, p. 289.

90   BRASIL, Ministério das Relações Exteriores. **Reforma do Conselho de Segurança das Nações Unidas.** Cronologia.

III. Os BRICS e as reformas das instituições internacionais **157**

Ainda de acordo com o documento[91], a UA seria a responsável por escolher os representantes da África no CSNU e a questão do critério para esta seleção também ficaria a cargo da própria UA. Em julho de 2005, essa posição comum foi formalizada à Assembleia Geral por meio do projeto de resolução A/59/L.67, que defende:

- A ampliação do CSNU nas duas categorias de membros (para o total de 26 membros);
- A criação de 6 novos assentos permanentes, sendo: 2 para África, 2 para Ásia, 1 para América Latina e Caribe, 1 para Europa Ocidental e outros estados;
- A criação de 5 novos assentos não permanentes, sendo: 2 para África, 1 para Ásia, 1 para Europa Oriental, 1 para América Latina e Caribe;
- Aprimoramento dos métodos de trabalho do Conselho de Segurança;
- A concessão aos novos membros permanentes das mesmas prerrogativas e dos mesmos privilégios dos atuais membros permanentes, inclusive o direito de veto.

Dentre outros grupos que defendem projetos de reforma, vale mencionar ainda o "Small-5" (Costa Rica, Cingapura, Liechtenstein, Jordânia e Suíça), que defende a reforma dos métodos de trabalho do Conselho de Segurança, que, de acordo com os membros do grupo, deveria ocorrer em paralelo e de forma independente da expansão do órgão; e o ACT, lançado em 2013 como o grupo "Responsabilidade, Coerência e Transparência" ("Accountabilitiy, Coherence and Transparency Group" – ACT), coordenado pela Suíça e composto por outros 20 países de diferentes regiões (Arábia Saudita, Áustria, Chile, Costa Rica,

---

91 "A posição comum do Grupo Africano é coordenada pelo "Comitê dos dez da União Africana" (C-10), ao qual cabe acompanhar as negociações sobre a reforma do Conselho de Segurança e reportar os desenvolvimentos relativos ao tema aos demais membros da União Africana, inclusive por meio de apresentação de relatório para apreciação nas reuniões de cúpula da organização. O Comitê foi estabelecido em Cúpula da União Africana em 2005, como mecanismo de consulta e promoção da posição africana. O C-10 é formado por dois países de cada região africana (África do Norte, África Ocidental, África Central, África Oriental e África Meridional): Argélia, Guiné Equatorial, Líbia, Namíbia, Quênia, Congo-Brazzaville, Senegal, Serra Leoa (Coordenador), Uganda, Zâmbia. As últimas Cúpulas de Chefes de Estado e de Governo da União Africana adotaram decisões que reafirmaram o forte compromisso do grupo com o Consenso de Ezulwini e reiteraram a necessidade de unidade africana em todas as questões relativas ao processo de reforma do CSNU, inclusive em termos substantivos e procedimentais". BRASIL, Ministério das Relações Exteriores. **Reforma do Conselho de Segurança das Nações Unidas**. Cronologia.

158 Direito e Relações Internacionais • Elen de Paula Bueno

Eslovênia, Estônia, Finlândia, Gabão, Hungria, Irlanda, Jordânia, Liechtenstein, Nova Zelândia, Noruega, Papua Nova Guiné, Peru, Portugal, Suécia, Tanzânia – como observador – e Uruguai), unidos pelo propósito de reformar os métodos de trabalho do Conselho de Segurança, dando seguimento aos esforços do "Small-5". O grupo defende que o veto não deve ser usado em casos de genocídio, crimes de guerra e crimes contra a humanidade[92].

Embora a União Europeia concorde com a necessidade de reforma do CSNU, inexiste uma posição comum de reforma. Como observado acima, seus membros estão espalhados em diferentes grupos de acordo com posições específicas de seus respectivos governos[93]. A Organização para a Cooperação Islâmica (OCI), enfatizou, em 2013, a necessidade de reforma do CSNU para a promoção da transparência, adequada representação e democratização. A OCI defendeu a adequada representação de seus estados membros em quaisquer categorias, uma vez que a organização representa 57 estados e 1,6 bilhões de pessoas[94]. Como observa MACQUEEN (2010), apesar da defesa de alguns pontos comuns, como a inclusão da Nigéria e do Egito como representantes permanentes e a restrição ou eliminação do veto, não há consenso entre os estados islâmicos em razão das rivalidades existentes entre eles[95].

Apesar da complexidade e de divergências específicas, os estados membros das Nações Unidas concordam a respeito da necessidade de reforma do CSNU. Com exceção do grupo Unidos pelo Consenso, a maior parte dos estados membros apresentam convergências verificadas nos seguintes aspectos: i) o aumento do número de membros em ambas as categorias, e ii) a defesa de assentos permanentes para os países em desenvolvimento[96]. Embora prevaleça um amplo apoio

---

92   BRASIL, Ministério das Relações Exteriores. **Reforma do Conselho de Segurança das Nações Unidas**. Cronologia.

93   "While the EU agrees on the need to reform the UNSC, it does not have a common position on the specificities of the reform. The discussion in the UNGA on equitable representation and an expanded membership of the UNSC, as well as related matters, will continue during the 68th UNGA session. Because EU Members are divided among the 'G-4' group, the 'Uniting for Consensus' group and an Eastern European group, each trying to alter the configuration of the Security Council in a different way, the EU as a whole has not specified how the reform should occur". TROSZCZYŃSKA-VAN GENDEREN, Vanda. **Reforming the United Nations:** State of Play, Ways Forward. Bruxelas: European Union, study, directorate-general for external policies policy department, march, 2015, p. 35.

94   Organização para a Cooperação Islâmica. OCI, **UN Security Council Meeting on Strengthening Partnership with OIC, Ihsanoglu stresses OIC's commitment to active partnership and the need for UNSC reform.**

95   MACQUEEN, Benjamin. **Muslim States and Reform of the United Nations Security Council**. Journal of Middle Eastern and Islamic Studies (in Asia) v. 4, n. 3, 2010, p. 47.

96   "At the beginning of the debate, the Northern industrialized states rather disliked the idea of creating new permanent seats for developing countries (...) Later, this position chan-

III. Os BRICS e as reformas das instituições internacionais **159**

ao acréscimo de três membros permanentes para os países em desenvolvimento (um da África, um da Ásia e um da América Latina), inexiste um consenso nessas regiões sobre qual estado deveria ocupar o respectivo assento. Como exemplo, a forte oposição do Paquistão em relação à Índia e a tenaz oposição do México[97] com relação ao Brasil. Outrossim, permanecem dúvidas sobre os critérios para a escolha dos novos membros permanentes. Quais elementos deveriam ser levados em conta? Os governos da Índia e da Nigéria defenderam o critério populacional em consonância com os preceitos democráticos de participação de grandes populações na esfera internacional. A Índia igualmente defende o critério econômico, enquanto a Alemanha advoga a favor de critérios que levem em conta a influência global e a capacidade de contribuir para a manutenção da segurança internacional. A Tunísia, na tentativa de revitalização da ideia, em 2002, sugeriu, dentre os principais critérios que deveriam ser levados em conta na expansão de membros do CSNU, a representação geográfica, a capacidade econômica, a contribuição financeira à Organização das Nações Unidas, o tamanho populacional e as identidades e culturas[98].

3.2.4. Visões e críticas teóricas dos projetos de reforma

Embora haja um consenso sobre a necessidade de reforma do Conselho de Segurança entre os estados membros das Nações Unidas, a doutrina ainda se desdobra sobre os efeitos e alcances dos projetos de reforma relacionados à

---

ged, particularly in view of the firm position of the African states without which a majority necessary for Charter reform cannot be obtained. The United Kingdom declared to be in favor of additional seats for Asia, Africa and Latin America and the Caribbean (...) Germany, too, came out in favor of new permanent seats for developing countries. Norway and, in a joint paper of 9 May 1995, Austria, Belgium, the Czech Republic, Estonia, Hungary, Ireland and Slovenia also suggested giving Africa, Asia and Latin America one permanent seat each. Portugal supported one additional seat for Africa and another one for Latin America. Most importantly, the United States announced in July 1997 that it endorsed the proposal of giving three new permanent seats to developing countries". FASSBENDER, Bardo, *op.cit.*, 2003, pp. 201-202.

97 "México, junto con Argentina, Pakistán e Italia y alrededor de 20 países más, integra el grupo conocido como Unidos para el Consenso, que promueve la propuesta citada en el Comunicado de la Secretaría de Relaciones Exteriores que antecede y que se contrapone a la del G-4: incluir 10 nuevos miembros no permanentes en el Consejo, que pueden ser reelectos con lo que el número total de integrantes sería de 25. De acuerdo con esta propuesta, se asignarían seis escaños a África, cinco a Asia, cuatro a Latinoamérica y el Caribe, tres a Europa Occidental y otros Estados, y dos a Europa Oriental. Además México se opone a que Brasil sea el representante de América latina en el Consejo, y en cambio postula su propia candidatura". REYES, Alma Arámbula. **Consejo de Seguridad de Naciones Unidas.** Centro de documentación, información y análisis. Camara de Diputados. Ciudad de Mexico, 2008, p. 24.

98 FASSBENDER, Bardo, *op.cit.*, 2003, pp.205-206.

expansão e ao direito de veto. A principal discussão levantada por internacionalistas abrange a temática representatividade *versus* eficiência. Uma maior representatividade proporcionada pela ampliação dos membros do Conselho levaria a uma maior eficiência das atividades do órgão? Em outras palavras, o ingresso de novos membros contribuiria para uma eficaz concretização dos propósitos do CSNU, sobretudo relacionados à manutenção da paz e da segurança internacionais?

Ingo WILKELMANN (1997), no âmbito das discussões acadêmicas da década de 1990, concluiu, após extensiva pesquisa sobre os projetos de reforma, que se as Nações Unidas desejam ingressar em uma nova era e lidar com os desafios que virão pela frente, necessariamente deverão fortalecer e reorganizar o CSNU[99]. Para o jurista, a reforma do Conselho constituirá um precedente positivo para outros projetos de reforma[100].

Como assevera TARRAGÔ (2010), todos os estados membros concordaram em reformar o Conselho, segundo princípios genericamente enunciados no Documento de 2005: legitimidade, eficiência, representatividade e transparência. Porém, ao elaborarem a seu respeito, fizeram-no segundo entendimentos próprios ou convenientes de como deveriam traduzir-se tais princípios na reforma.

> Compreender os interesses conflitantes em jogo e as dificuldades em compô-los será fundamental para que se possa construir o acordo possível que torne o Conselho apto para enfrentar os desafios do século XXI. Para estar à altura desses desafios, o CSNU deveria incorporar novos membros permanentes e não permanentes, em condições de reforçar a cooperação para a solução de conflitos e de conferir maior

---

99 WINKELMANN, Ingo. **Bringing the Security Council into a New Era**: recent developments in the discussion on the reform of the Security Council. Max Planck Yearbook of United Nations Law. New York: United Nations, 1997, p. 89.

100 Vale lembrar que tramitam outros projetos de reformas no âmbito das Nações Unidas. Como assevera ALVES (2013, p. 54), dos três órgãos intergovernamentais das Nações Unidas que se reúnem regularmente, a Assembleia Geral, o Conselho de Segurança e o Conselho Econômico e Social (o ECOSOC), este último é o que mais tem sido objeto de propostas de reforma. Contudo, poucas das propostas apresentadas nos últimos 60 anos se traduziram em resultados concretos. "Há consenso em torno de três importantes obstáculos políticos a emendas da Carta. Em primeiro lugar, qualquer emenda, sobretudo as que ampliam o número de membros de órgão principal, pode criar precedente para a reforma do Conselho de Segurança, o que enfrenta forte resistência dos membros permanentes daquele órgão. Em segundo lugar, a ampliação de órgãos principais aproxima-os da composição dos fóruns universais, com o que perdem eficiência e agilidade. Por fim, o G-77 resistiria a emendas que afetassem a composição do ECOSOC porque o Grupo resiste a qualquer mudança que implique perda de espaço para discussão de questões de desenvolvimento. ALVES, José Ricardo da Costa Aguiar. **O Conselho Econômico e Social das Nações Unidas e suas propostas de reforma**. Brasília: FUNAG, 2013, p. 265.

III. Os BRICS e as reformas das instituições internacionais   161

representatividade e legitimidades às suas ações. Deveria também ter como objetivo precípuo o fortalecimento da segurança coletiva expressa na ação das Nações Unidas, como garante da manutenção da paz e segurança internacionais. Como países que melhor preenche tais credenciais na América Latina e Caribe, a reforma necessariamente terá de contemplar a inclusão do Brasil entre os membros permanentes do Conselho (TARRAGÔ, 2010, p. 31).

De acordo com FASSBENDER (2004, pp. 341-345), há maior concordância entre os governos no sentido de ampliar a categoria de membros não permanentes no Conselho, diferente da defesa de um aumento de membros permanente, hipótese na qual há uma forte objeção por parte de alguns governos. Segundo o autor, há um grande número de estados que desejam abolir ou limitar o direito de veto dos membros permanentes, mas o atual grupo dos cinco resiste em aceitar qualquer diminuição do seu status. O autor expõe que as diferenças de propostas repousam sobretudo na relação Norte-Sul. Nesse sentido, enquanto os países industrializados do Hemisfério Norte desejam limitar a expansão dos membros do CSNU[101], as nações em desenvolvimento do Hemisfério Sul tendem a promover um forte aumento dos membros do Conselho de modo a melhorar a representação do órgão. A pretensão do G-4, segundo o autor, pode nunca se concretizar ou simplesmente lograr êxito inesperado. Foi assim, como lembra, o que aconteceu na tímida reforma de 1963, com a expansão dos membros da categoria de não permanentes, aprovado mesmo com a relutância inicial de muitos países, incluindo os Estados Unidos.

SOARES (2010) aduz que uma maior responsabilidade reforça a exigência de maior representatividade (já requerida pela evolução do sistema internacional contemporâneo). Como justificar que, em cinco membros permanentes, a Europa disponha de três vetos? Para o diplomata, é preciso reformar o CSNU. Afiançar sua representatividade, legitimidade, credibilidade e eficácia é condição e meta para que não perca autoridade. A Carta há muito espera atualização e "a razão impeditiva não estará nos argumentos de realismo político, refúgio

---

101 De acordo com FASSBENDER (2004, p. 342), em outubro de 2002, um representante dos Estados Unidos perante as Nações Unidas, o embaixador Sichan Siv, timidamente afirmou que os Estados Unidos apoiam a reforma do Conselho, com Japão e Alemanha assumindo os assentos permanentes e com a expansão do número de assentos rotativos, sem qualquer hipótese de países em desenvolvimento adquirirem o direito de veto. França e Alemanha, segundo o autor, inicialmente relutavam a aceitar a ideia de um assento permanente adicional, sobretudo pelo receio de uma relativa perda de influência global e de um aumento da influência alemã na Europa. Contudo, a partir dos anos de 1990, ambos os países decidiram apoiar as candidaturas da Alemanha e do Japão e, posteriormente, a França decidiu apoiar as aspirações da Índia de se tornar um membro permanente.

dos descrentes tímidos e omissos (...) é arriscado deixar como está; por certo a situação se deteriorará com prejuízo para todos"[102].

Para CARON (1993), a desproporcionalidade representativa do CSNU fragiliza a própria legitimidade do Conselho. Sob uma perspectiva ideal, a reforma deve promover o objetivo da comunidade internacional no Conselho: um mecanismo eficaz para a manutenção da paz e da segurança internacional. Entretanto, o jurista salienta que o aumento de membros no Conselho não necessariamente acarreta aumento da efetividade de suas ações, sobretudo quando alguns estados buscam mais participação do que necessariamente efetividade das ações do CSNU. Nesse sentido, o autor aponta para a necessidade de fortalecimento dos laços entre a Assembleia Geral e o Conselho de Segurança que propicie uma maior participação de determinados estados sem necessariamente afetar a eficácia do CSNU. Os mecanismos informais, que não exigem alteração da Carta, podem satisfazer determinadas demandas; como exemplo, o anseio de países como a Alemanha e o Japão por mais influência sobre o Conselho poderia ser parcialmente substituído concedendo-lhes um papel significativo na tomada de decisão ou, garantindo informalmente que um ou ambos seja (m) colocado (s) em comissões especiais do Conselho. Do mesmo modo, o autor sugere que o Conselho poderia oferecer maior papel consultivo às potências regionais, como a Índia, Nigéria e Brasil[103]. Para HERNDL (1987) a revitalização do Conselho de Segurança ocorrerá mediante ações do próprio órgão. Para o jurista, não seria apropriado que outros órgãos das Nações Unidas atuem no sentido de modificar os objetivos e características do Conselho. Se Rússia e China demonstraram vontade política de inclusão de novos membros permanentes no CSNU, resta saber até que ponto os Estados Unidos, a França e a Inglaterra estarão dispostos a aceitar mudanças internas que possam ir de encontro aos seus respectivos posicionamentos políticos[104].

KOHEN (2001, p. 35) argumenta que mais do que reformar, é necessário reforçar a estrutura da Organização das Nações Unidas. Para o jurista, a estrutura onusiana pode ser melhorada. A democratização do Conselho de Segurança, entretanto, culminaria, no máximo, numa expansão e não numa mudança real do processo decisório. Por esta razão, ao invés de pensar em uma reforma ou mudança completa da organização, é necessário insistir na centralidade do

---

102 SOARES, João Clemente Baena. Breves considerações sobre a reforma da ONU. *In: Reforma da ONU.* IV Conferência Nacional de Política Externa e Política Internacional: O Brasil no mundo que vem por aí. Brasília: FUNAG, 2010, p.23.

103 CARON, David D. **The legitimacy of the collective authority of the Security Council.** The American Journal of International Law, v. 87, n. 4, Oct, 1993, p. 599.

104 HERNDL, Hurt. **Reflections on the role, functions and procedures of the Security Council of the United Nations.** Recueil des cours. Hague Academy of International Law, v. 206, 1987, p.392.

III. Os BRICS e as reformas das instituições internacionais **163**

controle de validade dos atos de um corpo que detém poderes exorbitantes, como o Conselho Segurança. No mesmo sentido, PELLET (1995, p. 237) argumenta que os mecanismos de controle são fundamentais[105] para assegurar o respeito do *jus cogens* e dos princípios plasmados na Carta das Nações Unidas, além de contribuírem para reforçar a legitimidade e a eficácia das ações do Conselho de Segurança[106].

HERNDL (1987, p. 319) expõe que as prerrogativas conferidas aos membros permanentes do CSNU não são inéditas. O Artigo 4º da Convenção da Liga das Nações já propunha uma representação permanente composta pelos principais aliados e potências associadas ao Conselho da Liga. A Constituição da Organização Internacional do Trabalho (OIT) igualmente prevê que determinados países, sobretudo aqueles com maior poder econômico e peso industrial, tenham maior representação no conselho de administração. Prerrogativas também são conferidas aos países que possuem as maiores cotas no âmbito do FMI. Levando-se em conta essas particularidades e a citação, pelo autor, do posicionamento realista de Carlos Romulo, proferido em 1946 – segundo o qual o poder de veto pode ser visto como um mecanismo justo quando países como os Estados Unidos e China possuem grandes populações, consubstanciado na tríade peso econômico, populacional e político. Os aspectos populacionais e econômicos variam e podem ser identificados e, consequentemente, atualizados em um lapso temporal determinado (as maiores economias com grandes populações).

---

105 Sobre a possibilidade de controle judicial sobre as decisões do CSNU, tema de discussão da 12ª Comissão, Trabalhos da sessão de Tallinn, 2015, ABI-SAAB "argued that judicial control of the respect of the legal limits set by the UN Charter and *jus cogens* should not be excluded whenever a question arose allowing the International Court of Justice to go into the problem of the constitutionality of the sanctions. He admitted that no tribunal had primary jurisdiction to control the constitutionality of Security Council acts but wished for the Report to shed greater light on the fact that such control could be exercised at a preliminary stage and incidental jurisdiction over Security Council resolutions could not be excluded". Por sua vez, BENVENISTI sublinhou que "would rather it focus less on the judicial nature of the control and more on its legal nature, to the extent that legal constraints did exist even when there was no formal judicial control. CANÇADO TRINDADE "added that it was high time to move beyond the ICJ's obiter dicta in the Lockerbie cases (1998); judicial review of implementation measures, In his understanding, was not the monopoly of regional courts; it was to be undertaken by the ICJ as well, particularly in the face of universal human rights and *jus cogens*. That was so in the present era of the primacy of the rule of law at both national and international levels. After all, States as well as the political organs of the United Nations were bound by the fundamental principles of international law (as enshrined in the UN Charter), by universal human rights and by *jus cogens*". Institute de droit international. **Judicial control of Security Council decisions (UNO)** Rapporteur: Rüdiger Wolfrum. Yearbook of Institute of International Law - Tallinn Session - Volume 76, 2015, pp. 489-491.

106 PELLET, M. Alain. **Peut-on et doit-on contrôler les actions du conseil de sécurité?** Le chapitre VII de la Charte des Nations Unies: 50e anniversaire des Nations Unies. Colloque de Rennes. Paris: Pedone, 1995.

A problemática reside no aspecto político que, assim como na Liga das Nações e nas Nações Unidas, levou em conta a identificação de aliado, este que, por sua vez, denota a existência de um inimigo comum. Nesse sentido, países como Alemanha, Japão, Índia, Brasil e Nigéria podem ser incluídos, à luz dos critérios populacionais, econômicos e até mesmo geográficos, como membros permanentes e com poder de veto no CSNU. Contudo, a resistência orbita na perspectiva política e na esfera de percepção de quem é ou não aliado em potencial de cada um dos cinco membros permanentes do CSNU[107].

A reforma do CSNU leva em conta o dilema em torno dos princípios jurídicos e das motivações políticas. Alguns autores questionam se a reforma do CSNU de fato estaria atrelada ao fortalecimento dos princípios relacionados à democratização, equidade e transparência ou se estaria mais em consonância com o equilíbrio de poder. Para LUCK (2003, p. 51), a maioria dos estados membros advogam a favor da implementação dos princípios supramencionados, muito embora os fundadores, durante a criação da Assembleia e do Conselho, levaram ambos os aspectos em consideração. De acordo com o autor, atualmente a questão prevalecente leva em conta o equilíbrio de poder. Os projetos de reforma, contudo, não necessariamente estariam ligados ao mau funcionamento das organizações internacionais, pelo contrário, representam um sinal de dinamismo institucional.

Como sublinham MCDONALD E PATRICK (2010), o combate às ameaças transnacionais, abrangendo desde terrorismo, proliferação nuclear e mudanças climáticas, exige não apenas capacidade militar, como também capacidade econômica, diplomática e tecnológica. As estratégias no sentido de conter, administrar e solucionar desafios globais dependem muito da coesão multilateral das potências tradicionais e das potências emergentes. Segundo os autores, os desafios do século XXI demandarão saídas multilaterais. Nesse contexto, os Estados Unidos teriam poucos ganhos com a diluição da autoridade do CSNU. As reformas, portanto, devem ser consideradas de modo a proteger a

---

107 "The report attempts to strike a balance in this regard between two major considerations that, in its view, should govern the composition of the Council: contribution to the Organization (financial, military, and diplomatic), on the one hand, and overall "representativeness" on the other hand. These twin considerations may not always go hand in hand, and on occasion may even clash with one another. A state may be a major financial contributor to the United Nations without having commensurate military clout, and, conversely, some states may have the appropriate military capability without making a meaningful financial contribution to the United Nations. Moreover, if "representativeness" is also taken to include the size of a state's population, then some of the most "representative" members of the Organization, namely, those with the largest populations, are far from being among the major financial contributors (owing to their low average per capita gross national product)". BLUM, *op.cit.*, 2055, p. 634.

III. Os BRICS e as reformas das instituições internacionais 165

eficácia e a utilidade do Conselho, incorporando novos atores globais, sobretudo potências regionais[108].

> A Carta da ONU atribui ao Conselho de Segurança o monopólio sobre a autorização da coerção militar (e, segundo muitos interpretes, não militar) – excetuado o direito individual ou coletivo à autodefesa. As decisões inspiradas nos dispositivos do Capítulo VII – que podem ir do embargo de armas, passando por sanções abrangentes para chegar à autorização de intervenção armada – constituem as únicas manifestações verdadeiramente impositivas da autoridade do Conselho de Segurança, na medida em que dispensam o consentimento das partes. Garantir que a imposição da ordem internacional pelo Conselho de Segurança seja fundada na justiça – e não apenas no poder – exige, antes de mais nada, que a autorização da coerção seja disciplinada por uma agenda multilateral, capaz de refletir interesses políticos coletivos e coerentes com os dispositivos da Carta da ONU (AMORIM, 1998, p. 7).

No mesmo sentido, FASSBENDER (2004) argumenta que o CSNU constitui o mais importante órgão das Nações Unidas, pedra fundamental da constituição da comunidade internacional pós-1945. Segundo o autor, se a legitimidade e a autoridade do Conselho estão enfraquecidas em razão da demora dos projetos de reforma, inevitavelmente haverá impactos diretos e negativos no sistema como um todo, como também no próprio direito internacional:

> Em outras palavras, o preço que os membros da comunidade internacional terão de pagar por sua prolongada negligência e indiferença ao futuro do Conselho de Segurança e ao sistema de segurança internacional construído em torno dele pode ser muito maior do que eles parecem imaginar hoje. É verdade que é extremamente difícil adaptar à situação atual uma Carta tão estreita e intrinsecamente associada à estrutura de poder internacional de 1945 ou, sob uma perspectiva um tanto diferente, à fase específica de desenvolvimento que o sistema internacional de estados alcançara no final da Segunda Guerra Mundial. No entanto, não há alternativa viável para enfrentar esse desafio, e enfrentá-lo logo. As dificuldades de construir uma nova ordem sobre as ruínas da Carta das Nações Unidas certamente seriam muito maiores (FASSBENDER, 2004).

De acordo com Hans KÖCHLER (1995), é necessário analisar o conflito direto entre os princípios ultrapassados das políticas de poder enraizadas no

---

108 MCDONALD, Kara C; PATRICK Stewart M. **UN Security Council enlargement and U.S. interests.** New York: Council on Foreign Relations, Special Report n. 59, 2010, p. 9.

código normativo da Carta e os princípios de cooperação internacional e parcerias incentivados pelas Nações Unidas. Um sistema de segurança coletiva dominada por algumas potências constitui, em alguns aspectos, característica própria do século XIX. Nesse contexto, o veto no Conselho de Segurança é um remanescente do poder e da doutrina de direito internacional dos séculos passados. O status de superpotência baseado e protegido na esfera de membros permanentes do Conselho de Segurança não pode sobreviver na realidade da atual ordem mundial[109].

> O ressurgimento de uma ideologia de superpotência missionária nos Estados Unidos não deve obscurecer a ordem mundial multipolar em desenvolvimento. Essa nova ordem também exige que as Nações Unidas se libertem da hegemonia das superpotências da Segunda Guerra Mundial e abram caminho para um sistema de relações internacionais baseado na parceria e no respeito mútuo (KÖCHLER, 1995, p. 91)[110].

KÖCHLER argumenta que a abolição do veto seria uma etapa decisiva para a restauração e credibilidade das Nações Unidas. A ideia de manter a paz através da cooperação universal substituiria a filosofia de assegurar a paz por meio de coordenação entre poucas potências privilegiadas. Essa reorientação no conceito de segurança coletiva, segundo o autor, contribuiria para fortalecer o direito nas relações internacionais e enfraquecer a lógica da *realpolitik*, incompatível com o espírito da Carta das Nações Unidas. Para obstar, também no futuro distante, a paralisia das Nações Unidas em suas tarefas primárias de manutenção da paz e de proporcionar uma estrutura para a segurança coletiva, é preciso buscar um novo consenso[111] e a revisão da Carta a fim de abolir o privilégio de votação

---

109 KÖCHLER, Hans. The Voting Procedure in the United Nations Security Council Examining a Normative Contradiction in the UN Charter and its Consequences on International Relations In: **Democracy and the International Rule of Law. Propositions for an Alternative World Order**. Selected Papers Published on the Occasion of the Fiftieth Anniversary of the United Nations. Vienna and New York: Springer, 1995, pp. 85-116.

110 "The re-emergence of a missionary superpower ideology in the United States must not obscure the developing multipolar world order. This new order also requires the United Nations to liberate itself from hegemonial policies of the victorious powers of World War II and make way for a system of international relations based on partnership and mutual respect". KÖCHLER, op.cit., p. 91.

111 "Le consensus procède d'une idée unanimiste. Il traduit la volonté des Etats d'élaborer un accord général, susceptible de refléter les vues de la Communauté internationale dans son ensemble et dont l'adoption ne se heurterait à l'opposition d'aucun d'entre eux. Politiquement, le développement de la pratique du consensus doit être rattaché à la persistance des antagonismes que connaît la société internationale". CASSAN, Hervé. Le consensus dans la pratique des Nations Unies. *In:* **Annuaire français de droit international**, volume 20, 1974, p. 457.

III. Os BRICS e as reformas das instituições internacionais **167**

especial, incompatível com o princípio de igualdade soberana[112]. Somente então, segundo o autor, a Organização das Nações Unidas poderá trabalhar no sentido de evitar o uso da força nas relações internacionais. O privilégio do veto como atual recompensa às superpotências pela anterior revogação do *jus ad bellum* constitui um entrave ao moderno direito internacional. Para KÖCHLER, o sistema que eterniza o equilíbrio de poder de 1945 é incapaz de reformar-se. Por sua vez, reconhece a possibilidade de uma alternativa mais realista de reestruturação do sistema, decorrente da expectativa de atuação de atores regionais na Europa (como a Alemanha), na Ásia (como a Índia), na América Latina (como o Brasil) e, finalmente, na África; além do reforço da posição de membros permanentes do Conselho de Segurança, como a Rússia e a China.

A limitação ao poder de veto é sublinhada por WOUTERS e RUYS (2005) como uma alternativa mais pragmática *vis-à-vis* o reiterado posicionamento do P-5, que insiste na manutenção do veto e na obstrução de quaisquer medidas tendentes a aboli-lo. Entre as propostas de limitação ao poder de veto, os juristas destacam aquelas relacionadas aos graves casos de violação de direitos humanos. Como exemplo, ressaltam a sugestão lançada pelo Parlamento Europeu na Resolução de 29 de janeiro de 2004, segundo a qual deveria ser criado, como possibilidade de contornar o veto, um órgão independente dotado de legitimidade ao abrigo do direito internacional (por exemplo, a Corte Internacional de Justiça ou o Tribunal Penal Internacional) destinado a estabelecer a existência de um perigo iminente (genocídio, crimes de guerra e crimes contra a humanidade). Outra possibilidade seria proibir que os membros permanentes exercessem a prerrogativa de veto sempre que uma Comissão Permanente de Inquérito, composta por peritos eminentes e independentes, encarregada de pronunciar-se sobre a natureza e o alcance das crises em curso, encontrasse casos de genocídio, limpeza étnica ou massacres em larga escala de civis em curso. Isso poderia resultar no estabelecimento de um órgão permanente que não se limitaria à simples verificação de fatos através de visitas de campo e de

---

112 "Aooording to general international law all the States have the same capacity of being charged with duties and of acquiring rights; equality does not mean equality of duties and rights, but rather equality of capacity for duties and rights. Equality is the principle that under the same conditions States have the same duties and the same rights. This is, however, an empty and insignificant formula because it is applicable even in case of radical inequalities. Thus, a rule of general international law conferring privileges on Great Powers could be interpreted as in conformity with the principle of equality, if formulated as follows: any State, on the condition that it is a Great Power, enjoys the privileges concerned. The principle of equality so formulated is but a tautological expression of the principle of legality, that is, the principle that the general rules of law ought to be applied in all cases in which, according to their contents, they ought to be applied. Thus the principle of legal equality, if nothing but the empty principle of legality, is compatible with any actual inequality". KELSEN, Hans. **The principle of sovereign equality of states as a basis for international organization**. The Yale Law Journal, v. 53, n. 2, 1944, p.209.

168   Direito e Relações Internacionais • Elen de Paula Bueno

contatos com a sociedade civil, mas que também teria competência para fazer qualificações jurídicas. No que diz respeito à estrutura de tal órgão dentro do quadro da ONU, várias opções poderiam ser consideradas, como a criação de um novo órgão sob a autoridade da Assembleia Geral por recomendação do Secretário-Geral. Em qualquer caso, o órgão teria de ser não político, composto por juristas. A fim de preservar um equilíbrio de poder institucional, poder-se-ia imaginar submeter as ações dessa missão a uma maioria de dois terços de votos no Conselho de Segurança. O direito de veto não se aplicaria. Para os juristas, essa proposta pode parecer politicamente inviável aos olhos de alguns, mas não há argumento moralmente aceitável para rejeitá-la[113].

Como assevera FASSBENDER (2003), as questões atinentes ao poder de veto constituem o tema mais espinhoso dos projetos de reforma. Desde 1945, muitos estados se opõem ao poder de veto[114] sob o argumento de violação ao princípio da igualdade entre os estados, da incompatibilidade com os preceitos democráticos e como um mecanismo de não cooperação dentro de um sistema de segurança coletiva cuja essência é cooperativa. Algumas propostas ao longo dos anos defenderam a total remoção[115] do veto na Carta, enquanto outras sugeriram certas modificações ou limitações. Um terceiro grupo de estados contestou a extensão do poder de veto a novos membros permanentes[116]. Os atuais membros permanentes, o P-5, por sua vez, já se demonstram contrários a quaisquer planos de reforma tendente a abolir ou limitar o poder de veto. Entre outras propostas relativas ao veto, vale salientar que: i) uma das primeiras propostas, lançada pela Austrália durante as negociações de São Francisco, argumentou pela renúncia do uso do veto em todos os processos decorrentes do capítulo VI da Carta das Nações Unidas, que versa sobre a solução pacífica de controvérsias; ii) uma segunda proposta, apoiada pelo Movimento dos Países Não Alinhados, caminhou no sentido de restringir o exercício do veto nas ações tomadas ao abrigo do capítulo VII da Carta (ação relativa a ameaças à paz, ruptura da paz e atos de agressão); iii) uma terceira proposta, apresentada pela União Africana e outros estados, como Itália, Mongólia, Singapura e Tunísia, sugeriu que o poder de veto somente poderia impedir Conselho de adotar uma resolução uma vez

---

113 WOUTERS, Jan; RUYS, Tom, *op. cit.* 2005, pp. 29-35.

114 "Cette institution est placée sous le signe de Janus: instrument de contrôle et élément utile d'un système de *checks and balances,* il peut être aussi un facteur de blocage et d'immobilisme; soit, c'est l'hypthèse la plus évidente parce que son utilisation empêche, positivement, qu'une décision soit prise; soit, négativement, parce qu'il permet à un Membre permanent de s'opposer à ce qu'une décision soit rapportée". PELLET, *op. cit.*, 1995, p. 229.

115 A abolição total do veto foi originariamente defendida por Colômbia, Cuba, Guatemala, Indonésia, Nova Zelândia, Líbia, Sudão e Iêmen. FASSBENDER, Bardo, *op.cit.*, 2003, p 211.

116 Austrália, Itália, Espanha, Suécia, Islândia e outros grupos de estados. FASSBENDER, Bardo, *op.cit.*, 2003, p.211.

III. Os BRICS e as reformas das instituições internacionais **169**

emitido por dois ou mais membros permanentes simultaneamente; iv) alguns estados sugeriram excluir o veto em específicos tipos de decisões. O México, por exemplo, deixou claro que gostaria de ver a eliminação de todas as referências ao Conselho de Segurança nos artigos referentes à admissão, suspensão e expulsão de estados membros, à nomeação de do Secretário-Geral e à alteração da Carta das Nações Unidas, situações nas quais o poder decisório deveria ficar exclusivamente sob o crivo da Assembleia Geral. O Grupo dos Dez (Áustria, Austrália, Bélgica, Bulgária, República Tcheca, Estônia, Hungria, Irlanda, Portugal e Eslovênia) adotam posição similar àquela apresentada pelo México[117].

O sistema de veto, moldado à luz do contexto pós-guerra mundial, subsistirá mesmo com um CSNU reformado, segundo a análise de SLAUGHTER (2005). Ressalta, no entanto, que um Conselho de Segurança mais amplo e representativo pode contribuir para a diminuição do impacto do veto em inúmeras circunstâncias[118]. A autora argumenta ainda que os projetos de reforma, além das temáticas da representatividade e eficiência, trazem à baila um plano de mudanças profundas, redefinindo os conceitos de segurança, solidariedade e até de soberania: i) em primeiro lugar, propõe que as Nações Unidas, uma organização fundada no compromisso com a proteção da segurança do estado, devem agora subordinar a segurança do estado à segurança humana; ii) segundo, a segurança humana redefine a solidariedade – como seres humanos, todos procuramos viver nossas vidas com dignidade, livres do medo e da carência; e iii) terceiro, essa concepção de solidariedade, por sua vez, redefine a soberania – mais precisamente, um esforço para implementar essa concepção de soberania através de uma instituição como as Nações Unidas exige uma redefinição radical da soberania, relacionada especialmente com o princípio da "responsabilidade de proteger[119]".

---

117 WOUTERS, Jan; RUYS, Tom. **Security Council reform: a new veto for a new century?** Brussels: Royal Institute for International Relations (irri-kiib), August, 2005, pp. 21-22.

118 "Notwithstanding the rhetoric of formal equality and the one-state, one-vote system in the General Assembly, the current United Nations institutionalizes inequality based on power. The Security Council system of permanent members carrying vetoes reflected the World War II victors' determination to avoid the utopianism and dysfunction of the League of Nations. That inequality will continue in a reformed United Nations, whether or not Security Council reform succeeds and regardless of the model. Nevertheless, a larger and more representative Security Council is likely to diminish the impact of the veto in a number of ways, from isolating a veto-wielding permanent member seeking to cast its veto against the weight of global public opinion, to creating a larger potential majority in favor of having an action proceed in the face of a veto, as essentially happened with the NATO action in Kosovo". SLAUGHTER, Anne-Marie. **Security, solidarity, and sovereignty:** the grand themes of UN reform. The American Journal of International Law, v. 99, n. 3, Jul., 2005, p. 631.

119 Durante o "Painel de Alto Nível sobre Ameaças, Desafios e Mudanças das Nações Unidas" pontua BIERRENBACH (2011) que "o conceito de segurança coletiva apresentado pelo painel foi multifacetado, integrado e pautado por responsabilidades comparti-

De acordo com ERDAĞ (2014)[120], a única forma de alcançar a reforma do CSNU é a adoção de uma nova Carta. Para o analista, diferentemente dos debates atuais sobre a reforma da ONU e do CSNU pautados em uma maior democratização, transparência e representação equitativa, as premissas iniciais na construção da Organização levaram em conta sobretudo a questão de segurança, moldada de forma a manter o equilíbrio das grandes potências em detrimento da participação igualitária. Na era pós-Guerra Fria há um amplo consenso entre os membros da ONU sobre os anacronismos do CSNU, que não reflete mais as realidades do mundo atual e que precisa de reformas estruturais. Para resolver o dilema da reforma, a ONU precisa urgentemente, segundo o autor, de uma nova Carta para superar os debates sobre o poder de veto e permanecer compatível com a política internacional e as questões de segurança do século XXI. A esse respeito, a questão a ser colocada nas discussões sobre a reforma é se o Conselho de Segurança da ONU é composto de membros baseados em democracia ou baseados em poder. Se a resposta for pró-democracia, a ONU reconstruirá todos os órgãos e regulamentos em consonância com esse preceito.

Como observa HERZ (1999)[121], alguns propõem que a Carta, pilar constitucional da organização, deve ser reescrita e uma nova organização deve ser criada, adaptada à realidade do novo século. No entanto, os analistas e as lideranças políticas que vêm se manifestando sobre o assunto concordam que uma revisão institucional é o caminho mais viável para adaptar e revigorar

---

lhadas. Em primeiro lugar, desenvolvimento econômico, liberdade humana e segurança passaram a ser vistos como elementos interdependentes. Em segundo lugar, as ameaças não reconheceriam fronteiras e estariam ligadas internacional, nacional e regionalmente. Finalmente, os Estados passariam a ter responsabilidades compartilhadas, e a própria soberania seria vista como responsabilidade, não só em relação à proteção da população, mas também em relação a outros Estados. Os Estados não seriam "bons em si", mas por poderem assegurar condições de vida, justiça e segurança para seus povos. O relatório observa ainda que, quando os Estados falham no cumprimento dessas obrigações, cabe às instituições internacionais o dever de agir. A questão da segurança coletiva e do uso da força foi abordada pelo painel de modo específico. O uso da força seria considerado legal em três situações: em legítima defesa, mesmo quando a ameaça não fosse iminente; quando um Estado representa ameaça externa, real ou potencial, a outros Estados ou a pessoas fora de suas fronteiras; e quando a ameaça representada pelo Estado fosse de ordem interna, dirigida contra seu próprio povo". BIERRENBACH, Ana Maria. **O conceito de responsabilidade de proteger e o direito internacional humanitário.** Brasília: Fundação Alexandre de Gusmão, 2011, p. 142.

120 ERDAĞ, Ramazan. **How many is greater than five? A comprehensive model proposal for the United Nations Security Council.** 72nd Midwest Political Science Association (MPSA) Annual Conference, April 3-6, 2014, Chicago, IL, USA. Alternatives turkish journal of international relations, v. 13, n. 4, Winter 2014, p. 93.

121 HERZ, Mônica. **O Brasil e a reforma da ONU.** Lua Nova, São Paulo, nº 46, 1999, p. 78.

III. Os BRICS e as reformas das instituições internacionais   171

a organização[122]. Segundo SLOBODA[123], o sistema de governança instituído pela ordem constitucional das Nações Unidas não é perfeito. Contudo, não há dúvidas de que o referido sistema organiza institucionalmente a comunidade internacional. Para o jurista, a Carta resguarda valores fundamentais da comunidade internacional, como a preservação da paz, e organiza um sistema de governança universal.

Qualquer emenda na Carta das Nações Unidas exige o voto de dois terços dos membros da Assembleia Geral e a ratificação, de acordo com os respectivos métodos constitucionais, por dois terços dos Membros das Nações Unidas, inclusive todos os membros permanentes do Conselho de Segurança (art.108). Nos termos do Artigo 109 da Carta, uma Conferência Geral dos membros das Nações Unidas, destinada a rever a presente Carta, poderia reunir-se em data e lugar a serem fixados pelo voto de dois terços dos membros da Assembleia Geral e de nove membros quaisquer do Conselho de Segurança. Mesmo após o prazo de dez anos, a Conferência Geral jamais se concretizou. Como observa SOARES[124], os estados membros sequer corrigiram dispositivos obsoletos, anacrônicos ou superados, tais como: i) os artigos 53 e 107, os quais mencionam "estados inimigos" aqueles que enfrentaram os países aliados na Segunda Guerra Mundial, sendo todos eles atualmente estados membros da ONU, como Japão, Itália e Alemanha; ii) apesar da existência de uma Comissão Especial para as operações de paz, e do Secretariado de um departamento para a matéria, as operações de paz não estão disciplinadas na Carta (desde 1948, mais de 60 operações foram desenvolvidas com a participação de mais de um milhão de militares e civis) e iii) o artigo 43 menciona paz e segurança internacionais, porém, na atualidade, as operações desenvolvem-se também em casos de conflitos internos.

---

122 MEDEIROS (2010, p.100) expõe que o objetivo de reorganizar o funcionamento da máquina intergovernamental, de modo a tornar a organização mais representativa, democrática e eficiente desdobra-se em dois: i) a reorganização da ONU sem a emenda da Carta, mediante a revitalização do ECOSOC e a criação de novas Comissões, incluindo-se também a possível reforma do FMI e do Banco Mundial e II) a reorganização da ONU com a emenda da Carta de São Francisco, hipótese na qual ocorreria a reestruturação dos principais órgãos, especialmente do Conselho de Segurança, da Assembleia Geral, do Secretariado e do Conselho Econômico e Social. Aqueles que acreditam que o tema se restringe a uma questão de mera otimização da organização optam pelo primeiro, ao passo que aqueles que já estão convencidos de que a matéria não se resolverá sem uma reestruturação parcial ou total da Carta defendem a segunda opção. MEDEIROS, Antonio Paulo C. de. O Desafio da reforma da ONU. *In:* **Reforma da ONU.** IV Conferência Nacional de Política Externa e Política Internacional: o Brasil no mundo que vem aí. Seminário sobre a Reforma da ONU. Brasília: FUNAG, 2010, pp. 99-111.

123 SLOBODA, Pedro M. **A síndrome de Brás Cubas: sanções unilaterais e a responsabilidade internacional dos estados.** Brasília: FUNAG, 2018, pp. 103-104.

124 SOARES, *op.cit.*, 2010, pp. 10-11.

> Se de uma parte vemos que a Carta foi modificada, de outra parte observamos que a mais vigorosa atividade da ONU pelo volume, presença, mobilização de homens e recursos, consequência na vida dos povos envolvidos, passa ao largo da Carta. Parece haver temos de desiquilibrar uma estrutura política construída no texto constitutivo, caso se decida por mudança, com sua revisão, o que é um equívoco. A estrutura já está desiquilibrada e clama por conserto. A Carta deve refletir as esperanças de hoje e não o medo de 1945, ouvi certa vez (SOARES, 2010, p. 12).

Como revelou o documento final "um mundo mais seguro: nossa responsabilidade compartilhada "[125], a Organização das Nações Unidas foi criada em 1945 com a finalidade de preservar as gerações futuras do flagelo da guerra e assegurar que os horrores dos conflitos mundiais não se repetissem. A principal preocupação dos fundadores dessa importante organização consistia prioritariamente na segurança dos estados. Nesse contexto, ao sistema de segurança coletiva era incorporado um tradicional sentido militar: um modelo no qual a agressão contra um estado representava uma agressão contra todos e uma consequente reação coletiva. Ao mesmo tempo, compreendiam que a segurança, o desenvolvimento econômico e a liberdade humana eram indivisíveis. No preâmbulo da Carta se proclama também que a Organização das Nações Unidas foi criada para reafirmar a fé nos direitos fundamentais e promover o progresso social. O desafio central do século XXI consiste justamente em firmar um conceito mais amplo, que sintetize todas essas vertentes, do significado de segurança coletiva e todas as responsabilidades, compromissos, estratégias e instituições necessárias a um sistema de segurança coletiva eficaz, eficiente e equitativo. O Conselho de Segurança, consoante exposto no referido documento, necessita de maior credibilidade, legitimidade e maior caráter representativo para uma eficaz consecução de suas finalidades.

> A mencionada crise de legitimidade que, há tempos, vem afetando a principal finalidade da ONU – manter a paz e a segurança internacionais – é agravada pela obsolescência e pela inadequação ao tempo atual de importantes dispositivos de sua Carta, que foi assinada em São Francisco, em 26 de junho de 1945, entrou em vigor em 24 de outubro do mesmo ano e que, por isso mesmo, refletia a realidade política, social, econômica e estratégica dos primeiros anos do pós-guerra (PEREIRA, 2007, p. 44)[126].

---

125 UNITED NATIONS. **More secure world: our shared responsibility.** Report of the High-Level Panel on Threats, Challenges and Change, UN Doc. A/59/565, 8, 2004.

126 PEREIRA, Antonio Celso Alves. A reforma das Nações Unidas e o sistema internacional contemporâneo. *In:* **Jornadas de Direito Internacional Público no Itamaraty.** Desafios do direito internacional contemporâneo. Brasília: FUNAG, 2007, pp. 21-78.

III. Os BRICS e as reformas das instituições internacionais **173**

Há trinta anos, Maurice BERTRAND já alertava que a reforma das Nações Unidas era urgente. Afirmou ainda que uma organização mundial foi e continua a ser indispensável, razão pela qual não seria contraditório afirmar que a instituição, tal como é hoje, deve ser modernizada e radicalmente reformada, de modo a torná-la mais receptiva às esperanças que os povos continuam a depositar nela. Os temas relacionados à segurança e à paz internacionais são fundamentais, mas os problemas econômicos também devem constituir prioridade das instituições internacionais, as quais igualmente devem lidar com os desafios da atualidade. Para o autor, os países em desenvolvimento continuam a ser excluídos das discussões nas mesas de negociação nas quais os problemas financeiros são abordados concretamente. Esta situação prejudica a comunidade internacional como um todo[127].

3.2.5 Os BRICS e o Conselho de Segurança das Nações Unidas

A preocupação com os temas de segurança internacional cresceu vertiginosamente nas Cúpulas dos BRICS e passou, paulatinamente, a ocupar cada vez mais espaço nas Declarações. Os reiterados apoios chinês e russo à pretensão do Brasil, da Índia e da África do Sul ao status de membros permanentes do CSNU denota duas premissas básicas sobre o posicionamento do grupo: i) inexiste pretensão de alterar radicalmente o sistema de segurança coletiva sob o atual modelo onusiano; e ii) apesar da concordância mútua de incorporar novos membros permanentes, os BRICS não chegaram, até o momento, a apresentar um projeto próprio e coordenado sobre a matéria. Diferentemente da área econômico-financeira, na qual os BRICS mais avançaram em matéria de reformas e novos modelos de cooperação, a busca por uma reestruturação no CSNU, embora enaltecido em todas as Cúpulas, logrou poucos resultados concretos. Esse panorama igualmente se distingue das Declarações[128] do IBAS,

---

127 BERTRAND, Maurice. **Some reflections on reform of the United Nations**. Joint Inspection Unit. Bertrand Report. Documento JIU/REP/85/9. Documento A/40/988, 1985. Geneva: Nações Unidas, 1985, pp.67-69.

128 Os líderes do IBAS "sublinharam a necessidade de uma reforma urgente do Conselho de Segurança da ONU, incluindo uma expansão tanto nas categorias de membros permanentes como na categoria de membros não permanentes, com participação ampliada de países em desenvolvimento em ambas. Discutiram a iniciativa do G-4 de uma minuta de resolução sobre expansão do Conselho de Segurança em ambas as categorias e sobre a melhoria de seus métodos de trabalho. Eles expressaram sua satisfação com o papel positivo que os três países do IBAS têm desempenhado na manutenção da paz e segurança internacionais durante seu mandato atual no Conselho de Segurança. Comprometeram-se a continuar com a cooperação estreita para trazer suas perspectivas aos processos de trabalho e de tomada de decisão do CSNU. Reafirmaram seu desejo e capacidade de assumir maiores responsabilidades na manutenção da paz e da segurança internacionais. Nesse

as quais conferem pretensões enfáticas e detalhadas sobre a reforma do Conselho de Segurança.

O histórico sobre os projetos de reforma do CSNU demonstra as inúmeras dificuldades existentes. A Índia e o Brasil, conforme aferido no âmbito do G-4, transitam entre grupos que vão de encontro ao apoio conferido pela China, mormente quando esta resiste tenazmente à pretensão japonesa ao assento permanente. Soma-se a isso, ainda, a reiterado posicionamento da União Africana e a contundente oposição do grupo Unidos pelo Consenso.

Em que pese todos os obstáculos à concretização de uma reforma no CSNU, eventual mudança, conforme questionado por teóricos, não necessariamente levaria a um aumento da efetividade de suas ações. Malgrado tais questionamentos, estudiosos e diplomatas parecem concordar sobre a necessidade de mudança da estrutura atual que, uma vez concebida à luz de um cenário pós-guerra, já não contemplaria mais os desafios do presente século. Nesse contexto, aumentam as discussões em torno de elementos condicionantes à validade e autoridade do Conselho, como representatividade, legitimidade, credibilidade e eficácia, os quais inelutavelmente exigiriam uma ampla e completa reforma do CSNU.

A despeito da ausência de uma proposta coordenada dos BRICS em matéria de reforma do CSNU, o grupo ampliou sua agenda sobre temas relacionados à segurança internacional e adotou práticas conjuntas em determinados assuntos.

> Na esfera política, em 2011, todos os países do grupo estiveram no Conselho de Segurança das Nações Unidas, o que ampliou o espaço de coordenação e consulta em temas candentes da agenda do Conselho, como a questão da Líbia. A reunião de Chanceleres à margem da AGNU, em setembro de 2011, aprofundou o diálogo político na defesa da promoção da democratização do sistema internacional; promoveu debate sobre o Oriente Médio e Norte da África; abordou as Conferências COP 17 (Durban, dezembro de 2011) e Rio+20 (Brasil, junho de 2012); reiterou apoio ao ingresso na Rússia na OMC; e reafirmou a importância de ser completada a reforma das instituições financeiras internacionais. Ainda no que diz respeito à coordenação em temas políticos, realizou-se em Moscou, em 24 de novembro, reunião de Vice-Ministros para tratar da situação no Oriente Médio e Norte da África, o que resultou em uma Declaração abrangente sobre temas como a situação política na Síria, na Líbia e no Iêmen; o conflito Árabe-Israelense;

---

contexto, os países do IBAS declararam apoio às aspirações mútuas por assentos permanentes em um Conselho de Segurança das Nações Unidas reformado". BRASIL, Ministério das Relações Exteriores. **Declaração de Tshwane**, IBAS, 2011.

e o programa nuclear iraniano. Os participantes da reunião ressaltaram a legitimidade das aspirações dos povos da região por maiores direitos políticos e sociais. O papel do Conselho de Segurança da ONU foi enfatizado, uma vez que ele detém a responsabilidade primária pela manutenção da paz e segurança internacionais (REIS, 2013, p. 63)

No dia 26 de fevereiro de 2011, o Conselho aprovou a resolução 1970 que, em conformidade com o artigo 41 da Carta, impôs um embargo de armas e outras restrições à viagem e ativos da Líbia e encaminhou a situação ao Tribunal Penal Internacional. Finalmente, em 17 de março de 2011, o Conselho de Segurança aprovou a resolução 1973 (2011) – mediante a qual foi estabelecida uma zona de exclusão no espaço aéreo da Jamahiriya Árabe da Líbia e, entre outras disposições, o reforço do embargo de armas e do congelamento de ativos financeiros de autoridades líbias, bem como a autorização aos estados membros das Nações Unidas para tomar as medidas que julgassem necessárias para proteger as populações civis na região. A resolução contou com dez votos afirmativos (incluindo a África do Sul) e as abstenções da China, Rússia, Brasil, Índia e Alemanha. As semelhanças nas posições e declarações dos BRICS na Resolução 1973, segundo GARWOOD-GOWERS (2015) não foram coincidentes; os funcionários confirmaram que os membros do grupo se consultaram antes da votação[129].

UZIEL; OLIVEIRA; ROCHA[130] analisaram a relação entre a presença dos BRICS no Conselho de Segurança em 2011 e a decisão do número de decisões tomadas pelo órgão anualmente. A pesquisa apontou que, no sentido estrito, a

---

129 "Following the Security Council vote on resolution 1973 each of the BRICS expressed concerns over the text of the resolution. China stated it had 'serious difficulty with parts of the resolution' and its preference was to resolve 'the current crisis through peaceful means'. Russia regretted the fact that it had received no answers to its questions about 'how the no-fly zone would be enforced, what the rules of engagement would be and what limits on the use of force there would be'. The scope of the mandate in resolution 1973 was also a concern for India, which noted the lack of 'clarity about details of enforcement measures and how these measures will exactly be carried out'. The Brazilian representative in the Security Council was of the view that 'the text of resolution 1973 (2011) contemplates measures that go far beyond that call for a no-fly zone'. Even South Africa, which initially agreed to join Brazil and India in abstaining but ultimately decided to vote in favour, appeared somewhat uncomfortable with the resolution. It warned against 'unilateral military intervention under the pretext of protecting civilians' and expressed 'hope that this resolution will be implemented in full respect for both its letter and spirit'. GARWOOD-GOWERS, Andrew. The BRICS and the responsibility to protect in Libya and Syria. *In: The BRICS and coexistence*: an alternative vision of world order. New York: Routledge, 2015, p. 52.

130 UZIEL, Eduardo; OLIVEIRA, Ana Paula; ROCHA, Rafael. **A atuação dos BRICS no Conselho de Segurança das Nações Unidas no ano de 2011**. Revista Política Externa, v. 23, n. 4, 2015.

participação conjunta dos BRICS no órgão não culminou na inclusão de novos itens na agenda, situação na qual os cinco países trataram daqueles que já existiam, ainda que de modo propositivo. Segundo os autores, essa característica é reforçada pela dinâmica evidente nas declarações das cúpulas, onde os BRICS foram gradativamente adicionando temas, a partir da agenda do Conselho, e não como proposta para modificá-la ou expandi-la. Em um sentido mais amplo, concluíram que os BRICS no Conselho não se propuseram a mudar o arcabouço político que tem orientado o órgão desde o início da década de 1990. Por outro lado, observaram, mediante análise de dados quantitativos sobre número de decisões, percentual de decisões unânimes e número de projetos frustrados, que a presença conjunta dos BRICS no Conselho de Segurança parece ter contribuído para a produtividade e unidade do órgão.

Em 2017, os BRICS lançaram uma Declaração Conjunta na qual condenavam a ação militar unilateral dos Estados Unidos na Síria. Nos termos da Declaração, os enviados especiais dos BRICS para o Oriente Médio expressaram preocupação com as crises internas que surgiram em vários estados da região nos últimos anos e defenderam firmemente a solução da crise à luz do direito internacional e em consonância com a Carta das Nações Unidas, sem recorrer à força ou interferência externa, e estabelecendo um amplo diálogo nacional com o devido respeito pela independência, integridade territorial e soberania dos países da região. Os membros do BRICS defenderam a consolidação dos esforços internacionais para combater a ameaça global do terrorismo e sublinharam que as medidas de combate ao terrorismo devem ser tomadas com base no direito internacional sob a égide da ONU e do seu Conselho de Segurança. No decurso da reunião, foi sublinhado o papel do Conselho de Segurança da ONU como o organismo internacional que tem a responsabilidade primária de manter a paz e a segurança internacionais. Também foi enfatizado que as intervenções militares que não são autorizadas pelo Conselho de Segurança são incompatíveis com a Carta da ONU e, destarte, inaceitáveis. Nesse sentido, confirmaram o apoio a todos os esforços para uma solução política e diplomática na Síria através de negociações baseadas na Resolução 2254 do Conselho de Segurança das Nações Unidas[131]. Além do conflito na Síria, a Declaração destacou ainda a preocupação dos países do BRICS com a situação política e de segurança e a escalada do conflito armado na Líbia, no Iraque e no Iêmen. Outrossim, foram unânimes ao destacar que o período das transformações fundamentais que estão ocorrendo nos países do Oriente Médio e da África do Norte não deve ser usado como pretexto para retardar a resolução de conflitos de longa data, em particular o conflito palestino-israelense. Os participantes da reunião também concordaram com a conveniência de realizar consultas

---

131 BRASIL, Ministério das Relações Exteriores. **Adoção pelo Conselho de Segurança das Nações Unidas da Resolução 2254 sobre a Síria.**

III. Os BRICS e as reformas das instituições internacionais   177

regulares sobre os temas do Oriente Médio (Ásia Ocidental) e Norte da África em vários locais, incluindo a ONU, e confirmaram seu apoio à realização de reuniões informais de seus representantes[132].

3.3 OS BRICS E A REFORMA DAS INSTITUIÇÕES DE BRETTON WOODS

As instituições econômicas internacionais exercem e continuarão a desempenhar um papel fundamental nas relações internacionais. Além de lidarem com o rápido crescimento do número de atividades econômicas internacionais, com as crises sistêmicas e com a ampliação dos temas da agenda, essas instituições deverão se adaptar às condicionantes, realidades e perspectivas do século XXI.

A crise financeira de 2008 revelou a necessidade de um trabalho coletivo capaz de aperfeiçoar o sistema econômico global e seus instrumentos legais[133]. Nesse contexto, os países emergentes demonstraram uma nova urgência em reformar as instituições internacionais, como é mais claro no âmbito do sistema[134] monetário[135] e financeiro[136]. Diante da crise econômica global, o status quo do

---

132 RUSSIA FEDERATION, Ministry of Foreign Affairs of the. БРИКС. **Joint Communiqué on the Meeting of BRICS Special Envoys on Middle East,** Visakhapatnam, April 12, 2017.

133 AKSAR, YUSUF. International economic law. *In:* **Implementing international economic law**: through dispute settlement mechanisms. Dordrecht: Martinus Nijhoff Publishers, Nijhoff international trade law series, v. 6, 2011, p. 48.

134 "Il est possible de définir le système monetaire et financier international comme l'ensemble des règles, arrangements et pratiques résidant à la conduite des relations monetaires entre Etats et servant au financement des transactions internationales. Dans cette optique, le système monetaire et financier international revêt deux caractéristiques essentielles. D'une part, dans sa première composante, il est constitué par des obligations monétaires – universelles et régionales – formant autant de codes de bonne conduite que les Etats ont formellement accepté de respecter dans leurs relations réciproque. D'autre part, dans sa deuxième composante, il est constitué par les divers mécanismes destinés à financer les échanges mondiaux qu'il a'agisse des techiques largement institutionnalisées de coopération monétaire interétatique". CARREAU, Dominique; JUILLARD, Patrick. **Droit international économique**. 4ª ed. Paris: L.G.D.J, 1998, p. 555.

135 "The International monetary system has gone through four stages in its evolution: the gold standard (1880-1914); the gold-exchange standard (1925-1933); the Bretton Woods system (1944-1971) and the Jamaica system, also known as the floating exchange rate system (1976-present). Each international monetary system has its own political and economic background. The history of the international monetary system is also a history of the rise and fall of economic powers and a history of modern international economic relations". LI, Ruogo. **Reform of the international monetary system and internationalization of the renminbi**. Beijing: World Scientific Publishing Co Pte Ltd, 2015, p. 1.

136 "Whereas the purpose of the international monetary system is to facilitate transactions in what economists call the "real" economy (trade, manufacturing, etc.), the purpose of the financial system is to provide the investment capital required for economic activities and de-

G-7 passou a ser contestado pelos países emergentes, que também passaram a solicitar maior participação nas organizações internacionais.

Sessenta anos após sua criação, as instituições de Bretton Woods (IBW) atravessam uma crise de legitimidade que prejudica a sua credibilidade e eficácia. A raiz desta crise é o caráter não representativo de sua estrutura de governança, o que coloca o controle das instituições nas mãos de um pequeno grupo de países industrializados que consideram os países em desenvolvimento e as economias em transição como sócios minoritários, embora representem, em termos reais, mais da metade da produção mundial e a maior parte da população do mundo, incluindo as economias mais dinâmicas e grandes detentores de reservas internacionais. Com o tempo, os efeitos da escassa representatividade de governança das IBW foram agravados por duas tendências. Em primeiro lugar, uma crescente divisão entre os países membros: de uma parte, os países industrializados credores – que não são mutuários das instituições, mas são os que decidem majoritariamente suas políticas e ditam as normas – e, por outra parte, os países em desenvolvimento, devedores atuais ou potenciais, sujeitos às políticas e normas formuladas por outros. A segunda tendência é o rápido incremento tanto do tamanho da economia como da importância dos países em desenvolvimento, sobretudo dos mercados emergentes, na economia mundial. Essa tendência fez com que a estrutura de governança das instituições, que reflete o acordo político alcançado ao final da Segunda Guerra Mundial, se torne mais e mais obsoleta (BUIRA, 2007, p. 44)[137].

As demandas por uma ordem econômica internacional[138] que reflita a realidade do século XXI, especialmente o papel desempenhado pelos países em desenvolvimento, relacionam-se, assim como no âmbito da segurança internacional, com a necessidade de ajustamento, legitimidade e eficácia das instituições

---

velopment around the globe. Both the efficiency and the well-being of the world economy are profoundly affected by the success or failure of one or another of the two systems". GILPIN, Robert. **Global political economy**. Princeton: Princeton University Press, 2001, p. 234.

137 BUIRA, Ariel. **Las instituciones de Bretton Woods:** ¿gobierno sin legitimidad? EconomíaUNAM, v. 4, n. 10, 2007, p. 44.

138 "D'un point de vu juridique, un ordre économique se définit comme l'ensemble des normes et institutions réglementant les comportements et les activités des opérateurs économiques, et correspondant à quelques principles directeurs ou standards jugés complémentaires par un modèle économique. La recherche d'un 'nouvel ordre économique international' plus équitable par les pays en développement dans les années 1970 a fait long feu faute d'avoir correspondu à l'évolution concrète des rapports de force, si bien que l'ordre économique international actuel conserve largement les caractéristiques 'néoliberal' qui marquaient celui qui avait été édifié au sortir de la seconde guerre mondial". DINH, Nguyen Quoc et al. **Droit international public**. 8ª ed. Paris: L.G.D.J, 2009, p. 1172.

III. Os BRICS e as reformas das instituições internacionais   179

econômicas internacionais já existentes. Nesse contexto, surgiram os primeiros movimentos e os consequentes projetos de reforma de restruturação dos sistemas econômico e financeiro. Esses movimentos repercutem, paulatinamente, nos instrumentos jurídicos e na representação dos costumes que regulam as organizações internacionais econômicas[139].

> A concentração de voto nas mãos dos principais países industrializados garante que eles tenham uma influência determinante nas diretrizes da instituição. Ademais, um país – os Estados Unidos – ou, em outros casos, uns poucos países industrializados, têm poder de veto em várias decisões cruciais, tais como o tamanho do FMI, política de acesso aos recursos do FMI, sua escala e a taxa a ser cobrada. Com relação aos assentos no Conselho, vários países europeus pequenos estão representados. Por outro lado, os países em desenvolvimento têm uma presença relativamente pequena (...). Várias medidas poderiam ser tomadas para melhorar a distribuição de cotas em geral e aumentar o papel dos países em desenvolvimento na administração do FMI. Com respeito ao último objetivo, parece ser essencial aumentar a proporção de votos básicos em relação ao total de votos na determinação dos votos dos membros (GRIFFITH-JONES, 2002, p. 53)[140].

A reforma do FMI e do Banco Mundial, como observado em todas as cúpulas, foi uma das primeiras reivindicações formuladas pelos BRICS. De forma detalhada, os BRICS reafirmaram as ambições para as reformas das instituições de Bretton Woods. Segundo os membros do grupo, o FMI e o Banco Mundial precisam urgentemente resolver seus déficits de legitimidade por meio de reformas estruturais - que exigirão uma mudança substancial no poder de voto, em favor das economias emergentes de mercado e dos países em desenvolvimento, de modo a adequar sua participação nos processos decisórios ao seu peso relativo na economia mundial.

O formato de cooperação frequente e regular teve início em 2008, quando os ministros das finanças e presidentes dos bancos centrais dos quatro países reuniram-se para discutir suas respostas políticas à crise financeira, bem como suas propostas de reforma da arquitetura financeira global. Em 2009, os ministros das finanças organizaram duas reuniões autônomas para coordenar suas

---

139 Como assinala CRETELLA NETO, a atuação de organizações internacionais de caráter financeiro e econômico, como o FMI e o Banco Mundial, contribui para a formação do direito internacional econômico, já que produzem atos unilaterais de caráter obrigatório, além de estimularem o desenvolvimento econômico por meio de acordos bi e multilaterais. CRETELLA NETO, José. **Curso de direito internacional econômico**. São Paulo: Saraiva, 2012, p. 325.

140 GRIFFITH-JONES, Stephany. Uma nova arquitetura como bem público global. *In*: **Arquitetura assimétrica:** o espaço dos países emergentes e o sistema financeiro internacional. São Paulo: Fundação Konrad Adenauer, 2002.

posições no G-20 e se reuniram duas vezes no âmbito do FMI. Na reunião de março de 2009, apoiaram a posição do G-20 como a principal instituição para liderar a cooperação internacional e os esforços para responder à crise financeira global. Outrossim, pediram uma regulamentação e supervisão de instituições financeiras de importância sistêmica, como as agências de *rating*, e consideraram as reformas do plano financeiro internacional, incluindo o FMI e o Banco Mundial. Pouco tempo depois, na reunião de Londres, os ministros das finanças dos BRICs e os presidentes dos bancos centrais estabeleceram um objetivo de 7% e 6% para a redistribuição de cotas e participações a favor dos países em desenvolvimento no FMI e Banco Mundial, respectivamente. Posteriormente, os BRICS estabeleceram uma prática regular de reuniões de ministros das finanças destinadas à preparação para as cúpulas BRICS e de coordenação de posições individuais no G-20. Como resultado, até o final de 2014, foram realizadas 17 reuniões e cinco documentos foram adotados. As reuniões dos ministros de finanças se tornaram o componente mais importante da coordenação na agenda de alargamento e aprofundamento dos BRICS, juntamente com as cúpulas e encontros entre ministros e vice-ministros das relações exteriores[141].

Como demonstraremos adiante, os BRICS exerceram um papel fundamental nos projetos de reforma das instituições econômicas internacionais. Sob uma coordenação articulada, lograram resultados positivos em termos de inserção nos processos decisórios do FMI e do Banco Mundial. Concomitantemente aos projetos e pressões de reforma das instituições de Bretton Woods, os BRICS fundaram a primeira organização internacional do grupo, o Novo Banco de Desenvolvimento (NBD).

3.3.1 O contexto histórico[142] de criação das instituições de Bretton Woods

Após a Segunda Guerra Mundial[143], a preocupação com a segurança econômica foi considerada tão, senão mais, importante que a segurança política

---

141 LARIONOVA; SHELEPOV, *op.cit.*, 2015, p. 44.

142 "L'expression même d'institutions internationales introduit parfaitement cette notion historique, c'est-à-dire ce facteur temps puisqu'aussi bien, et même au regard des juristes les plus stricts, l'institution suppose un ensemble de droits et d'obligations qui naissent successivament, à partir d'une première situation. L'étude des institutions internationales suppose donc une étude de laquelle ne seront point exclues les considérations historiques. Celles-ci d'ailleurs ont toujours joué un rôle important dans certains disciplines juridiques et la formule peut être rappellée que posait Bielfield au XVIIIe siècle: le droit public repose sur les faits, pour le connaître il faut savoir l'histoire". COLLIARD, Claude-Albert. **Institutions des relations internationales**. 9ª ed. Paris: Dalloz, 1990, p. 6.

143 No âmbito da Liga das Nações foi realizada a Conferência Financeira Internacional, sediada em Bruxelas, no ano de 1920 e que contou com a participação de trinta e quatro

e militar. O desastre econômico ocasionado pela Grande Depressão de 1929 igualmente contribuiu para o despertar de uma consciência coletiva voltada à construção de uma ordem econômica mundial sob os auspícios de uma organização internacional. Em julho de 1944, foi realizada a Conferência Monetária e Financeira das Nações Unidas, nos Estados Unidos, onde delegados de quarenta e quatro nações criaram um novo sistema internacional econômico conhecido como o sistema de Bretton Woods[144]. A iniciativa procurou criar um sistema capaz de harmonizar as relações econômicas internacionais, além de possibilitar a reconstrução e o desenvolvimento de países afetados pela guerra. Nesse contexto, foram criados o Fundo Monetário Internacional (FMI) e o Banco Internacional para a Reconstrução e o Desenvolvimento (BIRD) ou Banco Mundial.

No século XIX, o padrão ouro representara a hegemonia da Grã-Bretanha na economia internacional, ao mesmo tempo em que garantia a liberdade de comércio e a segurança dos investidores estrangeiros. Na prática, o controle britânico do padrão ouro se converteu em uma espécie de padrão ouro libra esterlina, concedendo ao país o papel de principal beneficiário da abertura econômica mundial do século XIX. O cenário, porém, transformou-se diante da perda de competitividade da economia britânica frente aos estados emergentes, como os Estados Unidos e a Alemanha. As guerras mundiais e a grande crise financeira da primeira metade do século XX deixaram ainda mais evidente a necessidade de um reordenamento financeiro internacional. Em Bretton Woods, prevaleceu a proposta da potência emergente (Plano White) em detrimento da então potência decadente (Plano Keynes)[145]. Com efeito, o resultado final de

---

países. O primeiro-ministro belga chegou a propor a criação de um banco internacional destinado a resolver as problemáticas relacionadas à estabilidade monetária, mas nenhuma das recomendações chegou a ser concretizada, sobretudo em razão da resistência dos Estados Unidos em apoiá-las. O mesmo resultado se repetiu na Conferência Econômica Mundial, realizada em 1933, quando várias ideias criativas foram expostas, especialmente por países menores, com a finalidade de estabilizar o comércio internacional. KINDLEBERGER, Charles P. **A financial history of Western Europe**. London: George Allen e Unwin, 1984, p. 333.

144 "The Bretton Woods system is commonly understood to refer to the international monetary regime that prevailed from the end of World War II until the early 1970s. Taking its name from the site of the 1944 conference that created the International Monetary Fund (IMF) and World Bank, the Bretton Woods system was history's first example of a fully negotiated monetary order intended to govern currency relations among sovereign states. In principle, the regime was designed to combine binding legal obligations with multilateral decision-making conducted through an international organization, the IMF, endowed with limited supranational authority. In practice the initial scheme, as well as its subsequent development and ultimate demise, were directly dependent on the preferences and policies of its most powerful member, the United States". COHEN, Benjamin. **Bretton Woods System**. Prepared for the Routledge Encyclopedia of International Political Economy.

145 BLOCK, Fred L. **Los orígenes del desorden económico internacional**: La política monetaria internacional de los Estados Unidos, desde la Segunda Guerra Mundial hasta nuestros días. Ciudad de Mexico: Fondo de Cultura Económica, 1980, pp. 28-56

Bretton Woods materializou a hegemonia norte-americana na reorganização política e econômica do capitalismo internacional no pós-guerra. Produto de uma mudança drástica na estrutura de poder internacional, ela institucionalizou uma nova ordem monetária baseada no dólar, razão pela qual a política econômica dos EUA centralizaria a criação de liquidez e forjaria as condições da expansão e da internacionalização do capital estadunidense. Criaram-se organizações financeiras de tipo multilateral que expressavam a desigualdade de poder configurada no sistema[146].

> A intenção original dos fundadores do FMI era que ele fosse inclusivo em seus membros, de modo que o sistema de monitoramento econômico global pudesse ser administrado de maneira eficaz e neutra. No entanto, esse objetivo de inclusão levou quase seis décadas para ser alcançado. O FMI começou com 40 membros originais. As potências do Eixo - Alemanha, Itália, Espanha e Japão - foram excluídas no início, mas aderiram durante a década de 1950. A maior parte da África ainda era colonizada e foi considerada inelegível para a adesão, embora a Índia, ainda colônia até agosto de 1947, tenha sido incluída entre os membros fundadores. A União Soviética, apesar de ser um participante nas deliberações de Bretton Woods, não se juntou. A China era um membro fundador, mas sua sede foi para Taiwan, na República da China, em 1950, após a vitória comunista. Os aliados da União Soviética se retiraram (Polônia em 1950) ou foram obrigados a retirar-se (Checoslováquia em 1954). Esses países voltaram depois de 1990. Assim, desde o início da instituição até a queda da Cortina de Ferro, nenhum país socialista foi incluído no FMI e no Banco Mundial (exceto Iugoslávia). A governança do Fundo foi efetivamente dominada pela América do Norte e países da Europa Ocidental (MOHAN; KAPUR, 2015, p. 15).

O FMI foi concebido em julho de 1944 como uma instituição internacional responsável pela promoção da estabilidade monetária, ajudando a financiar os déficits temporários da balança de pagamentos de seus membros. Nos termos do Artigo 1º do Estatuto Constitutivo, as principais atribuições do FMI consistem em promover a cooperação monetária internacional por meio de uma instituição permanente que forneça um mecanismo de consulta e colaboração no que respeita a problemas monetários internacionais, além de facilitar a expansão e o crescimento equilibrado do comércio internacional e contribuir, assim, para o estabelecimento e manutenção de níveis elevados de emprego e de rendimento

---

146 PEREIRA, João Márcio Mendes. **Banco Mundial**: concepção, criação e primeiros anos (1942-60). Varia Historia, Belo Horizonte, v. 28, n. 47, jan/jun, 2012, p. 395.

III. Os BRICS e as reformas das instituições internacionais **183**

real e para o desenvolvimento dos recursos produtivos de todos os membros, como objetivos primordiais da política econômica, com vistas a promover a estabilidade dos câmbios, manter regulares arranjos cambiais entre os membros e diminuir o grau de desequilíbrio das balanças internacionais de pagamentos dos membros[147]. Em dezembro de 1945, os primeiros 29 países membros assinaram seu Acordo Constitutivo e, em 1º de março de 1947, iniciaram-se as atividades do Fundo. No mesmo ano, a França se tornou o primeiro país a realizar um empréstimo perante a instituição[148].

No que diz respeito ao sistema de participação e de tomada de decisões das duas principais instituições de Bretton Woods, cumpre salientar que foram introduzidos mecanismos complexos de votos ponderados, posteriormente seguidos pelas principais organizações internacionais econômicas. Os estados participantes das Conferências de 1944 estabeleceram o princípio segundo o qual os direitos de voto dos países membros se dariam em função da cota-parte, isto é, do montante de sua subscrição ao capital inicial. Outrossim foi acordado que o sistema de cota deveria refletir a capacidade econômica e financeira dos estados membros[149]. Ao mesmo tempo, foi definido um sistema de revisão periódica de modo a avaliar o peso econômico dos estados participantes. Ao se associar ao FMI, é atribuída ao estado uma cota, cujo valor é proporcial à sua participação relativa na economia mundial, considerando fatores como o PIB, transações correntes e reservas internacionais. O novo membro, então, deve realizar a subscrição dessa cota, repassando ao Fundo a importância correspondente. É justamente o valor das cotas de cada país que determina seu poder de voto das decisões dos órgãos do FMI[150].

A estrutura de governança do FMI atualmente se apresenta da seguinte forma: a) O Conselho de Governadores, o mais alto órgão de decisão do FMI. Embora o Conselho tenha delegado a maior parte dos seus poderes à Diretoria Executiva do FMI, mantém o direito de aprovar aumentos de cotas, atribuições de direitos de saque especiais (DSE), admissão de novos membros, retirada obrigatória de membros e alterações aos artigos dos seus estatutos. Reúne--se anualmente em Assembleia Geral para examinar as atividades do Fundo

---

147 IMF, **Statuts du fonds monétaire international**.

148 IMF, **history**.

149 "The Fund is one of the first international organizations established after World War II in which the voting power of members is unequal. This inequality was readily accepted because it was agreed that the quotas of members would be related to economic criteria and that each member would subscribe gold and its own currency to the Fund in an amount equal to its quota". GOLD, Joseph. **Developments in the law and institutions of international economic relations**. The American Journal of International Law, v. 68, n. 4, Oct., 1974, p. 687.

150 GOLD, Joseph. **Legal and institutional aspects of the international monetary system**: selected essays, vol. II. Washington: International Monetary Fund, 1984, p. 403.

e adotar resoluções[151]; b) a Diretoria Executiva, composta por 24 diretores executivos, sendo 8 deles indicados por Estados Unidos, Japão, Alemanha, França, Reino Unido, Arábia Saudita, Rússia e China, e os demais eleitos por grupos de países predeterminados, para um mandato de dois anos. Cada diretor executivo detém poder de voto equivalente àquele do país ou grupo de países que representa. O modelo adotado na Diretoria Executiva, embora favoreça o dinamismo nas atividades do Fundo, aprofunda ainda mais as desigualdades entre os estados no âmbito da organização. Além de impedir a participação direta dos países menos desenvolvidos nas decisões concretas da organização, tal sistema pode gerar sérias controvérsias entre os estados representados por um mesmo diretor executivo, na medida em que países nem sempre possuem interesses convergentes[152].

> A principal fonte de financiamento do FMI deriva de contribuições conhecidas como cotas - capital que os membros individuais pagam ao Fundo. A cota para cada país individual é calculada com base em seu PIB, a relativa abertura de sua economia, sua variabilidade econômica e suas reservas internacionais. As cotas também determinam o poder de voto dos estados membros. Ao contrário das Nações Unidas ou da OMC, onde cada membro tem um voto, o peso dos votos no FMI é projetado para refletir a força relativa de cada membro na economia global. Cada país tem 750 votos básicos, mais um voto adicional para cada 100.000 DES que são calculados com base na cota desse país. Embora muitas resoluções sejam decididas por consenso, a possibilidade de votação pode influenciar as decisões. Os maiores acionistas do FMI - Estados Unidos, Alemanha, Japão, França e Grã-Bretanha - detêm conjuntamente quase 40% dos votos, dos quais somente os Estados Unidos controlam mais de 16,5%. Quando grandes decisões são tomadas, que exigem 85% dos votos para serem adotadas, os Estados Unidos têm poder de veto (...) Economias de mercados emergentes como a China, a Índia ou o Brasil estavam particularmente sub-representadas em relação as suas respectivas capacidades econômicas (GNATH; MILDNER; SCHMUCKER, 2012, p. 17).

As estruturas institucionais e a atuação dos estados nas votações no âmbito das organizações econômicas *ab initio* geraram inúmeras discussões, tanto na esfera diplomática quanto na acadêmica. Nesta última, diversos estudos tentaram demonstrar os aspectos vantajosos e as limitações do sistema, sobretudo

---

151 INTERNATIONAL Monetary Fund. **IMF Members' Quotas and Voting Power, and IMF Board of Governors**.

152 MACEDO, Leonardo Andrade. **O fundo monetário internacional e seus acordos stand-by**. Belo Horizonte: Editora Del Rey, 2007, pp. 30-33.

III. Os BRICS e as reformas das instituições internacionais   185

em matéria de legitimidade e eficácia das instituições. Segundo BROWN (2009), as instituições de Bretton Woods prejudicam a perspectiva multicultural, uma vez que perseguem um sistema de votação ponderada que favorece países desenvolvidos. Outra parte especialmente ultrapassada da fórmula de Bretton Woods diz respeito ao acordo informal segundo o qual os EUA sempre nomeiam o presidente do Banco Mundial, enquanto europeus indicam o diretor geral do FMI[153]. LISTER (1984) ressaltou que a estrutura de cotas das organizações econômicas, como o FMI, não possui objetivos claros, possuindo caráter político e imparcial[154]. Joseph GOLD (1974, p. 707), após um estudo sobre os limites que foram impostos ao poder de voto ponderado, argumenta que a experiência do FMI demonstrou que mesmo em uma organização internacional na qual prevalece o princípio do poder de voto ponderado dos seus membros, certas decisões podem ser tomadas com base no consenso, cujo efeito prático culmina no poder de voto igualitário. BUIRA (2007, p. 67), por sua vez, argumenta que o sistema de cotas do FMI e do Banco Mundial denota uma sub-representação dos países em desenvolvimento, comprometendo a eficácia e a legitimidade das instituições.

Os questionamentos sobre a estrutura do sistema econômico internacional inaugurado em Bretton Woods iniciaram-se logo após sucessivas crises econômicas globais. Durante a década de 1960, diversos países em desenvolvimento, que buscavam financiamento com vistas à promoção do desenvolvimento, viram as primeiras dificuldades de acesso perante as fontes de financiamento promovidas pelas organizações internacionais existentes. A crise do petróleo dificultou ainda mais as tentativas de promoção do desenvolvimento, contribuindo para o aumento das dúvidas que pairavam sobre o FMI e o Banco Mundial[155]. Tendo em vista os problemas econômicos e financeiros, iniciou-se um movimento, em maio de 1974, denominado "nova ordem econômica internacional", consubstanciado na Resolução (A/RES/S-6/3201) adotada pela Assembleia Geral das

---

153 BROWN, Bartram. Multiculturalism and the Bretton Woods Institutions. *In:* **Multiculturalism and international law**. Essays in Honour of Edward McWhinney. Boston: Martinus Nijhoff Publishers, 2009.

154 LISTER, Frederick K. **Decision-making strategies for international organizations**: the IMF model, v. 20, n.4. Graduate School of International Studies, University of Denver, Denver, 1984.

155 Sob uma perspectiva política das organizações internacionais, CRETELLA NETO (2013, pp. 88-90) expõe que há diferentes atitudes adotadas por países ou grupos de países diante de novos sujeitos da sociedade internacional. Segundo o jurista, três posições podem ser consideradas: a) a dos Estados ocidentais – capitaneado pelos EUA, pelos países europeus do Oeste e pelo Japão, com os quais se alinharam a Austrália, Nova Zelândia e a maior parte dos países da América Latina e da Ásia; b) a dos Estados do antigo bloco socialista, que gravitava em torno da ex-URSS e c) a dos países em desenvolvimento, que procuravam unir-se, defensivamente, em torno de um ideário de desenvolvimento econômico.

Nações Unidas. Nos termos dessa resolução[156], entendeu-se que não foi possível alcançar um desenvolvimento equilibrado no âmbito da ordem econômica internacional existente. A desigualdade entre os países desenvolvidos e os países em desenvolvimento continuava a aumentar num sistema que foi estabelecido em um período em que a maioria dos países em desenvolvimento sequer existia como estados independentes. À luz das novas realidades do pós-guerra, uma nova ordem econômica mundial deveria ser fundada de modo a promover o desenvolvimento de todos os países do globo.

> Adotada em período extraordinário, que se realizou de 9 de abril a 2 de maio de 1974, a Resolução 3201 (S-VI) da AGNU contém a Declaração sobre o estabelecimento de uma nova ordem econômica internacional, e um programa de ação para a sua implementação, este contido na Resolução 3202 (S-VI) da AGNU – Programa de ação para o estabelecimento de uma nova ordem econômica internacional. A ordem econômica internacional, segundo a premissa da Declaração estaria em contradição direta com a evolução das relações políticas e econômicas internacionais no mundo contemporâneo, visto tratar-se de 'sistema que se estabeleceu em época na qual a maioria dos países em desenvolvimento sequer existia como estados independentes, e que esta perpetua a desigualdade'. O objetivo básico seria, assim, a eliminação do desequilíbrio existente entre os países desenvolvidos e os países em desenvolvimento (CASELLA, 2011, p. 133).

Segundo FONSECA JR (1998, p. 158) era natural que surgissem perspectivas contraditórias, sustentadas, portanto, em perspectivas diferentes do que é legítimo, sobre as melhores formas de organização do sistema internacional. É o que ocorre, durante a Guerra Fria, no que diz respeito ao tema como a ordem econômica. São exemplares do movimento as articulações dos países em desenvolvimento, reunidos no Grupo dos 77, para que se criasse uma ordem econômica mais 'justa', regida por regras que levassem em conta a diferença entre ricos e pobres e que se contrapunham aos princípios mais próximos de uma ortodoxia liberal, que estavam incorporados às instituições de Bretton Woods e eram defendidos pelos países desenvolvidos, especialmente os EUA. Para o autor, a experiência das propostas da Nova Ordem Econômica Internacional (NOEI) ensina lições relevantes a respeito dos questionamentos da legitimidade internacional[157].

---

156 UNITED NATIONS, General Assembly. **Resolution adopted by the General Assembly 3201 (S-VI). Declaration on the Establishment of a New International Economic Order.** Disponível em: http://www.un-documents.net/s6r3201.htm. Acesso em: 18 de março de 2017.

157 "Les institutions et les procédures d'élaboration du NOEI revêtent une grande importance parce que celui-ci est le plus souvent négocié dans le cadre d'organisations internationa-

III. Os BRICS e as reformas das instituições internacionais   187

O direito internacional é um instrumento de poder. Essa tem sido outra concepção dominantes de direito. Essa característica do direito pode danificar seriamente sua legitimidade. Ainda, o direito em si é um poder na medida em que pode ser efetivado. Se a ordem não tem apoio do poder, tal ordem seria ineficaz, e, aqui novamente, não mereceria a denominação ordem. A chamada "Nova Ordem Econômica Internacional" dos anos 1970 é um bom exemplo. Essa "ordem" foi veementemente defendida por países em desenvolvimento e por um determinado número de especialistas, e foi adotada na forma de resoluções da AGNU. Mas, permaneceu basicamente no papel. Faltava-lhe o apoio de importantes países desenvolvidos, especialmente os Estados Unidos, que possuía diferentes tipos de poder efetivo. Com a resistência persistente daqueles possuidores de poder substantivo, a "Nova Ordem Econômica Internacional" não pôde se tornar uma ordem real (ONUMA, 2017, p. 58).

A partir de meados dos anos 1960, houve crescente contestação e desconfiança em torno do dólar como ativo de reserva de valor internacional, levando as autoridades monetárias a procurarem novamente por ouro e pressionarem para que se criasse um novo ativo de reserva. Isso somente aconteceu em 1968, com a criação dos Direitos Especiais de Saque (DES) no âmbito do FMI, cuja primeira emissão, inclusive em volume muito restrito, somente aconteceu em 1970[158], já em pleno processo de fuga da moeda norte-americana[159]. A partir de então, o FMI passou por diversas transformações institucionais, sobretudo em períodos de crise, com singelas mudanças e adaptações conjunturais, dentre as quais se destacam: criação dos direitos especiais de saque (1968), criação do comitê dos 20 para reforma do fundo (1972), empréstimos e assistência de longa duração (1980), planos de ajustamento estrutural (1989), criação do conceito de nova arquitetura financeira, baseada no aumento de transparência,

---

les (...) L'objectif de l'offensive politique du Tiers monde au sein des organisations consiste notamment à changer les principes de prise de décisions et la structure de ces organisations afin que la majorité numérique des pays en développement ysoit reflétée. Il serait ensuite plus facile aux pays en développement de faire adpoter par ces organisations une réglementation économique internationale établissant une nouvelle redistribution du pouvoir économique". KRANZ, Jersy. **La prise de décisions dans les organisations internationales et le nouvel ordre économique international.** Archiv des Völkerrechts, 20, 3. 1982, p.282.

158 "After experiencing many dollar crises between 1960s and 1970s, the Bretton Woods system finally collapsed. In 1971, the United States abandoned the convertibility of the dollar into gold, thereby starting an era of floating exchange rates. Even though the United States was no longer obliged to convert the dollar to gold when required, its core status in the international monetary system remained unchanged. This caused many unfair and unequal practices in international economy. LI, *op.cit.*, 2015, p. 36.

159 BAER, Monica et. al. **Os desafios à reorganização de um padrão monetário internacional.** CEBRAP/FUNAG /SGPL/PNUD. Revista Economia e Sociedade, n. 4, 1994, p. 84.

consolidação da supervisão bancária, liberalização lenta e cautelosa de capitais e parceria com o setor privado (1998), aprovação do crescimento no volume de cotas da China como reconhecimento de sua crescente participação na economia mundial (2001), reforma de cotas para um realinhamento mais próximo da nova geografia econômica internacional (2006) e aprovação de uma ampla reforma na governança na qual se incluiu uma duplicação no volume de cotas representado no aumento em 6 pontos percentuais para a participação dos mercados emergentes e garantias para a manutenção do poder de voz dos países mais pobres (2008)[160].

Nas últimas décadas, o trabalho do Fundo afetou principalmente as economias em desenvolvimento e em transição, alterando a participação dos países no âmbito da instituição. No entanto, a estrutura de representação nos conselhos da organização continua a ser amplamente baseada nas participações compreendidas e reconhecidas em Bretton Woods, em 1944. Como observa WOODS (2000), para serem eficazes, as instituições econômicas internacionais devem obter o compromisso e incluir a participação dos países em desenvolvimento. Segundo a autora, pesquisas revelaram que os compromissos desses países tendem a se fortalecer com o aumento da participação e de maior proximidade na formulação de políticas no sistema de governança. Esses argumentos sugerem razões importantes para reformar a estrutura de votação das organizações de Bretton Woods[161].

Particularmente após as sucessivas crises da década de 1990, as iniciativas de reforma do sistema monetário internacional foram retomadas[162]. As crises desse período revelaram que as mazelas do sistema demandavam mudanças fundamentais. Apesar da ausência de uma reforma concreta e substancial, as

---

160 COELHO, Jaime Cesar. Reformando as instituições financeiras multilaterais (passado e presente): banco mundial e fundo monetário internacional. *In:* **As transformações no sistema financeiro internacional**. Brasília: IPEA, 2012, v. 1, pp. 624-627.

161 WOODS, Ngaire. **The challenge of good governance for the IMF and the world bank themselves**. World Development, v. 28, n. 5, 200, pp. 823-841.

162 Importante lembrar que a crise nos mercados asiáticos de 1997 levou à formação da Associação das Nações do Sudeste Asiático, a ASEAN+ 3 (China, Coréia e Japão), que se formou em 2000 com a iniciativa Chiang Mai voltada à cooperação financeira na Ásia. "A participação da China em arranjos cambiais e financeiros de forma a reduzir os riscos cambiais na região marcou uma nova direção na política externa chinesa voltada à cooperação regional na Ásia. Em 2003, A China permitiu o uso do yuan como moeda para pagamento nos contratos comerciais com os países de fronteira, bem como vem encorajando empresas chinesas a usar o yuan em investimentos na Ásia, sinalizando um movimento de regionalização monetária. Nesta mesma direção deve-se considerar a participação chinesa nas operações de swap com diversos países do leste asiático nos termos da Chiang Mai Initiative". MEDEIROS, Carlos Aguiar de. **A China como um duplo polo na economia mundial e a recentralização da economia asiática**. Revista de Economia Política, v. 26, n. 3, 103, julho--setembro, 2006, p. 395.

III. Os BRICS e as reformas das instituições internacionais **189**

crises dos mercados emergentes dos anos 1990 – geridas pelo FMI e pelo Banco Mundial de modo a evitar o contágio global – deixaram evidente a necessidade de maior transparência e de mecanismos de contenção. A crise global de 2008 confirmou que as incertezas de um sistema monetário internacional que inelutavelmente deveria enfrentar os desafios da reforma[163]. Nesse contexto somam-se, ainda, as novas configurações políticas e econômicas que afetam o sistema econômico internacional.

> Desde o segundo ano de 2000, contudo, o sistema de Bretton Woods entrou em uma nova fase de crise de legitimidade: essa terceira etapa surgiu em 2007 com a crise econômica e financeira, que teve impactos negativos relevantes para a zona do euro, já afetada por enormes desequilíbrios macroeconômicos. A crise destacou a fragilidade das áreas do mundo unanimemente consideradas como as mais fortes e resilientes, como os Estados Unidos e a União Monetária Européia e, ao mesmo tempo, tornou-se impossível desconsiderar o maior peso obtido por alguns países emergentes. As taxas de crescimento econômico dos países do BRICS, em particular, foram há muitos anos próximas ou mesmo maiores de dois dígitos, enquanto as economias ocidentais mais relevantes apresentaram evidências de desaceleração econômica e, um pouco mais tarde, caíram na pior crise financeira desde 1929 (LATINO, 2017, p. 50)[164].

Parcela dos especialistas acredita que o sistema monetário internacional ainda permanece frágil. Algumas das fraquezas, como a falta de um mecanismo de ajustamento adequado e a volatilidade excessiva das taxas de câmbio e dos fluxos de capital, podem causar futura volatilidade nos mercados financeiros globais no futuro, se não forem abordados através de reformas[165]. Os desequilíbrios do poder de voto das instituições de Bretton Woods têm sido apontados como um dos maiores obstáculos à atual ordem econômica global, bem como aos preceitos de eficácia e representatividade. O sistema de votação das instituições de Bretton Woods cria problemas de legitimidade democrática, uma vez que a influência ou o poder de voto de cada membro não é, em geral, igual ao seu peso[166].

---

163 ORĂŞTEAN, Ramona; MĂRGINEAN, Silvia. **International monetary system** – between crisis and reform. Theoretical and Applied Economics, v. XX, n. 8 (585), 2013, p.142.

164 LATINO, Agostina. The New Development Bank: Another BRICS in the Wall? *In*: **Accountability, Transparency and Democracy in the Functioning of Bretton Woods Institutions**. London: Springer International Publishing, 2017, pp. 47-69.

165 LIN; FARDOUST; ROSENBLATT, *op.cit.*, 2012, p. 2.

166 LEECH, Dennis; LEECH, Robert. **Voting power in the Bretton Woods institutions**. Homo Oeconomicus 22, 4, 2005, pp. 605–627.

No informe intitulado "Global Development Horizons 2011, Multipolarity: The New Global Economy" – Horizontes do desenvolvimento global 2011, Multipolaridade: *a nova economia mundial* – o Banco Mundial reconheceu que os países emergentes exerceriam um papel fundamental na economia mundial. De acordo com o então economista-chefe do Banco Mundial, Justin Yifu LIN, é provável que o sistema monetário internacional deixe de ser dominado por uma moeda única[167]. Os países de mercados emergentes, onde atualmente restam três quartos das reservas oficiais de divisas e cujos fundos de riqueza soberana e outras reservas de capital são fontes cada vez mais importantes de investimento internacional, tornar-se-ão protagonistas nos mercados financeiros. Em resumo, o economista argumentou que se encontra em curso o surgimento de uma nova ordem mundial com uma distribuição mais difusa do poder econômico. As mudanças, ao longo da história, apresentam desafios e envolvem incertezas. A identificação de questões globais emergentes, segundo LIN, é fundamental para as respostas políticas e institucionais.

3.3.2 BRICS e as reformas do FMI e do Banco Mundial

A crise financeira de 2007-2008 reacendeu, no âmbito do FMI, o debate a respeito das propostas de alteração da estrutura de poder e de representatividade institucional. A retórica em favor do multilateralismo também ganhou mais espaço, e passou a ser uma das prioridades declaradas na agenda da instituição. O Fundo passou a destacar o G-20 como um de seus principais parceiros, reconhecendo igualmente o papel dos países emergentes como elemento de equilíbrio no período de crise. Nesse sentido, houve um esforço em institucionalizar as mudanças do sistema, que se tornaram mais claras diante da crise, para dar conta dos ganhos de poder dos países emergentes[168].

A reforma dos sistemas financeiros nacionais e internacional, com especial destaque para a implantação de mudanças na regulamentação financeira, tem sido o tema central dos debates no âmbito do G-20[169].

---

167 WORLD BANK. **Global Development Horizons 2011 Multipolarity**: The New Global Economy.

168 COELHO, Jaime C; CAPINZAIKI, Marília R. **Desdobramentos da crise financeira de 2007-08:** reforma da arquitetura financeira tradicional e inovações no desenho institucional do regime financeiro internacional. Carta Internacional, vol. 9, n.1, jan-jun, 2014, pp. 144-160.

169 CARVALHO, Fernando J. Cardim. O G-20 e a reforma do sistema financeiro: possibilidades e limitações. *In:* **As transformações no sistema financeiro internacional**. Brasília: IPEA, 2012, v. 1, p.25.

III. Os BRICS e as reformas das instituições internacionais 191

Na área financeira, o G-20 praticamente herdou as funções anteriormente atribuídas ao G-8. Por iniciativa do G-20, algumas instâncias ou instituições reguladoras internacionais ampliaram o seu rol de membros para incluir os países emergentes participantes do grupo, como foi o caso, notadamente, do Conselho de Estabilidade Financeira (Financial Stability Board, antigo Financial Stability Forum) e do Comitê da Basileia para Supervisão Bancária. Em outros casos, o G-20 valeu-se de seu peso em instituições como o FMI para praticamente ditar regras e impor modificações no seu modo de operação, como no caso da mudança dos pesos atribuídos aos votos de um pequeno grupo de países emergentes na operação do Comitê Monetário e Financeiro, que fixa estratégias para as instituições de Bretton Woods (CARVALHO, 2012, p. 25).

É comum encontrar argumentos segundo os quais o FMI, nos últimos vinte anos, tenha se tornado consideravelmente disfuncional. Embora o número de programas de fundos tenha aumentado constantemente nos países em desenvolvimento, as condições impostas extrapolaram os domínios tradicionais das políticas monetária e fiscal[170]. As crises do final do século XX – crise da dívida dos países latino-americanos e a crise asiática – revelaram as fragilidades de um sistema incapaz lidar com os riscos da globalização financeira e as deficiências do único instrumento deste tipo: os empréstimos altamente condicionados do FMI[171]. Dentre as inúmeras propostas de reformas destinadas a resolver os problemas mais amplos do sistema monetário internacional, destaca-se a necessidade de continuação da distribuição de cotas que, apesar dos progressos realizados desde 2006,[172] não correspondem à realidade atual da economia mundial, à medida

---

170 Para os autores, é tempo de ir além das táticas de prevenção de crises para uma solução mais fundamental. As recentes falhas nas negociações permitem a prevalência de defeitos do sistema de taxas de câmbio flutuantes relacionados ao desalinhamento das três principais moedas globais – dólar, o euro e o yen. A solução, defendida há vinte anos perante a ausência de regras de política macroeconômica que disciplinam as políticas que produzem grandes flutuações, é especificar metas cambiais para essas moedas e definir instrumentos capazes de movê-las em metas específicas. Os Estados Unidos e os demais membros do G-8 são ainda extremamente relutantes em contemplar as saídas aclamadas e apenas intervêm em situações extremas de desordem no mercado mundial. TOYE, John; TOYE, Richard. **The UN and global political economy**. Trade, finance and development. Bloomington: Indiana University Press, 2004, p. 283.

171 "The voting rules at both the IMF and the Bank have come under extensive criticism in recent years, mainly from the standpoint of developing countries, which argue that their interests are under-represented. Because of such under-representation, the argument runs, IMF conditionality is too restrictive and developing country borrowers do not receive as much benefit from their loans as they should". POSNER; SYKER, *op.cit.*, 2014, p. 15.

172 "Até 2007, por exemplo, o Brasil tinha apenas a 18ª quota de votos no FMI (1,3%), menos que Holanda ou Bélgica. Um editorial da revista britânica The Economist, de 20 de abril

que os países em desenvolvimento continuam a crescer mais rapidamente que os países desenvolvidos[173].

> Do ponto de vista discursivo, a reforma iniciada em 2008 reflete a aceitação, tanto do FMI como do Banco Mundial, de que se faz necessário internalizar o poder crescente dos países emergentes nas instituições de Bretton Woods. Isto remete um reconhecimento das instituições, leia-se, dos principais acionistas, de que a mudança nas relações econômicas internacionais deve ser vista como um elemento tendencial, de longa duração, e que acomodações institucionais devem ser levadas a cabo (...) A capacidade de resistência destes países ampliou o grau de autonomia dos mesmos e seu potencial de influenciar na criação de regras, ou ao menos, neste momento inicial da reforma, no aumento do grau de participação no processo decisório (COELHO, 2012, pp. 627-628).

O sistema de cotas do FMI, segundo REISEN (2015), falha ao não refletir a realidade de um mundo em mudança. Os BRICS, antes da reforma, detinham apenas 10,3% da cota. A China, em particular, encontrava-se em uma situação desproporcionalmente baixa de votação, com apenas 3,81% dos direitos de voto do FMI, embora representesse cerca de 12,4 por cento do PIB mundial. Além disso, a presidência do FMI é costumariamente reservada a um europeu, enquanto que a do Banco Mundial rotineiramente é ocupada por um americano[174].

De acordo com os cenários produzidos recentemente pelo Banco Mundial, é provável que a China ultrapasse os Estados Unidos em termos de PIB nominal, enquanto a Índia provavelmente ultrapassará o Reino Unido e o Japão até 2022. O resultado é que o futuro da ordem monetária internacional ficará ainda menos alinhada com as novas realidades da economia mundial. O novo cenário inevitavelmente envolve motivações políticas de mudança da estrutura da governança, que já conta com pressões direcionadas ao aumento da equidade na representação no âmbito administrativo do FMI[175]. Esse movimento, assim como

---

de 2006, intitulado 'Reality check at the IMF', chegou a argumentar: 'it is absurd that Brazil, China and India have 20% less clout within the fund than the Netherlands, Belgium and Italy, although the emerging economies are four times the size of the European ones, once you adjust for currency differences'. REIS, *op.cit.* 2013, p. 55.

173 OCAMPO, Jose Antonio. Os direitos especiais de saque e a reforma do sistema monetário internacional. *In:* **As transformações no sistema financeiro internacional**. Brasília: IPEA, 2012, v. 2, pp 583-594.

174 REISEN, Helmut. **Will the AIIB and the NDB help reform multilateral development banking?** Global Policy, v. 6, Iss. 3, pp. 297-304.

175 LIN; FARDOUST; ROSENBLATT, *op.cit.*, 2012, p. 48.

III. Os BRICS e as reformas das instituições internacionais   193

aferido acima no âmbito do CSNU, está igualmente relacionado aos apectos de legitimidade da instituição.

À diferença do que ocorre em outras organizações internacionais, em que as decisões são tomadas segundo o princípio de "um país, um voto", o FMI segue um modelo corporativo de tomada de decisões[176]. O poder de voto de cada país é determinado pela proporção de cotas que possui no Fundo. O poder de voto do Fundo é definido segundo as cotas de cada país na organização, calculadas a partir de fórmula que leva em consideração o PIB (peso de 50% no cálculo), abertura comercial (30%), variabilidade econômica (15%) e reservas internacionais (5%)[177]. A revisão da distribuição de cotas é realizada periodicamente, constituindo oportunidade para que a instituição passe a refletir o aumento da participação relativa dos países emergentes[178] na economia mundial[179]. Ao longo do século XX, os países desenvolvidos sempre detiveram o maior "número de cotas no capital votante do FMI, cabendo aos Estados Unidos, em particular, um número suficiente de cotas para permitir ao país bloquear qualquer decisão estratégica que possa não ser de seu interesse"[180].

Apesar das revisões gerais de cotas realizadas desde 1959, a estrutura de governança do FMI ainda permanecia composta em grande parte pelos países desenvolvidos. Em 2003, os países do G-7 detinham 45,3% total de votos, totalizando os países desenvolvidos 60,8% dos votos[181]. No mesmo ano, o Conselho de Governadores do Fundo declarou a intenção de considerar medidas para uma distribuição de cotas em consonância com o desenvolvimento da economia global, de modo a garantir maior eficácia e credibilidade da instituição. Em 2006, o Conselho concordou com a necessidade de reformas estruturais que levassem em conta o peso e o papel dos países na economia

---

176 WOUTERS, Jan; MEESTER, Bart De; RYNGAERT, Cedric. **Democracy and international law**. Leuven: LIRGIAD, working paper n. 5, 2004, p. 36.

177 INTERNATIONAL Monetary Fund. **Quotes-parts au FMI**.

178 Diversos países em desenvolvimento têm defendido reformas no FMI que reflitam melhor o peso de suas economias no cenário internacional. Os países em desenvolvimento em geral pleiteiam que o tamanho da economia tenha maior participação no cálculo. Esse grupo de países representa, hoje, 57% do PIB mundial, mas conta com apenas 44,8% do poder de voto no FMI. BRASIL, Ministério das Relações Exteriores. **Reforma das Instituições Financeiras Internacionais**.

179 BRASIL, Ministério das Relações Exteriores. **Diplomacia empresarial e financeira: Fundo Monetário Internacional**.

180 CARVALHO, Fernando J. Cardim. A crise econômico-financeira de 2007/2008, o G20 e as opções para o Brasil. *In:* **V Conferência nacional de política externa e política internacional: o Brasil no mundo que vem aí**. Brasília: FUNAG, 2010, p.74.

181 BUIRA, *op.cit.*, 2007, p. 46.

mundial[182]. Mediante resolução, solicitou ao Diretório-Executivo do Fundo um acordo em torno de uma nova fórmula que refletisse de forma mais adequada o peso e a função dos países na economia mundial, especialmente os países de mercados emergentes[183].

Essa realidade passou a ser ainda mais questionada durante os primeiros anos do século XXI, sobretudo com a crise[184] de 2007. Em 2008, iniciaram-se os debates e o processo de aprovação das primeiras propostas de reformas. Durante o encontro do G-20, os países em desenvolvimento, especialmente os BRICS, passaram a demandar a necessidade de atualização da estrutura de poder.

Em 15 de novembro de 2008, durante a cúpula de líderes do G-20 em Washington, a China solicitou maior voz para os países emergentes e em desenvolvimento no sistema financeiro internacional e se posicionou em torno de quatro prioridades básicas: i) uma ampla reforma no sistema monetário, nas instituições financeiras e nas regras e procedimentos das finanças internacionais; ii) uma reforma que contemple de maneira balanceada os interesses de todas as partes; iii) reformas incrementais que visem a um progresso gradual; iv) e uma reforma orientada que objetive resultados práticos[185].

---

182 INTERNATIONAL, Monetary Fund. **Report of the Executive Board to the Board of Governors Quota and Voice Reform in the International Monetary Fund** August 31, 2006.

183 INTERNATIONAL, Monetary Fund. **Reforma de las cuotas y la representación en el FMI:** Responder a los cambios de la economía mundial. Estudios temáticos, n° 2, 2007.

184 "Why is this discussion taking place with greater force today than, say 10, 15 or 20 years ago? We argue that we are indeed on the cusp of an epochal change in terms of economic power, the type of which has not been witnessed in the past 200-250 years. Furthermore, the global economic structure was broadly stable from the end of World War II till the turn of the millennium. The share of the AEs in global GDP was around 60-70 per cent right through that period though, of course, there were inter se changes in relative weights among the AEs themselves, particularly related to the post war economic rise of Germany and Japan. However, the economic dominance of the United States has been undiminished throughout the period. The pace of change since 2000 has, however, accelerated with the fulcrum of economic weight rapidly shifting from the North Atlantic to Asia after more than 200 years. It is this dramatic development becoming manifest in the past 15 years that is fueling the current vigorous debate. With the expectation of such change accelerating further over at least the next couple of decades, changes in global economic governance will have to be more substantive than the current incremental change envisaged". MOHAN, Rakesh; KAPUR, Muneesh. **Emerging powers and global governance**: Whither the IMF? IMF Working Paper, 12/219, 2015, p. 4.

185 "Em Washington, o governo brasileiro declarou que o G-7 não tinha mais condições de guiar a saída da crise, tendendo a ser substituído pelo G-20. Além disso, o Brasil defendeu uma maior participação dos principais países em desenvolvimento nas instituições de governança global, bem como o fortalecimento do FMI e do Banco Mundial, desde que isso implicasse mudanças que elevassem o peso dos emergentes em tais instituições". RAMOS et al., *op.cit.*, 2012, p. 17.

Todos os países dos BRICS pertencem ao G-20 financeiro, o fórum mais importante hoje para a definição de governança global. As informações disponíveis dão conta de que os acertos que antecedem as reuniões do G-20 têm sido mais intensos entre os membros dos BRICS do que entre países localizados em uma mesma região. Assim, as posições defendidas são menos identificadas como tendo um corte regional e mais um reflexo da contraposição entre "economias emergentes" e "países industrializados". Nesta dimensão, ao menos, parece haver mais peso em sua composição como integrantes desse grupo do que como porta-vozes de posições dos países das regiões de onde procedem. A possível exceção é a África do Sul, que participa de ambos os grupos como representante único do continente africano (BAUMANN, 2013, p. 297)[186].

A consolidação do G-20 financeiro contribuiu para a coordenação de medidas de combate à crise, que por sua vez abriram caminho para o fortalecimento dos BRICS no FMI. Quando, em abril de 2009, o grupo decidiu injetar cerca de US$ 1 trilhão na economia, os BRICS anunciaram um aporte de US$ 70 bilhões em um programa que apoiava reformas no FMI, Banco Mundial e Fórum de Estabilidade Financeira. A capitalização do Fundo – maior desde a criação da instituição – ocorreu em um momento de debilidade dos países desenvolvidos. A convergência desses processos abriu espaço para o aumento do papel dos BRICS no FMI"[187].

Em 2009, a Comissão Stiglitz[188] assinalou que os desafios das instituições financeiras internacionais na resposta à crise revelaram a urgência de rever o sistema de governança dessas instituições. A Comissão destacou a urgência das reformas e salientou que, uma vez que os países em desenvolvimento passaram a representar uma participação muito maior na atividade econômica mundial do que em 1944, quando o FMI e o Banco Mundial foram estabelecidos, seria necessário dar a esses países uma voz mais eficaz, sobretudo quando a eficácia e a credibilidade das instituições de Bretton Woods têm sido afetadas por

---

186 BAUMANN, Renato. Os BRICS e o G-20 Financeiro. *In*: **O Brasil, os BRICS e a agenda internacional**. José Vicente de SÁ PIMENTEL (org.), 2ª ed. Brasília: FUNAG, 2013, pp. 293-308.

187 LIMA, Maria Regina Soares de; CASTELAN, Daniel Ricardo. O Brasil, os BRICS e a institucionalização do conflito internacional. *In:* **O Brasil, os BRICS e a agenda internacional**, 2º ed. Brasília: FUNAG, p. 262.

188 UNITED NATIONS. **Report of the commission of experts of the president of the United Nations General Assembly on reforms of the International Monetary and Financial System**. New York, 21 September 2009.

196 Direito e Relações Internacionais • Elen de Paula Bueno

deficiências na governança (incluindo suas estruturas de votação distorcidas e processos não democráticos de escolha de suas lideranças)[189].

No mesmo ano, em 9 de julho de 2009, foi aprovada a Resolução 63/303 da Assembleia Geral das Nações Unidas sobre a crise financeira e econômica mundial e seus efeitos no desenvolvimento. Nos termos do Documento, a crise conferiu um novo impulso ao debate internacional em curso sobre a reforma da estrutura e do sistema financeiro internacionais, em particular das questões relacionadas ao mandato, o alcance e a governança[190]. Nesse sentido, destacou haver um consenso sobre a necessidade de continuar a reforma e a modernização das instituições financeiras internacionais a fim de que estejam melhor preparadas para responder às atuais dificuldades financeiras e econômicas:

> 43. Sublinhamos a necessidade urgente de reformar profundamente a governança das instituições de Bretton Woods, sobre a base de representação justa e equitativa dos países em desenvolvimento, a fim de aumentar a credibilidade dessas instituições (...) 44. Pedimos que se conclua o quanto antes o processo de reforma de governança do Banco Mundial e que se posicione para empreender novas reformas relativas à voz e à participação dos países em desenvolvimento (...) 47. Reconhecemos que é fundamental empreender, como questão prioritária, uma reforma geral e acelerada do FMI (...). Reconhecemos o acordo para acelerar a aplicação do conjunto de reformas do FMI relacionadas com as cotas e a participação, acordado em abril de 2008. Apoiamos firmemente a finalização da próxima revisão de cotas que, segundo as previsões baseadas em tendências atuais, dará como resultado um aumento das cotas das economias dinâmicas, em especial as cotas dos mercados emergentes e dos países em desenvolvimento em seu conjunto, que será concluído em janeiro de 2011, e que comportará um aumento na legitimidade e eficácia do Fundo (RESOLUÇÃO 63/303 AGNU, 2009).

Após a aprovação de pacote de reformas em 28 de março de 2008[191], o Diretório-Executivo do FMI aprovou, no dia 15 de dezembro de 2010, um

---

189 PANDIT, B.L. **The global financial crisis and the Indian economy**. New Delhi: Springer, 2015, p. 44.

190 UNITED NATIONS, General Assembly. **Resolution adopted by the General Assembly on 9 July 2009 A/RES/63/303**.

191 "No final de março de 2008, a Diretoria Executiva aprovou uma ampla proposta de reforma. No cerne da nova fórmula aparece a variável PIB, que responde por 50% do cálculo. É uma mistura de 60% do PIB por taxas de câmbio do mercado e 40% do PIB por Paridade do Poder de Compra (PPP). As outras três variáveis da fórmula são abertura (30%), variabilidade (15%) e reservas estrangeiras (5%). Considerar o PIB PPP – primeira vez na história do

III. Os BRICS e as reformas das instituições internacionais **197**

programa de reformas de grande alcance do regime de cotas e da estrutura de governança do FMI. O resultado desse programa de reformas, que entrou em vigor no dia 26 de janeiro de 2016, consistiu no aumento sem precedentes de 100% das cotas totais e na importante reorganização das cotas relativas, de modo a refletir melhor o peso relativo de cada país membro do FMI na economia mundial[192]. De acordo com o então diretor geral do FMI, os acordos resultaram "na reforma mais profunda da estrutura de governo em sessenta e cinco anos de história do FMI e na maior mudança de influência em favor dos países de mercados emergentes e em desenvolvimento[193]".

Tabela 11: Sistema de Cotas FMI/Reformas 2008 e 2010

Quota and Voting Shares Before and After Implementation of Reforms Agreed in 2008 and 2010
(In percentage shares of total IMF quota)

	Quota Shares				Voting Shares			
	Pre-Singapore (i)	As of March 2, 2011 (ii)	Post-2008 Reform (iii) (vi) (v)	Post-2010 Reform (iv), (v)	Pre-Singapore (i)	As of March 2, 2011 (ii)	Post-2008 Reform (iii) (vi) (v)	Post-2010 Reform (iv), (v)
Advanced economies	61.6	60.5	60.4	57.6	60.6	59.5	57.9	55.2
Major advanced economies (G7)	46.0	45.2	45.3	43.4	45.1	44.3	43.0	41.2
United States	17.4	17.1	17.7	17.4	17.0	16.7	16.7	16.5
Other	28.6	28.1	27.6	26.0	28.1	27.6	26.3	24.7
Other advanced economies	15.6	15.3	15.1	14.3	15.4	15.2	14.9	14.0
Emerging Market and Developing Countries	38.4	39.5	39.6	42.4	39.4	40.5	42.1	44.8
Developing countries	30.9	32.1	32.4	35.1	31.7	32.9	34.5	37.1
Africa	5.5	5.4	5.0	4.4	6.0	5.9	6.2	5.7
Asia (vii)	10.3	11.5	12.6	16.0	10.4	11.6	12.8	16.1
Middle East, Malta & Turkey	7.6	7.6	7.2	6.7	7.6	7.6	7.3	6.8
Western Hemisphere	7.5	7.6	7.7	7.9	7.7	7.8	8.2	8.4
Transition economies	7.6	7.4	7.1	7.2	7.7	7.6	7.6	7.7
Total	100.0	100.0	100.0	100.0	100.0	100.0	100.0	100.0
Memorandum items:								
EU 27	32.9	32.4	31.9	30.2	32.5	32.0	30.9	29.4
Low-Income Countries (viii)	4.7	4.6	4.3	4.0	5.4	5.3	6.2	5.9
Shifts from 2008 Reform								
Underrepresented countries (shift in p.p.)				6.2				5.8
Underrepresented EMDCs (shift in p.p.)				5.7				5.4
Dynamic EMDCs (shift in p.p.) (ix)				6.0				5.7
EMDCs (shift in p.p.)				2.8				2.6

Source: Finance Department.

Fonte: FMI

FMI – favorece particularmente os países em desenvolvimento, onde o custo de vida é muito mais baixo e o poder de compra é, portanto, mais alto. Para conseguir o apoio necessário para a reforma, o ajuste de cotas também continha um impulso para países particularmente sub-representados em termos de PIB PPP – esta etapa beneficiava as economias de crescimento rápido como o Brasil e a Índia. Alguns países como os EUA, Alemanha e Japão, que segundo a nova fórmula de cotas teriam também direito a um aumento de cotas, concordaram em renunciar a uma parte. Ao mesmo tempo, o FMI ampliou a voz dos países de baixa renda". MILDNER, Stormy; SILVA-GARBADE, Caroline. Por que a reforma do FMI tem sido tão difícil: os EUA e a União Europeia no FMI. *In:* **Governança Global**. Rio de Janeiro: Fundação Konrad Adenauer, março 2009, p. 65.

192 INTERNATIONAL, Monetary Fund. **Quotes-parts au FMI.**

193 INTERNATIONAL, Monetary Fund. Comunicado de Prensa: **El Directorio Ejecutivo del FMI aprueba una importante revisión de las cuotas y la estructura de gobierno.**

198 Direito e Relações Internacionais • Elen de Paula Bueno

Tabela 12: Cotas-partes e de Votação antes e após a Implantação das Reformas Acordadas em 2008 e 2010/ FMI

Quota and Voting Shares Before and After Implementation of Reforms Agreed in 2008 and 2010
(In percentage shares of total IMF quota)

	Quota Shares				Voting Shares			
	Pre-Singapore (i)	As of March 2, 2011 (ii)	Post-2008 Reform (iii)	Post-2010 Reform (iv)	Pre- Singapore (i)	As of March 2, 2011 (ii)	Post-2008 Reform (iii), (v)	Post-2010 Reform (v)
United States *	17.380	17.071	17.661	17.398	17.023	16.723	16.718	16.471
Japan *	6.228	6.118	6.553	6.461	6.108	6.000	6.221	6.135
Germany *	6.086	5.978	6.107	5.583	5.968	5.863	5.800	5.306
France	5.024	4.935	4.502	4.225	4.929	4.842	4.284	4.022
United Kingdom	5.024	4.935	4.502	4.225	4.929	4.842	4.284	4.022
China * (vi)	2.980	3.718	3.994	6.390	2.928	3.651	3.803	6.068
Italy *	3.301	3.242	3.305	3.159	3.242	3.185	3.152	3.015
Saudi Arabia	3.268	3.210	2.929	2.095	3.210	3.154	2.797	2.009
Canada	2.980	2.927	2.670	2.311	2.928	2.876	2.553	2.213
Russia	2.782	2.732	2.493	2.705	2.734	2.686	2.385	2.586
India *	1.945	1.911	2.441	2.749	1.916	1.882	2.336	2.627
Netherlands	2.415	2.372	2.164	1.831	2.375	2.334	2.075	1.760
Belgium	2.155	2.116	1.931	1.344	2.120	2.083	1.854	1.299
Brazil *	1.420	1.395	1.782	2.315	1.402	1.377	1.713	2.217
Spain *	1.426	1.401	1.687	1.999	1.408	1.383	1.623	1.918
Mexico *	1.210	1.449	1.520	1.868	1.196	1.430	1.466	1.795
Switzerland	1.618	1.589	1.450	1.210	1.595	1.567	1.399	1.173
Korea, Republic of *	0.764	1.345	1.411	1.799	0.760	1.328	1.363	1.730
Australia	1.514	1.487	1.357	1.378	1.494	1.467	1.312	1.331
Venezuela, R.B. de	1.244	1.222	1.115	0.780	1.229	1.207	1.083	0.767
Sweden	1.121	1.101	1.004	0.929	1.108	1.089	0.978	0.907
Argentina	0.990	0.973	0.888	0.668	0.981	0.964	0.868	0.661
Austria *	0.876	0.860	0.886	0.824	0.869	0.854	0.867	0.808
Indonesia	0.973	0.955	0.872	0.974	0.964	0.947	0.853	0.950
Denmark *	0.769	0.755	0.793	0.721	0.764	0.750	0.779	0.711
Norway *	0.782	0.768	0.790	0.787	0.777	0.763	0.776	0.773
South Africa	0.874	0.859	0.783	0.640	0.867	0.852	0.770	0.634

Fonte: FMI

Com efeito, a partir da reforma de 2010, a representatividade do G-7 sofreu redução, ao passo que a representatividade das economias emergentes e em desenvolvimento evoluiu, o que favoreceu sobretudo a China e, em menores proporções, o Brasil, a Rússia e a Índia[194]. Após a reforma de 2010, a representatividade dos BRICS aumentou para 14,132%. O G-7, apesar da redução, ainda mantém 41,2% de representatividade no âmbito do FMI[195].

O que se deve depreender do texto das reformas do FMI aprovadas em 2010 é o reconhecimento por parte dos países centrais de que é necessário adaptar a instituição ao maior poder dos países emergentes. A crise financeira serviu

---

194 ALVES, Rodrigo M. **A difícil governança monetária internacional**: o caso das Cotas do FMI. Boletim Meridiano 47. Brasília, v. 13, n. 134, nov-dez. 2012, p. 44.

195 "Quando os BRICS fazem uma tentativa de *soft balancing*, como, por exemplo, no caso do FMI, em que se trata de conseguir cotas que garantiriam o direito de veto em questões nas quais todos os cinco somassem forças, percebe-se que os países que detêm hoje essas cotas defendem seus interesses com unhas e dentes". DAMICO, Flavio. Mesa Redonda no Palácio do Itamaraty, 27 de abril de 2012. *In*: **Debatendo o BRICS** / José Vicente de Sá Pimentel (Org.). Brasília: FUNAG, 2013, p. 75.

III. Os BRICS e as reformas das instituições internacionais **199**

como um teste para a inversão da relação entre países credores e devedores, e não é errado supor que o seu contexto influenciou positivamente as negociações sobre a reforma. Além disso, o surgimento de arranjos fora da institucionalidade tradicional, como o G-20, a criação dos Fundos Soberanos e o recente projeto de fundação de um Banco dos BRICs servem como instrumentos de pressão. Assim, a adaptação das instituições de Bretton Woods e, mais especificamente, do FMI a essa nova configuração de forças no contexto da economia mundial poderia também ser interpretada como outro esforço de enquadramento dos países emergentes. Embora implique em maiores concessões em favor destes, sua participação nas instituições faz parte da construção da previsibilidade que dá maior segurança ao sistema (CAPINZAIKI, 2012, p. 68)[196].

A coordenação conjunta dos BRICS constituiu peça fundamental na trajetória das reformas do FMI. Os cinco diretores executivos dos BRICS no FMI passaram a incluir em suas agendas reuniões periódicas com o propósito de coordenar posições sobre temas na pauta da diretoria do FMI. Em matéria de reformas de cotas e da governança do FMI, por exemplo, os BRICS atuam frequentemente de forma coordenada, inclusive preparando *statements* conjuntos para reuniões da Diretoria[197]. Ainda antes do término da revisão, Brasil, Rússia, Índia e China garantiram poder de veto na linha de financiamento conhecida como NAB, um acordo de crédito entre o FMI e um grupo de membros e instituições para prover recursos suplementares em casos de ameaça séria ao sistema monetário internacional. Os únicos países que possuíam poder de veto nessa linha eram os EUA, Japão, União Europeia[198].

Gostaria agora de citar exemplos de efeitos concretos da coordenação entre os BRICS. Começo com a reforma do FMI. Quem colocou inicialmente o tema da reforma das instituições financeiras internacionais na agenda do G-20 foi o Brasil. Mas a reforma se concretizou depois, com o apoio dos BRICS, essencialmente (...) se não fossem os BRICS, a reforma de 2010 não teria saído, pois ela não estava nem na agenda. Foi interessante que, na cúpula de Pittsburgh, houve um momento em que os BRICS estavam sentados em uma sala, os europeus, que tinham mais a perder em poder de votos, em

---

196 CAPINZAIKI, Marília Romão. **A crise financeira internacional e o poder america-no**: influências sobre o alcance da reforma do FMI. Revista Aurora, v.6. n.1, jul.-dez., 2012, pp.57-70.

197 BATISTA JÚNIOR, Paulo Nogueira. Os BRICS no FMI e no G20. *In:* **O Brasil, os BRICS e a agenda Internacional**. José Vicente de SÁ PIMENTEL (org.), 2ª ed. Brasília, FUNAG, 2013, p. 466.

198 LIMA, *op.cit.*, 2010, p. 168.

outra sala, e os americanos ficavam fazendo a ponte para aproximar as duas posições. Finda a negociação, o Brasil passou de vigésimo para, inicialmente, décimo oitavo, e agora figura entre os dez primeiros acionistas do Fundo. Este é um caso bastante concreto da utilidade da atuação em conjunto com os BRICS (BALDUINO, 2012, p. 60)[199].

O Banco Mundial, igualmente criado no âmbito do sistema de Bretton Woods, teve por finalidade inicial fornecer assistência financeira para a reconstrução dos países devastados pela guerra. Posteriormente, assumiu o compromisso de ajudar os países do então denominado terceiro mundo a financiar o seu desenvolvimento.

De modo similar ao FMI, as cinco instituições do Banco Mundial possuem uma estrutura de governança[200] com base no Conselho de Governadores, no Diretório Executivo, na Presidência de demais unidades organizacionais de gerenciamento. Embora o Conselho de Governadores seja a instância máxima de poder da organização, na prática, delega a maior parte de suas funções ao Diretório Executivo. A maioria das decisões exige maioria simples, embora existam exceções. A maioria qualificada para alteração dos artigos do Acordo exige aprovação pelo Conselho de Governadores, com apoio de pelo menos 60% dos países membros e pelo menos 85% do total de votos. O critério para uma maioria especial foi ajustado ao longo dos anos, tanto no Banco quanto no Fundo, "para garantir que os Estados Unidos mantenham seu veto em questões as quais exigem maioria especial, mesmo quando a sua cota de votos diminui"[201].

---

199 BALDUINO, Luis. Mesa Redonda no Palácio do Itamaraty, 27 de abril de 2012. *In*: **Debatendo o BRICS** / José Vicente de Sá Pimentel (Org.). Brasília: FUNAG, 2013, p. 60.

200 "O Banco Mundial, assim como o FMI, possui um sistema de votação baseado em um sistema de cotas proporcional à contribuição de seus membros. De modo que o processo decisório ocorre com base no poder de voto relativo de seus membros. Cada membro possui 250 votos mais um voto para cada parcela adquirida de ações da instituição. Das vinte e cinco cadeiras dos Diretórios Executivos, apenas cinco são ocupadas por países que possuem votos suficientes para indicar seus represente de forma direta: Estados Unidos, Alemanha, Japão, França e Reino Unido. Recentemente, Rússia, China e Arábia Saudita também têm indicado seus representantes sem o auxílio de outros países em virtude do aumento em suas cotas de participação. Como no FMI, os demais países ocupam as cadeiras restantes através de *constituencies* formadas por vários países, mas liderados por algum em especial. Assim, esses países formam alianças com o intuito de elegerem um representante para atuar em nome dos países que compõem seu bloco" APOLINÁRIO JÚNIOR, Laerte. **Formação de coalizões dentro das instituições financeiras internacionais**: o caso do Brasil no FMI e Banco Mundial. Dissertação de Mestrado, Instituto de Relações Internacionais da Universidade de São Paulo, 2014, p. 20.

201 VESTERGAARD, Jakob; WADE, Robert H. **Protecting power: how western states retain the dominant voice in the world bank's governance**. World Development, v. 46, 2013, p. 155.

Os Estados Unidos agora têm pouco mais de 15% do total de votos, podendo vetar qualquer alteração dos artigos[202].

Assim como no Fundo Monetário Internacional, o Banco Mundial, sobretudo com a crise financeira de 2008, passou a ser alvo de processos de reavaliação de efetividade e de sua legitimidade. A sub-representação dos países em desenvolvimento em sua estrutura de governança desencadeou demandas de reforma da Diretoria e um processo de seleção de liderança mais democrático[203].

> Adicionalmente, a nova liderança do Banco Mundial deve se comprometer a transformar o Banco em uma instituição multilateral que verdadeiramente reflita a visão de todos os seus membros, incluindo a estrutura da governança, de forma a refletir a atual realidade política e econômica. Ademais, a natureza do Banco deve evoluir de uma instituição que atua essencialmente como intermediária da cooperação Norte-Sul para uma instituição que promova parcerias igualitárias com todos os países, de forma a incorporar a temática do desenvolvimento e superar a ultrapassada dicotomia entre doadores-receptores (BAUMANN, 2015, p. 188).

Os processos de reforma do Banco Mundial tiveram origem no consenso de Monterrey, articulado na Conferência Internacional das Nações Unidas sobre o Financiamento do Desenvolvimento, realizada em Monterrey, em 22 de março de 2002. Os principais elementos acordados durante o consenso de Monterrey recaíram sobre questões relacionadas ao amortecimento da dívida, à ajuda ao desenvolvimento, ao combate à corrupção, além de um compromisso importante de trabalhar para melhorar a participação dos países em desenvolvimento em instituições multilaterais[204].

---

202 Em estudo detalhado a respeito do sistema de governança do Banco Mundial, FOCH (2013) demonstrou como os países do G-7 conseguem influenciar a Instituição, formando um grupo unificado. O estudo argumenta que o G-7 oferece oportunidade para grandes países se unirem e unificarem suas preferências em relação às decisões do Banco. Além disso, restou demonstrado que as instruções do G-7 fornecidas fora do Banco Mundial, mediante declarações, são transmitidas dentro das decisões da instituição. FOCH, Arthur. **Explaining the G7 and G10's influence on World Bank decisions**: The role of formal and informal rules of governance. Documents de travail du Centre d'Economie de la Sorbonne, 2013.

203 WRIGHT, Christopher. O Banco Mundial em um mundo em mutação. *In*: **Governança global**. Rio de Janeiro: Fundação Konrad Adenauer, 2009, p. 86.

204 VESTERGAARD, Jakob. **The World Bank and the emerging world order**: Adjusting to multipolarity at the second decimal point. DIIS report 2011. Copenhagen: Danish Institute for International Studies, 2011, p. 20.

Quando o Banco Mundial se estabeleceu, em meio aos escombros da Segunda Guerra Mundial, os Estados Unidos representavam quase 50% da produção econômica mundial, o dobro de sua participação média no último século. Esse desequilíbrio de poder deixou um pequeno grupo de países economicamente poderosos com as maiores participações de voto, marginalizando países em desenvolvimento na organização (...) Esta distribuição de poder há muito não representa mais as realidades econômicas. Com a ascensão econômica dos cinco maiores países em desenvolvimento – Brasil, Rússia, Índia, China, e África do Sul (o chamado BRICS) – a ordem econômica global gradualmente está se tornando "pós-americana": a economia dos EUA continua sendo influente, mas não ocupa mais uma posição inigualável (...) Como resultado destas tendências econômicas mutantes, há uma percepção crescente de que os BRICS estão sub-representados nas instituições principais de governança econômica e financeira mundial, especialmente no Fundo Monetário Internacional, e no Banco Mundial. O turbilhão financeiro nos EUA e suas reverberações globais podem ter finalmente levado a questão da governança do Banco Mundial ao limite (WRIGHT, 2009, p. 94).

Em 2010, o Banco Mundial anunciou o aumento de seu capital, bem como um aumento no direito de voto dos países em desenvolvimento[205] e em transição, membros do BIRD, prevendo ainda acordo para examinar as ações do BIRD e da CFI[206] a cada cinco anos como um compromisso de direito de voto equitativo entre os países em desenvolvimento e em transição com o tempo[207].

A reforma no Banco Mundial aparece dividida nas questões de governança e das cotas, mas uma ênfase especial é dada à transparência institucional e à melhoria das relações com as organizações da sociedade civil. No *site* da instituição, dedicado às questões relativas à reforma, são destacados

---

205 WADE, *op.cit.*, 2011, p. 359.

206 "A estrutura da organização tornou-se mais complexa e deu origem a outras instituições – que hoje conformam o Grupo Banco Mundial – criadas para suprir demandas que o BIRD não podia atender. Em 1956, surgiu a Corporação Financeira Internacional (CFI), com o objetivo de promover a expansão do investimento privado nos países em desenvolvimento. Seguiu-se, em 1960, a criação da Associação Internacional de Desenvolvimento (AID), que tornou possível a concessão de empréstimos aos países mais pobres que não preenchiam as condições para aceder aos empréstimos concedidos pelo BIRD. Entre os países em desenvolvimento, o Brasil tem sido um dos maiores doadores da AID. O Centro Internacional para Arbitragem de Disputas sobre Investimentos (CIADI) e a Agência Multilateral de Garantia de Investimentos (AMGI) foram criadas respectivamente em 1966 e 1988, dentro da perspectiva de alavancar o investimento estrangeiro nos países em desenvolvimento". BRASIL, Ministério das Relações Exteriores. **Banco Mundial.**

207 WORLD BANK. **O Banco Mundial reforma o direito de voto.**

os seguintes tópicos: *i)* aumento do poder de participação e voto dos membros; *ii)* promoção da *accountability* e da boa governança; *iii)* modernização dos serviços financeiros; *iv)* melhoria da transparência e acesso à informação; e *v)* revisão da governança interna. Tanto no BIRD como na AID, houve aumento no poder de participação (voz e voto) dos países da parte II (receptores de recursos) da instituição, que correspondem aos *Development and Transition Countries* (DTC). Destaca-se a preocupação da instituição em aumentar a representação da África Subsaariana (COELHO, 2012, p. 632).

Com a reforma do Banco Mundial de 2010, os países com maior poder de voto passaram a ser os Estados Unidos (com poder de veto), Japão, China, Alemanha, o Reino Unido, França e Índia; enquanto países como Brasil, Coreia do Sul, Espanha, México e Turquia, dentre outros, obtiveram ganhos significativos[208].

A 14ª revisão geral das cotas do FMI resultará na transferência de mais de 6% de cotas de países sobrerrepresentados para países sub-representados. Resultará, também, na transferência de mais de 6% de cotas para economias emergentes e países em desenvolvimento. No caso de países dos BRICS, China, Índia e Brasil, que representavam, respectivamente, a 2ª, a 4ª e a 8ª maiores economias do mundo (PIB PPP) em 2010, ocupavam apenas 7, 8ª e 13ª principais posições no universo de cotistas do Banco Mundial, e a 9ª, 13ª e 17ª posições no FMI. Com a implementação das reformas de governança e poder de voto, essas economias passarão a ocupar, respectivamente, a 3ª, 7ª e a 12ª posições no Banco Mundial, e a 3ª, 8ª e 10ª posições no FMI. Por sua vez, a Rússia (que ocupava a 10ª posição no Banco Mundial e no FMI) passará a ocupar a 8ª posição no Banco Mundial e a 9ª no Fundo (REIS, 2013, p. 59).

Em 2013, o G-24, estabelecido em 1971 com o objetivo de servir como plataforma para a coordenação da posição de países em desenvolvimento nos fóruns monetários internacionais, lançou um documento no qual países em desenvolvimento agrupados em instituições financeiras internacionais denunciavam o déficit democrático inerente à atual fórmula de cotas. Amar Bhattacharya, diretor do G-24 à época, asseverou que o alcance de uma estrutura de governança mais equitativa e democrática seria pré-requisito para a legitimidade do Fundo. A estrutura de governança deve reconhecer o papel crescente dos mercados emergentes e dos países em desenvolvimento na economia global e

---

208 BRASIL, Ministério das Relações Exteriores. **Banco Mundial.**

garantir que todos os membros, inclusive os mais pobres, tenham participação equitativa na instituição"[209].

Apesar das recentes reformas realizadas na estrutura do poder decisório do FMI e do Banco Mundial, alguns teóricos argumentam que as fórmulas utilizadas ainda estão longe de atenuar os desequilíbrios existentes[210]. Sob esse prisma, os desequilíbrios do poder de voto constituem ainda o maior problema das instituições de Bretton Woods e as reformas não podem ser consideradas uma conquista substancial quanto ao reforço da voz e da participação dos países em desenvolvimento. Nesse sentido, o Banco Mundial não logrou ajustar o seu sistema de poder de voto às realidades da economia global e está, assim, a contribuir para o progressivo enfraquecimento das instituições de Bretton Woods[211]. De acordo com VESTERGAARD e WADE (2013), as reformas de "voz" anunciadas em 2010, na esfera decisória do Banco Mundial, não modificaram a sub-representação dos países em desenvolvimento em relação ao seu peso na economia mundial. Segundo os especialistas, o Banco Mundial e os representantes dos estados ocidentais manipularam o processo para que as mudanças de poder de votação parecessem substanciais. A reforma constituiu um passo modesto para ampliar a voz e a participação dos países em desenvolvimento ao não avançar para ajustar o seu sistema de poder de voto às realidades da economia global. Assim, o Banco Mundial perdeu uma oportunidade para

---

209 BERNES, Thomas A. **IMF quota and governance reform**: political impulse needed for progress on reform process. CIGI, 2013.

210 "After more than 60 years since the IMF's creation, existing governance procedures are seriously flawed. Most notably, the current distribution of quota and voting shares in the IMF is unbalanced and inappropriately reflective of nations' relative status in the world economy and polity. Similarly, the composition of the Executive Board is inadequately representative of current economic and political conditions in the world. The IMF is – and to an even greater extent is perceived to be – an institution excessively dominated by the interests of transatlantic nations. The proposed reforms, unfortunately, fall very far short of remedying this unbalanced situation". BRYANT, Ralph C. **Reform of IMF Quota Shares and Voting Shares**: A Missed Opportunity. Washington: Brookings Institutions, 2008, p. 3.

211 "Before the voting power reforms of 2008 and 2010, the World Bank listed the aggregate voting power of developing countries as 40%. At the end of voice reform the share of DTCs is 47.19% almost half of this aggregate increase of 7.19 percentage points is a pure 'reclassification' effect, involving no voting power realignment. In addition to being a strangely arbitrary and non-dynamic objective for future voting power realignments, I argue that it does not serve the interests of developing countries nor the interest of the Bretton Woods institutions in restoring their legitimacy. Instead, the overall objectives of voice reform should be the following: (i) alignment of quota votes with shares of world GDP, and (ii) restoration of basic votes at the original level of 10.78% of total votes. This would be a progressive agenda, which could restore the legitimacy of the Bretton Woods institutions, while rendering obsolete all manner of country reclassification games". VESTERGAARD, *op.cit.*, 2011, p. 54.

reforçar a sua legitimidade representativa e fortalecer o sistema de cooperação multilateral que levou meio século a construir[212].

No mesmo sentido, MIRANDA (2013) aponta que o Banco Mundial não está preparado para enfrentar o cenário que se anuncia: o anacrônico sistema de voto ponderado confere-lhe um viés político absolutamente inadequado, tendo em vista as suas aspirações globais, razão pela qual alguns países em desenvolvimento, como o Brasil, a China e a Índia, tornaram-se seus concorrentes por meio de intensificação da cooperação Sul-Sul[213]. Diante dessa realidade, BROWN (2009) entende que a cooperação econômica internacional efetiva depende de um consenso normativo que não pode ser construído ou mantido sem fundamento no multiculturalismo. Nesse sentido, quaisquer novas regras no âmbito das instituições de Bretton Woods devem ser apoiadas por um amplo consenso multilateral e multicultural. FOCH (2013, p. 25), aduz que embora essas reformas de governança tenham melhorado a representação dos países emergentes dentro do Banco Mundial, não implicaram, no entanto, qualquer alteração importante o suficiente para reduzir a influência[214] do G-7 na instituição. Outros argumentam, entretanto, que reformas específicas contribuirão para a redução da precariedade e da desigualdade na economia global, tendo o FMI e o Banco Mundial um papel crucial a desempenhar[215]. Para WOODS (2000, p. 836) ambas as instituições precisam equilibrar os interesses das demandas contemporâneas, incluindo maior participação dos países em desenvolvimento, cuja cooperação é necessária para que as instituições realizem seu trabalho. Um novo equilíbrio exige a revitalização do poder de voto e uma reescrita de como as cotas serão calculadas. Tais mudanças, no entanto, não se traduzem automaticamente em uma melhor governança dentro das instituições, uma vez que outras reformas internas deverão ser consideradas.

Segundo GUIMARÃES (2013, p. 111), a reforma das cotas de representação dos países na organização não é suficiente para se ter um FMI mais legítimo e representativo perante a comunidade internacional. Outras reformas internas

---

212 VESTERGAARD; WADE, *op.cit.*, p. 162.

213 MIRANDA, Luiz Ricardo. **O Grupo Banco Mundial e a regulação internacional do financiamento de projetos (Project Finance)**. Tese de Doutorado Faculdade de Direito da Universidade de São Paulo, 2013, p. 404.

214 SWEDBERG (1986) realizou estudo de modo a explicar a influência do G-7 nas organizações financeiras internacionais. O sociólogo sueco argumenta que a doutrina da neutralidade econômica e política do FMI e do Banco Mundial favorece interesse dos países ocidentais poderosos a favor da introdução do "capitalismo de livre comércio" nos assuntos domésticos dos países em desenvolvimento. SWEDBERG, Richard. **The doctrine of economic neutrality of IMF and World Bank**. Journal of peace research, v. 23. n. 4, 1986, p. 377.

215 WOODS, Ngaire. **Governing the global economy**: Strengthening multilateral institutions. International Peace Institute, 2008, p. 26.

devem ser consideradas, especialmente a reforma das regras de seleção dos burocratas da instituição. De acordo com o estudo desenvolvido, os países do G-7, notadamente os Estados Unidos[216], mantêm o controle sobre a contratação dos burocratas (economistas de alto e médio escalão) do FMI por meio da criação de regras que restringem a escolha a um grupo muito seleto de burocratas formados em poucas escolas de economia situadas nos Estados Unidos e na Europa. Esse processo de recrutamento controlado pelo G-7 constrói uma burocracia próxima das visões e interesses dos países desenvolvidos. Isso pode ter implicações normativas tanto para o viés dos empréstimos como para as reformas que os países em desenvolvimento almejam para o fundo[217].

No mesmo sentido, MILDNER e SILVA-GARBADE (2009) argumentam que o problema da representação adequada dos países-membros do FMI não se resume ao cálculo de cotas. O outro pilar igualmente importante da reforma de governança do FMI é o realinhamento da Diretoria Executiva: é composta por 24 diretores executivos, oito deles representam apenas um país cada um, – as cinco maiores participações do FMI (Estados Unidos, Japão, Alemanha França e Reino Unido), assim como Arábia Saudita, China e Rússia. Os outros 16 diretores executivos chefiam grupos de países conhecidos como "Constituencies[218]"

---

216 "A second critique of the Fund and Bank is that both are overwhelmingly Anglo-Saxon in their approach to economics. This bias stems from early on when unlike in other international organizations, the United States was able to resist pressures for national quotas for hiring, and furthermore, from the very start to establish a commitment to nothing but English as a working language. As the historians cited above note, this skewed employment in the Fund and Bank significantly, not just geographically (favoring South Asia over East Asia and Britain over other European countries), but also overwhelmingly toward graduates of institutions that taught in English (i.e. predominantly US and UK schools). They also note that the policy had an elitist result, since in non-English speaking countries, fluency in English tended to be correlated with preferred economic and social status. These thoughts are borne out very clearly in studies of the staff of each of the institutions. A study of the IMF shows that some 90% of professionals with PhD's received them from the United States or Canada, and similarly within the World Bank, a 1991 study of the high-level staff in the Policy, Research and External Affairs Departments, shows that some 80% had trained in economic and finance at institutions in the United States and the United Kingdom". WOODS, *op.cit.*, 2000, p. 834.

217 GUIMARÃES, Feliciano Sá. **O controle dos países do G-7 sobre o recrutamento dos burocratas do FMI:** o elo perdido das reformas. Revista de Sociologia e Política. Curitiba, vol. 21, n. 48, p.111-126, dez. 2013.

218 "Na diretoria do FMI, os quatro BRIC originais são todos cabeças de cadeira. A Índia e o Brasil, desde a criação do Fundo, têm assentos permanentes na condição de líderes das chamadas *contituencies*, ao passo que a Rússia e a China têm cadeiras próprias, criadas mais recentemente, quando aderiram ao Fundo Monetário. Já a África do Sul faz parte de uma cadeira anglófona subsaariana, junto com muitos outros países, e gira lentamente no comando da diretoria. Nas articulações entre os BRICS no Fundo Monetário, a África do Sul é com frequência representada pelo diretor executivo dessa cadeira, que não é necessariamente um sul-africano. A África do Sul está sub-representada em termos de diretoria".

III. Os BRICS e as reformas das instituições internacionais **207**

(grupos votantes) e são eleitos para mandatos de dois. Nesse sentido, as autoras destacam a pressão crescente para uma reforma da Diretoria Executiva – mas o progresso é ainda mais difícil de alcançar do que o ajuste da fórmula de cota, especialmente porque um aumento da Diretoria não entra em questão: já é considerada grande demais e ineficiente em suas tarefas executivas.

> Como primeiro passo da reforma, as duas maiores Constituencies, que incorporam 44 países africanos, receberam o direito de nomear um segundo diretor suplente. Mesmo que tenha sido uma melhora útil, esta mudança não abordou os principais problemas da diretoria. Uma possível etapa da reforma que está sendo discutida atualmente é re-enfocar a diretoria para um papel de representação e supervisão. Outro aspecto polêmico da reforma é a nominação da gestão do Fundo. O diretor-gerente e o vice-diretor gerente do FMI exercem um papel estratégico para definir a orientação da instituição. Até agora, o diretor-gerente do Fundo tem sido tradicionalmente um europeu, enquanto o diretor do Banco Mundial e o primeiro vice-diretor do Fundo têm sido americanos. Os países em desenvolvimento, particularmente, se cansaram desse processo de seleção e clamaram por mais transparência e por uma abertura da posição para todos os países-membros. (MILDNER; SILVA-GARBADE, 2009, p. 70)

Outra reforma interna destacada diz respeito ao limite do uso das decisões por consenso. A prática do consenso na tomada de decisões na esfera da diretoria executiva, como destaca WOODS (2000, p. 832), limita substancialmente a transparência e a responsabilidade dos participantes no processo decisório. As decisões por consenso muitas vezes ocorrem de portas fechadas e sem um registro formal e aberto de deliberações e votos. Isso significa que as partes que não estão presentes nas discussões desconhecem as razões pelas quais uma decisão específica foi tomada e não podem responsabilizar qualquer parte em particular por essa decisão. Ademais, destaca que esse tipo de prática pode favorecer atuações de hegemonia dentro da instituição[219].

Para MEDEIROS[220], as reformas precisam incluir a reversão da lógica subjacente ao sistema de regras e instituições criadas ao longo dos últimos

---

BATISTA JR, Paulo Nogueira. Mesa redonda na FIESP. In: *In:* **Debatendo o BRICS** / José Vicente de Sá Pimentel (Org.). Brasília: FUNAG, 2013, p. 143.

219 WOODS, Ngaire. The United States and the international financial institutions: power and influence within the World Bank and the IMF. *In:* **US hegemony and international organizations.** The United States and multilateral institutions. New York: Oxford University Press, 2003, p.111.

220 MEDEIROS, Antonio Paulo C. de. O Desafio da reforma da ONU. *In:* **Reforma da ONU.** IV Conferência Nacional de Política Externa e Política Internacional: o Brasil no mundo que vem aí. Seminário sobre a Reforma da ONU. Brasília: FUNAG, 2010, p. 103.

sessenta anos, desde as históricas conferências de Bretton Woods e de Dumbarton Oaks, que concedem o máximo de poder para as grandes potências e impõem padrões de comportamento restritivos aos demais estados. Para o jurista, as reformas no sistema deveriam, por exemplo: i) modificar o atual processo decisório das instituições de Bretton Woods (FMI e Banco Mundial), de modo a que suas resoluções reflitam o peso e os interesses que correspondem aos países em desenvolvimento, especialmente aos países emergentes, como Brasil, Federação Russa, Índia, China e demais países que dispõem de substancial liquidez internacional, como os países exportadores de petróleo; ii) criar um sistema de reserva monetária mundial alternativo, que diminua a dependência em relação ao dólar e force os EUA a terem disciplina fiscal; iii) conceder garantias aos países em desenvolvimento[221] de que não serão abandonados à própria sorte em caso de crises; iv) padronizar a regulamentação financeira internacional, a fim de eliminar os denominados 'buracos negros' (off-shore e on-shore) e v) concluir, no âmbito da OMC, rodada de negociações comerciais efetivamente voltada ao desenvolvimento, que ponha fim aos subsídios agrícolas oferecidos pelos países ricos do Hemisfério Norte, pois estes instrumentos sabidamente resultam na manutenção de populações inteiras em situação de penúria e miséria.

Os modelos supramencionados por MEDEIROS vão ao encontro das propostas elencadas pelos BRICS ao longo de quase dez anos de articulações do grupo. Além de lograrem maior participação nos processos decisórios do FMI, os BRICS ainda criaram, conforme demonstraremos doravante, um novo banco de desenvolvimento e um arranjo contingente de reservas.

3.4 O NOVO BANCO DE DESENVOLVIMENTO (NBD) E O ACORDO PARA O ESTABELECIMENTO DO ARRANJO CONTINGENTE DE RESERVAS DOS BRICS (ACR).

As reformas de 2010 proporcionaram aos BRICS o aumento do poder decisório no FMI e no Banco Mundial. Entretanto, a reforma do sistema de cotas do FMI dependia ainda da ratificação do Congresso dos Estados Unidos, que inicialmente refutava quaisquer medidas de reforma. Além disso,

---

221 "Le droit international économique ne traite pas de façon identique les pays développés et les pays en développement. Il aménage ses règles en sorte que, dans les relations internationales économiques, les pays en développement reçoivent un traitement plus favorable que les pays développés, afin qu'à terme, soient compensées les inegalités de développment entre les uns et les autres. Les règles ainsi aménagées accusent un forte originalité, au point qu'elles font désormais l'óbjet d'une systématisation particulière; il s'agit du droit international du développement dans lequel l'idée d'egalité réelle prend le pas sur l'idée d'égalité formelle". CARREAU, Dominique; JUILLARD, Patrick. **Droit international économique.** 4ª ed. Paris: L.G.D.J, 1998, p. 22.

os países desenvolvidos, em repetidas ocasiões, algumas no G-20, ou no Comitê de Desenvolvimento do Banco Mundial/FMI, deixaram claro que não se engajariam tão cedo em nova rodada de aumento do capital dos bancos multilaterais. Em outubro de 2011, à margem da Reunião de Ministros de Finanças e Presidentes de Banco Central do G-20, em Paris, Nicholas Stern apresentou aos *"Deputies"* dos BRICS, em reunião informal, texto elaborado em conjunto com Joseph Stiglitz em que propunham a formação de um banco de desenvolvimento Sul-Sul para financiar projetos sustentáveis de infraestrutura e de novas tecnologias[222].

> No início do ano seguinte, porém, no contexto do início da preparação da Cúpula dos BRICS em Nova Delhi, o governo indiano propôs que os líderes solicitassem a seus Ministros de Finanças que examinassem a factibilidade e viabilidade da criação de um banco de desenvolvimento para "cobrir o *gap* de recursos para projetos de infraestrutura e desenvolvimento sustentável nos BRICS e outros países em desenvolvimento". Diante da proposta concreta, a convergência dos BRICS foi rápida em torno da ideia de efetivamente examinar a criação de um banco de desenvolvimento (COZENDEY, 2015, p. 117).

Em 2012, os contornos em busca de reformas das instituições financeiras adquiriram caráter mais específico entre os pontos plasmados na Declaração de Delhi. Para os BRICS, a manutenção da estabilidade e da integridade do sistema monetário e financeiro internacional dependeria prioritariamente de uma arquitetura financeira mais representativa, com a ampliação da voz e da representação de países em desenvolvimento.

Durante a IV Cúpula de 2012, os membros do BRICS desenvolveram a primeira perspectiva a respeito da possibilidade de estabelecimento de um novo banco de desenvolvimento, voltado para a mobilização de recursos de projetos de infraestrutura e de desenvolvimento sustentável em países do BRICS e em outras economias emergentes e países em desenvolvimento, com vistas a suplementar os esforços correntes de instituições financeiras multilaterais e regionais de promoção do crescimento e do desenvolvimento internacionais[223].

---

222 COZENDEY, Carlos Marcio. Visão ou Miragem? Banco de Desenvolvimento e Arranjo de Reservas no Horizonte dos BRICS. *In:* **BRICS**: estudos e documentos. Brasília: FUNAG, 2015, p.116.

223 "Alok Sheel, the drafter of the concept paper in the Indian Finance Ministry, identified three reasons that made such an initiative necessary at the BRICS Academic Forum in New Delhi in 2012: i) Emerging economies need huge investments in infrastructure to sustain large economic growth rates, ii) There had been much talk before the crisis of a savings glut in emerging economies - this needed to be redirected into investment and iii) Addressing

No ano seguinte, o grupo reafirmou o reconhecimento de que os países em desenvolvimento enfrentavam desafios em matéria de infraestrutura, sobretudo em razão da insuficiência de financiamentos de longo prazo e de investimento externo direto.

> Há um déficit de infraestrutura bem documentado em muitos países em desenvolvimento e desenvolvidos, o que está dificultando as perspectivas de crescimento. A infraestrutura estratégica, desde estradas e portos até energia, precisa ser construída para impulsionar o crescimento. Cerca de 1,4 bilhão de pessoas ainda não têm acesso à eletricidade, 900 milhões não têm acesso a água potável e 2,6 bilhões não têm acesso ao saneamento básico. Esses déficits continuam a representar desafios substanciais em países de baixa renda, mas também há déficits generalizados em muitos países de renda média. Há uma grande evidência de que o desenvolvimento da infraestrutura pode aumentar o crescimento econômico e reduzir os níveis de desigualdade. Na medida em que os países se afastam das indústrias econômicas primárias para secundárias e terciárias, as infraestruturas tornam-se mais importantes. Entre 2010 e 2030, a população mundial aumentará em 2 bilhões, de 6,1 para 8,1 bilhões. A maior parte deste aumento será no mundo em desenvolvimento e majoritariamente em assentamentos urbanos. A resposta a essas pressões de urbanização exigirá um aumento importante das despesas de infraestrutura (...) Aproximadamente 45% a 60% do investimento exigido será no setor elétrico, incluindo a capacidade de geração, transmissão e redes de distribuição. O restante é dividido de forma relativamente igual entre os setores de transporte, telecomunicações e água. Note-se que como existem requisitos de manutenção a serem incluídos, uma participação maior do investimento total seria necessária no setor de transporte, onde os estoques existentes são relativamente altos, embora o setor de energia ainda seja a principal fonte de demanda[224] (BHATTACHARYA; ROMANI; STERN, 2012, pp. 8-12).

Tendo em vista essa realidade, os BRICS vislumbraram a possibilidade de criação de um novo banco de desenvolvimento para a mobilização de recursos para projetos de infraestrutura e de desenvolvimento sustentável nos BRICS e em

---

demand imbalances would increase demand in parts of the world that were in surplus and channel savings into the real economy". WOOD, Christopher et al. **The New Development Bank**: moving the BRICS from an acronym to an institution. The South African Institute of International Affairs (SAIIA), African perspectives, global insights, 2016, p. 12.

224 BHATTACHARYA. Amar; ROMANI, Mattia; STERN, Nicholas. **Infrastructure for development: meeting the challenge**. Policy paper. Centre for Climate Change Economics and Policy Grantham Research Institute on Climate Change and the Environment, June 2012, pp. 8-12.

outras economias emergentes e países em desenvolvimento, para complementar os esforços já existentes de instituições financeiras multilaterais e regionais para o crescimento global e o desenvolvimento.

Finalmente, durante a VI Cúpula realizada em Fortaleza, em julho de 2014, sob o tema "Crescimento Inclusivo: Soluções Sustentáveis", foram assinados os acordos constitutivos do Novo Banco de Desenvolvimento, primeira instituição comum dos BRICS. Nos termos da Declaração de Fortaleza, o Banco, com sede em Xangai, teria um capital inicial autorizado de US$ 100 bilhões. Na mesma ocasião, os BRICS anunciaram a assinatura do Tratado para o estabelecimento do Arranjo Contingente de Reservas com a dimensão inicial de US$ 100 bilhões[225].

Em 2015, durante a Cúpula de Ufá, os BRICS saudaram a entrada em vigor do Acordo do Novo Banco de Desenvolvimento e a conclusão do processo de ratificação do Tratado para Estabelecimento do Arranjo Contingente de Reservas dos BRICS e a sua entrada em vigor. Na mesma ocasião, todos os bancos de desenvolvimento dos países do BRICS assinaram o acordo de cooperação entre as instituições e o NBD. No texto, as partes envolvidas se dispuseram a explorar possibilidades de cooperação na mobilização de recursos para financiamento, cofinanciamento e estruturação de garantias em projetos de infraestrutura e de desenvolvimento sustentável. Também foram citados no acordo como possíveis focos de parcerias os financiamentos de projetos relacionados à inovação e tecnologia, eficiência energética e segurança ambiental, além de iniciativas com impacto social relevante para as economias dos países do grupo[226].

O Tratado para o Estabelecimento do Arranjo Contingente de Reservas do BRICS, segundo descrito na Declaração de Fortaleza, tem o propósito de ajudar países a contrapor-se a pressões por liquidez de curto prazo, além de promover maior cooperação entre os BRICS e fortalecer a rede de segurança financeira mundial, complementando os arranjos internacionais existentes.

> Os BRICS, inspirados pelo modelo da Iniciativa de Chiang Mai, decidiram explorar a criação de mecanismo semelhante, à margem da reunião de Cúpula do G-20 em Los Cabos, no mesmo momento em que se anunciava nova rodada de empréstimos ao FMI. O modelo baseia-se na criação de um *pool* virtual de reservas, em que os países não colocam recursos sob administração comum, mas apenas se comprometem a aportar reservas a um dos parceiros que venha a necessitar. Em caso de necessidade, realiza-se um

---

225 BRASIL, Ministério das Relações Exteriores. **Declaração de Fortaleza.**

226 BRASIL, Banco Nacional de Desenvolvimento Econômico e Social. **BNDES cria acordo com bancos de desenvolvimento dos BRICS.**

swap (troca) de divisas fortes por moeda nacional, com reversão posterior: na prática é um empréstimo remunerado de divisas conversíveis. A ideia foi criar sua própria *"big bazooka"* num momento em que nenhum dos BRICS tinha necessidade do mecanismo, já que todos haviam acumulado, debaixo do seu próprio colchão, reservas internacionais volumosas como seguro para situações de volatilidade de fluxos de capital. Dessa forma, sem a premência da necessidade, a negociação poderia proceder sem atropelamentos, preparando os BRICS para eventual mudança de condições no futuro, ao passo que confirmava inequivocamente a capacidade de ação conjunta do agrupamento (COZENDEY, 2015, p. 124).

Constituído com a finalidade de reforçar a rede global de proteção financeira e para complementar os arranjos monetários e financeiros internacionais existentes, o ACR consiste, nos termos do Art. 1º do Tratado, em uma plataforma de apoio, por intermédio de instrumentos preventivos e de liquidez, em resposta a pressões de curto prazo, reais ou potenciais, sobre o balanço de pagamentos[227]. Os compromissos assumidos, entretanto, não implicam em transferências imediatas de fundos. Os recursos comprometidos devem estar disponíveis para qualquer solicitação elegível, possuindo as partes, a qualquer tempo, o direito de pleitear acesso a esses recursos (Art. 2, b).

Apesar de a China responder pelo maior contingenciamento do total de recursos comprometidos inicialmente ao ACR, US$ 41 bilhões de um total de US$ 100 bilhões, as decisões do Conselho de Governadores, responsável pelas decisões estratégicas e de alto nível do ACR, são tomadas por consenso (Art. 2º e 3º).

O Tratado prevê o ingresso de novos países como partes do ACR, a criação de um secretariado permanente, bem como um acordo entre bancos centrais a fim de executar as transações no âmbito dos instrumentos preventivo e de liquidez. Nos termos do Art. 4º, o ACR conterá os seguintes instrumentos: i) um instrumento de liquidez para prestar apoio em resposta a pressões de curto prazo no balanço de pagamento e ii) um instrumento preventivo destinado a prestar apoio em casos de potenciais pressões de curto prazo no balanço de pagamentos. Se qualquer disputa, controvérsia ou contestação referente à execução, interpretação, construção, violação, término ou invalidade de qualquer disposição deste Tratado surgir e não for solucionada amigavelmente pelo Conselho de Governadores num prazo razoável, deve ser resolvida por arbitragem, de acordo com as Regras de Arbitragem da Comissão das Nações Unidas para o Direito do Comércio Internacional (excluindo o artigo 26 das mesmas), em vigor na data deste Tratado (as "Regras Arbitrais da UNCITRAL").

---

227 BRASIL. Decreto nº 8.702 de 1º de abril de 2016. **Promulga o Tratado para o Estabelecimento do Arranjo Contingente de Reservas dos BRICS.**

III. Os BRICS e as reformas das instituições internacionais 213

Como salienta BATISTA JÚNIOR[228], o ACR possui dois níveis de sistema de governança. As decisões mais importantes são tomadas pelo Conselho de Governadores, e o Comitê Permanente cuida do nível executivo e das questões operacionais. O consenso é a regra para quase todas as decisões. Somente as decisões do Comitê Permanente relacionadas aos pedidos de apoio e renovação de apoio devem ser tomadas por maioria simples de votos ponderados pelo tamanho relativo das contribuições individuais. Cada país pode obter, a qualquer momento, 30% do seu limite de acesso, desde que sejam observados os procedimentos e salvaguardas do Tratado. Qualquer acesso acima desta porcentagem está condicionado à existência de um acordo com o FMI. As condições para a aprovação de um pedido de apoio incluem: (i) não ter dívidas em atraso com nenhum dos outros países BRICS nem com suas instituições financeiras públicas nem com nenhuma das instituições financeiras multilaterais; (ii) cumprimento de todas as obrigações para com o FMI relativas ao Artigo IV (supervisão) e ao Artigo VIII (provisão de informações) do Artigo de Incorporação do Fundo; e (iii) garantir que suas obrigações constituam sempre obrigações diretas, não garantidas e não subordinadas, com classificação pelo menos equivalente aos direitos de pagamento pari passu em relação a todas as demais obrigações.

O Arranjo Contingente de Reservas, consoante destaca VASCONCELOS[229], não constitui propriamente uma organização internacional. Não obstante ter sido constituído por meio de um acordo internacional firmado por estados soberanos, o ACR não possui personalidade jurídica própria, bem como não possui capacidade de contrair obrigações em próprio nome. Recorda, ainda, que tendo em vista que apenas 30% dos recursos do ACR são desvinculados da existência de acordo com o FMI, aumentam-se, também, as dúvidas sobre a independência operacional do mecanismo e a sua relação com o status quo do sistema monetário e financeiro internacional. Uma das justificativas para a vinculação com o FMI seria evitar o chamado "risco moral". Até o presente, contudo, essa preocupação com a desvinculação não se fez presente nas declarações oficiais dos BRICS. Por fim, salienta que o ACR não constitui um arranjo multilateral inédito. Isso porque já vem de longa data a criação de modelos de cooperação semelhantes, ainda que eventualmente temporários, para auxiliar paises a enfrentarem crises de liquidez internacional. Segundo o jurista, o impulso para a formação desses mecanismos, historicamente, esteve associado ao enfrentamento de turbulências financeiras comuns dentro de uma mesma

---

228 BATISTA JÚNIOR, Paulo Nogueira. BRICS: a new monetary fund and a new development Bank. *In: **Brazil in BRICS**. Rio de Janeiro: Capax Dei, 2015, p. 33.

229 VASCONCELOS, Jonnas Esmeraldo Marques. **BRICS: agenda regulatória**. Tese de Doutorado. Faculdade de Direito da Universidade de São Paulo. São Paulo: FADUSP, 2018, pp. 155-168.

região econômica. De todo modo, ainda que persistam questões sobre a operacionalização e a capacidade do ACR em cumprir com seus objetivos (muitas das quais poderão ser reformuladas com a utilização dos seus instrumentos de apoio financeiro), a mera constituição desse tipo de arranjo atesta a insatisfação de países com as práticas do FMI.

Como assinala NÓBREGA (2016, p. 35), o ACR contribui para a estabilidade financeira internacional[230], ao complementar a atual rede de proteção financeira constituída pelas reservas internacionais dos países e pelos organismos financeiros multilaterais, em particular o FMI. Além disso, reforça a confiança dos agentes econômicos e financeiros na solidez da economia dos BRICS e mitiga riscos de contágio resultantes de eventuais choques econômicos.

Segundo COZENDEY (2015, p. 125), o ACR é uma demonstração de desconfiança e desconforto em relação à atuação do Fundo Monetário Internacional, uma vez que tem objetivos que estão no escopo de funções do FMI. Por outro lado, o ACR não se propõe a ser alternativa ao Fundo. O NBD e o ACR são complementares ao sistema estabelecido em Bretton Woods, "mas indicam sua insuficiência e a insatisfação dos BRICS com sua governança, criando espaços de intervenção no sistema para além dos limites de participação nos processos decisórios do FMI e do Grupo Banco Mundial".

3.4.1. Objetivo, funções e estrutura do Novo Banco de Desenvolvimento (NBD)

Nos termos do Acordo Constitutivo sobre o Novo Banco de Desenvolvimento[231], os BRICS, considerando a importância de cooperação econômica[232] mais próxima entre os países do grupo e reconhecendo a importância de prover

---

230 "It should be highlighted that the Russian quota in the BRICS emergency fund is twice the size of the contribution in the IMF (before the reform) and the Chinese is three times higher. It can be drawn a clear conclusion that these five emerging economies aim to have a greater voice in the management of the global financial portfolio, a position consistent with the current international economic landscape". LATINO, *op.cit.*, 2017, p.55.

231 BRASIL, Ministério das Relações Exteriores. **Acordo sobre o Novo Banco de Desenvolvimento**.

232 "Compared with other types of infrastructure investors, such as private investors and national development banks, Multilateral Development Banks (MDBs) have several advantages. First, because these banks—backed by sovereign governments—have high credit ratings, they can raise capital relatively cheaply in the marketplace. Therefore, they are able to extend loans on attractive terms. Second, unlike many private investors, these banks can afford to make long-term investments. Third, MDBs tend to be equipped with strong technical capacities, years of experience, significant regional presence, and local knowledge, which enable them to better deal with the risks of infrastructure projects in different areas of the world, especially in developing countries". WANG, *op.cit.*, 2010, p.3.

III. Os BRICS e as reformas das instituições internacionais   215

recursos para projetos de promoção de infraestrutura e desenvolvimento sustentável nos países do BRICS e em outras economias emergentes e países em desenvolvimento, bem como desejosos em contribuir para um sistema financeiro internacional conducente ao desenvolvimento econômico e social que respeite o meio ambiente global, acordaram o estabelecimento do Novo Banco de Desenvolvimento (NBD).

O objetivo do Banco, conforme estabelece o Artigo 2º, consiste em mobilizar recursos para projetos de infraestrutura e desenvolvimento sustentável nos BRICS e em outras economias emergentes e países em desenvolvimento, para complementar os esforços existentes de instituições financeiras multilaterais e regionais para o crescimento global e o desenvolvimento. Para o cumprimento do seu objetivo (Artigo 3º), o Banco está autorizado a exercer as seguintes funções: i) utilizar recursos a sua disposição para apoiar projetos de infraestrutura e desenvolvimento sustentável, públicos ou privados, nos BRICS ou em outras economias emergentes e em países em desenvolvimento, por meio da provisão de empréstimos, garantias, participação acionária ou outros instrumentos financeiros; ii) cooperar, de forma considerada apropriada pelo Banco, com organizações internacionais, bem como com entidades nacionais, sejam públicas ou privadas, e em particular com instituições financeiras e bancos nacionais de desenvolvimento; iii) fornecer assistência técnica para a preparação e implementação de projetos de infraestrutura e desenvolvimento sustentável aprovados pelo Banco; iv) apoiar projetos de infraestrutura e desenvolvimento sustentável envolvendo mais de um país; v) estabelecer ou ser encarregado da administração de Fundos Especiais criados para servirem a seus propósitos.

O Acordo Constitutivo do NBD prevê ainda a possibilidade de adesão aberta a membros das Nações Unidas em tal momento e tais termos e condições que o Banco determinar por uma maioria especial do Conselho de Governadores (Art. 5º). Quanto ao sistema de votação, foi estabelecido que: a) o poder de voto de cada membro deverá ser igual ao número de suas ações subscritas no capital social do Banco; b) exceto quando especificamente indicado no Acordo Constitutivo, todas as decisões do Banco serão tomadas por maioria simples dos votos depositados; c) uma maioria qualificada será compreendida como votos afirmativos de dois terços do poder de voto total dos membros. Uma maioria especial será compreendida como votos afirmativos de quatro dos membros fundadores, concomitante com votos afirmativos de dois terços do poder de voto total dos membros; d) em votações no Conselho de Governadores, cada Governador estará apto a depositar os votos do país membro que representa; e) em votações no Conselho de Diretores, cada Diretor estará apto a depositar o número de votos que se contaram em sua eleição, os quais não precisarão ser depositados de forma unitária (Art.6º).

Tabela 13: Distribuição de Ações e Direito de Voto NBD

Membro	Ações	Total em %	Direito de Voto (%)
Brasil	100.000	20	20
Rússia	100.000	20	20
Índia	100.000	20	20
China	100.000	20	20
África do Sul	100.000	20	20
Ações não distribuídas	500.000	---	---
Total	1000.000	100	100

Fonte: The New Development Bank

No que concerne às diretrizes gerais para ingresso de novos membros, o Acordo Constitutivo do NBD estabelece que: i) qualquer país membro das Nações Unidas poderá tornar-se membro do Banco; ii) os países fundadores[233] manterão conjuntamente poder de voto de ao menos 55%; iii) nenhum outro país poderá individualmente deter poder de voto acima de 7% do poder de voto total; e iv) países desenvolvidos somente poderão aceder ao Banco na condição de membros não tomadores de empréstimos e sua participação conjunta não poderá exceder 20% do poder de voto total.

A estrutura do Banco (Art. 10) é composta por um Conselho de Governadores, um Conselho de Diretores, um Presidente e Vice-Presidentes conforme decidido pelo Conselho de Governadores, e quaisquer outros dirigentes e funcionários que sejam considerados necessários (Funções descritas no Anexo 2). Enquanto o Conselho de Governadores detém competência exclusiva em determinadas matérias, com previsão de realização de reuniões anuais, o Conselho de Diretores (um mandato de dois anos com possibilidade de reeleição) é responsável pela condução das operações gerais do Banco e podem, para esta finalidade, exercer todos os poderes delegados a eles pelo Conselho

---

233 Para HUMPHREY (2015) esse acordo de participação confere aos BRICS o controle sobre a maioria das decisões tomadas pelo Conselho de Governadores e pelo Conselho de Diretores, que serão tomadas por maioria simples. Em certas questões - como modificação dos artigos do acordo constitutivo e da alteração da estrutura do capital - é necessária uma maioria especial, que consiste em dois terços do total de votos mais quatro dos cinco BRICS. Isso fornece um mínimo de votos para acionistas não BRICS sobre essas questões, diminuindo ligeiramente o controle BRICS. HUMPHREY, Chris. **Development revolution or Bretton Woods revisited. The prospects of the BRICS New Development Bank and the Asian Investment Bank**. London, ODI. org, Working Paper 418, 2015, p. 25.

III. Os BRICS e as reformas das instituições internacionais **217**

de Governadores, tais como: i) decisões relativas a estratégias de negócios, estratégias de países, empréstimos, garantias, investimentos em ações, empréstimos tomados pelo Banco, estabelecimento de procedimentos operacionais básicos e encargos, fornecimento de assistência técnica e outras operações do Banco; (ii) apresentar as contas de cada exercício financeiro para aprovação do Conselho de Governadores em cada encontro anual; (iii) aprovar o orçamento do Banco. Nos termos do Artigo 12, cada membro fundador indicará 1 (um) Diretor e 1 (um) suplente. O Conselho de Governadores estabelecerá, por maioria especial, a metodologia por meio da qual Diretores e Suplentes adicionais serão eleitos, de tal modo que o número total de Diretores não será superior a 10 (dez). A novidade trazida em matéria de governança diz respeito à atuação do Conselho de Diretores como órgão não residente, que se reunirá trimestralmente, a menos que o Conselho de Governadores decida diferentemente por uma maioria qualificada.

O Presidente do Banco, proveniente de um dos membros fundadores de forma rotacional, é eleito pelo Conselho de Governadores. O Presidente, embora membro do Conselho de Diretores, não terá voto, exceto voto de desempate. Nos termos do Artigo 13, haverá pelo menos um Vice-Presidente proveniente de cada membro fundador, exceto do país representado pelo Presidente. Os Vice-Presidentes serão indicados pelo Conselho de Governadores com base em recomendação do Presidente. Os Vice-Presidentes exercerão autoridade e desempenharão funções na administração do Banco conforme determinado pelo Conselho de Diretores. O Presidente e cada Vice-Presidente exercerão um mandato de 5 (cinco) anos, não renovável, exceto no caso do primeiro mandato dos primeiros Vice-Presidentes, cujo mandato será de 6 (seis) anos.

> O Brasil insistiu na constituição, abaixo do Conselho de Governadores, de um Conselho de Diretores não residente, encarregado, como nas corporações modernas, de supervisionar a gerência, e cujo presidente, ao contrário do usual nos organismos financeiros multilaterais, não fosse o presidente do banco. No resultado final desse equilíbrio, se a sede ficou em Xangai, a China indicará apenas o quinto presidente e a África do Sul assegurou um primeiro escritório regional a ser instalado simultaneamente à sede, evitando uma concentração asiática excessiva. Se a Índia obteve a designação do primeiro presidente da instituição, o Brasil será o primeiro presidente do Conselho de Diretores e a Rússia do Conselho de Governadores, assegurando um balanço de influências na conformação das políticas iniciais do Banco e em sua estratégia para os primeiros cinco anos. E, acima de tudo, os cinco países contribuem com a mesma fração de capital e, portanto, possuem poder idêntico de voto nas decisões, além de, como indicado acima, nenhum possuir poder de veto em nenhuma decisão" (COZENDEY, 2015, p. 128).

Dentre os princípios operacionais do Banco, destacam-se a paridade entre os seus membros e a não interferência nos assuntos relacionados à situação jurídica ou outra condição de qualquer território ou área (Art. 21)[234]. O Banco ressalta ainda o compromisso com os princípios da sustentabilidade, eficiência tecnológica, flexibilidade, igualdade, democracia e transparência.

Nos termos do Art. 29 do Acordo Constitutivo, o Banco possui personalidade internacional plena, possuindo, no território de cada membro, a capacidade plena para celebrar contratos, adquirir e alienar bens móveis e imóveis, bem como instaurar procedimentos legais. O Banco tem sua sede em Xangai e o primeiro escritório regional em Johanesburgo (Art. 4º). O Acordo Constitutivo prevê ainda as hipóteses de suspensão de um membro (Art. 38), a possibilidade de emendas (Art. 44) e a instituição de arbitragem em casos de desacordo (Art. 46). Em consonância com o princípio da transparência estipulado no Art. 15 do Acordo Constitutivo, o Conselho de Diretores aprovou a Política Provisória sobre a Divulgação de Informações (PPDI) de modo a conferir acesso e uma maior participação dos interessados, incluindo acadêmicos e representantes da sociedade civil[235].

O NBD também estabeleceu parcerias com bancos de desenvolvimento multilaterais e nacionais, bem como com bancos comerciais, para complementar os seus esforços de apoio ao crescimento e desenvolvimento globais[236], tais como: i) o Fundo Financeiro para o Desenvolvimento da Bacia do Prata (FONPLATA), 26 de abril de 2017; ii) o Banco Europeu para a Reconstrução e o Desenvolvimento (BERD/EBRD), 1º de abril de 2017; iii) o Banco Europeu de Investimento (BEI/EIB), 1º de abril de 2017; iv) o Banco Asiático de Investimentos em Infraestrutura (BAII/AIIB), 1º de abril de 2017; v) o Banco de Desenvolvimento da América Latina (CAF), 9 de setembro de 2016; vi) o Grupo do Banco Mundial, assinado em 9 de setembro de 2016; e o vii) Banco Asiático de Desenvolvimento (BAD/ADB), 4 de abril de 2016.

O Novo Banco de Desenvolvimento pode ser compreendido, destarte, como uma organização internacional constituída por um acordo entre sujeitos competentes, mediante o qual lhe foram atribuídos poderes, definição das estruturas e atos, bem como capacidade jurídica internacional. O NBD

---

234 As operações do Banco serão conduzidas de acordo com os seguintes princípios (Art. 21): (iii) Na preparação de qualquer programa ou estratégia de país, no financiamento de qualquer projeto ou ao fazer descrição ou referência a um determinado território ou área geográfica em seus documentos, o Banco não terá pretendido fazer qualquer julgamento sobre a situação jurídica ou outra condição de qualquer território ou área; (iv) O Banco não permitirá que um montante desproporcional de seus recursos seja usado para o benefício de qualquer membro. O Banco procurará manter uma diversificação razoável de todos os seus investimentos.

235 NEW DEVELOPMENT BANK. **Partnerships**.

236 NEW DEVELOPMENT BANK. **List of memoranda of understanding and cooperation agreements**.

III. Os BRICS e as reformas das instituições internacionais   **219**

pode ser compreendido, quanto à extensão do campo de atividade, como uma organização de vocação especial[237] e, no que diz respeito ao critério de participação, como uma organização internacional restrita, porquanto apesar de aberta a todos os membros das Nações Unidas, tomadores e não tomadores de empréstimos, os países desenvolvidos somente poderão aceder ao Banco na condição de membros não tomadores de empréstimos e com participação conjunta limitada (não poderão exceder 20 % do poder de voto total). Embora composto por países de diversos continentes, o NBD possui interesse econômico comum e específico, isto é, a mobilização de recursos para projetos de infraestrutura e desenvolvimento sustentável nos BRICS e em outras economias emergentes e países em desenvolvimento[238].

Sob o prisma do direito internacional do desenvolvimento[239], o Novo Banco de Desenvolvimento pode ser compreendido, como sinaliza VELASCO (2007, p. 719) à luz das relações econômicas internacionais que têm por escopo a busca pelo desenvolvimento e cuja função consiste em modificar, corrigir, atenuar ou transformar essas relações a fim de superar a situação de subdesenvolvimento.

3.4.2. Desenvolvimento e sustentabilidade: os primeiros projetos do NBD

O Novo Banco de Desenvolvimento, em consonância com os compromissos elencados em todas as cúpulas, assumiu a responsabilidade de se constituir

---

237 "Pelo primeiro critério, o da extensão do campo de atividade, as organizações internacionais dividem-se em organização de vocação geral (algumas delas universais, como a antiga Sociedade das Nações e a ONU, outras regionais, como a Organização dos Estados Americanos – OEA e a União Africana – UA) e, outras, ainda, organizações de vocação especial (ou organizações especiais), podendo estas últimas ser de natureza econômica ou financeira, como o FMI e o Banco Mundial". CRETELLA NETO, *op.cit.,* 2013, p. 102.

238 "Quanto às organizações restritas, na maioria dos casos respondem a uma comunidade de interesses fortemente influenciada por fatores geopolíticos (ou espaciais) – como a União Europeia e o NAFTA -, mas pode haver relações intercontinentais, desde que interesses sejam de outra natureza, como econômicos e de nível de desenvolvimento equivalente, como a OCDE (...). Outras organizações restritas são compostas de países de diversos continentes, mas que possuem determinado interesse econômico comum e específico, caso da Organização dos Países Exportadores de Petróleo – OPEP, formada pela maioria dos países árabes, assim como pela Venezuela, pela Nigéria, entre outros, que extraem, processam e comercializam essa riqueza natural". *Ibid*, p. 104.

239 "su contenido está integrado por todas aquellas normas e instituciones internacionales dirigidas a canalizar la ayuda internacional a estos países, a incidir en el funcionamiento del comercio internacional para conseguir condiciones más ventajosas en el acceso y participación de los países subdesarrollados en dicho comercio; a promover su industrialización y desarrollo tecnológico. En sima, todas aquellas medidas de carácter internacional dirigidas a propiciar el desarrollo de los países subdesarrollados, incluidas entre ellas el establecimiento de los mecanismos adecuados para su financiación". VELASCO, *op. cit.*, 2007, p. 719.

como uma organização internacional destinada a promover o desenvolvimento sustentável. Em 2016, o Presidente do NBD reiterou o compromisso da instituição com a destinação de até 60% de seus empréstimos para projetos de energia renovável[240].

De acordo com as suas políticas ambientais e sociais, o NBD integra os princípios de sustentabilidade ambiental e social de modo a assegurar que o seu financiamento a projetos de desenvolvimento tenha um impacto negativo mínimo sobre o ambiente e as pessoas. O Banco procura promover medidas de mitigação e adaptação para enfrentar a mudança climática e promove a conservação dos recursos naturais, incluindo energia e água, a gestão sustentável do uso da terra e o desenvolvimento urbano. Outrossim, destaca o princípio da precaução como justificativa de decisões discricionárias em situações onde exista a possibilidade de danos ambientais e sociais resultantes de decisões de um determinado projeto[241].

Com a assinatura do Acordo de Sede com o Governo da República Popular da China e o Memorando de Entendimento com o Governo Popular Municipal de Xangai, em 27 de fevereiro de 2016, o NBD tornou-se plenamente operacional.

As primeiras operações de empréstimos do NBD foram aprovadas em abril e julho de 2016, totalizando US$ 911 milhões para financiamento de projetos na área de energia renovável nos cinco países fundadores. No mesmo período, com respeito a operações de captação, o NBD realizou sua primeira emissão de títulos verdes (*green bonds*) no mercado doméstico chinês em Renminbi, no valor equivalente a US$ 450 milhões[242].

Tabela 14: Projetos de Financiamento do NBD

	Valor do empréstimo	Tomador de empréstimo	Setor-alvo	Impactos
Canara (Índia)	USD 250 m	Banco Canara	Energia Renovável	500 MW de energia renovável - evitar 815.000 t CO2 / ano

---

240 NEW DEVELOPMENT BANK. **NDB president: 60% of funding will be for renewables**.

241 NEW DEVELOPMENT BANK. **Environment and Social Sustainability**.

242 BRASIL, Ministério das Relações Exteriores. **O Novo Banco de Desenvolvimento dos BRICS**.

	Valor do empréstimo	Tomador de empréstimo	Setor-alvo	Impactos
Lingang (China)	UDS 81 m	Governo RPC	Energia Renovável	100 MW Solar - evitar 73.000 t CO2 / ano
BNDES (Brasil)	USD 300 m	BNDES	Energia Renovável	600 MW de energia renovável - evitar 1.000.000 t CO2 / ano
ESKOM (África do Sul)	USD 180 m	ESKOM	Energia Renovável	670 MW de energia renovável - evitar 1.300.000 t CO2 / ano
EDB/IIB (Rússia)	USD 100 m	BED/IIB	Hidrelé- trica + Energia verde	49,8 MW de energia renovável - evitar 48.000 t CO2 / ano
Madhya Pradesh (Índia)	USD 350 m	Governo da Índia	Pavimen- tação	Melhorias em cerca de 1500 km de estrada
Pinghai (China)	USD 298 m	Governo RPC	Energia Renovável	250 MW de energia renovável - evitar 869.900 t CO2 / ano
Hunan (China)	USD 300 m	Governo RPC	Saneamento básico e controle de enchentes.	Melhoria da qualida- de da água e controle de inundações no rio Xiang e seus afluentes.
Jiangxi (China)	USD 200 m	Governo RPC	Economia de energia.	Economia de 95.118 toneladas de carvão equivalente - Redução anual de 263.476 toneladas de emissões de CO2.
MP Water (Índia)	USD 470 m	Governo da Índia	Abasteci- mento de água e sa- neamento	Projeto abrange mais de 3.400 aldeias e benefi- ciará mais de 3 milhões de habitantes da zona rural.

	Valor do empréstimo	Tomador de empréstimo	Setor-alvo	Impactos
Judicial Support (Rússia)	USD 460 m	Governo da Rússia	Infraestrutura social.	Maior transparência e eficiência judiciária e maior proteção dos direitos judiciais dos cidadãos do país.
Rajasthan Water (Índia)	USD 345 m	Governo da Índia	Irrigação.	1.25 milhões de acres adicionais de água disponível para cultivo - 33.312 hectares de área irrigada recuperada para cultivo - Eficiência do uso da água melhorada em 10%
Ufa Eastern Exit (Rússia)	USD 68.8 m	Governo da Rússia	Transportes.	Reduzir o congestionamento e - Maior segurança do tráfego, desviando mercadorias perigosas do centro da cidade - Um desenvolvimento residencial e industrial espacial equilibrado - Fortalecer a posição de Ufa como centro estratégico de transporte.
Volga (Rússia)	USD 320 m	Governo da Rússia	Água, saneamento, desenv. sustentável.	- Maior eficiência operacional dos sistemas de abastecimento de água e saneamento - Redução do crescimento das tarifas de serviços públicos para a população - Redução significativa dos danos ambientais do rio Volga - Maior segurança sanitária para os cidadãos

	Valor do empréstimo	Tomador de empréstimo	Setor-alvo	Impactos
Small Historic Cities (Rússia)	USD 220 m	Governo da Rússia	Infraestrutura urbana, desenv. sustentável	- Redução do crescimento das tarifas de serviços públicos para a população
Durban Container Terminal Berth Reconstruction Project (África do Sul)	USD 200 m	Transnet SOC Ltda.	Infraestrutura transportes.	Expansão da capacidade do Porto de Durban - Crescimento do volume de negociação para empresas locais - Criação de mais de 18.000 oportunidades de emprego - Estoques adicionais de peixes devido ao aumento do habitat intertidal e subtidal na área do Porto de Durban
Pará Sustainable Municipalities Project (Brasil)	USD 50 m	Governo do Estado do Pará	Infraestrutura sustentável, desenv. urbano.	- Fornecer conectividade em condições climáticas adversas dentro da cidade para os moradores dos municípios - Redução de inundações - Melhorias no saneamento básico - Melhor saúde dos residentes.
Maranhão Road Corridor – South North Integration (Brasil)	USD 71 m	Governo do Estado do Maranhão	Infraestrutura sustentável, transportes.	- Redução do tempo de viagem - Custos logisticos reduzidos entre a área agrícola e o porto de Itaqui -Integração do norte e do sul do Maranhão, ligando municípios

	Valor do empréstimo	Tomador de empréstimo	Setor-alvo	Impactos
Chongqing Small Cities Sustainable Development Project (China)	USD 300 m	Governo RPC	Infraestrutura urbana, infraestrutura sustentável	-Desenvolvimento econômico fortalecido do estado do Maranhão. - Redução do congestionamento -Fortalecimento do turismo -Melhoria das condições de vida através de planejamento urbano
Bihar Rural Roads Project (Índia)	USD 350 m	Governo da Índia	Infraestrutura sustentável, transportes.	- -Aumento da produtividade agrícola - Melhoria do acesso a centros econômicos, sociais e educacionais - Crescimento econômico fortalecido para a população nas regiões do interior do estado
Luoyang Metro Project (China)	USD 300 m	Governo RPC	Infraestrutura sustentável, transporte urbano.	- Redução dos congestionamentos -Aumento do conforto, segurança e confiabilidade do tráfego na cidade -Melhor conectividade contribuindo para o desenvolvimento urbano
Greenhouse Gas Emissions Reduction and Energy Sector Development Project (África do Sul)	USD 300 m	Banco de Desenv. da África do Sul (DBSA)	Energia limpa e desenv. sustentável	-Redução de emissões de dióxido de carbono -Aumento da capacidade de geração de energia a partir de fontes de energia renováveis -Aumento da eficiência do setor energético na África do Sul

III. Os BRICS e as reformas das instituições internacionais **225**

	Valor do empréstimo	Tomador de empréstimo	Setor-alvo	Impactos
Environmental Protection Project (Brasil)	USD 200 m	Petrobras	Infraestrutura sustentável	- Benefícios ambientais e sociais da redução da contaminação da água - Maior eficiência no reuso da água -Redução de emissões
Madhya Pradesh Bridges Project (Índia)	USD 175 m	Governo da Índia	Infraestrutura de transportes	-Reduzir o tempo de viagem e das emissões -Promover o desenvolvimento inclusivo das comunidades rurais de Madhya Pradesh - Estimular o desenvolvimento econômico regional por meio de melhor conectividade, maior acessibilidade e maiores oportunidades de emprego.
Madhya Pradesh Major District Roads II Project (India)	USD 350 m	Governo da Índia	Infraestrutura de transportes	Melhorar as condições das estradas e a capacidade de transporte -Redução do tempo de viagem, dos custos operacionais dos veículos e das emissões -Promover o desenvolvimento inclusivo das comunidades rurais - Estimular o desenvolvimento econômico regional e maiores oportunidades de emprego.

	Valor do empréstimo	Tomador de empréstimo	Setor-alvo	Impactos
"ZapSibNef-teKhim" Project (Rússia)	USD 300 m	SIBUR – Companhia petroquímica russa	Infraestrutura sustentável	-Criação de novos empregos -Melhorar da "pegada ambiental" através do financiamento de medidas de proteção ambiental, tais como instalações de tratamento de águas residuais.

Fonte: New Development Bank243

Os projetos de financiamento, conforme verificado acima, estão em consonância com os objetivos propostos pelo Banco em matéria de desenvolvimento e sustentabilidade, concentrando-se sobretudo na área de energia renovável.

No caso do Brasil, o BNDES e o Novo Banco de Desenvolvimento assinaram, em abril de 2017, o primeiro empréstimo no valor de US$ 300 milhões. A operação terá o objetivo de apoiar investimentos em geração de energias renováveis. O empréstimo do NBD representa o início de uma parceria que tem como finalidade o desenvolvimento do setor de energias renováveis, por meio do apoio a projetos de geração eólica, solar, hidroelétrica (pequenas centrais hidrelétricas), a partir de biomassa, biogás e resíduos agrícolas. Estima-se que o empréstimo viabilizará investimentos que adicionarão em torno de 600 MW à capacidade de geração de energia. O Brasil possui uma matriz elétrica renovável, onde mais de 60% da geração é hidrelétrica. Entretanto, ainda que a hidroeletricidade seja um recurso renovável, o sistema tende a ficar cada vez mais exposto aos efeitos das mudanças climáticas e de períodos de seca. Nesse contexto, a nova parceria busca fomentar as energias alternativas com o apoio à diversificação da matriz elétrica e incrementar a segurança do sistema elétrico no futuro, o que permitirá garantir o fornecimento elétrico para todos os setores da economia[244]. Segundo o BNDES, a maior liberação já realizada pelo NBD destina-se a dois projetos, apoiados também com recursos do BNDES: o complexo eólico de Campo Largo I e o complexo solar de Pirapora I. Os 11 parques eólicos do complexo de Campo Largo I abrangidos por este financiamento localizam-se nos municípios de Sento Sé e Umburanas, na Bahia. Já os investimentos do complexo solar de Pirapora que serão benefi-

---

243 NEW DEVELOPMENT BANK. **Projects.**

244 BRASIL, Banco Nacional de Desenvolvimento Econômico e Social. **BNDES fecha contrato de US$ 300 milhões com o Novo Banco de Desenvolvimento para financiar energia renovável alternativa.**

III. Os BRICS e as reformas das instituições internacionais **227**

ciados pelo apoio do BNDES e do NBD estão localizados em Minas Gerais[245]. No que tange às perspectivas futuras:

> O NBD trabalha com a projeção de aprovar até US$ 1,5 bilhão de financiamentos para o Brasil em 2019, dependendo de iniciativas do novo governo sobre investimentos públicos e da retomada da atividade do setor privado. No começo de 2019, o banco deve inaugurar seu escritório em São Paulo e uma sucursal em Brasília. Isso facilitará as operações com o Brasil num momento em que a instituição se torna mais competitiva e mais ágil. As agências de classificação de risco S&P e Fitch atribuíram recentemente ao NBD o rating AA+, o mesmo que a S&P atribui aos EUA e bem melhor que o do Brasil. Com esse rating, a instituição será capaz de repassar o custo de captação barato que seus sócios sozinhos não conseguiriam. Futuramente, o banco vislumbra a possibilidade de se tornar acionista minoritário de fundos e projetos de infraestrutura e desenvolvimento sustentável. No caso da sustentabilidade econômica, social e ambiental, a instituição segue a legislação nacional de cada sócio. Até 2021, a estratégia deve ser completada com a atração de novos sócios. A Índia, que parecia reticente em meados do ano, agora apoia o movimento. Os cinco emergentes sempre falaram que criaram um banco deles, até para provar que eram capazes de fazer uma instituição de desenvolvimento importante. Os benefícios para o Brasil vão se acelerar, na expectativa de observadores, comparado ao início, quando os empréstimos começaram a ser feitos lentamente. A partir de 2019 o país vai estar pagando ao mesmo tempo em que os créditos para a economia aumentarão, conforme as regras de garantir diversificação do crédito entre os sócios. Em 2022, o NBD terá capital integralizado de US$ 10 bilhões dos cinco sócios. Com a eventual entrada de novos membros, o montante poderá ser maior, ampliando a capacidade de empréstimos (MOREIRA, 2018, p.1)[246].

Em setembro de 2017, o NBD assinou novos acordos de empréstimo no valor de US$ 800 milhões para três projetos de desenvolvimento verde nas províncias chinesas de Fujian, Hunan e Jiangxi. O empréstimo financiará os projetos de energia eólica, de desenvolvimento ecológico e de baixo carbono industrial. Nos termos do acordo, o Banco emprestará 2 bilhões de yuans ao projeto de energia eólica de Fujian, o primeiro de seu tipo na região, para apoiar a construção de turbinas eólicas de 246 MW. A primeira fase do projeto foi

---

245 Valor Econômico: **BNDES capta US$ 156 milhões com Banco do Brics para energia renovável.**

246 MOREIRA, Assis. **Em expansão, Banco do Brics poderá emprestar US$ 1,5 bi ao Brasil em 2019**. Valor econômico, 2018.

implementada e a segunda fase, que deverá ser concluída em 2019, reduzirá as emissões de dióxido de carbono em quase 900 mil toneladas por ano. O projeto na província de Hunan usará o empréstimo de 2 bilhões de yuans para resolver problemas em vários afluentes do rio Xiang, um ramo do Yangtze, com a finalidade de conter as inundações e melhorar a qualidade da água, beneficiando 50 milhões de habitantes da área. Além disso, o empréstimo do NBD no valor de US$ 200 milhões para o projeto em Jiangxi será usado na promoção da conservação de energia, reciclagem de recursos e redução de poluentes através da atualização tecnológica[247].

> O Novo Banco de Desenvolvimento foi criado com a aspiração de promover infraestrutura transformativa e desenvolvimento sustentável por meio da cooperação Sul-Sul. Nesse sentido, adotou algumas inovações interessantes, como os empréstimos em moeda local. Em sua Política Socioambiental, o NBD estipula princípios importantes, incluindo desenvolvimento sustentável e inclusivo, mudanças climáticas e igualdade de gênero. Ainda assim, tornar essa visão uma realidade requer uma estratégia clara, que contemple objetivos de investimento ambiciosos e critérios claros de sustentabilidade para a seleção e avaliação dos projetos. Nascido junto com o Acordo Climático de Paris, o NBD deve usar esse pacto como princípio orientador. Nesse sentido, para ser verdadeiramente sustentável, o banco deve assumir o audacioso compromisso de priorizar as tecnologias limpas, de baixo-carbono e eficientes em termos de recursos, que limitam a poluição, contribuem com a mitigação das mudanças climáticas e protegem a biodiversidade e os habitats em risco. A instituição deveria priorizar, ainda, investimentos em escala adequada e projetos de energia renovável, como solar e eólica, que frequentemente têm menos acesso a financiamentos. Deveria também evitar investimentos em combustíveis fósseis ou hidrelétricas de grande porte, que trazem impactos adversos significativos para o clima e para a saúde e a subsistência de comunidades locais (GORDON; TONI; KWEITEL, 2017, p. 1)[248].

Como argumenta GRIFFITH-JONES (2014), os bancos multilaterais de desenvolvimento iniciaram suas atividades tendo como foco a infraestrutura. O Banco Mundial originariamente foi estabelecido com a finalidade de financiar a reconstrução da Europa, sobretudo em matéria de infraestrutura, após a Segunda

---

247 NEW DEVELOPMENT BANK. **NDB signs $800m loan deals with china for three green projects.**

248 GORDON, Gretchen; TONI, Ana; KWEITEL, Juana. **O Banco dos BRICS precisa de uma estratégia sólida e participativa para o desenvolvimento sustentável.** Open Democracy, 19 de abril de 2017.

Guerra Mundial. De forma similar, o Banco Europeu de Investimentos (BEI), iniciou suas operações objetivando obras de infraestrutura que contribuíssem para a integração dos países europeus, bem como para o desenvolvimento da infraestrutura de áreas pobres, como o sul da Itália. O objetivo do NBD consiste em financiar obras de infraestrutura em países em desenvolvimento sob a ótica do desenvolvimento sustentável[249]. Conciliar obras de infraestrutura com sustentabilidade constituirá um dos maiores desafios do Banco que, apesar de todos os compromissos e políticas ambientais adotadas, pode encontrar barreiras sobretudo no que diz respeito ao monitoramento das atividades desenvolvidas.

As salvaguardas do NBD exigem determinadas práticas por parte do Banco e de seus clientes antes, durante e após a implementação de projetos: a análise e categorização do projeto (Princípio 1); a realização de estudos de impacto socioambiental (Princípio 2) e sua divulgação (Princípio 10); a elaboração de um Plano de Gestão Socioambiental de acordo com os impactos identificados (Princípio 4); a realização de consultas públicas com os atores afetados pelo projeto (Princípio 5), o estabelecimento de um mecanismo de reclamação para comunidades afetadas (Princípio 6) e o monitoramento da implementação dos planos de gestão, tanto por parte do cliente – com divulgação regular de relatórios – quanto por parte do NBD, por diligência prévia (Princípio 9). O documento do NBD busca distinguir claramente as responsabilidades do Banco e as de seus clientes: enquanto o Banco assume o compromisso de compartilhar informações sobre melhores práticas com clientes, analisar e categorizar projetos, supervisionar a aquiescência dos clientes com suas obrigações socioambientais, as responsabilidades dos clientes se resumem a elaborar estudos de impacto ambiental e planos de gestão, monitorar sua implementação com envio regular de relatórios, consultar comunidades afetadas e estabelecer mecanismos eficazes e acessíveis de reclamação[250].

Juana KWEITEL e Srinivas KRISHNASWAMY (2016) questionam se o novo conjunto de políticas do NBD é robusto o suficiente para garantir a sustentabilidade ou evitar violações.

> Na sua política socioambiental, o NBD optou por princípios mais abstratos em vez de requisitos concretos como critérios de financiamento. Além disso, as políticas permitem que o NBD privilegie o uso de sistemas internos dos países, sem processos ou critérios claros pelos quais tais sistemas serão

---

249 GRIFFITH-JONES, Stephany. **A BRICS Development Bank**: a dream coming true? Discussion papers. United Nations Conference on Trade and Development, n. 215, March, 2014, p. 4.

250 ESTEVES, Paulo; ZOCCAL, Geovana; TORRES, Gabriel. **Os novos bancos mutilaterais de desenvolvimento e as salvaguardas socioambientais**. Rio de Janeiro. PUC. BRICS Policy Center, BPC Policy Brief, v. 6. n. 03 - outubro – novembro 2016, p. 8.

avaliados. Enquanto funcionários do Banco afirmaram que vão trabalhar para garantir o cumprimento das leis e regulamentos locais, esta lacuna é uma grande preocupação, uma vez que muitos países em desenvolvimento estão ameaçando desmantelar suas proteções socioambientais nacionais, como é o caso do Brasil com as propostas que dão fim ao licenciamento ambiental (KWEITEL; KRISHNASWAMY, 2016, p.1).

A transparência pública e o apelo para uma plataforma de participação da sociedade civil na seleção e monitoramento de projetos constituem importantes desafios ao Banco. Dentre os obstáculos à participação da sociedade civil nas operações, destacam-se a falta de uma voz unificada sobre as questões e diferentes níveis de envolvimento da sociedade civil, desde políticas abrangentes até projetos específicos. A partir das entrevistas realizadas em pesquisa divulgada pelo Instituto Sul-Africano para Assuntos Internacionais, tornou-se claro que a sociedade civil considera que o seu papel não é apenas participar em audiências processuais que podem surgir ou dar contribuições sobre as orientações políticas globais do banco, mas também participar diretamente na tomada de decisões do NBD sobre a alocação do financiamento do projeto. A sociedade civil sul-africana defende fortemente a inclusão de comunidades marginalizadas e de grupos de interesse que protejam o ambiente e os ecossistemas naturais no processo de tomada de decisão sobre os empréstimos, a fim de alcançar um desenvolvimento sustentável[251]. Para a OXFAM Brasil, passado o momento inicial de expectativa e hesitação quanto ao potencial transformador do NBD, permanecem na ordem do dia demandas por uma maior clareza do conceito de desenvolvimento sustentável a ser adotado pela organização. Para a entidade civil, o Banco não explicita como seu entendimento de infraestrutura sustentável se relaciona com as definições de desenvolvimento sustentável internacionalmente aceitas, não estabelece critérios e metas de sustentabilidade para seus investimentos e tampouco delimita como fará a análise de risco e impacto socioambientais dos mesmos[252].

Desde o anúncio da criação do NBD, em 2013, diversas entidades da sociedade civil voltaram seus esforços para influir no processo de criação do novo banco multilateral, com o objetivo de inserir nos processos de estruturação da nova instituição uma discussão pública e participativa sobre o conceito de desenvolvimento a ser adotado pelo banco, sobre os tipos de projetos a serem

---

251 BERTELSMANN-SCOTT, Talitha; FRIIS, Canelle; PRINSLOO, Cyril. **Making Sustainable Development the Key Focus of the BRICS New Development Bank**. South African Institute of International Affairs, May, 2016.

252 OXFAM BRASIL. **Sociedade civil e o Novo Banco de Desenvolvimento**: aonde estamos e para onde vamos? Documento de apoio para a oficina "novo banco de desenvolvimento e sociedade civil brasileira: articulando estratégias para incidência", agosto de 2017.

III. Os BRICS e as reformas das instituições internacionais 231

financiados e acerca de suas políticas de transparência, socioambiental e de direitos humanos, e de seus mecanismos de recebimento de denúncias. Na Cúpula de Ufá, na Rússia, dezenas de organizações enviaram uma carta aos países dos BRICS com quatro princípios para que o NBD promova um modelo de desenvolvimento realmente novo. A falta de informações a respeito do andamento do processo de operacionalização do NBD tem motivado a sociedade civil a buscar a criação de espaços de articulação estratégica com o fim de exigir transparência e garantir que direitos não serão violados pelo banco e seus tomadores de empréstimos. Nos dias 21 e 22 de março de 2016 ocorreu em São Paulo a "Reunião Estratégia da Sociedade Civil sobre os BRICS e o Novo Banco de Desenvolvimento". O evento foi organizado pela Conectas Direitos Humanos, Rebrip (Rede Brasil pela Integração dos Povos) e Oxfam Brasil. A reunião contou com a presença de cerca de 30 representantes de organizações da Índia (Oxfam Índia e *Accountability Counsel*), Rússia (*Institute of Globalization Studies*) e África do Sul (CALS), além de membros do secretariado da rede global *Coalition for Human Rights in Development* e da Iniciativa para *las Inversiones Sustentables* China-América Latina. A última parte do evento de dois dias foi dedicada à elaboração de uma agenda de curto e prazo de ações da sociedade civil voltadas para a garantia de que os governos dos cinco países e o próprio NBD conduzam um processo transparente e participativo de elaboração das políticas estratégicas e operacionais do banco multilateral, em especial sua política socioambiental e de transparência[253].

Uma *expertise* diversificada com uma amplitude profissional, técnica e ideológica diversa dos burocratas, pode contribuir, como defende GUIMARÃES (2012, p. 28), para um menor grau de intervenção e controle dos estados. Segundo o autor, quanto maior o grau de diversificação da *expertise* da organização internacional, maior será a possibilidade de a burocracia construir coalizões com ONGs a fim de apoiar *policies* de interesse comum, incrementando assim a autonomia burocrática da organização[254]. Esta, contudo, não pode ser examinada exclusivamente com relação à dinâmica interna de sua estrutura. Para ser capaz de contribuir para a institucionalização do grupo, o grupo deverá influir no estabelecimento de normas e agendas que igualmente proporcionem uma influência normativa no campo do desenvolvimento internacional[255]. De acordo com QUILICONI e KINGAH (2016), o NBD pode ser bem sucedido se, em termos de amplitude, for capaz de expandir sua associação depois de

---

253 CONECTAS direitos humanos. **Banco dos Brics.** Reunião da sociedade civil discutiu desafios para a agenda socioambiental do Novo Banco de Desenvolvimento dos Brics.

254 GUIMARÃES, Feliciano Sá. **Os burocratas das organizações financeiras internacionais**: um estudo comparado entre o Banco Mundial e o FMI. Rio de Janeiro: Editora FGV, 2012.

255 ABDENUR; FOLLY, *op.cit*, 2015, pp. 79-115.

consolidado e conjuntamente com o cofinanciamento de investidores privados. Trata-se de um modelo que tem sido muito bem sucedido no âmbito da
CAF – que atualmente está financiando mais projetos de infra-estrutura na
América Latina do que o Banco Mundial e o Banco Interamericano de Desenvolvimento juntos. Nesse sentido, argumentam que o sucesso do Banco
dependerá de dois fatores: o primeiro pré-requisito é a potencialidade de
desenvolver capacidade de pesquisa independente; o segundo diz respeito à
gestão de riscos e à coordenação de políticas[256].

Em julho de 2017, o Novo Banco de Desenvolvimento lançou o "NDB's
General Strategy: 2017-2021". Nos termos do novo documento, o NBD constitui um banco de desenvolvimento multilateral do século XXI que se baseia
nas experiências das instituições existentes para políticas e práticas capazes de
enfrentar os desafios colocados pelas tendências globais. A criação do Banco é
uma expressão do crescente papel dos BRICS e de outros países emergentes e
países em desenvolvimento na economia mundial e sua maior vontade de agir
de forma independente em questões de economia internacional, governança
e desenvolvimento[257]. A Estratégia Geral do NBD pretende ser "nova" em
três áreas: relacionamento, projetos e instrumentos, e conceito. Em matéria
de relacionamento, a meta é alcançar equilíbrio, respeito mútuo e confiança
entre o NBD e seus países-membros, de forma que esses princípios permeiem
todos os aspectos políticos e operacionais do Banco. A soberania dos países
é primordial, e os projetos apoiados pela instituição são desenhados para as
necessidades individuais dos países, respeitando suas prioridades para investimento. Em projetos e instrumentos, as ações partem da premissa de que o
desenvolvimento sustentável da infraestrutura é o núcleo da Estratégia Geral
2017-2021, e o banco tenciona que dois terços de seus compromissos de financiamento no quinquênio se refiram a projetos com esse objetivo. Quanto
ao conceito, revela-se o objetivo do banco de ser ágil, flexível e eficiente na
gestão de seus recursos, com mecanismos simplificados de revisão de projetos e
supervisão de seu desenvolvimento, sem maiores necessidades de burocracia[258].
No que concerne aos novos instrumentos enaltecidos na estratégia, o NBD
pretende se utilizar de uma gama de instrumentos de financiamento, indo
além dos empréstimos de longo prazo para incluir garantias, empréstimos com
investidores privados, investimentos de capital, títulos de projetos e acordos
de cofinanciamento com recursos nacionais e multilaterais. O financiamento

---

256 QUILICONI, Cintia; KINGAH, Stephen. Conclusions: Leadership of the BRICS and Implications for the European Union. *In*: **Global and regional leadership of BRICS countries**.
United Nations Universities Series on Regionalism, v. 11, 2016, pp. 243-254.

257 NEW DEVELOPMENT BANK, **NDB's General Strategy: 2017 – 2021**.

258 BRASIL, Ministério das Relações Exteriores. **Aprovação da Estratégia Geral do Novo
Banco de Desenvolvimento para o período 2017-2021**.

III. Os BRICS e as reformas das instituições internacionais **233**

em moeda local é um componente chave da proposta da instituição, já que mitiga os riscos enfrentados pelos mutuários e apoia o aprofundamento dos mercados de capitais dos países membros.

3.4.3 O NBD no âmbito das reformas

Como demonstrado ao longo da pesquisa, especificamente no segundo capítulo, a vertente propulsora da primeira Cúpula dos BRICS, realizada em 2009, estava intrinsicamente ligada à crise econômica e financeira de 2008. Nesse sentido, enquanto o acrônimo surgiu, em 2001, a partir de uma perspectiva de crescimento econômico desses países, o encontro diplomático se deu em virtude de uma crise econômica e financeira mundial que, conforme especificado no capítulo referente aos projetos de reforma das instituições de Bretton Woods, impulsionou a pressão por busca de reformas que melhor refletissem as transformações da economia mundial e, ao mesmo tempo, conferissem maior protagonismo às economias emergentes. Nesse contexto, a superação dos obstáculos impostos pela crise mundial e a necessidade de garantir as metas estabelecidas pela agenda dos Objetivos de Desenvolvimento do Milênio foram ressaltados ao lado do conceito de desenvolvimento sustentável, inserido como um importante vetor na mudança do paradigma do desenvolvimento econômico. Nessa seara, os BRICs defenderam o fortalecimento da coordenação e da cooperação entre os estados no campo da energia, inclusive entre produtores e consumidores, com vistas a diminuir a incerteza e a garantir a estabilidade e a sustentabilidade, bem como apoiaram a diversificação dos recursos e fontes de energia, incluindo a renovável; a segurança das rotas de trânsito de energia; e a criação de novos investimentos e infraestrutura nesta área.

Durante a segunda Cúpula, realizada em 2010, os BRICs reafirmaram as ambições para as reformas das instituições de Bretton Woods, na medida em que o FMI e o Banco apresentavam déficits de legitimidade, que poderiam ser superados por meio de reformas estruturais – as quais exigiriam uma mudança substancial no poder de voto, em favor das economias emergentes de mercado e dos países em desenvolvimento, de modo a adequar sua participação nos processos decisórios ao seu peso relativo na economia mundial.

Entre 2008 e 2012, o grupo constatou um ritmo lento nas reformas da governança do FMI. No mesmo período, durante a IV Cúpula de 2012, os membros do BRICS conclamaram o Banco Mundial a atribuir crescente prioridade à mobilização de recursos e ao atendimento das necessidades de financiamento ao desenvolvimento, bem como à adoção de mecanismos inovadores e de redução de custos de empréstimos, levando-se em conta o cenário marcado por uma necessidade premente de se ampliar a disponibilidade de recursos para financiamento do desenvolvimento de economias emergentes e em desenvolvimento. Estudos dessa época também revelaram (BHATTACHARYA: ROMANI;

STERN, 2012, pp. 17-20) que a arquitetura internacional existente era deficiente para atender aos desafios de financiamento ao desenvolvimento, sobretudo em matéria de infraestrutura, nos países emergentes e em desenvolvimento, cruciais não só para garantir que esses países cumpram suas aspirações de crescimento e desenvolvimento, mas também para que estabeleçam as bases de um crescimento sustentável. Nesse sentido, os especialistas argumentaram que um novo banco de desenvolvimento, dedicado à infraestrutura e ao desenvolvimento sustentável, poderia constituir um canal adicional através do qual os governos dos países emergentes e em desenvolvimento poderiam financiar seus projetos de infraestrutura.

Na Cúpula de 2012, os membros do BRICS desenvolveram a primeira perspectiva a respeito da possibilidade de estabelecimento de um novo banco de desenvolvimento, voltado para a mobilização de recursos de projetos de infraestrutura e de desenvolvimento sustentável em países do BRICS e em outras economias emergentes e países em desenvolvimento, com vistas a suplementar os esforços correntes de instituições financeiras multilaterais e regionais de promoção do crescimento e do desenvolvimento internacionais. Tendo isso presente, anunciaram a assinatura do Acordo Constitutivo do Novo Banco de Desenvolvimento, durante a Cúpula de Fortaleza, em 2014, com o propósito de mobilizar recursos para projetos de infraestrutura e desenvolvimento sustentável nos BRICS e em outras economias emergentes e em desenvolvimento, bem como de fortalecer a cooperação entre os membros e completar os esforços de instituições financeiras multilaterais e regionais para o desenvolvimento global.

Nesse sentido, o NBD pode ser interpretado como uma consequência da insatisfação das instituições de Bretton Woods. Como salienta BATISTA JÚNIOR:

> Nos últimos dez anos, o Banco Mundial e o FMI passaram por diversos processos de reformas. Os desequilíbrios no poder de voto consituem um dos maiores – senão o maior – problemas das instituições de Bretton Woods. Isso do ponto de vista dos países em desenvolvimento, uma vez que, para os países desenvolvidos, pode constituir uma das maiores vantagens. Como brasileiros devemos questionar se essa composição é boa ou ruim e se o Brasil tem algo a trazer. Eu, pessoalmente, acredito que sim. As recentes reformas introduzidas no FMI e no Banco Mundial foram importantes e beneficiaram, sobretudo, os países emergentes maiores, dentre eles os BRICS. Entretanto, essas reformas não resolveram os desequilíbrios. Os BRICS possuem uma grande participação na economia mundial, proporcional aos países do G-7, em matéria de Paridade de Poder de Compra, com uma tendência a ultrapassar o G-7 nos próximos anos. Fato é que nós não estaríamos aqui debatendo essa questão se as demandas por reformas tivessem sido amplamente acolhidas. O NBD surgiu justamente em razão

da morosidade de respostas por reformas amplas que contemplassem os anseios dos países emergentes. Levando em conta a minha experiência, foram oito anos de FMI, a impressão é que as instituições de Bretton Woods estão tendo enormes dificuldades de entrar no século XXI. Embora se esforcem, já que pretendem sobreviver, enfrentam inúmeros desafios, sobretudo porque carregam a inércia de instituições obsoletas e visões conservadoras (BATISTA JR., 2017).

Como salientam CUSSON e CULPI (2016), apesar de iniciativas regionais anteriores, como a Corporação Andina de Fomento (CAF), pela primeira vez uma iniciativa ganhou dimensões globais. O NBD, segundo as autoras, representa a oportunidade de criar novas normas e princípios ao desenvolvimento da cooperação internacional[259], sobretudo relacionados à igualdade e à solidariedade. Para Andrew COOPER (2017), o NBD não recebeu a atenção merecida. O que distingue o NBD é o seu design criativo com elementos importantes de novidade: i) ao contrário de outras instituições financeiras multilaterais, incluindo a AIIB, o NBD está comprometido com o princípio de igualdade entre seus membros; ii) a promoção do desenvolvimento sustentável com foco exclusivo em projetos de nicho de energia renovável; e iii) o uso de títulos verdes operados em moedas nacionais[260].

HUMPHREY (2015), aduz que, embora compreensível a política de solidariedade adotada pelo NBD, o modelo de governança pode dificultar o crescimento do Banco no curto prazo. Apesar dos desafios existentes, o autor argumenta que o Novo Banco de Desenvolvimento representa uma imensa mudança na reordenação do sistema econômico global e marca uma nova era no financiamento do desenvolvimento, bem como no multilateralismo:

---

259 "Regarding institutional elements, the NDB proposes alternatives in its mechanisms, especially on voting and bureaucratic procedures. The NDB agreement states that the voting system will be on an equal-share basis, which means that the voting power of each member shall equal its subscribed shares in the capital stock of the Bank. The equal-share voting system is more attractive for BRICS countries because it doesn't concede the power to control the Bank to any specific member according to its financial capacities. It also represents the quality principle SSC relies on and it demonstrates the possibility to implement solidarity principles through an international and multilateral institution. This system is an innovation compared to the traditional quota system of the IMF, and even to recent quota reform calculated through a complex formula, which doesn't represent the actual economic weight of emerging powers". CUSSON, Gabrielle; CULPI, Ludmila. The BRICS' New Development Bank; a China-led challenge to Western Hegemony. *In*: **Reconfiguration of the Global South Africa and Latin America and the Asian Century. London:** Routledge, 2016, pp. 107-124.

260 COOPER, Andrew F. **The BRICS' New Development Bank**: shifting from material leverage to innovative capacity. Global Policy, University of Durham, 2017, p.1.

Em geral, o fato de que os arranjos de governança do NBD são tão fortemente controlados pelos BRICS pode diminuir o entusiasmo entre outros países membros potenciais. Do ponto de vista dos países que não são membros do BRICS, o NBD pode aparecer simplesmente como outro banco multilateral similar aos de Bretton Woods, mas com os BRICS em vez de EUA e outros países do G7 no comando. Esses arranjos de governança – combinados com os custos financeiros esperados relativamente altos e os vencimentos curtos dos empréstimos em comparação com os principais bancos multilaterais existentes – poderiam tornar o NBD menos atraente para os países de renda média. Nos primeiros anos do NBD, é provável que novos membros sejam países de baixa renda que estão menos preocupados com os arranjos de governança e que possuem necessidades mais urgentes para obter novas fontes de financiamento e estão mais inclinados a participar de considerações políticas em aliança com os países BRICS. Por outro lado, a falta de grandes acionistas não mutuantes poderia liberar o NDB para criar um estilo operacional muito mais delgado, menos burocrático e com uma operação flexível, em comparação com os principais bancos multilaterais de desenvolvimento existentes, o que poderia ser atraente para os mutuários. Além disso, os países podem querer se juntar ao banco para permitir que suas empresas nacionais compitam por contratos do NBD (HUMPHREY, 2015, p. 25).

GRIFFITH-JONES (2015, p. 8) sublinha que a criação do Novo Banco de Desenvolvimento, bem como do Banco Asiático de Desenvolvimento em Infraestrutura, anuncia não apenas uma nova era, mas também proporciona uma continuidade valiosa do pós-Segunda Guerra Mundial. Essas instituições apenas representam uma ruptura com o passado na medida em que se caracterizam como instituições multilaterais Sul-Sul. O desejo de criar essas novas instituições nasceu parcialmente da recusa de governos dos países desenvolvidos, e dos EUA em particular, em aumentar o capital das instituições multilaterais de financiamento do desenvolvimento existentes, bem como garantir maior voz para os países emergentes e em desenvolvimento dentro deles[261]. No mesmo sentido, WANG (2010, p. 7) destaca três benefícios decorrentes da criação do AIIB e do NBD: i) o potencial mais óbvio é que ambos podem trazer investimento adicional em infraestrutura nos países em desenvolvimento; ii) outro benefício diz respeito ao forte impulso para as reformas de financiamento do desenvolvimento. Ao proporcionarem às economias em desenvolvimento alternativas de financiamento, os novos bancos pressionam o Banco Mundial

---

261 GRIFFITH-JONES, Stephany. The Asian Infrastructure Investment Bank: changing development finance architecture. *In:* **Multilateral development banks in the 21st century.** Three perspectives on China and the Asian Infrastructure Investment Bank. London: Overseas Development Institute, 2015.

e os bancos regionais a reformarem suas respectivas estruturas de governança; e iii) tanto o NDB como o AIIB almejam ser mais enxutos e mais eficientes do que o Banco Mundial.

O economista Paulo Nogueira BATISTA JÚNIOR argumenta que o Banco reflete a insatisfação dos BRICS com as instituições multilaterais existentes, que demoram a se adaptar ao século XXI e a dar suficiente poder decisório aos países em desenvolvimento[262]. Entretanto, esclarece que:

> O NBD não substitui o Banco Mundial e outras instituições já estabelecidas (...) O papel do NBD é complementar os esforços das instituições existentes no financiamento de projetos de infraestrutura e desenvolvimento sustentável (...) Sempre enfatizamos esse aspecto da cooperação/colaboração com as entidades mais antigas, um objetivo que estamos de fato começando a colocar em prática. Mas também é verdade que se as instituições multilaterais existentes, notadamente as sediadas em Washington, estivessem funcionando a contento, os Brics jamais teriam se dado ao trabalho de estabelecer o NBD, assim como um fundo monetário próprio, batizado de "Contingent Reserve Arrangement" (CRA) que (...) fazem parte de um processo mais amplo: a "multipolarização" da arquitetura econômica e financeira mundial (BATISTA JR., 2016, p. 180).

O Novo Banco de Desenvolvimento representa a primeira instituição não regional pós Bretton Woods. Como observa NÓBREGA (2016, p. 32), a área financeira é a vertente em que o BRICS encontrou convergência mais profunda de interesses até o presente momento, com resultados concretos e significativos em mais de uma frente, entre os quais, avanços na reforma das instituições de governança internacional e o estabelecimento das primeiras instituições do agrupamento.

Muitos observadores vêem o Banco como prova de que os BRICS têm uma agenda revisionista. Varun Sahni, por exemplo, argumenta que o estabelecimento do NDB é "um forte exemplo de agregação de poder revisionista, na medida em que desafia as estruturas e a legitimidade do Banco Mundial e do Fundo Monetário Internacional". Outros apontam que o NBD é uma reação natural das potências emergentes a uma ordem que não quis ou não conseguiu incluí-las adequadamente. O presidente do NDB, Kamath, insiste que "nosso objetivo não é desafiar o sistema existente, mas melhorar e complementar o sistema" (...) Como Daniel Chardell escreve corretamente, "(...) o NBD e o ACR denotam a resposta dos BRICS às deficiências amplamente reconhecidas do sistema financeiro global

---

262 BATISTA JR, Paulo Nogueira. **Brics** – O Novo Banco de Desenvolvimento. Estudos Avançados, São Paulo, v. 30, n. 88, dec. 2016, pp. 179-184.

existente. Um desejo comum de reformar a governança econômica global foi a questão que uniu os BRICS e deu legitimidade no rescaldo da crise financeira global. Durante anos, os BRICS exigiram uma revisão das instituições de Bretton Woods, nas quais as potências ocidentais permanecem sobrerrepresentadas às custas das economias emergentes (LATINO, 2017, p. 57).

Em 2016, durante a Cúpula de Goa, os BRICS reafirmaram o compromisso com um FMI mais forte, baseado em cotas e com recursos adequados. Empenhados em dar continuidade aos projetos de reforma, os países do grupo comprometeram-se a apoiar o esforço coordenado das economias emergentes para assegurar que a Décima Quinta Revisão Geral das Cotas seja finalizada dentro dos prazos acordados, de modo a assegurar que o aumento da voz dos países emergentes e em desenvolvimento estejam em consonância com as suas contribuições relativas para a economia mundial, protegendo simultaneamente as vozes dos países menos desenvolvidos e regiões pobres. Na mesma ocasião, solicitaram às economias avançadas europeias que cumpram o seu compromisso de ceder duas cadeiras à Comissão Executiva do FMI. De acordo com os BRICS, a reforma do FMI deve "fortalecer a voz e a representação dos membros mais pobres do FMI, incluindo a África Subsaariana"[263].

No mesmo ano, durante a Cúpula do G-20, foi saudada a entrada em vigor da reforma das cotas e da governança do FMI de 2010 e ressaltada a necessidade de trabalhar com vistas à conclusão da 15ª Revisão Geral das Cotas, incluindo a definição de nova fórmula para o cômputo das cotas, por ocasião das Reuniões Anuais de 2017. No âmbito da Declaração, foi reafirmado que qualquer realinhamento deve resultar no aumento de cotas para as economias dinâmicas, conforme suas posições relativas na economia mundial e, portanto, resultar provavelmente no aumento da participação de economias emergentes e de países em desenvolvimento como um todo. Nesse contexto, houve comprometimento de proteger a voz e representação dos países mais pobres, além do apoio ao Grupo Banco Mundial na implementação do reexame de sua composição acionária conforme o roteiro, calendário e princípios acordados, com o objetivo de alcançar distribuição mais equitativa do poder de voto com o passar do tempo. Conforme decisão do FMI, foi saudada a inclusão, em 1º de outubro, do Renminbi na cesta de moedas que compõe os Direitos Especiais de Saque (DES), bem como a continuidade dos trabalhos dos organismos internacionais no apoio ao desenvolvimento dos mercados de títulos em moeda local, inclusive a intensificação de esforços para dar apoio aos países de renda baixa[264].

---

263 BRASIL, Ministério das Relações Exteriores. **Goa Declaration**.

264 BRASIL, Ministério das Relações Exteriores. **Comunicado dos Líderes do G-20** – Cúpula de Hangzhou – 4-5 de setembro de 2016.

3.5 RELAÇÃO ENTRE OS BRICS E AS REFORMAS DAS INSTITUIÇÕES INTERNACIONAIS

O estudo a respeito da reforma do sistema de governança do CSNU, do FMI e do Banco Mundial revelou que, para a compreensão da temática, é essencial considerar o exame do impacto do tempo e do contexto nas relações internacionais. A Organização das Nações Unidas e as instituições de Bretton Woods foram criadas em um determinado momento histórico e sob determinada influência cultural.

Os projetos de reforma das Nações Unidas, em especial do seu Conselho de Segurança, bem como as reformas das instituições de Bretton Woods, particularmente do Fundo Monetário Internacional e do Banco Mundial, não constituem uma novidade nas relações internacionais. Trata-se de um processo histórico que *ab initio* envolveu a ambivalência do direito internacional, entre as nações poderosas e as nações menos poderosas. Os processos recentes, impulsionados pelos BRICS, agregaram outra dimensão: a relação entre países desenvolvidos e estados emergentes inevitavelmente levaria a novas formas de contestação do status quo nas esferas de governança. Tanto a primeira fase dos movimentos reformatórios (impulsionados no final do século XX pelos países em desenvolvimento, sobretudo pelo grupo dos países não alinhados), como a segunda fase (impulsionados pelos países emergentes, especialmente pelos BRICS), demonstraram o desafio relativo à participação e à legitimidade do processo de deliberação no âmbito das organizações internacionais, que igualmente abrange as perspectivas de democratização das mesmas, não somente quanto à participação dos estados, como a possibilidade de inclusão de outros atores.

Os movimentos de reforma passados e os atuais não negam a importância das instituições internacionais; pelo contrário, visam seu constante aperfeiçoamento mediante mudanças e implementação de mecanismos que tornem seus atos mais representativos e eficazes. Malgrado os desafios existentes, os países em desenvolvimento e os emergentes concordam que as organizações internacionais criadas no contexto do pós-guerra foram e continuam a ser imprescindíveis à construção do multilateralismo.

O sistema de segurança coletiva estabelecido em 1945 constitui um dos experimentos mais avançados em termos de segurança internacional uma vez comparado aos anteriores (CASSESE, 2005). Ainda que não seja o melhor sistema para controlar o poder dos estados (BERTRAND, 1999), deve ser mantido, aperfeiçoado e reforçado (ONUMA, 2017). A avaliação do Conselho de Segurança revela diversas debilidades que contribuem para que a reforma deste órgão seja cada vez mais exigida (ROSAS, 2009). A reforma do Conselho de Segurança sempre foi uma questão de grande preocupação para todos os estados membros.

Como um dos principais órgãos das Nações Unidas, o Conselho de Segurança também precisa marchar com o tempo e empreender reformas adequadas e necessárias para melhor cumprir o mandato que lhe é confiado pela Carta das Nações Unidas. Atualmente, a principal tarefa de reforma deve consistir no aumento, como prioridade, da participação dos países em desenvolvimento ao Conselho, de acordo com o princípio da distribuição geográfica equitativa. Este é o desejo universal dos países em desenvolvimento (ALVES, 2009). As diferenças entre os países desenvolvidos e em desenvolvimento, bem como as rivalidades entre esses últimos, devem ser sopesadas de modo a obstar o atrofiamento dos projetos reformadores (FASSBENDER, 2004).

Em que pese todos os obstáculos à concretização de uma reforma no CSNU, eventual mudança, conforme questionado por teóricos, não necessariamente levaria a um aumento da efetividade de suas ações. Para alguns autores, mais do que reformar, é necessário reforçar a estrutura da Organização das Nações Unidas, uma vez que a democratização do Conselho de Segurança culminaria, no máximo, numa expansão e não numa mudança real do processo decisório (KOHEN, 2001). Com efeito, os mecanismos de controle são fundamentais para assegurar o respeito do *jus cogens* e dos princípios plasmados na Carta das Nações Unidas, além de contribuírem para reforçar a legitimidade e a eficácia das ações do Conselho de Segurança (PELLET, 1995).

Malgrado as dificuldades e questionamentos a respeito da efetividade dos projetos de reforma do Conselho de Segurança, há um consenso, tanto no campo diplomático, quanto na esfera acadêmica, de que a reforma do Conselho é condição *sine qua non* ao fortalecimento do órgão e imprescindível às novas realidades do século XXI. A desproporcionalidade representativa do CSNU fragiliza sua própria legitimidade (CARON, 1993). A demora dos projetos de reforma inevitavelmente implica impactos diretos e negativos no sistema como um todo, como também no próprio direito internacional (FASSBENDER, 2004). Diante dessa realidade, a reforma do principal órgão das Nações Unidas é urgente (BERTRAND, 1985). Se as Nações Unidas desejam ingressar em uma nova era e lidar com os desafios que virão pela frente, necessariamente deverá fortalecer e reorganizar o CSNU. A reforma do Conselho constituirá um precedente positivo para outros projetos de reforma (WILKELMANN, 1997). Segundo AMORIM:

> Um enfraquecimento do CSNU, além de comportar riscos óbvios para a estabilidade internacional, se daria em benefício de instâncias de concertação nas quais teríamos escassa influência e em detrimento das conquistas dos últimos cinquenta anos no plano da consolidação do direito internacional no âmbito multilateral da Organização das Nações Unidas. Não desejamos nem um multipolarismo sem lastro no direito internacional, nem o multilateralismo colocado a serviço da unipolaridade. A rigor, o que se almeja é

III. Os BRICS e as reformas das instituições internacionais 241

uma crescente multipolaridade com o sustentáculo jurídico-parlamentar do multilateralismo. Em outras palavras, preservar o arcabouço onusiano, adaptando-o, sem desfigurá-lo, às exigências da realidade contemporânea (AMORIM, 1998, p. 7).

O posicionamento dos BRICS em matéria de fortalecimento do multilateralismo[265] e do papel central das Nações Unidas como mecanismos essenciais à manutenção da estabilidade mundial necessariamente envolve as temáticas de reformas. Os BRICS, assim como fizeram na esfera econômico--financeira, devem reafirmar seu compromisso com a reforma do Conselho de Segurança das Nações Unidas, atuando como importante ponte de diálogo entre os países desenvolvidos e os países em desenvolvimento. A reafirmação de comprometimento com os princípios das Nações Unidas e o apoio informal da China e da Rússia aos anseios do Brasil, da Índia e da África do Sul são insuficientes para o alcance do principal objetivo em torno do qual os cinco países se uniram.

Os temas relacionados à segurança e à paz internacionais são fundamentais, mas os problemas econômicos também devem constituir prioridade das instituições internacionais, as quais igualmente devem lidar com os desafios da atualidade. Nesse contexto, os países em desenvolvimento não podem ser excluídos das discussões nas mesas de negociação nas quais os problemas financeiros são discutidos concretamente. Esta situação prejudica a comunidade internacional como um todo (BERTRAND, 1985).

As demandas por uma ordem econômica internacional que reflita a realidade do século XXI, especialmente o papel desempenhado pelos países em desenvolvimento, relacionam-se, assim como no âmbito da segurança internacional, com a necessidade de ajustamento, legitimidade e eficácia das instituições econômicas internacionais já existentes. Na esfera acadêmica, especialistas apontaram que, para serem eficazes, as instituições econômicas internacionais devem obter o compromisso e incluir a participação dos países em desenvolvimento (WOODS, 2000). O sistema de cotas do FMI, segundo REISEN (2015), falha ao não refletir a realidade de um mundo em mudança. A crise financeira de 2007-2008 reacendeu, no âmbito do FMI, o debate a respeito das propostas de alteração da estrutura de poder e de representatividade institucional a favor dos países emergentes (COELHO; CAPINZAIKI, 2014). Em 2009, a Comissão Stiglitz assinalou que os desafios das instituições financeiras internacionais na resposta

---

265 "The definition of the term "multilateral" presumes cooperation. Not all cooperation is multilateral, but all multilateral activities include cooperation (...). The question arises as to whether multilateralism is a means or an end, an instrument or an expression, or both. CAPORASO, James A. **International relations theory and multilateralism**: the search for foundations. International Organization, v. 46, Issue 03, June 1992, p.603.

à crise revelaram a urgência de rever o sistema de governança dessas instituições. No mesmo ano, em 9 de julho de 2009, foi aprovada a Resolução 63/303 da Assembleia Geral das Nações Unidas sobre a crise financeira e econômica mundial e seus efeitos no desenvolvimento. Nos termos do documento, a crise conferiu um novo impulso ao debate internacional em curso sobre a reforma da estrutura e do sistema financeiro internacionais, em particular das questões relacionadas ao mandato, o alcance e a governança.

Apesar das recentes reformas realizadas na estrutura do poder decisório do FMI e do Banco Mundial a favor dos países em desenvolvimento – sobretudo da China, Rússia, Brasil e Índia –, alguns teóricos argumentam que as fórmulas utilizadas ainda estão longe de atenuar os desequilíbrios existentes (BRYANT, 2009). Sob esse prisma, as reformas não lograram ajustar o seu sistema de poder de voto às realidades da economia global e está, assim, a contribuir para o progressivo enfraquecimento das instituições de Bretton Woods (VESTERGAARD, 2011). Em outras palavras, a reforma das cotas de representação dos países não é suficiente para se ter uma instituição mais legítima e representativa perante a comunidade internacional (GUIMARÃES, 2013).

Os BRICS, como demonstrado ao longo da pesquisa, lograram, mediante articulação conjunta, maior participação nos processos decisórios do FMI e do Banco Mundial. A morosidade na aprovação dos projetos de reforma, sobretudo por parte dos Estados Unidos, conduziu o grupo à criação de um novo banco de desenvolvimento e do arranjo contingente de reservas. Com efeito, foi na área financeira a vertente em que os BRICS encontraram convergência mais profunda de interesses até o presente momento (NÓBREGA, 2016). O NBD pode ser interpretado como uma consequência da insatisfação com as instituições de Bretton Woods (CUSSON; CULPI 2016). Entretanto, não pode ser considerado como uma instituição que visa substituir o Banco Mundial e outras instituições já estabelecidas, uma vez que seu papel é complementar os esforços das instituições existentes no financiamento de projetos de infraestrutura e desenvolvimento sustentável (BATISTA JR., 2016). Trata-se de uma instituição que anuncia não apenas uma nova era, mas também proporciona uma continuidade valiosa do pós-Segunda Guerra Mundial (GRIFFITH-JONES (2015). Dentre suas inovações, destacam-se o princípio de igualdade entre seus membros, a promoção do desenvolvimento sustentável e o uso de títulos verdes operados em moedas nacionais (COOPER, 2017).

A governança global se assume como inovação do incipiente processo democrático internacional no qual os estados da comunidade mundial posicionam-se sobre os temas que diretamente lhes afetam. Com efeito, a inclusão dos BRICS no rol dos principais atores internacionais para a governança do mundo é importante porquanto propicia o surgimento de novos debates e a convergência

III. Os BRICS e as reformas das instituições internacionais   243

entre posições diferentes (BIJOS; GUILHON, 2014). Desde a primeira declaração conjunta, os BRICS enaltecem a necessidade de intensificar a voz e a representação dos países em desenvolvimento na governança econômica global, de modo a promover uma globalização econômica aberta, inclusiva e equilibrada, bem como corrigir os desequilíbrios de desenvolvimento Norte-Sul, contribuindo para a promoção da democracia nas relações internacionais.

Como salienta Boutros BOUTROS-GHALI (1996, p. 26), se a democratização é a maneira mais confiável de legitimar e melhorar a governança nacional, é também a forma mais segura de legitimar e melhorar as organizações internacionais, tornando-as mais transparentes, abertas e eficazes. Além disso, tal como no interior dos estados, a democratização das organizações internacionais contribui para a promoção da igualdade e da dignidade humana. A democratização a nível internacional tornou-se um mecanismo indispensável ao funcionamento da sociedade internacional. A dominância por um país ou de grupo de países deve, ao longo do tempo, evoluir para um sistema em que todos os países possam participar, juntamente com outros atores não estatais, nos assuntos internacionais. Quanto maior a participação dos estados nas esferas decisórias, mais legítimas e eficazes podem se tornar as estruturas e mecanismos já em vigor. Com este passo deve haver um compromisso por parte de todos os estados, não só de dialogar e de debater, mas também de desencorajar o isolamento, de se opor ao unilateralismo, de aceitar decisões democraticamente tomadas, de não usar a força ilegitimamente, de se opor à agressão, de promover o respeito ao direito nas relações internacionais e manter um espírito geral de solidariedade e de cooperação. Ainda que permaneçam obstáculos significativos, os entendimentos originais de 1945 devem ser restaurados diante das novas realidades contemporâneas que envolvem não apenas as relações entre estados, como também a participação de atores não estatais[266].

Em 1979, BEDJAOUI afirmava que a democratização das relações internacionais implica a participação de grandes, médios e pequenos estados, com base na igualdade de direitos, na análise e solução de problemas internacionais de interesse comum. Naquela ocasião, argumentou que as conferências promovidas pelos países não alinhados ou do chamado "terceiro mundo" constituíam, de certa forma, a participação desses países nos assuntos internacionais, abrangendo problemas que não apenas diziam respeito a esse grupo específico como tal, mas à comunidade mundial[267]. No entanto, entendia que, para ser eficaz, a demanda

---

266 BOUTROS-GHALI, Boutros. **An agenda for democratization**. New York: United Nations, 1996.

267 "Outros desenvolvimentos pertinentes tiveram lugar ainda na década de sessenta. Em 1960-1962, por exemplo, uma série de resoluções da ONU lançava o programa da Primeira Década das Nações Unidas para o Desenvolvimento. Já então os países do chama-

formulada por esses países deveria ser totalmente integrada ao mecanismo de tomada de decisão mundial[268].

De acordo com RICUPERO (2003), a democratização das relações internacionais pode ser interpretada como sinônimo de multilateralismo, cujo processo iniciou-se 1919 com a Liga das Nações, para gradualmente ampliar a participação no mecanismo decisório das grandes questões mundiais. Para o embaixador, a democratização internacional foi sempre acompanhada pela tensão de posições conflitantes entre nações poderosas e menos poderosas: num extremo, os que se favorecem de maior poder decisório ou que dispõem da força para implementar as decisões, conforme ocorre no Conselho de Segurança ou no FMI; no outro, os defensores da igualdade absoluta, do princípio "um país, um voto", inspirado no critério da legitimidade democrática interna[269].

Em 2006, a Assembleia Geral das Nações Unidas aprovou a Resolução 61/160 de 19 de dezembro de 2006 sobre a "promoção de uma ordem internacional democrática e equitativa". Nos termos da Resolução, uma ordem internacional democrática e equitativa requer a realização, dentre outras: i) do direito dos povos à livre-determinação; ii) do direito a uma ordem econômica internacional baseada na participação em condições de igualdade nos processos de adoção de decisões, a interdependência, os interesses mútuos, a solidariedade e a cooperação entre todos os estados; iii) da promoção e a consolidação de instituições internacionais transparentes, democráticas, justas, e responsáveis em todos os âmbitos de cooperação, em particular mediante a aplicação do princípio de participação plena e igualitária em seus respectivos mecanismos de adoção de decisões; iv) o direito de participação equitativa de todos, sem discriminação alguma, nos processos internos e mundiais de adoção de decisões. A resolução foi aprovada mediante 124 favoráveis, 4 abstenções e 56 votos contrários (dentre os quais da Austrália, Canadá, Japão, Nova Zelândia, Estados Unidos e União Europeia)[270].

---

do "terceiro mundo" abandonavam a concepção assistencialista da cooperação econômica internacional. Em 1964 (23 de março a 16 de junho) reunia-se, em Genebra, pela primeira vez, a UNCTAD, cuja criação foi precedida pela Declaração Conjunta de 75 Países em Desenvolvimento, apresentada à Assembleia Geral da ONU em 11 de novembro de 1963, advogando "uma nova divisão internacional do trabalho, com novos padrões de produção e comércio, se necessário". TRINDADE, Antonio Augusto Cançado. **As Nações Unidas e a Nova Ordem Econômica Internacional**. Revista Informativa do Legislativo n. 81, jan. mar., 1984, p. 215.

268 BEDJAOUI, *op. cit.*, p. 195.

269 RICUPERO, Rubens. **Ocupando espaços**. Folha de São Paulo, 2003.

270 UNITED NATIONS, General Assembly. **Resolution adopted by the General Assembly on 19 December 2006, A/RES/61/160**. Promotion of a democratic and equitable international order.

O direito internacional, como uma ideia normativa constrói realidades sociais as quais incluem as transformações de poder. Como ressalta ONUMA (2009), para que o direito internacional cumpra este papel crítico, ele deve satisfazer os requisitos de legitimidade internacional. Com a mudança nas contestações de poder no século XXI, daquelas centradas no Ocidente para aquelas multipolares, a necessidade de alcançar legitimidade transcivilizacional[271] vai se tornar ainda maior[272].

> Quando concebemos qualquer ordem legal na sociedade humana, incluindo a sociedade internacional ou global, devemos considerar dois elementos. O primeiro elemento é a legitimidade ou a justiça e o segundo é o poder. A ordem legal não pode ser criada e nem mantida sem esses dois elementos. Quando concebemos o direito internacional no século XXI, precisamos elucidar esses dois elementos do direito internacional e suas relações um com o outro, e com outros assuntos relacionados com o direito internacional. Primeiro, o direito deve ser, e normalmente é, associado à legitimidade. Aqui legitimidade é entendida em termos de justiça, equidade, igualdade, responsabilidade, consistência, representação de membros da sociedade e outros valores normativos reconhecidos pelos componentes da sociedade. A legitimidade tem dimensões substantivas, processuais e históricas ou genealógicas. Quando nos referimos ao direito, seja internacional, seja nacional, supomos normalmente que direito é válido e efetivo quando é reconhecido como legítimo pelo destinatário do direito como um todo (...) se o direito não é reconhecido como legítimo pelos seus destinatários como um todo, será difícil para o direito

---

271 "O mundo de hoje não pode ser caracterizado somente como de feitura europeia. É também um mundo de feitura de várias civilizações – de civilizações que remontam a data muito mais longínqua do que a civilização europeia moderna. É um mundo de feitura de milhares de culturas, de uma ampla variedade de culturas que vão desde as nações de hoje, minorias étnicas, grupos religiosos e povos aborígenes até aquelas do passado. Ainda que as ideias europeias modernas de ordenação mundial baseadas no sistema de estados soberanos fossem aceitas por não europeus, essas ideias não erradicam todas as outras ideias de ordenação mundial baseadas em outras civilizações e culturas". ONUMA, *op.cit.*, 2017, p. 235.

272 "Both in the international law on the use of force and in the international law related to development and globalization, even if the law itself does not directly favour developed, primarily Western, countries, the application of this law in the current geo-political realities disparately impacts developing, primarily non-Western countries in a negative way. Efforts to improve multiculturalism in international law must therefore take into consideration not whether the law is *de jure* legitimate from a multicultural standpoint, but also if the law as applied to geo-political realities in multiculturally legitimate". KOROMA, Abdul G. International law and multiculturalism. *In:* **Multiculturalism and international law**. Essays in honour of Edward McWhinney. Boston: Martinus Nijhoff Publishers, 2009, p. 90.

funcionar como uma norma prescrita aplicável reguladora da conduta de membros da sociedade. Sem uma consciência normativa da sociedade como um todo reconhecendo a legitimidade do direito endereçado a eles, o direito não pode ser efetivo nem mesmo válido para a sociedade (...). Se a ordem social é tida como ilegítima desigual ou injusta por membros da sociedade, será difícil assegurar cumprimento das regras legitimando e sustentando tal ordem (ONUMA, 2017, p. 57).

SARDENBERG (2010, pp. 52-61) reconhece a importâncias de fóruns informais tais como o G-20 e o IBAS, porquanto não deixa de ser positivo o reconhecimento da necessidade de um foro mais amplo e representativo, em que a participação dos países desenvolvidos e em desenvolvimento ocorra em condições de igualdade. Por outro lado, aduz que as denominadas coalizões informais dependem, em última instância, do arcabouço jurídico-institucional fornecido por organizações como as Nações Unidas. Quanto ao papel desempenhado pelos BRICS, entende que a consolidação do mecanismo de consulta entre os países do grupo constitui fato novo importante, um avanço alcançado no bojo da crise internacional. Além disso, o reconhecimento do grupo como parceiro necessário da construção da ordem internacional ganhará força e terá consequências institucionais no quadro das Nações Unidas. Os ganhos estratégicos recentemente por eles obtidos devem traduzir-se em maior liberdade na fixação de suas macropolíticas com relação ao cenário internacional e numa maior aproximação com os países do Sul.

CASELLA (2010) expõe que as relações não equitativas têm de ser revisadas, sob pena de se comprometer a viabilidade da continuidade destas. Sessenta anos depois do fim da segunda guerra mundial e o início da historicamente mais recente tentativa de refundar a ordem internacional, se poderia viver nova fase de regulação e funcionamento do contexto internacional, seja pela extensão de matérias abrangidas como pelo número de países engajados nessa organização:

> Durante séculos, o direito internacional foi o que as principais potências da época diziam o que este era no contexto europeu, e levando na esteira destes países outros países periféricos ao sistema. Não mais pode ser reduzido o direito internacional pós-moderno somente ao que queiram ditar os poderosos do momento: evolui consciência jurídica internacional da humanidade, e aperfeiçoaram-se os modos e os patamares de implementação da juridicidade internacional (CASELLA, 2008, p. 1379).

O sistema econômico internacional é o mais suscetível às mudanças dos estados. Assim como o sistema de Bretton Woods foi moldado à luz de uma realidade econômica de sua época, sobretudo no contexto de uma economia

III. Os BRICS e as reformas das instituições internacionais **247**

estadunidense em ascensão e de economias europeias devastadas pela guerra, as mudanças atuais em torno da emergência econômica de países como a China e a Índia podem conduzir a um remodelamento das estruturas de governança da ordem global. A maioria das intervenções nas mesas-redondas, realizadas em 2012 pela FUNAG, reconheceu que o BRICS é um fato diplomático com impacto modernizador e democratizante nas relações internacionais, e importante para os seus integrantes. Cumpre indagar se a maior participação dos BRICS nas esferas decisórias do FMI e do Banco Mundial resultará em maior apoio aos países em desenvolvimento ou apenas consubstanciará a tendência historicamente conhecida: a substituição da hegemonia dos EUA por uma coalizão de EUA-Europa-Japão durante os anos de 1960 não significou que o FMI e o Banco Mundial fossem subitamente "politizados", como muitos estudiosos sugeriram; a única novidade era que o Fundo e o Banco acabaram por sofrer influência de uma combinação de estados e não de apenas um[273]. O apoio do Brasil, da Rússia, da Índia e da China à manutenção da UNCTAD, em 2012, revelou que o grupo, assim como na esfera do BASIC, atua como importante ponte entre os países desenvolvidos e os países em desenvolvimento[274].

Na Declaração de Ufá, os países dos BRICS compreenderam que o direito internacional "provê ferramentas para a realização da justiça internacional, com base nos princípios da boa fé e da igualdade soberana, e enfatizaram a necessidade da adesão universal aos princípios e normas de direito internacional em sua inter-relação e integridade"[275]. O maior protagonismo dos BRICS na governança global igualmente gera maior responsabilidade e comprometimento com as normas e princípios internacionais, não apenas nas esferas econômica e financeira, como em matéria de direito penal internacional e outros compromissos

---

273 SWEDBERG, *op.cit.*, 1986, p. 381.

274 "Brasil, Índia, China e Rússia já alertaram que querem a manutenção da instituição e, ontem, Rubens Ricupero, ex-secretário-geral da Unctad, assinou uma declaração ao lado de outros 40 economistas apelando pela preservação da Unctad. "Estão tentando silenciar o debate", declarou a carta, apontando que a Unctad tem servido como visão alternativa ao posicionamento do FMI. Para os economistas, a Organização para Cooperação e Desenvolvimento Econômico quer "suprimir" qualquer voz que questione a forma pela qual a crise tem sido tratada, principalmente, quando o tema é redução da dívida e ortodoxia. A agência se reúne a partir do dia 21 no Catar. Mas Estados Unidos e Europa já alertaram que vão defender que a entidade deixe de dar conselhos sobre como a economia mundial deve ser administrada. Os últimos anos, os conselhos feitos pela Unctad para setores como finanças, patentes, meio ambiente e comércio se chocaram com a agenda dos países ricos. A justificativa é de que temas de finanças ou câmbio devem ser levados pelo FMI. Já os países emergentes alegam que a Unctad é o único fórum onde todos têm o mesmo voto e onde a pesquisa pode ocorrer de forma independente". **Países Ricos tentam esvaziar a atuação da UNCTAD**. O Estado de São Paulo, 12 de abril de 2012.

275 BRASIL, Ministério das Relações Exteriores. **Declaração de Ufá**, VII Cúpula dos BRICS.

internacionalmente reconhecidos. Perceptível se torna a necessidade de sopesar o compromisso com o direito internacional e a soberania, ambos frequentemente mencionados em todas as declarações dos BRICS.

Na última década, os países do BRICS ganharam gradualmente algum crédito nos processos de tomada de decisão das instituições existentes, nas quais melhoraram seu poder de formar coalizões. Em certos casos, começaram a ocupar cargos de liderança, como a China e o Brasil, que conseguiram conduzir seus candidatos a cargos em organizações de governança global. Em maio de 2013, o brasileiro Roberto Azevedo foi escolhido para liderar a OMC com o apoio de todos os principais países em desenvolvimento da organização, derrotando o candidato da UE e dos EUA. Em uma situação similar, em junho de 2013, Li Wong, ex-vice-ministro chinês, foi eleito Diretor da Organização das Nações Unidas para o Desenvolvimento Industrial (UNIDO), tornando-se o primeiro chinês a dirigir uma agência da ONU. Esses espaços estão abrindo uma tendência que pode se intensificar no futuro. Nesse sentido, parece que os BRICS estão realizando uma estratégia dupla em termos de governança global. Por um lado, eles participam e seguem as regras estabelecidas nas instituições tradicionais para impulsionar as reformas e, por outro lado, constroem sua própria dinâmica intra-BRICs. O modelo do BRICS parece estar em fluxo e, na necessidade de institucionalização, a recente criação do Novo Banco de Desenvolvimento como sua primeira organização internacional pode ser o primeiro passo para consolidar o trabalho deste grupo de economias emergentes (QUILICONI; KINGAH, p. 252).

De acordo com SAMIR (2017), os BRICS devem, primeiramente, reafirmar seu compromisso com um mundo multipolar. Em segundo, necessitam investir em instituições BRICS adicionais, como institutos de pesquisa que ofereçam soluções distintas dos paradigmas de conhecimento liderados pelo Ocidente[276] e que se adequem ao mundo em desenvolvimento. Em terceiro lugar, devem considerar um esforço para cumprir os compromissos assumidos no âmbito do Acordo de Paris sobre mudanças climáticas e os objetivos de desenvolvimento sustentável da ONU. Isso poderia incluir, por exemplo, a criação de uma aliança energética BRICS e uma instituição de política energética. Da mesma forma,

---

276 "Para que qualquer tipo de educação, pesquisa, discussão e diálogo sejam legítimos em uma escala global, eles devem ser conduzidos de tal forma a ouvir vozes de pessoas em todo o mundo, e compreender os valores, virtudes, culturas e religiões abraçadas por essas pessoas. (...). Nós, as pessoas de todo o globo, deveríamos ser capazes de falar do nosso direito internacional ou direito da sociedade global não apenas em sentido geográfico, mas também civilizacional (...) Para que o direito internacional se torne global, sem ser qualificado como 'eurocêntrico' ou 'ocidentalizado', ele deve se transformar por meio da adoção de perspectiva da humanidade de uma maneira mais pluralística, igualitária e matizada, respondendo assim à realidade multipolar e multicivilizacional do mundo no século XXI. ". ONUMA, *op.cit.*, 2017, p. 110.

o NBD, em parceria com outras instituições de financiamento do desenvolvimento, poderia ser um veículo importante para financiar o progresso em direção aos objetivos de desenvolvimento sustentável entre os membros do BRICS. Em quarto lugar, os países BRICS também podem considerar expandir sua cooperação para abordar as áreas emergentes da governança global, como o espaço exterior, os oceanos e a internet. Finalmente, os membros do BRICS devem incentivar interações diretas entre seus constituintes. Na era digital, conversas contínuas entre pessoas, empresas e academia podem promover relacionamentos que são mais propensos a consolidar o futuro desta aliança do que qualquer esforço do governo[277].

---

277 SAMIR, Saran. **The next ten years of BRICS** - will the relationship last? India Economic Summit, World Economic Forum, 2017.

CONSIDERAÇÕES FINAIS

Embora o advento das Nações Unidas e de outras organizações internacionais tenha representado um dos maiores avanços na história das relações internacionais, as mudanças do presente século impulsionam atualizações ao cenário pós-moderno, em consonância com o multilateralismo e com a perspectiva transcivilizacional. Nesse contexto, posições unilaterais em detrimento do multilateralismo e desequilíbrios manifestamente flagrantes no âmbito da governança não encontrarão mais espaço na atual conjuntura internacional. O direito internacional, entre a ambivalência e o multilateralismo, exercerá papel fundamental no ordenamento das relações internacionais no século XXI. Uma vez condicionado aos processos de mudanças da sociedade internacional, aos contornos e circunstâncias do tempo, o direito internacional pós-moderno deverá ajustar-se às realidades contemporâneas, submetendo-se a um novo equilíbrio entre legitimidade e poder.

A ascensão dos países emergentes passou a criar novas demandas para a democratização e o reforço das instituições multilaterais no presente século. Nesse contexto, os BRICS firmaram compromissos com o avanço das reformas das instituições financeiras internacionais, de forma a refletir as transformações da economia mundial e de modo a conferir maior protagonismo às economias emergentes e em desenvolvimento. O estudo dos BRICS, como um conjunto, possibilitou a verificação de vertentes muitas vezes ignoradas quando esses países são estudados separadamente. À luz dos aportes interdisciplinares, foi possível aferir, no campo da dimensão externa, que os BRICS, conjuntamente: i) reivindicam a multipolaridade em detrimento do unilateralismo; ii) são os países que, desde o início do século, insistentemente levantaram a bandeira em prol de reformas das instituições internacionais, obtendo alguns resultados efetivos, como observado ao longo da pesquisa; iii) democratizam a sociedade internacional à luz da perspectiva multicultural; iv) oscilam entre o desenvolvimento e o subdesenvolvimento em termos socioeconômicos, o que os tornam mais representativos para atuações em fóruns multilaterais e, finalmente, v) os

BRICS, ao longo das cúpulas realizadas desde 2009, discutiram e apreciaram os principais temas internacionais do século XXI, sobretudo em matéria de meio ambiente, segurança internacional, sistema econômico global, desenvolvimento e modelos equitativos de cooperação. A análise dos documentos demonstrou que tanto no campo da dimensão interna, como da dimensão externa, o agrupamento dos países atingiu enorme complexidade, afastando-se completamente do conceito original formulado pelo mercado financeiro. Além de expandir os acordos intra-BRICS, baseados em modelos equitativos de cooperação, o grupo atingiu importante coordenação multilateral – que possibilitou a articulação dos cinco países às margens das principais reuniões das instituições internacionais, culminando na conquista, ainda que limitada, da revisão de cotas no sistema decisório do FMI e do Banco Mundial, bem como no advento do Novo Banco de Desenvolvimento, primeira organização internacional criada pelo grupo.

O Novo Banco de Desenvolvimento representou a resposta dos BRICS às deficiências amplamente reconhecidas do sistema financeiro global existente. Um desejo comum de reformar a governança econômica global foi a questão que uniu os BRICS e deu legitimidade no rescaldo da crise financeira global. Durante anos, os BRICS exigiram uma revisão das instituições de Bretton Woods, nas quais as potências ocidentais permanecem sobrerrepresentadas às custas das economias emergentes (LATINO, 2017). Fruto da denominada cooperação Sul-Sul, o NBD foi delineado de modo a financiar projetos sustentáveis de infraestrutura nos países do BRICS e em outras economias emergentes e países em desenvolvimento, com vistas a suplementar os esforços correntes de instituições financeiras multilaterais e regionais de promoção do crescimento e do desenvolvimento internacionais. O comprovado déficit de infraestrutura em muitos países em desenvolvimento, considerado um dos motivos que dificulta as perspectivas de crescimento, envolve um cenário dentro do qual cerca de 1,4 bilhão de pessoas ainda não têm acesso à eletricidade, 900 milhões não têm acesso à água potável e 2,6 bilhões não têm acesso ao saneamento básico (BHATTACHARYA; ROMANI; STERN, 2012), realidade de uma "herança deixada pelo século XX em numerosas partes do mundo, isto é, uma desigualdade dos estados face ao desenvolvimento" (LACHS, 1994). Diante desse fato, o NBD surgiu como o primeiro banco de desenvolvimento não regional pós-Bretton Woods, voltado ao financiamento do desenvolvimento, de modo a atenuar ou superar as situações de desigualdade e de subdesenvolvimento, incorporando a sustentabilidade como principal critério norteador de suas atividades. As temáticas de desenvolvimento e meio ambiente constituíram, ao lado da busca pelas reformas das instituições internacionais, as principais preocupações desses países desde as primeiras declarações conjuntas. A pesquisa demonstrou que, em matéria de meio ambiente, é na esfera do BASIC em que os países, com exceção da Rússia, se articulam e apresentam propostas concretas, sobretudo relacionadas às mudanças climáticas. Quanto ao desenvolvimento, restou demonstrado que os BRICS dedicam atenção ao direito ao desenvolvimento econômico e social, relacionando-o à necessidade de garantir as metas estabelecidas pela agenda dos Objetivos de Desenvolvimento do Milênio e ao conceito de desenvolvimento sustentável, inserido como um importante vetor na mudança do paradigma do desenvolvimento econômico.

Diferentemente da área econômico-financeira, na qual os BRICS mais avançaram em matéria de reformas e criação de instituições, a busca por uma reforma no CSNU, embora enaltecido em todas as Cúpulas, logrou poucos resultados concretos. Os reiterados apoios chinês e russo à pretensão do Brasil, da Índia e da África do Sul ao status de membros permanentes do CSNU demonstraram que inexiste pretensão de alterar radicalmente o sistema de segurança coletiva sob o atual modelo onusiano. Apesar da concordância mútua de incorporar novos membros permanentes, os BRICS não chegaram, até o momento, a apresentar um projeto próprio e coordenado sobre a matéria. Apesar disso, os estudos sobre os projetos de reformas do CSNU revelaram a premência de um acordo que possibilite a democratização do mais importante órgão das Nações Unidas. Há um consenso segundo o qual a legitimidade do Conselho encontra-se enfraquecida em razão da morosidade dos projetos de reforma que, como salienta FASSBENDER (2004), inevitavelmente levará a impactos diretos e negativos no sistema como um todo, bem como no próprio direito internacional.

O estudo dos BRICS revelou que esses países podem exercer um papel decisório no fortalecimento do multilateralismo e nas reformas das instituições internacionais, bem como na prática de modelos equitativos de cooperação. Os países emergentes podem contribuir para a correção de assimetrias passadas, equilibrar o unilateralismo estadunidense e reforçar o multilateralismo e as instituições internacionais. De forma inovadora, esses países possuem ainda, conforme demonstrado na criação do Novo Banco de Desenvolvimento, a capacidade de articulação direcionada ao desenvolvimento de instituições complementares ao financiamento de projetos de infraestrutura e desenvolvimento sustentável, que podem ser compreendidas dentro de um processo mais amplo de multipolarização (BATISTA JR, 2016).

Os BRICS contribuem para a perspectiva que se apoia na percepção segundo a qual as bases de poder, a serem equilibradas com noções de legitimidade, estão se alterando, de modo que possibilite que o direito internacional seja edificado sob a consideração de diferentes culturas, transformando-as em conteúdo comum (ONUMA, 2017). Contudo, a base da sua própria legitimidade dependerá da aceitação dos movimentos internos e do contínuo apoio pelos e para os países em desenvolvimento. Embora os BRICS não possuam interesses similares, como é nítido, por exemplo, na esfera da OMC, o apoio desses países dentro desta e de outras organizações aos países em desenvolvimento representa um aspecto positivo de mudança e benéfico a todo o sistema multilateral (SK-RZYPCZYNSKA, 2015).

A democratização das relações internacionais implica a participação de grandes, médios e pequenos estados, com base na igualdade de direitos, na análise e solução de problemas internacionais de interesse comum (BEDJAOUI, 1979). Embora a democratização internacional tenha sido sempre acompanhada pela tensão de posições conflitantes entre nações poderosas e menos poderosas (RICUPERO, 2003), os entendimentos originais de 1945 devem ser restaurados diante das novas realidades contemporâneas. A dominância por um país ou de grupo de países deve, ao longo do tempo, evoluir para um sistema em que todos os países possam participar, juntamente com outros atores não estatais, nos assuntos internacionais (BOUTROS-GHALI, 1996). Uma vez que as deficiências, em matéria de governança, das organizações internacionais tenham se tornado flagrantes, é necessário o reajuste dos critérios de legitimidade com base na inclusão e na confiabilidade epistêmica (KEOHANE, 2006). Durante séculos, o direito internacional foi o que as principais potências da época diziam o que este era no contexto europeu, e levando na esteira destes países outros países periféricos ao sistema. Não mais pode ser reduzido o direito internacional pós-moderno somente ao que queiram ditar os poderosos do momento: evolui consciência jurídica internacional da humanidade, e aperfeiçoaram-se os modos e os patamares de implementação da juridicidade internacional (CASELLA, 2008). Com a mudança nas contestações de poder no século XXI, daquelas centradas no Ocidente para aquelas multipolares, a necessidade de alcançar legitimidade transcivilizacional vai se tornar ainda maior (ONUMA, 2017). O multilateralismo do presente século deve ser remodelado para atender desafios de um mundo cada vez mais globalizado e transnacional. O multilateralismo convencional não conseguirá cumprir o crescimento das demandas de legitimidade (ZÜRN, 2004).

Enquanto os BRICS mantiverem a ação primordial orientada para a reforma das organizações internacionais, de modo a conferir legitimidade à busca de multipolaridade pelos estados individuais e fornecer formas de compartilhar maiores responsabilidades globais, bem como importante fator de equilíbrio a uma ordem unipolar dentro da qual os Estados Unidos exerçam um papel hegemônico (PAPA, 2014), o processo de democratização ganhará frutos importantes, malgrado todos os desafios existentes. Entretanto, para ser eficaz, o discurso de democratização necessita encontrar espaço fora do campo da retórica, com articulação e projetos conjuntos que ultrapassem a perspectiva BRICS e incorporem os anseios de todos os países, sobretudo dos países em desenvolvimento. Nesse contexto, os BRICS, em consonância com a importância conferida às Nações Unidas em suas declarações, igualmente devem impulsionar processos de reforma em outros órgãos da ONU, como no âmbito do ECOSOC, de modo que este venha a agregar e concentrar temas importantes da "Declaração do

Milênio", transformando-se em órgão realmente eficaz na liderança normativa e na capacidade analítica dos temas econômicos e sociais.

O estudo das reformas do sistema de governança do Conselho de Segurança das Nações Unidas, do Banco Mundial e do Fundo Monetário Internacional revelou a existência de um consenso segundo o qual essas instituições não poderão mais prosseguir sem conferir uma maior participação dos países em desenvolvimento. Além disso, o fator de equilíbrio, considerado insuficiente para a realização do direito internacional de um modo legítimo (ONUMA, 2017), deve vir acompanhado de ações que estejam em consonância com o direito internacional público que, como um *ius pacis* (direito de paz), um *ius cooperationis* (direito da cooperação), um *ius progressionis* (direito do desenvolvimento) e um *ius coexistentiae* (direito da coexistência), terá papel fundamental no século XXI, sobretudo no sentido de garantir a paz, ordenar as relações internacionais, fomentar a cooperação entre os estados, estabilizar o sistema internacional, adaptar e transformar a realidade internacional, regular os conflitos, impulsionar a justiça e o desenvolvimento internacional (TERZ; BUELVAS, 2007). O direito internacional, como processo fundamental de regulação de canalização das violências internacionais, uma língua comum indispensável, uma técnica instrumental à serviço dos estados e de todos os atores da sociedade internacional (JOUANNET, 2013), tem papel crucial a desempenhar no contexto pós-moderno, em função da revisão dos modelos vigentes no mundo, nos planos institucional e normativo (CASELLA, 2011).

O movimento consubstanciado na indissociável tríade democratização--multilateralismo-multiculturalismo pode ser compreendido como a essência do sistema internacional do século XXI. Os estudos de relações internacionais e de direito internacional deverão levar em conta a questão da legitimidade das organizações internacionais, bem como de seus processos de reforma, atualizações e adaptações. Com efeito, a superação dos paradigmas do século XX igualmente deve ser aplicada na esfera acadêmica, entre os estudiosos do direito internacional. Como elucida ONUMA (2017) a perspectiva predominante existente no estudo do direito internacional deve esbarrar no questionamento de nossas próprias estruturas cognitivas, justapondo algumas outras visões, contribuindo para a aquisição de um novo horizonte ou uma nova forma de ver o mundo. As perspectivas tradicionais do direito internacional podem ocupar um espaço dentro do qual outras perspectivas corroboram com novas e pertinentes teorias. Nesse novo movimento, o direito internacional pós--moderno pode incorporar as linguagens culturais e dialogar com a história nas suas dimensões mais amplas (CASELLA, 2008). Outros aportes interdisciplinares, a depender do objeto em análise, podem igualmente contribuir para a ampliação de horizontes. Malgrado as diferenças conceituais entre direito e relações internacionais, as teorias desenvolvidas no âmbito desta última podem favorecer a compreensão de cenários que inevitavelmente envolvam política e poder. Como ressalta SHAW (2008), embora as relações de poder não estejam incluídas no âmbito dos estudos do direito internacional, a total separação entre política e direito nunca será completa e não importa qual teoria do direito ou da filosofia política é levantada. Entretanto, como adverte KOSKENNIEMI (2002) o projeto de interdisciplinaridade impulsionado nos Estados Unidos deve ser observado com cautela: embora proponha um diálogo entre iguais, acaba prevalecendo a hegemonia na qual as relações internacionais impõem seus métodos e interesses cognitivos sobre o direito internacional. À luz dessa realidade, compreendemos que ambas as áreas do conhecimento deverão se adaptar ao contexto pós-moderno e atualizar suas estruturas à luz do multilateralismo e do contexto multicultural, superando tradições dos séculos passados. As perspectivas predominantes existentes nos estudos do direito internacional e das relações internacionais devem ser sopesadas pela autopercepção da predominância, pelos questionamentos e pela criação de novas teorias que sejam desenvolvidas em ambientes acadêmicos diversos.

REFERÊNCIAS BIBLIOGRÁFICAS

ABDENUR, Adriana Erthal; FOLLY, Maiara. O Novo Banco de Desenvolvimento e a institucionalização do BRICS. *In*: **BRICS: estudos e documentos**. Brasília: FUNAG, 2015, pp. 79-115.

ABI-SAAB, George. **Cours général de droit international public**. Recueil des cours: collected courses of the Hague Academy of International Law, vol. 207, 1987.

ACCIOLY, Hildebrando; NASCIMENTO E SILVA, G.E., CASELLA, Paulo Borba. **Manual de direito internacional público**. 17ª edição. São Paulo: Saraiva, 2009.

ACHARYA, Amitav; BUZAN, Barry. On the possibility of a non-Western international relations theory. *In*: **Non-Western international relations theory**. Perspectives on and beyond Asia. New York; London: Routledge, 2010, pp. 221-239.

AGO, Roberto. **Pluralism and the origins of the international community.** Italian Yearbook of International Law, v. III. Nápoles: Editoriale Scientifica, 1978.

AKSAR, YUSUF. International economic law. *In*: **Implementing internatio-nal economic law: through dispute settlement mechanisms**. Dordrecht: Martinus Nijhoff Publishers, nijhoff international trade law series, v. 6, 2011, pp.5-50.

ALEXANDROFF; COPPER, Alan S.; Andrew F. Introduction. *In*: **Rising states, rising institutions: challenges for global governance**. Alan S. Alexandroff and Andrew F. Cooper, editors. Baltimore: Brookings Institution Press, 2010.

ALMEIDA, Paulo Roberto. **O Brasil e o FMI desde Bretton Woods: 70 anos de história**. Revista Direito GV, São Paulo, 10 (2), jul-dez 2014, pp.469-496.

ALVAREZ, Alexandre. **Le droit international américain**. Son Fondament, sa Nature. Paris: A. Pedone, Éditeur, 1910.

ALVES, Fábio Simão. **Dança das cadeiras: a reforma do Conselho de Segurança das Nações Unidas**. Brasília: Revista Juca, IRBr, 01 fev, 2009, pp. 68-74.

ALVES, José Ricardo da Costa Aguiar. **O Conselho Econômico e Social das Nações Unidas e suas propostas de reforma**. Brasília: FUNAG, 2013.

ALVES, Rodrigo M. **A difícil governança monetária internacional: o caso das cotas do FMI**. Boletim Meridiano 47. Brasília, vol. 13, n. 134, nov-dez., 2012.

AMARAL JÚNIOR, Alberto. **Curso de direito internacional público**. 2ª ed. São Paulo: Atlas, 2011.

AMORIM, Celso. **Entre o desequilíbrio unipolar e a multipolaridade**: o Conselho de Segurança da ONU no período pós-Guerra Fria. São Paulo: Instituto de Estudos Avançados da Universidade de São Paulo, 1998.

_____. **A reforma da ONU**. São Paulo: Instituto de Estudos Avançados da Universidade de São Paulo, 1998.

_____. **"¿Existe realmente el BRIC?"**. Economia Exterior, Madrid, nº 52, primavera de 2010.

ANDREATTA, Filippo. **Collective security theory and practice of an institution for peace in the XX century**. London: Ph.D. Dissertation. International Relations Department London School of Economics and Political Science, Summer, 1996.

APOLINÁRIO JÚNIOR, Laerte. **Formação de coalizões dentro das instituições financeiras internacionais**: o caso do Brasil no FMI e Banco Mundial. Dissertação de Mestrado, Instituto de Relações Internacionais da Universidade de São Paulo, 2014.

ARMIJO, Leslie E; ROBERTS, Cynthia. The emerging powers and global governance: why the BRICS matter. *In:* **Handbook of emerging economies**. Ed. Robert E. Looney. London; New York: Routledge, 2014.

ARMONSTRONG, David: FARREL, Theo; LAMBERT, Hélène. **International Law and International Relations**. Cambridge: Cambridge University Press, 2012.

ARON, Raymond. **Paz e guerra entre as nações**. Trad. Sérgio Bath (1º edição). Brasília: Editora Universidade de Brasília; São Paulo: Imprensa Oficial do Estado de São Paulo, 2002.

ARRIBAS, José Juan M. **Derecho internacional: bases y tendencias actuales**. Madrid: Entinema, 2007.

BAER, Monica et. al. **Os desafios à reorganização de um padrão monetário internacional**. CEBRAP/FUNAG /SGPL/PNUD. Revista Economia e Sociedade, n. 4, 1994, pp. 79-126.

BATISTA JR., Paulo Nogueira. **Brics – O Novo Banco de Desenvolvimento**. Estudos Avançados, São Paulo, v. 30, n. 88, dec. 2016, pp. 179-184.

_____. Os BRICS no FMI e no G20. *In:* **O Brasil, os BRICS e a agenda Internacional**. José Vicente de SÁ PIMENTEL (org.), 2ª ed. Brasília: FUNAG, 2013, pp. 463-472.

_____. BRICS: a new monetary fund and a new development Bank. *In:* **Brazil in BRICS**. Rio de Janeiro: Capax Dei, 2015, pp. 31-36.

_____. Mesa redonda na FIESP. *In:* **Debatendo o BRICS** / José Vicente de Sá Pimentel (Org.). Brasília: FUNAG, 2013.

BAUMANN, Renato. Os BRICS e o G-20 Financeiro. *In:* **O Brasil, os BRICS e a agenda internacional**. José Vicente de SÁ PIMENTEL (org.), 2ª ed. Brasília: FUNAG, 2013, pp 293-308.

_____ et al. **BRICS: estudos e documentos**. Brasília: FUNAG, 2015.

BEDJAOUI, Mohammed. **International law: achievements and prospects**. Paris: UNESCO, 1991.

_____. **Problèmes recents de succession d'États dans les États nouveaux**. Recueil des cours. Hague Academy of International RCADI, tome 13, 1970-II.

_____. **Towards a new international economic order**. Paris: UNESCO; New York: Holmes & Meier Publishers, 1979.

BERNES, Thomas A. **IMF quota and governance reform**: political impulse needed for progress on reform process. CIGI. Disponível em: http://www.cigionline.org/publications/2013/7/imf-quota-andgovernance- reform--political-impulse-needed-progress-reform-process. Acesso em 28 de outubro de 2017.

BERTELSMANN-SCOTT, Talitha; FRIIS, Canelle; PRINSLOO, Cyril. **Making sustainable development the key focus of the BRICS New Development Bank**. South African Institute of International Affairs, May, 2016.

BERTRAND, Maurice. **À propos de la réforme du Conseil de sécurité**. Études internationales, vol. 30, n° 2, 1999, pp. 413-422.

_____. **Some reflections on reform of the United Nations**. Joint Inspection Unit. Bertrand Report. Document JIU/REP/85/9. Document A/40/988, 1985. Geneva: Nações Unidas, 1985.

BHATTACHARYA. Amar; ROMANI, Mattia; STERN, Nicholas. **Infrastructure for development: meeting the challenge**. Policy paper. Centre for Climate Change Economics and Policy Grantham Research Institute on Climate Change and the Environment, June 2012.

BIDWAI, Praful. **The emerging economies and climate change**: A case study of the BASIC grouping. Critical perspectives on emerging economies, TNI Working Papers, 2014.

BIERRENBACH, Ana Maria. **O conceito de responsabilidade de proteger e o direito internacional humanitário**. Brasília: Fundação Alexandre de Gusmão, 2011.

BIJOS, Leila; GUILHON, Erick P. **Brics: uma alternativa de poder?** Londrina: Revista do Direito Público, vol. 9, n.1, jan./abr. 2014, pp. 9-54.

BLOCK, Fred L. **Los orígenes del desorden económico internacional:** la política monetaria internacional de los Estados Unidos, desde la Segunda Guerra Mundial hasta nuestros días. Ciudad de Mexico: Fondo de Cultura Económica, 1980.

BLUM, Yehuda Z. **Proposals for UN Security Council reform**. The American Journal of International Law, Vol. 99, No. 3, Jul., 2005, pp. 632-649.

BOBBIO, Norberto. **Dicionário de política**.11. ed. Brasília: Editora UnB, 1998.

BOCAYUVA, Pedro C. C. et al. **Mecanismos de cooperação entre cidades no âmbito dos BRICS**. Rio de Janeiro: BRICS Policy Center / Centro de Estudos e Pesquisa BRICS, 2011.

_____; SANTOS JÚNIOR, Sérgio Veloso. **Cidades-BRICS e o fenômeno urbano global**. Carta Internacional, v. 6, nº 2, 2011.

BORGHI, Elisa; VILLA, Matteo; VILLAFRANCA. **La Sfida Dei Brics Al Sistema Di Bretton Woods**. Osservatorio Di Politica Internazionale, n. 114, 2015.

BOUTROS-GHALI, Boutros. **An agenda for democratization**. New York: United Nations, 1996.

BROWN, Bartram. Multiculturalism and the Bretton Woods Institutions. *In:* **Multiculturalism and international law**. Essays in Honour of Edward McWhinney. Boston: Martinus Nijhoff Publishers, 2009.

BUENO, Elen de Paula. **O construtivismo nas relações internacionais**. Portal Mundo RI, 05 maio de 2006. Disponível em: http://www.mundori.com/artigosAntigos/detalhes/548. Acesso em: 12 de outubro de 2016.

_____; OLIVEIRA, Victor Arruda P. **El Congreso de Panamá (1826) y los orígenes del derecho internacional en latinoamérica**. Madrid: Anuário Hispano-luso-americano de derecho internacional, vol. 22, 2015, pp. 287-318.

BUENO, Elen de Paula; FREIRE, Marina; OLIVEIRA, Victor Arruda Pereira. **As origens históricas da diplomacia e a evolução do conceito de proteção diplomática dos nacionais**. Anuário Mexicano de Direito Internacional, vol. XVII, 2017, pp. 623-649.

BUIRA, Ariel. **Las instituciones de Bretton Woods:** ¿gobierno sin legitimidad? EconomíaUNAM, vol. 4, nº 10, 2007.

CALVO, Carlos. **Derecho international.** Teórico e prático. De Europa e América. Paris: D'Amyot Diplomatique, 1868.

CANRONG, Jin. Mesa redonda na FIESP. *In:* **Debatendo o BRICS** / José Vicente de Sá Pimentel (Org.). Brasília: FUNAG, 2013.

CAO-HUY, Thuan. **Droit et relations internationales**, 1983. Disponível em: https://www.u-picardie.fr/curapp-revues/root/13/caohuy.pdf. Acesso em 12 de maio de 2016.

CAPINZAIKI, Marília Romão. **A crise financeira internacional e o poder americano**: influências sobre o alcance da reforma do FMI. Revista Aurora, v.6. n.1, jul-dez., 2012, pp.57-70.

CAPORASO, James A. **International relations theory and multilateralism**: the search for foundations. International Organization, vol. 46, Issue 03, June 1992, pp. 599-632.

CARON, David D. **The legitimacy of the collective authority of the Security Council**. The American Journal of International Law, vol. 87, n. 4, Oct, 1993, pp. 552-588.

CARR, Edward H. **The twenty years' crisis 1919-1939**: an introduction to the study of international relations. London: Macmillan, 1946.

CARREAU, Dominique; JUILLARD, Patrick. **Droit international économique**. 4ª ed. Paris: L.G.D.J, 1998.

CARVALHO, Evandro Menezes de. **BRICS Plus and the future of the BRICS agenda**. China Today, 31 Aug. 2017.

Disponível em: http://www.chinatoday.com.cn/english/economy/2017-08/31/content_745375.htm. Acesso em: 2 de setembro de 2017.

_____. **Diplomacia e multilinguismo no direito internacional**. Revista Brasileira de Política Internacional, n.49, v. 2, 2006, pp. 178-195.

CARVALHO, Fernando J. Cardim. O G-20 e a reforma do sistema financeiro: possibilidades e limitações. *In:* **As transformações no sistema financeiro internacional**. Brasília: IPEA, 2012, v. 1, pp. 15-30.

_____. A crise econômico-financeira de 2007/2008, o G20 e as opções para o Brasil. *In:* **V Conferência nacional de política externa e política internacional: o Brasil no mundo que vem aí**. Brasília: FUNAG, 2010, pp. 69-82.

CASELLA, Paulo Borba. **Fundamentos do direito internacional pós-moderno**. São Paulo: Quartier Latin, 2008.

_____. **Direito internacional no tempo antigo**. São Paulo: Atlas, 2012.

_____. **BRIC: Brasil, Rússia, Índia, China e África do Sul**: uma perspectiva de cooperação internacional. São Paulo: Atlas, 2011.

_____. Reforma da ONU, pós-Kelsen. *In:* **Reforma da ONU**. IV conferência nacional de política externa e política internacional: o Brasil no mundo que vem por aí. Brasília: FUNAG, 2010, pp. 143-210.

_____. **Direito internacional dos espaços.** São Paulo: Atlas, 2009.

_____. **Fundamentos e perspectivas do direito internacional pós-moderno.** Revista da Faculdade de Direito da Universidade de São Paulo v. 101, jan./ dez. 2006, pp. 433-466.

CASSAN, Hervé. Le consensus dans la pratique des Nations Unies. *In:* **Annuaire français de droit international**, v.20, 1974, pp. 456-485.

CASSESE, Antonio. **International law.** 2º edition. Oxford: Oxford University Press, 2005.

CASTRO, Thales. **Conselho de Segurança da ONU: unipolaridade, consensos e tendências.** Curitiba: Juruá, 2007.

CELLI JUNIOR, Umberto. Teoria geral da integração: em busca de um modelo alternativo. *In:* **Blocos econômicos e integração na América Latina, África e Ásia**. MERCADANTE, Araminta de Azevedo; CELLI JUNIOR, Umberto; ARAÚJO, Leandro Rocha de (org. Curitiba: Juruá, 2006.

CHUN, Kwang Ho. Are there prospects of the BRICs being the next Superpower? *In:* The **BRICs superpower challenge**: Foreign and Security Policy Analysis. Surrey-UK, Ashgate, 2013.

COELHO, Jaime C. Reformando as instituições financeiras multilaterais (passado e presente): banco mundial e fundo monetário internacional. *In:* **As transformações no sistema financeiro internacional**. Brasília: IPEA, 2012, v. 1, pp. 605-648.

_____; CAPINZAIKI, Marília R. **Desdobramentos da crise financeira de 2007-08:** reforma da arquitetura financeira tradicional e inovações no desenho institucional do regime financeiro internacional. Carta Internacional, vol. 9, n.1, jan-jun, 2014, pp. 144-160.

COHEN, Benjamin. **Bretton Woods System**. Prepared for the Routledge Encyclopedia of International Political Economy. Disponível em: http://www.polsci.ucsb.edu/faculty/cohen/inpress/bretton.html. Acesso em: 22 de março de 2017.

COLLIARD, Claude-Albert. **Institutions des relations internacionales**. 9ª ed. Paris: Dalloz, 1990.

COOPER, Andrew F. **The BRICS' New Development Bank**: shifting from material leverage to innovative capacity. Global Policy, University of Durham, 2017, pp.1-10.

_____; FAROOQ, Asif B. **Testing the club dynamics of the BRICS**: The New Development Bank from conception to establishment. International Organisations Research Journal, v. 10, n. 2, 2015. Disponível em: http://www.brics.utoronto.ca/biblio/iorj-2015-02-cooper-farooq.pdf. Acesso em 22 de abril de 2016.

COOPER, David. **Challenging contemporary notions of middle power influence**: implications of the proliferation security initiative for "Middle Power Theory". Foreign Policy Analysis 7, 2011, 317-336.

COMPARATO, Fábio Konder. A Organização das Nações Unidas no quadro da futura sociedade política mundial. *In:* **Reforma da ONU**. IV Conferência Nacional de Política Externa e Política Internacional: o Brasil no mundo que vem por aí. Brasília: FUNAG, 2010, pp. 113-142.

CONING, Cedric; MANDRUP, Thomas; ODGAARD, Liselotte. Introduction. *In:* **The BRICS and coexistence**: an alternative vision of world order. New York: Routledge, 2015.

COZENDEY, Carlos Marcio. Visão ou Miragem? Banco de Desenvolvimento e Arranjo de Reservas no Horizonte dos BRICS. *In:* **BRICS**: estudos e documentos. Brasília: FUNAG, 2015, pp. 115-138.

_____. BRIC a BRICS em um mundo em transição. *In*: **O Brasil, os BRICS e a agenda internacional**, 2º ed. Brasília: FUNAG, 2013, pp. 157-170.

_____. **Debatendo os BRICS: mesa-redonda no palácio Itamaraty**. Org. José Vicente de Sá Pimentel. Brasília: FUNAG, 2013.

COX, Robert W. Rumo a uma conceituação pós-hegemônica da ordem mundial: reflexões sobre a relevância de Ibn Kaldun. *In:* **Governança sem governo: ordem e transformação na política mundial.** Rosenau, James N. e Czempiel, Ernst-Otto. Brasilia: Ed. UnB e São Paulo: Imprensa Oficial do Estado, 2000, pp. 183-218.

CRETELLA NETO, José. **Curso de direito internacional econômico**. São Paulo: Saraiva, 2012.

_____. Origem e necessidade das organizações internacionais. *In:* **Direito internacional: homenagem a Adherbal Meira Mattos**. Paulo Borba CASELLA e André de Carvalho RAMOS (org.). São Paulo: Quartier Latin, 2009, pp. 452-479.

_____. **Teoria geral das organizações internacionais**. 3ª Ed. São Paulo: Saraiva, 2013.

CUSSON, Gabrielle; CULPI, Ludmila. The BRICS' New Development Bank: a China-led challenge to Western Hegemony. *In*: **Reconfiguration of the Global South: Africa and Latin America and the Asian century. London:** Routledge, 2016, pp. 107-124.

DAMICO, Flavio. Antecedentes: do acrônimo de mercado à concertação político--diplomática. *In* **BRICS, estudos e documentos**. Brasília: FUNAG, 2015.

_____. BRICS: o novo "lugar" do conceito. *In*: **O Brasil, os BRICS e a agenda internacional**. José Vicente de SÁ PIMENTEL (coord.), 2º ed. Brasília: FUNAG, 2013, pp.375-398.

DAMICO, Flavio. Mesa Redonda no Palácio do Itamaraty, 27 de abril de 2012. *In*: **Debatendo o BRICS** / José Vicente de Sá Pimentel (Org.). Brasília: FUNAG, 2013.

DELMAS-MARTY, Mireille. **Les forces imaginantes du droit** (II) – Le pluralisme ordonné. Paris: Seuil, 2006.

DINH, Ngyuen Quoc et al. **Droit international public**. 8ª ed. Paris: L.G.D.J, 2009.

DUGGAN, Niall. BRICS and the evolution of a new agenda within global governance. *In*: **The European Union and the BRICS**: complex relations in the era of global governance. London: Springer, 2015, pp. 11-26.

DUPUY, René-Jean. Etat et organization internationale. *In*: **Manuel sur les organisations internationales**. 2ª ed. London/Boston/Dorbrecht: Martinus Nijhoff publishers, 1998.

_____. **Mondialisation et dédoublement du monde**. Études internationales (Tunis), n. 63, 1997.

ELIAS, Taslim Olawale. **Africa and the development of international law**. Dordrecht: Martinus Nijhoff Publishers, 1988.

ERDAĞ, Ramazan. **How many is greater than five?** A comprehensive model proposal for the United Nations Security Council**. 72nd Midwest Political Science Association (MPSA) Annual Conference, April 3-6, 2014, Chicago, IL, USA. Alternatives turkish journal of international relations, v. 13, n. 4, Winter 2014. Disponível em: www.alternetivesjournal.net. Acesso em 6 de janeiro de 2017.

ESTEVES, Paulo; ZOCCAL, Geovana; TORRES, Gabriel. **Os novos bancos mutilaterais de desenvolvimento e as salvaguardas socioambientais**. Rio de Janeiro. PUC. BRICS Policy Center, BPC Policy Brief, v. 6. n. 03, outubro-novembro, 2016.

FALK, Richard A. Legality and legitimacy: necessities and problematics of exceptionalism. *In*: **Legality and legitimacy in global affairs**. New York: Oxford University Press, 2012.

_____. **The new states and the international legal order.** Hague: Hague Academy of International Law, Recueil de Cours, 1966.

FASSBENDER, Bardo. **All illusions shattered? looking back on a decade of failed attempts to reform the UN Security Council.** Max Planck Yearbook of United Nations Law, 7, 2003, pp. 183-218.

_____. **Pressure for Security Council reform.** From the cold war to the 21st century. London: Lynne Rienner, 2004.

FERNANDES, Elieti Biques. **O fórum de diálogo IBAS sob uma perspectiva teórico-conceitual.** Rev. Século XXI. Porto Alegre, v.3, n.2, 2012.

FINNEMORE, Martha; SIKKINK, Kathryn. **International norm dynamics and political change.** International organization, 52, 4, Autumn, 1998, pp. 887-917.

FOCH, Arhur. **Explaining the G7 and G10's influence on World Bank decisions:** The role of formal and informal rules of governance. Documents de travail du Centre d'Economie de la Sorbonne, 2013.

FONSECA JR, Gelson. **A Legitimidade e outras questões internacionais.** São Paulo: Paz e Terra, 1998

_____. BRICS: notas e questões. *In:* **O Brasil, os BRICS e a agenda internacional.**2ª edição. Brasília: FUNAG, 2013, pp 21-46.

FREIESLEBEN, Jonas Von. Reform of the Security Council. *In:* **managing change at the United Nations,** Center for UN Reform of the Security Council, April 2008. Disponível em: http://www.centerforunreform.org/node/23. Acesso em 03 de outubro de 2016.

FUJITA, Edmundo Sussumu. **O Brasil e o Conselho de Segurança (notas sobre uma década de transição: 1985 – 1995).** Parcerias Estratégicas, vol. 1, n. 2, dezembro de 1996.

GARWOOD-GOWERS, Andrew. The BRICS and the responsibility to protect in Libya and Syria. *In:* **The BRICS and coexistence:** an alternative vision of world order. New York: Routledge, 2015.

GEORGIEV, Dencho. **Politics or rule of law: deconstruction and legitimacy in international law.** European Journal of International Law, 1993, pp. 1-14.

GIANNATTASIO, Arthur R. Capella; CARDOSO, Luís F. de Paiva Baracho. **Structural challenges in a multipolar and multicultural global legal era:** BRICS' global legal politics beyond cultural and economic partnerships. São Paulo Law School of Fundação Getulio Vargas – DIREITO GV, Research Paper Series – Legal Studies Paper n. 87, 2014.

GILLEY, Bruce; O'NEIL, Andrew. China's rise through the prism of middle powers. *In*: **Middle powers and the rise of China**. Washington: Georgetown University Press, 2014, pp.1-22.

GILPIN, Robert. **Global political economy**. Princeton: Princeton University Press, 2001.

GLAZEBROOK G. Det. **The middle powers in the United Nations System**. International Organization, v. 1, issue 02, June 1947, pp 307-318.

GUIMARÃES, Feliciano Sá. **Os burocratas das organizações financeiras internacionais**: um estudo comparado entre o Banco Mundial e o FMI. Rio de Janeiro: Editora FGV, 2012.

_____. **O controle dos países do G-7 sobre o recrutamento dos burocratas do FMI**: o elo perdido das reformas. Revista de Sociologia e Política. Curitiba, vol. 21, n. 48, p.111-126, dez. 2013.

GNATH, Katharina; MILDNER, Stormy-Annika; SCHMUCKER, Claudia. **G20, IMF, and WTO in turbulent times.** Legitimacy and effectiveness put to the test. Berlin: SWP Research Paper, 10, 2012.

GOLD, Joseph. **Developments in the law and institutions of international economic relations.** The American Journal of International Law, v. 68, n. 4, Oct., 1974, pp. 687-708.

_____. **Legal and institutional aspects of the international monetary system**: selected essays, vol. II. Washington: International Monetary Fund, 1984.

GORDON, Gretchen; TONI, Ana; KWEITEL, Juana. **O Banco dos BRICS precisa de uma estratégia sólida e participativa para o desenvolvimento sustentável**. Open Democracy, 19 de abril de 2017.

Disponível em: https://www.opendemocracy.net/democraciaabierta/juana--kweitel-ana-toni-gretchen-gordon/o-banco-dos-brics-precisa-de-uma--estrat-gia. Acesso em 21 de abril de 2017.

GREWE. Wilhelm. **The epochs of international law.** Translated and revised by Michael Byers, do original Epochen der Völkerrechtsgeschichte. Berlin: Walter de Grutyer, 2000.

GRIFFITH-JONES, Stephany. **A BRICS Development Bank**: a dream coming true? Discussion papers. United Nations Conference on Trade and Development, n. 215, March, 2014.

_____. Uma nova arquitetura como bem público global. *In*: **Arquitetura assimétrica:** o espaço dos países emergentes e o sistema financeiro internacional. São Paulo: Fundação Konrad Adenauer, 2002, pp. 23-54.

_____. The Asian Infrastructure Investment Bank: changing development finance architecture. *In*: **Multilateral development banks in the 21st century**.

Three perspectives on China and the Asian Infrastructure Investment Bank. London: Overseas Development Institute, 2015, pp.8-14.

GUGGENHEIM, Paul. **Traité de droit international public**: avec mention de la pratique internationale et suisse. T. I, **Geneva**: Librairie de l'Université, 1953.

HAAS, Ernst B. **Types of collective security:** an examination of operational concepts. The American Political Science Review, v. 49, n. 1, Marc, 1955, pp. 40-62.

HAJNAL, Peter. **The G8 system and the G20**: evolution, role and documentation. London: Ashgate, 2007.

HALLDING, Karl et al. **Together alone. BASIC countries and the climate change conundrum.** Copenhagen: Norden, 2011.

HASSLER, Sabine. **Reforming the UN Security Council membership**. The illusion of representativeness. Abingdon: Routledge, 2013.

HERNDL, Hurt. **Reflections on the role, functions and procedures of the Security Council of the United Nations**. Recueil des cours. Hague Academy of International Law, v. 206, 1987, pp. 289-395.

HERZ, Mônica. **O Brasil e a reforma da ONU**. Lua Nova, São Paulo, n° 46, 1999.

HOBSBAWN, Eric. **Era dos extremos**. O breve século XX. 1914-1991. São Paulo: Companhia das Letras, 1995.

HOFFMANN, Stanley. **An american social science**: international relations. Daedalus. v.106. n. 3.Summer, 1977, pp. 41-60.

HOLBRAAD, Carsten. **The role of middle powers**. Cooperation and Conflict 1, 1971.

HUMPHREY, Chris et. Al. **Multilateral development banks in the 21st century**. Three perspectives on China and the Asian Infrastructure Investment Bank. London: Overseas Development Institute, 2015.

HURRELL, Andrew. Hegemonia, liberalismos e ordem global: qual é o espaço para potências emergentes? *In:* **Os Brics e a ordem global**. Rio de Janeiro: Editora FGV, 2009.

_____. **Explaining the resurgence of regionalism in world politics**. Review of International Studies, 21, 1995, pp. 331-358.

_____; SENGUPTA, Sandeep. **Emerging powers, North–South relations and global climate politics**. International Affairs, v. 88, 3, 463, 2012.

JORDAAN, Eduard. **The concept of a middle power in international relations**: distinguishing between emerging and traditional middle powers". *Politikon*, v. 30, n. 2, 2003, pp. 166-171.

JOUANNET, Emmanuelle. **Le droit international.** Que sais-je? Paris: PUF, 2013.

_____. **Emer de Vattel et l' émergence du droit international classique.** Paris: Pedone, 1998.

_____. **A century of french international law scholarship.** Maine law review, v. 61, 1, 2009, pp. 84-13.

JOYNER, Christopher C. **International law in the 21st century.** Rules for global governance. Oxford/New York: Rowman little field publishers, 2005.

KÄKÖNEN, JYRKI. BRICS as a new constellation in international relations? *In:* **Mapping BRICS Media,** edited by K. Nordenstreng and D. Thussu. London: Routledge, 2015, pp. 25-41.

KELSEN, Hans. **Collective security and collective self-defense under the Charter of the United Nations.** The American Journal of International Law, v. 42, n. 4, 1948, pp. 783-796.

_____. **The principle of sovereign equality of states as a basis for international organization**. The Yale Law Journal, v. 53, n. 2, 1944, pp. 207-220.

_____. **International law studies. Collective security under international law**. Washington: United States Government Printing Office, 1957.

KEOHANE, Robert O. **The demand for international regimes.** International organization, v. 36, n.2, International Regimes, Spring, 1982, pp. 325-355.

_____; MARTIN, Lisa L. **The promisse of institutionalism theory**. International Security, v. 20, n. 1, Summer, 1995, pp. 39-51.

_____; NYE, Joseph S. **Power and interdependence revisited.** International Organization, v. 41, n. 4, Autumn, 1987, pp. 725-753.

_____. **After hegemony**: cooperation and discord in the world political economy. Princeton: Princeton University Press, 1984.

_____. The contingent legitimacy of multilateralism. *In:* **Multilateralism under challenge?** Power, international order, and structural change New York: Social Science Research Council/ United Nations University, 2006.

KENNEDY, David. **Les clichés revisité: le droit international et la politique.** Paris: Université de Paris II, Six conferences, february/march, 1999.

KISSINGER, Henry. **Diplomacia**. Tradução Saul Gefter e Ann Mary Perpétuo. São Paulo: Saraiva, 2012.

KOHEN, Marcelo. Manifeste pour le droit international du XXIe siècle. *In:* **L'ordre juridique international, un système en quête d'équité et d'universalité.** Coord. Liber Amicorum; Georges Abi-Saab. Haia: Martinus Nijhoff Publishers, 2001.

KOLB, Robert. Considérations sur le droit international public des anciennes cultures extra-europénnes. *In:* **The roots of international law / Les fondements**

du droit: liber amicorum Peter Haggenmacher. Edité par Pierre-Marie Dupuy e Vincen Chetail, v. 11. Boston: Martinus Nijhoff Publishers, 2014.

_____. Mondialisation et droit international. *In:* **Relations Internationales.** Paris: Presses Universitaires de France, 2005, pp. 69-86.

KOROMA, Abdul G. International law and multiculturalism. *In:* **Multiculturalism and international law.** Essays in honour of Edward McWhinney. Boston: Martinus Nijhoff Publishers, 2009.

KOSKENNIEMI, Martti. **Georges Abi-Saab. Repetition as reform**: Cours general de droit international public. European Journal of International Law. Issue v. 9, n. 2, 1998.

_____. **The Gentle civilizer of nations**. The rise and fall of international law 1870-1960. Cambridge: Cambridge University Press, 2002.

_____. Carl Schmitt, Hans Morgenthau, and the image of law in international relations. *In:* **The role of law in international politics. Essays in international relations and international law**. New York: Oxford University Press, 2000.

KINDLEBERGER, Charles P. **A financial history of Western Europe**. London: George Allen e Unwin, 1984.

KIRTON, John. **From G7 to G20: capacity, leadership and normative diffusion in global financial governance.** Paper prepared for a panel on "expanding capacity and leadership in global financial governance: from g7 to g20," international studies association annual convention, March 1- 5, 2005, Hawaii. Presented at 3:45-5.30 pm on Wednesday, March 2. Draft of February 20, 2005.

KÖCHLER, Hans. The voting procedure in the United Nations security council examining a normative contradiction in the UN charter and its consequences on international relations *In:* **Democracy and the international rule of law. Propositions for an alternative world order**. Selected Papers Published on the Occasion of the Fiftieth Anniversary of the United Nations. Vienna and New York: Springer, 1995, pp. 85-116.

_____. **The United Nations Organization and global power politics**: The antagonism between power and law and the future of world order. Chinese Journal of International Law, v. 5, n. 2, 2006.

KRANZ, Jersy. **La prise de décisions dans les organisations internationales et le nouvel ordre économique international.** Archiv des Völkerrechts, 20, 3, 1982, pp. 281-300.

KRISHNASWAMY, Srinivas; KWEITEL, Juana. **Is the BRICS bank tooled for sustainable development?** Disponível em: https://www.chinadialogue.net/

blog/9315-Is-the-BRICS-bank-tooled-for-sustainable-development-/en. Acesso em 28 de abril de 2017.

KU, Charlotte; WEISS, Thomas G.. Introduction: the nature and methodology of the fields. *In:* **Toward understanding global governance:** The International Law and International Relations Toolbox. ACUNS: Reports and Paper, n. 2, 1998.

KUPA, Jacques. **Coopération Sud-Sud et tripartite dans l'espace francofone**, directeur Jacques Kupa. Paris: Organisation internationale de la Francophonie, 2014.

LACHS, Manfred. **O Direito internacional no alvorecer do século XXI**. Estudos avançados, v.8, n.21, São Paulo May/Aug 1994. Do original: Le droit international à l'aube du XXi siècle, R.G.D.I.P., n. 3, 1992, pp. 529-550.

LANGENHOVE, Luk Van; ZWARTJES Marieke; PAPANAGNOU, Georgios. Conceptualising regional leadership: the positioning theory angle. *In:* **Global and regional leadership of BRICS countries**. United Nations Universities Series on Regionalism, v. 11, 2016, pp.13-28.

LARIONOVA, Marina; SHELEPOV, Andrey. Is BRICS institutionalization enhancing its effectiveness? *In:* **The European Union and the BRICS**: complex relations in the era of global governance. London: Springer, 2015, pp. 39-53.

LATINO, Agostina. The New Development Bank: Another BRICS in the wall? *In*: **Accountability, transparency and democracy in the functioning of Bretton Woods institutions**. London: Springer International Publishing, 2017, pp. 47-69.

LECHINI, Gladys. **La cooperación Sur-Sur y la búsqueda de autonomía en América Latina**: ¿Mito o realidad? GERI – UAM Relaciones Internacionales, n. 12, octubre de 2009, pp. 55-81.

LEECH, Dennis; LEECH, Robert. **Voting power in the Bretton Woods institutions**. Homo Oeconomicus 22, 4, 2005, pp. 605-627.

LESAGE, Dries; GRAAF, Thijs Van de. Analytical framework and findings. *In*: **Rising powers and multilateral institutions**. London: Palgrave Macmillan UK, 2015.

LI, Ruogo. **Reform of the international monetary system and internationalization of the Renminbi**. Beijing: World Scientific Publishing Co Pte Ltd, 2015.

LIMA, Maria Regina Soares de. Notas sobre a reforma da ONU e o Brasil. *In:* **Reforma da ONU**. IV Conferência Nacional de Política Externa e Política Internacional: o Brasil no mundo que vem aí. Seminário sobre a Reforma da ONU. Brasília: FUNAG, 2010.

_____; CASTELAN, Daniel Ricardo. O Brasil, os BRICS e a institucionalização do conflito internacional. *In:* **O Brasil, os BRICS e a agenda internacional**, 2º ed. Brasília: FUNAG, pp.251-266.

_____. Brasil e polos emergentes do poder mundial: Rússia, Índia, China e África do Sul. *In:* **O Brasil e os demais BRICs** – Comércio e Política. Brasília: CEPAL. Escritório no Brasil/IPEA, 2010, pp. 155-179.

LIN, Justin Yifu; FARDOUST, Shahrokh; ROSENBLATT, David. **Reform of the international monetary system:** a jagged history and uncertain prospects. Policy Research Working Paper 6070, World Bank, 2012.

LISTER, Frederick K. **Decision-making strategies for international organiza-tions:** the IMF model, v. 20, n.4. Graduate School of International Studies, University of Denver, Denver, 1984.

LORCA, Arnulf B. **Universal international law:** nineteenth-century histories of imposition and appropriation. Havard International Law Journal, v. 51, n. 2, summer 2010.

LUCK. Edward C. **Reforming the United Nations:** lessons from a history in progress. International Relations Studies and the United Nations Occasional Papers, n.1, 2003.

LUMUMBA-KASONGO, Tukumbi. **Brazil, Russia, India, China, and South Africa (BRICS) and Africa: new projected developmental paradigms.** Africa Development, v. XL, n. 3, 2015, pp. 77-95.

MACEDO, Leonardo Andrade. **O fundo monetário internacional e seus acor-dos stand-by.** Belo Horizonte: Editora Del Rey, 2007.

MACQUEEN, Benjamin. **Muslim states and reform of the United Nations Security Council**. Journal of Middle Eastern and Islamic Studies (in Asia) v. 4, n. 3, 2010.

MAGUIRE, Rowena. The rise of the BASIC group within the international climate regime. *In:* **The BRICS and coexistence:** an alternative vision of world order. New York: Routledge, 2015.

MALONE, David M. **The UN Security Council: from the Cold War to the 21st century**. London: Lynne Rienner, 2004

MCDONALD, Kara C; PATRICK Stewart M. **UN Security Council enlarge-ment and U.S. interests.** New York: Council on Foreign Relations, Special Report n. 59, 2010.

MACFARLANE, Neil. **The 'R' in BRICs:** is Russia an emerging power? International Affairs, London, v. 82, n. 1, pp.41-57, jan., 2006.

MARINO, Rich. **The future BRICS**. A synergistic economic alliance or business as usual. London: PALGRAVE MACMILLAN, 2014.

MARTYNOV, Boris F. **BRIC: cooperation perspectives in the international security sphere.** Cúpula BRIC de *Think Tanks*: O papel dos BRIC na transformação global no pós-crise. Brasília: IPEA, 2010, pp. 11-16.

MEDEIROS, Antonio Paulo C. de. O Desafio da reforma da ONU. *In*: **Reforma da ONU.** IV Conferência Nacional de Política Externa e Política Internacional: o Brasil no mundo que vem aí. Seminário sobre a Reforma da ONU. Brasília: FUNAG, 2010, pp. 99-111.

MEDEIROS, Carlos Aguiar de. **A China como um duplo polo na economia mundial e a recentralização da economia asiática.** Revista de Economia Política, v. 26, n. 3, 103, julho-setembro, 2006, pp. 381-400.

MEIRELLES, Elizabeth de Almeida. O princípio da precaução e o aporte de Guido Fernando Silva Soares. *In*: **Direito internacional, humanismo e globalidade.** Guido Fernando Silva Soares, Amicorum Discipulorum Liber. São Paulo: Atlas, 2008, pp. 353-372.

MELLO, Celso de Albuquerque. **Curso de direito internacional público.** Rio de Janeiro: Renovar, 2000.

MENEZES, Wagner. A ONU e o direito internacional contemporâneo. *In*: **Jornadas de direito internacional público no Itamaraty. Desafios do direito internacional contemporâneo.** Brasília: FUNAG, 2007, pp. 325-342.

MERCADANTE, Araminta de Azevedo. Algumas questões específicas do direito internacional: língua dos tratados e reforma da ONU. *In*: **Direito internacional, humanismo e globalidade**: Guido Fernando Silva Soares. Paulo Borba CASELLA et. al. (org.). São Paulo: Atlas, 2008, pp. 373-390.

MILANI, Carlos R.S.; SUYAMA, Bianca; LOPES, Laura L. **Políticas de cooperação internacional para o desenvolvimento no Norte e no Sul**: que lições e desafios para o Brasil? São Paulo: Friedrich Ebert Stiftung, 2013.

MILDNER, Stormy; SILVA-GARBADE, Caroline. Por que a reforma do FMI tem sido tão difícil: os EUA e a União Europeia no FMI. *In*: **Governança global.** Rio de Janeiro: Fundação Konrad Adenauer, março 2009, pp. 61-84.

MIRANDA, Luiz Ricardo. **O Grupo Banco Mundial e a regulação internacional do financiamento de projetos (Project Finance).** Tese de Doutorado. Faculdade de Direito da Universidade de São Paulo, 2013.

MITRANY, D. Territorial, ideological, or functional international organisation? *In*: **The functional theory of politics.** London: Martin Robertson, 1975.

MOHAN, Rakesh; KAPUR, Muneesh. **Emerging powers and global governance**: Whither the IMF? IMF Working Paper, 12/219, 2015.

MOREIRA, Assis. **Em expansão, Banco do Brics poderá emprestar US$ 1,5 bi ao Brasil em 2019.** Valor econômico, 2018.

MORIN, Edgar. **A cabeça bem-feita: repensar a reforma, reformar o pensamento**. Tradução Eloá Jacobina. 8ªed. Rio de Janeiro: Bertrand Brasil, 2003.

MOURA, Gilberto F.G. O Diálogo Índia, Brasil, África do Sul – IBAS: balanço e perspectivas. *In:* **Seminário IBAS**. III Conferência Nacional de Política Externa e Política Internacional "O Brasil no mundo que vem aí" – III CN-PEPI. Brasília, Alexandre Gusmão, 2008.

MORAES, Rodrigo F.; RIBEIRO, Elton J.J.. **De BRIC a BRICS**: como a África do Sul ingressou em um clube de gigante. Contexto Internacional, Rio de Janeiro, v. 37, n.1, p.255-287, jan/abr 2015.

NAIK, Shraddha. **The prospects and challenges for achieving sustainable development goals under the BRICS-New Development Bank (NDB)**. International Research Journal of Interdisciplinary & Multidisciplinary, v.3, June 2017, pp. 143-148.

NEWMAN, Edward; THAKUR, Ramesh; TIRMAN; John. Introduction. *In*: **Multilateralism under challenge?** Power, international order, and structural change. New York: Social Science Research Council/ United Nations University, 2007.

NÓBREGA, Kenneth Felix Haczynski da. **BRICS: de Fortaleza a Goa**. Cadernos de Política Exterior / Instituto de Pesquisa de Relações Internacionais, v. 2, n. 4, dez. 2016, pp. 29-56.

NYE Jr, Joseph S. **Cooperação e conflito nas relações internacionais**. São Paulo: Editora Gente, 2009.

_____. **O paradoxo do poder Americano**. Por que a única superpotência do mundo não pode prosseguir isolada. São Paulo: editora Unesp, 2002.

OCAMPO, Jose Antonio. Os direitos especiais de saque e a reforma do sistema monetário internacional. *In:* **As transformações no sistema financeiro internacional**. Brasília: IPEA, 2012, v. 2, pp. 573-604.

OHLIN, Jens David. **The assault on international law**. New York: Oxford University Press, 2015.

O'NEILL, Jim. **Building better economic BRICs**. Global Economics Paper, n. 66, 30 nov. 2001. Disponível em: http://www.goldmansachs.com/our--thinking/archive/archive-pdfs/build-better-brics.pdf. Acesso em: 22 de fevereiro de 2015.

ONUMA, Yasuaki. **International law in and with international politics:** the functions of international law in international society. European Journal of International Law, v. 14, n. 1, 2003, pp. 105-149.

_____. **A Transcivilizacional perspective on international law** – questioning prevalent cognitive frameworks in the emerging multi-polar and multi-civilizational world of the twenty-first century. Boston: Martinus Nijhoff Publishers, 2009.

_____. **Direito internacional em perspectiva transcivilizacional**. Questionamento da estrutura cognitiva predominante no emergente mundo multipolar e multicivilizacional do século XXI. CASELLA; Paulo Borba; NINOMIYA, Masato (Org.). Belo Horizonte: Arraes, 2017.

ORĂȘTEAN, Ramona; MĂRGINEAN, Silvia. **International monetary system**: between crisis and reform. Theoretical and Applied Economics, v. XX, n. 8 (585), 2013, pp. 137-147.

OURO-PRETO, Affonso Celso de. Nova configuração de poder. *In:* **O Brasil, os BRICS e a agenda Internacional**. José Vicente de SÁ PIMENTEL (org.), 2ª ed. Brasília, FUNAG, 2013, pp. 99-116.

PABIS, Jonatas Luis. **Acorrentando Gúlliver: a atuação dos BRICS nas negociações sobre agricultura da Rodada Doha da OMC.** Anuario Mexicano de Derecho Internacional, v. XV, 2015, pp. 659-699.

PACHECO, Silvestre E. Rossi. **Multilateralismo e cooperação Sul-Sul**: o Fórum de Diálogo IBAS no marco das relações internacionais entre Brasil, Índia e África do Sul. Tese (doutorado) – Pontifícia Universidade Católica de Minas Gerais, Programa de Pós-Graduação em Direito, 2010.

PANDIT, B.L. **The global financial crisis and the Indian economy**. New Delhi: Springer, 2015.

PAPA, Mihaela. **BRICS as a global legal actor**: from regulatory innovation to BRICS Law? Rivista di diritto pubblico italiano, comparato, europeo, 2014.

_____. **BRICS's pursuit of multipolarity**: response in the United States. Fudan Journal of Hum.Soc.Sci, v. 7, n.3, 2014, pp. 363-380.

PATRIOTA, Antonio de Aguiar. **O Conselho de Segurança após a Guerra do Golfo**: a articulação de um novo paradigma de segurança coletiva. Brasília: FUNAG, 2010.

_____. **Os Brics são hoje os EUA da época do Rio Branco**. Rio de Janeiro: Folha de São Paulo, 10 de janeiro de 2012.

PAULUS, Andreas A. **Law and politics in the age of globalization**. European Journal of International Law, v. 11, n.2, 2000, pp. 465-472.

PELLET, M. Alain. **Peut-on et doit-on contrôler les actions du conseil de sécurité?** Le chapitre VII de la Charte des Nations Unies: 50e anniversaire des Nations Unies. Colloque de Rennes. Paris: Pedone, 1995.

PEREIRA, Antonio Celso Alves. A reforma das Nações Unidas e o sistema internacional contemporâneo. *In:* **Jornadas de direito internacional público**

no Itamaraty. Desafios do direito internacional contemporâneo. Brasília: FUNAG, 2007, pp. 21-78.

PEREIRA, João Márcio Mendes. **Banco Mundial**: concepção, criação e primeiros anos (1942-60). Varia História, Belo Horizonte, v. 28, n. 47, jan/jun, 2012, pp. 391-419.

PETERS, Anne. Le cheminement historique des organisations internationales: entre technocratie et démocratie. *In:* **The roots of international law / Les fondements du droit:** liber amicorum Peter Haggenmacher. Edité par Pierre--Marie Dupuy e Vincen Chetail, v. 11. Boston: Martinus Nijhoff Publishers, 2014, pp. 487-529.

PIMENTEL, Fernando. O BRICS e a construção de uma nova arquitetura financeira internacional. *In:* **O Brasil, os BRICS e a agenda internacional**. José Vicente de SÁ PIMENTEL (org.), 2ª ed. Brasília: FUNAG, 2013, pp. 473-494.

_____. Mesa redonda na FIESP. *In:* **Debatendo o BRICS** / José Vicente de Sá Pimentel (Org.). Brasília: FUNAG, 2013.

PIOCH, Martin. **BRICS in world trade**. Can the rise of (re-) emerging powers challenge the international trading system? PRIMO Working Paper Series Working Paper, n. 3, September 2016.

POSNER, Eric; SYKES, Alan O. **Voting rules in international organizations**. University of Chicago: public law & legal theory working paper, n. 458, 2014, pp.1-23.

PRADEL, Nicolas. **Pays émergents et droit international:** l'enjeu de l'adaptation. L'Observateur des Nations Unies, Association française pour les Nations Unies, 2013, v. 33, 2012.

RAMANZINI, Isabela G.G.; FERREIRA, Marrielle M.A. **O ensino em matéria de direitos humanos nas relações internacionais**. Monções Revista de Relações Internacionais UFGD, v. 3, n. 6, jul./dez., 2014.

RAMOS, Leonardo et. al. **A governança econômica global e os desafios do G-20 pós crise financeira**: Análise das Posições de Estados Unidos, China, Alemanha e Brasil. Revista Brasileira de Política Internacional. Brasília, vol 2, n. 55, 2012, pp.10-27.

REISEN, Helmut. **Will the AIIB and the NDB help reform multilateral development banking?** Global Policy, v. 6, Iss. 3, pp. 297-304.

REIS, Maria Edileuza Fontenele. BRICS: surgimento e evolução. *In:* **O Brasil, os BRICS e a agenda internacional**, 2º ed. Brasília: FUNAG, 2013, pp. 47-72.

_____. **Debatendo os BRICS: mesa-redonda no palácio Itamaraty**. Org. José Vicente de Sá Pimentel. Brasília: FUNAG, 2013.

REIS, Gabriel Valente. **Direitos civis e políticos nos BRICS e África do Sul**: um estudo de direito comparado. Revista da Faculdade de Direito da Universidade Federal de Minas Gerais, n. 58, 2011, pp. 187-218.

REUS-SMIT, Christian. International law. *In*: **Globalization of world politics**: an introduction to international relations. New York: Oxford University Press, 2008, pp. 280-293.

REYES, Alma Arámbula. **Consejo de Seguridad de Naciones Unidas.** Centro de documentación, información y análisis. Camara de Diputados. Ciudad de Mexico, 2008.

REWIZORSKI, Marek. Participation of the European Union and the BRICS in the G20. *In*: **The European Union and the BRICS**: complex relations in the era of global governance. London: Springer, 2015, pp. 57-78.

RICHMOND, Oliver P.; TELLIDIS, Ioannis. **The BRICS and international peacebuilding and statebuilding.** NOREF: Norwegian peacebuilding Resource Center, January, 2013.

RIDRUEJO, José Antonio Pastor. **Le droit international à la veille du vingt et unième siècle**: normes, faits et valeurs. Haia: Cours general de droit international public, 1998.

ROSAS, Maria Cristina. A reforma das Organização das Nações Unidas. *In*: **Governança global**. Rio de Janeiro: Fundação Konrad Adenauer, 2009, pp.21-38.

ROUSSEAU, Jean-Jacques. Extrato e julgamento do projeto de paz perpétua de Abbé de Saint-Pierre. *In*: **Rousseau e as relações internacionais**. São Paulo: Imprensa Oficial do Estado, Editora UNB, 2003.

RUGGIE, John G. **Doctrinal unilateralism and its limits.** America and global governance in the new century. Corporate social responsability iniative working paper n. 16, Havard University, 2006.

RUGGIE, John G. **Multilateralism**: The anatomy of an institution. International Organization 46, 3, Summer, 1992,

SAINT-PIERRE, Abbé de. **Projeto para tornar perpétua a paz na Europa.** Brasília: Editora Universidade de Brasília, Instituto de Pesquisa de Relações Internacionais, 2003.

SAMIR, Saran. **The next ten years of BRICS**: will the relationship last? India Economic Summit, World Economic Forum, 2017. Disponível em: https://www.weforum.org/agenda/2017/10/brics-first-next-ten-years/?utm_content=bufferead2a&utm_medium=social&utm_source=facebook.com&utm_campaign=buffer. Acesso em 27 de outubro de 2017

SANDSCHNEIDER, Eberhard. **Como tratar um dragão: sobre o trato do ocidente com o complicado parceiro chinês.** Rio de Janeiro: Fundação Konrad Adenauer, cadernos Adenauer, v. II, n. 1, China por toda parte, abril 2006.

SANTOS, Boaventura de Sousa. **Reconhecer para libertar. Os caminhos do cosmopolitismo multicultural.** Rio de Janeiro: Civilização Brasileira, 2003.

SARDENBERG, Ronaldo Mota. Reforma das Nações Unidas: impasses, progressos e perspectivas. *In:* **Reforma da ONU.** IV Conferência Nacional de Política Externa e Política Internacional: o Brasil no mundo que vem aí. Seminário sobre a Reforma da ONU. Brasília: FUNAG, 2010, pp. 43-62.

SCHWELLER, Randall. **Emerging powers in an age of disorder.** Global Governance, v. 17, n. 3, jul./set. 2011, pp. 285-298.

SHAW, Malcolm N. **International law.** Cambridge: Cambridge University press, 2008.

SIEREN, Frank. **Regime de concubinato: o que a ascensão da China significa para um país como a Alemanha.** Rio de Janeiro: Fundação Konrad Adenauer, cadernos Adenauer, v. II, n. 1, China por toda parte, abril 2006.

SIYAR, Shaybain's. **The islamic law of nations.** Baltimore: The Johns Hopkins press, 1966.

SKRZYPCZYNSKA, Joanna. **BRICS' stance in WTO.** Evolutions global trends and regional issues, v. 3, n. 1, 2015, pp. 46-62.

SLAUGHTER, Anne-Marie; TULUMELLO, Andrew S.; WOOD, Stepan. **International law and international relations theory**: a new generation of interdisciplinary scholarship. American Journal of International Law, v. 92, 1998, pp. 367-393.

_____; HALE, Thomas. Transgovernmental networks and emerging powers. *In*: **Rising states, rising institutions: challenges for global governance**. Alan S. Alexandroff and Andrew F. Cooper, editors. Baltimore: Brookings Institution Press, 2010, pp. 48-62.

_____. **Security, solidarity, and sovereignty:** the Grand themes of UN reform. The American Journal of International Law, v. 99, n. 3, Jul., 2005, pp. 619-631.

SLOBODA, Pedro M. **A síndrome de Brás Cubas: sanções unilaterais e a responsabilidade internacional dos estados.** Brasília: FUNAG, 2018.

SMITH, Gordon S. **G7 to G8 to G20: evolution in global governance.** CIGI G20 Papers/nº. 6, May 2011.

Disponível em: https://www.cigionline.org/sites/default/files/g20no6-2.pdf. Acesso em 24 de abril de 2015.

SOARES, João Clemente Baena. **As Nações Unidas diante das ameaças, dos desafios, das mudanças.** Dossiê, Centro Brasileiro de Relações Internacionais, vol. 1, Ano 4, 2005.

_____. Breves considerações sobre a reforma da ONU. *In:* **Reforma da ONU.** IV Conferência Nacional de Política Externa e Política Internacional: O Brasil no mundo que vem por aí. Brasília: FUNAG, 2010, p.23.

SOARES, Miguel Serpa. **Room for Growth: The contribution of international law to development.** Chinese Journal of International Law, 2015.

SOKO, Mills. A África do Sul e as ameaças tradicionais e não-tradicionais à segurança regional. *In:* **A África do Sul e o IBAS.** Desafios da Segurança Humana. Porto Alegre: Ed. da UFRGS; FUNAG, 2007.

SOTERO, Paulo. Introduction. *In:* **Emerging powers: India, Brazil and South Africa (IBSA) and the future of south-south cooperation.** Woodrow Wilson International Center for Scholars, Special Report, Aug. 2009.

SPENCE, Jonathan D. **The search for modern China.** New York: W. W. Norton, 1999.

SUR, Serge. Securité colletive et rétablissement de la paix: la résolution 687 (3 Avril 1991) dans l'affaire du Golfe. *In:* **Le développment du rôle du Conseil de Securité.** Peace-keeping and Peace-Building. Préparé par René-Jean DUPUY. Colloque, La Haye 21-23 Julliet,1992. London: Martinus Nijhoff Publishers, 1993, pp. 13-39.

_____; COMBACAU, Jean. **Droit international public.** 6º ed. Paris: Montchrestien, 2004.

STIGLITZ, Joseph; STERN, Nicholas; ROMANI, Mattia; BHATTACHARYA, Amar. **A new world´s New Development Bank.** Project-Syndicate, 2013. Disponível em: https://www.project-syndicate.org/commentary/the--benefits-of-the-brics-development-bank?barrier=accessreg. Acesso em 22 de Agosto de 2015.

SWEDBERG, Richard. **The doctrine of economic neutrality of IMF and World Bank.** Journal of peace research, v. 23. n. 4, 1986.

TAMMEN, Ronald L.; KUGLER, Jacek; LEMKE, Douglas. **Power transition theory.** Transresearch consortium work paper, n.1, 2011.

TARAZI, Salah El Dine. Voto da decisão da **Corte Internacional de Justiça** sobre o pessoal diplomático e consular dos Estados Unidos em Teerã. Disponível em: http://www.icjcij.org/docket/index.php?p1=3&p2=3&code=usir&case =64&k=c9&p3=0&lang=fr. Acesso em 26 de agosto de 2014.

TARRAGÔ, Piragibe dos S. A Reforma da ONU: A Comissão de Construção da Paz e ampliação do Conselho de Segurança. *In:* **Reforma da ONU.** IV Conferência Nacional de Política Externa e Política Internacional: o Brasil no mundo que vem aí. Seminário sobre a Reforma da ONU. Brasília: FU-NAG, 2010, pp. 27-42.

TERZ, Panos; BUELVAS, Eduardo Pastrana. **El derecho internacional al despuntar el siglo XXI**, un punto de vista sociológico del derecho internacional. ad defensionem iuris inter gentes. Colômbia: Pontifícia Universidad Javeriana, Papel Político, v. 12, n.2, jul/dez, 2007, pp. 535-564.

THORSTENSEN, Vera et. al. **Os BRICS na OMC**: políticas comerciais comparadas de Brasil, Rússia, Índia, China e África do Sul. Brasília: IPEA, 2012.

TOYE, John; TOYE, Richard. **The UN and global political economy**. Trade, finance and development. Bloomington: Indiana University Press, 2004.

TRINDADE, Antônio Augusto Cançado. **Los aportes latinoamericanos al derecho y a la justicia internacionales**. Ciudad de Mexico: Acervo de la Biblioteca Jurídica Virtual del Instituto de Investigaciones Jurídicas de la UNAM, 2002.

_____. **Desafios e conquistas do direito internacional dos direitos humanos no início do século XXI**. Trabalho de pesquisa apresentado pelo Autor em forma de três conferências proferidas pelo Autor no XXXIII Curso de Direito Internacional Organizado pela Comissão Jurídica Interamericana da OEA, no Rio de Janeiro, em 18 e 21-22 de agosto de 2006. Disponível em: http://www.oas.org/dil/esp/407-490%20cancado%20trindade%20OEA%20CJI%20%20.def.pdf. Acesso em 03 de setembro de 2014.

_____. **Direito das organizações internacionais**, 3ª ed. Belo Horizonte: Del Rey, 2003.

_____. **As Nações Unidas e a Nova Ordem Econômica Internacional**. Revista Informativa do Legislativo n. 81, jan.mar., 1984.

TROSZCZYŃSKA-VAN GENDEREN, Vanda. **Reforming the United Nations:** State of Play, Ways Forward. Bruxelas: European Union, study, directorate-general for external policies policy department, march, 2015. Disponível em: http://www.europarl.europa.eu/RegData/etudes/STUD/2015/536435/EXPO_STU(2015)536435_EN.pdf. Acesso em 16 de dezembro de 2016.

UZIEL, Eduardo; OLIVEIRA, Ana Paula; ROCHA, Rafael. **A atuação dos BRICS no Conselho de Segurança das Nações Unidas no ano de 2011**. Revista Política Externa, v. 23, nº 4, 2015.

VASCONCELOS, Jonnas Esmeraldo Marques. **BRICS: agenda regulatória**. Tese de Doutorado. Faculdade de Direito da Universidade de São Paulo. São Paulo: FADUSP, 2018.

VATTEL, Emer de. **Le droit des gens ou principes de la loi naturelle, appliqués à la conduite et aux affaires des nations et des souverains**, Washington: Carnegie Institution of Washington, v. I e II, 1916.

VELASCO, Manuel Diez. **Instituciones de derecho internacional público.** 16ª edição. Madrid: Tecnos, 2007.

VESTERGAARD, Jakob. **The World Bank and the emerging world order**: Adjusting to multipolarity at the second decimal point. DIIS report 2011. Copenhagen: Danish Institute for International Studies, 2011.

_____; WADE, Robert H. **Protecting power: how western states retain the dominant voice in the world bank's governance.** World Development, v. 46, 2013, pp. 153-164.

VIRALLY, Michel. **Le droit international en devenir.** Essais écrits au fil des ans. Genève: Graduate Institute Publications, 1990.

VISENTINI, Paulo et al. **BRICS: as potências emergentes.** Petrópolis, Rio de Janeiro: Editora Vozes, 2013.

ZAMORA, Stephen. **Voting in international economic organization.** The American Journal of International Law, v. 74, n. 3, jul., 1980, pp. 566-608.

ZÜRN, Michael. **Global governance and legitimacy problems.** Government and opposition, v. 39, n. 2, 2004, pp. 260-287.

WADE, Robert H. **Emerging world order?** From multipolarity to multilateralism in the G20, the World Bank, and the IMF. SAGE Publications, Politics and Society, 39, 3, 2011, pp. 347-378.

WÆVER, Ole. **The sociology of a not so international discipline: american and european developments in international relations.** International Organization. v. 52 n. 4. Outono, 1998, pp. 687-727.

WANG, Hongying. **New multilateral development banks: opportunities and challenges for global governance.** New York: Council on Foreign Relations, 2016.

WEILER, Joseph H. **The geology of international law.** Governance, democracy and legitimacy. Heidelberg Journal of International Law, n. 64, 2004, pp.547-562.

WEISS, Edith Brown. **International Law in a Kaleidoscopic World.** Asian Journal of International Law, v. 1, Issue 1, 2011, pp. 21-32.

WENDT, Alexander. **Social theory of international politics.** Cambridge: Cambridge University Press, 1999.

WINKELMANN, Ingo. **Bringing the Security Council into a new era**: recent developments in the discussion on the reform of the Security Council. Max Planck Yearbook of United Nations Law. New York: United Nations, 1997.

WOLFRUM, Rügider. Legitimacy of international law from a legal perspective: some introductory considerations. *In*: **Legitimacy in international law.** Berlin: Springer, 2008, pp. 1-8.

WOOD, Bernard. **Middle powers in the international system:** a preliminary assessment of potencial. Wider working papers, United Nations University, 1987.

WOOD, Christopher et. al. **The New Development Bank:** moving the BRICS from an acronym to an institution. The South African Institute of International Affairs (SAIIA), African perspectives, global insights, 2016.

WOODS, Ngaire et. al. **Transforming global governance for the 21st century.** New York: UNDP Human Development Report Office, occasional paper, 2013.

_____. **Governing the global economy:** Strengthening multilateral institutions. International Peace Institute, 2008.

_____. **The challenge of good governance for the IMF and the World Bank themselves.** World Development, v. 28, n. 5, 200, pp. 823-841.

_____. The United States and the international financial institutions: power and influence within the World Bank and the IMF. *In:* **US hegemony and international organizations.** The United States and multilateral institutions. New York: Oxford University Press, 2003, pp.92-114.

WOUTERS, Jan; RUYS, Tom. **Security Council Reform: a new veto for a new century?** Brussels: Royal Institute for International Relations (irri-kiib), August, 2005.

_____; MEESTER, Bart De; RYNGAERT, Cedric. **Democracy and international law.** Leuven: LIRGIAD, working paper n. 5, 2004.

WRIGHT, Christopher. O Banco Mundial em um mundo em mutação. *In:* **Governança global.** Rio de Janeiro: Fundação Konrad Adenauer, 2009.

YING, Huang. BRICS: a new cooperation model in horizon. *In:* **Laying the BRICS of a New Global Order:** From Yekaterinburg 2009 to eThekwini 2013. Editors Francis A. Kornegay and Narnia Bohler-Muller. Pretória: Africa Institute of South Africa, 2013, pp. 51- 64.

ZHAO, Huanyu. **Evolution of the BRICS institutionalization:** challenges and opportunities for the EU Strategic Partnership with the BRICS. Brussels: UACES, Paper for UACES Student Forum Conference, 2016.

Notícias e Documentos:

BIMSTEC, The Bay of Bengal Initiative for Multi-Sectoral Technical and Economic Cooperation. **Background.** Disponível em: http://www.bimstec.org/index.php?page=overview. Acesso em 02 de novembro de 2016.

BRASIL, Banco Nacional de Desenvolvimento Econômico e Social. **BNDES fecha contrato de US$ 300 milhões com o Novo Banco de Desenvolvimento para financiar energia renovável alternativa**. Disponível em: www.bndes. gov.br. Acesso em: 26 de abril de 2017.

BRASIL, Governo do Brasil. **Empresários dos Brics e Ibas discutem aumento do comércio e crescimento sustentável**. Disponível em: http://www.brasil.gov. br/governo/2010/04/empresarios-dos-brics-e-ibas-discutem-aumento-do- -comercio-e-crescimento-sustentavel. Acesso em: 14 de novembro de 2015.

BRASIL, Ministério das Relações Exteriores. **Declaração de Brasília**. Disponível em http://www.itamaraty.gov.br/temas-maisinformacoes/temas-mais-infor- macoes/saiba-mais-ibas/documentos-emitidos-pelos-chefes-deestado-e-de/ declaracao-de-brasilia/view. Acesso em: 12 de novembro de 2014.

BRASIL, Ministério das Relações Exteriores. **2ª Cúpula do IBAS**, 2007. Disponível em: http://www.itamaraty.gov.br/temas-mais-informaçoes/saiba-mais-ibas/ documentos. Acesso em: 12 de novembro de 2014.

BRASIL, Ministério das Relações Exteriores. **1º Cúpula dos BRICS** – Decla- ração Conjunta, 2009. Disponível em: http://brics.itamaraty.gov.br/pt_br/ categoria-portugues/20-documentos/73-primeiro-declaracao. Acesso em: 03 de março de 2015.

BRASIL, Ministério das Relações Exteriores. Nota 145, **III Cúpula dos BRICS**. Disponível em: http://www.itamaraty.gov.br/index.php?option=com_ content&view=article&id=2559:iii-cupula-do-brics-sanya-14-de-abril- -de-2011&catid=42&Itemid=280&lang=pt-BR. Acesso em: 4 de fevereiro de 2016.

BRASIL, Ministério das Relações Exteriores. **Declaração de eThekwini**, V Cú- pula dos BRICS, 2013. Disponível em:http://brics.itamaraty.gov.br/pt_br/ categoria-portugues/20-documentos/77-quinta-declaracao-conjunta. Acesso em: 12 de janeiro de 2016.

BRASIL, Ministério das Relações Exteriores. **Informações sobre os BRICS**. Disponível em: http://brics.itamaraty.gov.br/pt_br/sobre-o-brics/informacao- -sobre-o-brics. Acesso em: 15 de outubro de 2015.

BRASIL, Ministério das Relações Exteriores do. **Reforma do Conselho de Se- gurança das Nações Unidas**. Disponível em: http://csnu.itamaraty.gov.br/ glossario. Acesso em 30 de setembro de 2016.

BRASIL, Ministério das Relações Exteriores. **Diplomacia empresarial e fi- nanceira**: Fundo Monetário Internacional. Disponível em: http://www. itamaraty.gov.br/pt-BR/politica-externa/diplomacia-economica-comercial- -e-financeira/119-fundo-monetario-internacional. Acesso em 18 de março de 2017.

BRASIL, Ministério das Relações Exteriores. **Declaração de Ufá**, VII Cúpula dos BRICS. Disponível em:http://www.itamaraty.gov.br/index.php?option=com_content&view=article&id=10465:vii-cupula-do-brics-declaracao-de-ufa-ufa--russia-9-de-julho-de-2015&catid=42&lang=pt-BR&Itemid=280. Acesso em 26 de janeiro de 2016.

BRASIL, Ministério das Relações Exteriores. **BRICS, Joint Statistical Publications**, 2012. Disponível em: http://brics.itamaraty.gov.br/joint-statistical--publications. Acesso em 12 de janeiro de 2016.

BRASIL, Ministério das Relações Exteriores. **Banco Mundial**. Disponível em: http://www.itamaraty.gov.br/pt-BR/politica-externa/diplomacia-economica--comercial-e-financeira/120-banco-mundial. Acesso em 5 de abril de 2017.

BRASIL, Ministério das Relações Exteriores. **Goa Declaration**. Disponível em: http://www.itamaraty.gov.br/pt-BR/notas-a-imprensa/14931-viii-cupula--do-brics-goa-india-15-e-16-de-outubro-de-2016-declaracao-e-plano-de--acao-de-goa. Acesso em: 22 de outubro de 2016.

BRASIL, Ministério das Relações Exteriores. **Memorandum of understanding for establishment of BRICS agricultural research platform**. Disponível em: http://www.itamaraty.gov.br/pt-BR/notas-a-imprensa/14933-viii-cupula-do--brics-goa-india-15-e-16-de-outubro-de-2016-atos-assinados#1reg. Acesso: em 22 de dezembro de 2016.

BRASIL, Ministério das Relações Exteriores do Brasil. **Memorandum of understanding on mutual cooperation** between the Rio Branco Institute of the Ministry of Foreign Affairs of The Federative Republic of Brazil, the Diplomatic Academy of the Ministry of Foreign Affairs of The Russian Federation, the Foreign Service Institute of Ministry of External Affairs of The Republic Of India, the China Foreign Affairs University And The China Diplomatic Academy of The Ministry Of Foreign Affairs of The People's Republic of China And The Diplomatic Academy of The Department of International Relations and Cooperation of The Republic of South Africa. Disponível em: http://www.itamaraty.gov.br/pt-BR/notas-a-imprensa/14933-viii-cupula--do-brics-goa-india-15-e-16-de-outubro-de-2016-atos-assinados#2memo. Acesso: em 22 de dezembro de 2016.

BRASIL, Ministério das Relações Exteriores. **Regulation on the customs cooperation committee of the Brics.** Disponível em: http://www.itamaraty.gov.br/pt-BR/notas-a-imprensa/14933-viii-cupula-do-brics-goa-india-15-e-16-de--outubro-de-2016-atos-assinados#1reg. Acesso: em 22 de dezembro de 2016.

BRASIL, Ministério das Relações Exteriores. **Adoção pelo Conselho de Segurança das Nações Unidas da Resolução 2254 sobre a Síria**. Disponível em: http://www.itamaraty.gov.br/pt-BR/notas-a-imprensa/12790-adocao-pelo-

-conselho-de-seguranca-das-nacoes-unidas-da-resolucao-2254-sobre-a-siria. Acesso em: 13 de abril de 2017.

BRASIL, Ministério das Relações Exteriores. **BASIC**. Disponível em: http://www.brasil.gov.br/meio-ambiente/2011/11/entenda-o-basic. Acesso: em 17 de maio de 2017.

BRASIL, Ministério das Relações Exteriores. **Reunião de Ministros do BASIC sobre Mudança do Clima.** Disponível em: http://www.itamaraty.gov.br/pt-BR/component/tags/tag/516-grupo-de-paises-basic-brasil-africa-do--sul-india-e-china. Acesso em: 17 de maio de 2017.

BRASIL, Ministério das Relações Exteriores. **Reforma das instituições financeiras internacionais.** Disponível em: http://www.itamaraty.gov.br/pt-BR/politica-externa/diplomacia-economica-comercial-e-financeira/15553--reforma-das-instituicoes-financeiras-internacionais. Acesso em: 22 de maio de 2017.

BRASIL, Ministério das Relações Exteriores. **Declaração dos Ministros de Comércio do BRICS** – Genebra, 14 de dezembro de 2011. Disponível em: http://www.itamaraty.gov.br/pt-BR/notas-a-imprensa/2907-declaracao--dos-ministros-de-comercio-do-brics-genebra-14-de-dezembro-de-2011. Acesso em: 16 de dezembro de 2016.

BRASIL, Ministério das Relações Exteriores. **Declaração Conjunta da 4ª Reunião de Ministros da Agricultura e do Desenvolvimento Agrário do BRICS** – Brasília, 13 de março de 2015. Disponível em: http://www.itamaraty.gov.br/pt-BR/notas-a-imprensa/8317-declaracao-conjunta-da-4-reuniao--de-ministros-da-agricultura-e-do-desenvolvimento-agrario-do-brics--brasilia-13-de-marco-de-2015. Acesso em: 31 de maio de 2017.

BRASIL, Ministério das Relações Exteriores. **Memorando de entendimento para o estabelecimento da Rede de Universidade dos BRICS.** Disponível em: http://brics.itamaraty.gov.br/images/comunicados/memorandoredeu-nivbrics.pdf. Acesso em: Acesso em: 20 de dezembro de 2016.

BRASIL, Ministério das Relações Exteriores. **O Brasil no G-20**. Disponível em: http://www.itamaraty.gov.br/pt-BR/politica-externa/diplomacia-economica--comercial-e-financeira/118-g20. Acesso em: 04 de junho de 2017.

BRASIL, Ministério das Relações Exteriores. **Comunicado dos líderes do G20** – Cúpula de Hangzhou – 4-5 de setembro de 2016. Disponível em: http://www.itamaraty.gov.br/pt-BR/notas-a-imprensa/14700-comunicado-dos--lideres-do-g20-cupula-de-hangzhou-4-5-de-setembro-de-2016. Acesso em: 04 de junho de 2017.

BRASIL, Ministério das Relações Exteriores. **Declaração de Xiamen.** Disponível em: http://www.itamaraty.gov.br/pt-BR/notas-a-imprensa/

17384-nona-cupula-do-brics-declaracao-de-xiamen-xiamen-china-4-de-
-setembro-de-2017. Acesso em: 10 de setembro de 2017.

BRASIL, Ministério das Relações Exteriores. **Aprovação da estratégia geral do
Novo Banco de Desenvolvimento para o período 2017-202.** Disponível em:
http://www.itamaraty.gov.br/pt-BR/ficha-pais/16755-aprovacao-da-estrate-
gia-geral-do-novo-banco-de-desenvolvimento-para-o-periodo-2017-2021.
Acesso em 20 de setembro de 2017.

BRASIL, Ministério das Relações Exteriores. **Principais áreas e temas de diálogo entre os BRICS**. Disponível em: http://brics.itamaraty.gov.br/pt_br/
sobre-o-brics/principais-areas-e-temas-de-dialogo-entre-os-brics. Acesso
em: 22 de janeiro de 2016.

BRASIL, Ministério das Relações Exteriores. **Declaração de Tshwane**, IBAS, 2011.
Disponível em: http://www.itamaraty.gov.br/pt-BR/notas-a-imprensa/2816-v-
-cupula-do-forum-de-dialogo-india-brasil-e-africa-do-sul-ibas-declaracao-
-de-tshwane-18-10-2011. Acesso em: 07 de janeiro de 2016.

BRASIL, Ministério da Indústria, Comércio Exterior e Serviços. **Integrantes
dos Brics buscam maior coordenação das políticas comerciais.** Disponível
em: http://www.mdic.gov.br/component/content/article?id=1983. Acesso
em: 29 de outubro de 2016.

BRASIL, Ministério da Ciência, Tecnologia, Inovações e Telecomunicações.
**Memorando de entendimento sobre a cooperação em ciência, tecno-
logia e inovação entre os governos da República Federativa do Brasil,
Federação da Rússia, República da Índia, República Popular da China
e República da África do Sul**. Disponível em: http://www.mcti.gov.br/
documents/10179/35540/Memorando+CT%26I+Brics+-+2015.pdf. Acesso
em: 20 de dezembro de 2016.

BRASIL, Ministério da Ciência, Tecnologia, Inovações e Telecomunicações.
**Países dos Brics querem compartilhar dados de satélites de sensoria-
mento remoto**. Disponível em: http://www.mctic.gov.br/mctic/opencms/
salaImprensa/noticias/arquivos/2017/09/Paises_dos_Brics_querem_com-
partilhar_dados_de_satelites_de_sensoriamento_remoto.html. Acesso em:
20 de outubro de 2017.

BRASIL. Decreto n° 8.702 de 01 de abril de 2016. **Promulga o Tratado para
o Estabelecimento do Arranjo Contingente de Reservas dos BRICS**.
Disponível em: http://www.planalto.gov.br/ccivil_03/_ato2015-2018/2016/
decreto/D8702.htm. Acesso em: 06 de janeiro de 2017.

BRASIL, Presidência da República. Conselho Nacional de Segurança Alimentar e Nutricional. **Plataforma de pesquisa ampliará cooperação em agricultura e segurança alimentar no BRICS**. Disponível
em: http://www4.planalto.gov.br/consea/comunicacao/noticias/2016/

brics-vao-criar-plataforma-de-pesquisa-para-ampliar-cooperacao-em--agricultura-e-seguranca-alimentar. Acesso: em 02 de novembro de 2016.

BRICS 2017 China. **BRICS Action Plan for Innovation Cooperation (2017-2020).** Disponível em: https://brics2017.org/English/Headlines/201708/P020170825384436195685.pdf. Acesso em: 15 de outubro de 2017.

CHINA, Ministry of Foreign Affairs of the People's Republic of. **Position paper of the People's Republic of China on the United Nations Reforms.** Chinese Journal of International Law (2005), v. 4, n. 2, 685-698.

CONECTAS direitos humanos. **Banco dos Brics.** Reunião da sociedade civil discutiu desafios para a agenda socioambiental do Novo Banco de Desenvolvimento dos Brics. Disponível em: http://www.conectas.org/pt/acoes/empresas-e-direitos-humanos/noticia/43612-banco-dos-brics. Acesso em 24 de maio de 2017.

INDIA, Ministry of External Affairs. **Question No.3570 Key Initiatives of BRICS.** http://www.mea.gov.in/lok-sabha.htm?dtl/27769/question+no3570+key+initiatives+of+brics. Acesso em: 07 de dezembro de 2016.

INDIA, Ministry of External Affairs. **Goa Declaration.** Disponível em: http://mea.gov.in/bilateral-documents.htm?dtl/27491/Goa+Declaration+at+8th+BRICS+Summit. Acesso em: 22 de outubro de 2016.

INSTITUTE DE DROIT INTERNATIONAL. **Judicial control of Security Council decisions (UNO)** Rapporteur: Rüdiger Wolfrum. Yearbook of Institute of International Law – Tallinn Session – Volume 76, 2015.

INTERNATIONAL Monetary Fund. **Quota and voting shares before and after implementation of reforms agreed in 2008 and 2010.** Disponível em: http://www.imf.org/external/np/sec/pr/2011/pdfs/quota_tbl.pdf. Acesso em: 4 de março de 2016.

INTERNATIONAL Monetary Fund. **History.** Disponível em: https://www.imf.org/external/about/histcoop.htm. Acesso em: 10 de janeiro de 2016.

INTERNATIONAL Monetary Fund. **Statuts du fonds monétaire international.** Disponível em: https://www.imf.org/external/french/pubs/ft/aa/aa.pdf. Acesso em: 18 de março de 2017.

INTERNATIONAL Monetary Fund. **Quotes-parts au FMI.** Disponível em: https://www.imf.org/external/np/exr/facts/fre/quotasf.htm. Acesso em: 25 de março de 2017.

INTERNATIONAL Monetary Fund. Comunicado de Prensa: **El Directorio Ejecutivo del FMI aprueba una importante revisión de las cuotas y la estructura de gobierno.**

Disponível em: http://www.imf.org/es/News/Articles/2015/09/14/01/49/pr10418. Acesso em: 04 de fevereiro de 2017.

INTERNATIONAL Monetary Fund. **Report of the Executive Board to the Board of Governors quota and voice reform in the International Monetary Fund** August 31, 2006. Disponível em: https://www.imf.org/external/np/pp/eng/2006/083106.pdf. Acesso em: 25 de março de 2017.

INTERNATIONAL Monetary Fund. **Reforma de las cuotas y la representación en el FMI:** Responder a los cambios de la economía mundial. Estudios temáticos, n. 2, 2007. Disponível em: https://www.imf.org/external/np/exr/ib/2007/esl/041307s.pdf. Acesso em: 26 de março de 2017.

INTERNATIONAL Monetary Fund. **IMF members' quotas and voting power, and IMF Board of Governors**. Disponível em: http://www.imf.org/external/np/sec/memdir/members.aspx. Acesso em 10 de janeiro de 2017.

NAÇÕES UNIDAS**, Carta das Nações Unidas**, Decreto nº 19.841/45. Disponível em: http://www.planalto.gov.br/ccivil_03/decreto/1930-1949/d19841.htm. Acesso em 19 de setembro de 2016.

NAÇÕES UNIDAS do BRASIL. **OIT elogia compromisso dos BRICS de impulsionar crescimento e trabalho decente. Disponível** em: https://nacoesunidas.org/oit-elogia-compromisso-dos-brics-de-impulsionar--crescimento-e-trabalho-decente/. Acesso em: 24 de maio de 2017.

NEW DEVELOPMENT BANK. NDB president: **60% of funding will be for renewables**. Disponível em: http://www.ndb.int/president_desk/ndb--president-60-funding-will-renewables/. Acesso em: 24 de abril de 2017.

NEW DEVELOPMENT BANK. **Environment and Social Framework**, 2016. Disponível em: http://www.ndb.int/wp-content/uploads/2017/02/ndb-environment-social-framework-20160330.pdf. Acesso em: 25 de abril de 2017.

NEW DEVELOPMENT BANK. **Projects.** Disponível em: http://www.ndb.int/projects/list-of-all-projects/. Acesso em: 25 de abril de 2017.

NEW DEVELOPMENT BANK. **List of memoranda of understanding and cooperation agreements**. Disponível em: http://www.ndb.int/partnerships/list-of-partnerships/. Acesso em: 02 de maio de 2017.

NEW DEVELOPMENT BANK. **Environment and Social Sustainability**. Disponível em: http://www.ndb.int/about-us/strategy/environmental-social--sustainability/. Acesso em: 1º de maio de 2017.

NEW DEVELOPMENT BANK. **Partnerships**. Disponível em: http://www.ndb.int/partnerships/civil-academic-societies/. Acesso em: 22 de abril de 2017.

NEW DEVELOPMENT BANK. **Meeting with representatives of civil society organizations on the sidelines of NDB second annual meeting**. Disponível

em: http://www.ndb.int/press_release/meeting-representatives-civil-society-
-organizations-sidelines-ndb-second-annual-meeting/. Aceso em: 04 de
maio de 2017.

NEW DEVELOPMENT BANK, **NDB's General Strategy: 2017 – 2021**. Disponível em: http://www.ndb.int/wp-content/uploads/2017/07/NDB-Strategy-
-Final.pdf. Acesso em: 20 de setembro de 2017.

NEW DEVELOPMENT BANK. **NDB signs $800m loan deals with china for
three green projects**. Disponível em: https://www.ndb.int/media/ndb-
-signs-800m-loan-deals-china-three-green-projects/. Acesso em: 18 de
novembro de 2017.

ORGANIZAÇÃO PARA A COOPERAÇÃO ISLÂMICA.OCI, **UN Security
Council meeting on strengthening partnership with OIC, Ihsanoglu
stresses OIC's commitment to active partnership and the need for UNSC
reform.** Disponível em: http://www.oicun.org/9/20131031053410293.html.
Acesso em: 6 de janeiro de 2017.

OXFAM BRASIL. **Sociedade civil e o Novo Banco de Desenvolvimento**: aonde
estamos e para onde vamos? Documento de apoio para a oficina "novo banco
de desenvolvimento e sociedade civil brasileira: articulando estratégias para
incidência", agosto de 2017. Disponível em:https://www.oxfam.org.br/sites/
default/files/publicacoes/sociedade_civil_e_o_novo_banco_de_desenvolvi-
mento.pdf. Acesso em: 18 de outubro de 2017.

PNUD**, Relatório de Desenvolvimento Humano 2013. A ascensão do Sul**:
progresso humano num mundo diversificado. Disponível em: http://hdr.
undp.org/sites/default/files/hdr2013_portuguese.pdf. Acesso em: 26 de
outubro de 2017.

RUSSIA FEDERATION. The Ministry of Foreign Affairs of the. БРИКС. **Joint
Communiqué on the Meeting of BRICS Special Envoys on Middle East,**
Visakhapatnam, April 12, 2017. Disponível em: http://www.mid.ru/en/web/
guest/briks/-/asset_publisher/RdlYjVvdPAwg/content/id/2725737. Acesso
em: 13 de abril de 2017.

RUSSIAN FEDERATION, Ministry of Economic Development. **BRICS
action agenda on economic and trade cooperation"**. Disponível em:
http://economy.gov.ru/wps/wcm/connect/88d87c66-ec8e-4398-ae01-
-c1dfad7423a8/2017040910.pdf?MOD=AJPERES&CACHEID=88d87c66-
-ec8e-4398-ae01-c1dfad7423a8. Acesso em: 15 de outubro de 2017.

UNITED NATIONS. **Rules of procedure of the General Assembly**. New York,
2008. Disponível em: http://www.un.org/depts/DGACM/Uploaded%20docs/
rules%20of%20procedure%20of%20ga.pdf. Acesso em: 19 de setembro de
2016.

UNITED NATIONS. **Ranking of military and police contributions to UM operations.** Disponível em: http://www.un.org/en/peacekeeping/contributors/2016/feb16_2.pdf. Acesso em: 18 de outubro de 2016.

UNITED NATIONS. **1944-1945: Conférences de Dumbartom Oaks et de Yalta.** Disponível em: http://www.un.org/fr/sections/history-united-nations--charter/1944-1945-dumbarton-oaks-and-yalta/index.html. Acesso em: 22 de novembro de 2016.

UNITED NATIONS. **More secure world: our shared responsibility.** Report of the High-Level Panel on Threats, Challenges and Change, UN Doc. A/59/565, 8, 2004. Disponível em:http://www.un.org/en/peacebuilding/pdf/historical/hlp_more_secure_world.pdf. Acesso em: 06 de janeiro de 2017.

UNITED NATIONS. **Report of the Ccommission of experts of the President of the United Nations General Assembly on reforms of the International Monetary and Financial System.** New York, 21 September 2009. Disponível em: http://www.un.org/ga/econcrisissummit/docs/FinalReport_CoE.pdf. Acesso em: 10 de agosto de 2017

UNITED NATIONS press. **Secretary-general presents report 'in larger freedom' to general assembly, outlining ambitious plan for United Nations reform.** 21 march 2005. Disponível em: http://www.un.org/press/en/2005/ga10334.doc.htm. Acesso: em 31 de março de 2017.

UNITED NATIONS, General Assembly. **Open-ended working group on the question of equitable representation on and increase in the membership of the security council and other matters related to the security council. Official Records. Fifty-first session. Supplement no 47 (A/51/47), New York, 1997.** Disponível em: http://www.un-ilibrary.org/united-nations/report-of-the-open-ended-working-group-on-the-question-of-equitable--representation-on-and-increase-in-the-membership-of-the-security--council-and-other-matters-related-to-the-security-council_7d2308cf-en. Acesso em: 9 de outubro de 2016.

UNITED NATIONS, General Assembly. **Resolution adopted by the General Assembly 3201 (S-VI). Declaration on the Establishment of a New International Economic Order.** Disponível em: http://www.un-documents.net/s6r3201.htm. Acesso em: 18 de março de 2017.

UNITED NATIONS, General Assembly. **Resolution adopted by the General Assembly on 19 December 2006, A/RES/61/160.** Promotion of a democratic and equitable international order. Disponível em: http://www.un.org/en/ga/search/view_doc.asp?symbol=A/RES/61/160&referer=http://www.un.org/depts/dhl/resguide/r61_resolutions_table_eng.htm&Lang=E. Acesso em: 07 de setembro de 2017.

UNITED NATIONS, General Assembly. **Resolution adopted by the General Assembly on 9 July 2009 A/RES/63/303**. Disponível em: http://www.un.org/ga/search/view_doc.asp?symbol=A/RES/63/303&referer=http://www.un.org/ga/econcrisissummit/&Lang=E. Acesso em: 10 de agosto de 2017.

UNITED NATIONS, General Assembly. Fifty-ninth session Agenda item 53 **Question of equitable representation on and increase in the membership of the Security Council and related matters** (A/59/L.68). Disponível em: https://documents-dds-ny.un.org/doc/UNDOC/LTD/N05/434/76/PDF/N0543476.pdf?OpenElement. Acesso em: 28 de setembro de 2016.

UNITED NATIONS, Security Council. Disponível em: http://www.un.org/en/sc/about/. Acesso em: 19 de setembro de 2016.

UNITED NATIONS, Security Council. **Agenda de situation in Libya.** 6498 meeting, NY,17 march 2011. Disponível em: http://www.un.org/en/ga/search/view_doc.asp?symbol=S/PV.6498. Acesso em: 18 de outubro de 2016.

UNITED NATIONS, Security Council. **Countries elected members of the Security Council.** Disponível em: http://www.un.org/en/sc/members/elected.asp. Acesso em: 18 de outubro de 2016.

UNITED NATIONS INDUSTRIAL DEVELOPMENT ORGANIZATION. **UNIDO-BRICS cooperation quarterly report.** Disponível em: https://www.unido.org/fileadmin/user_media_upgrade/What_we_do/Topics/BRICS_cooperation/UNIDO_BRICS_Report_27.2.2017.pdf. Acesso em: 20 de maio de 2017.

UNITED NATIONS treaty collection. **International Convention for the Suppression of the Financing of Terrorism.** Disponível em: https://treaties.un.org/pages/ViewDetails.aspx?src=TREATY&mtdsg_no=XVIII-11&chapter=18&clang=_en. Acesso em: 30 de maio de 2017.

UNITED NATIONS treaty collection. **The Arms Trade Treaty.** Disponível em: https://www.un.org/disarmament/convarms/att/. Acesso em: 30 de maio de 2017.

UNITED NATIONS Office for Disarmament Affairs (UNODA). **Disarmament treaties database.** Disponível em: http://disarmament.un.org/treaties/. Acesso em: 15 de maio de 2017.

Valor Econômico: **BNDES capta US$ 156 milhões com Banco do Brics para energia renovável.**

WORLD BANK. **O Banco Mundial reforma o direito de voto. Disponível em:** http://www.worldbank.org/pt/news/press-release/2010/04/25/world-bank-reforms-voting-power-gets-86-billion-boost. Acesso em: 5 de abril de 2017.

WORLD BANK. **Organization**. Disponível em: http://www.bancomundial.org/es/about/leadership. Acesso em: 5 de abril de 2017.

WORLD BANK. **Global Development Horizons 2011 Multipolarity**: The New Global Economy. Disponível em: http://siteresources.worldbank.org/INTGDH/Resources/GDH_CompleteReport2011.pdf. Acesso em 20 de dezembro de 2016.

CONHEÇA OS SELOS EDITORIAIS DA EDITORA DOS EDITORES:

Conteúdo Original
Seleção de autores e conteúdos nacionais de excelência nas áreas científicas, técnicas e profissionais.

Conteúdo Internacional
Tradução de livros de editoras estrangeiras renomadas, cujos títulos são indicados pelas principais instituições de ensino do mundo.

Sou Editor
Projetos especiais em que o autor é o investidor de seu projeto editorial. A definição do percentual de investimento é definida após a análise dos originais de seus livros, podendo ser parcial ou integral.